Maria Čizmić

·

Performing Pain

Music and Trauma
in Eastern Europe

Oxford University Press

2012

Мария Чизмич

·

Музыка боли

Образ травмы в советской и восточноевропейской музыке конца XX века

Academic Studies Press

Библиороссика

Бостон / Санкт-Петербург

2024

УДК 78.05
ББК 85.313
Ч-58

Перевод с английского Кирилла Батыгина

Серийное оформление и оформление обложки Ивана Граве

Чизмич, Мария.

Ч-58   Музыка боли. Образ травмы в советской и восточноевропейской музыке конца XX века / Мария Чизмич ; [пер. с англ. К. Батыгина]. — Бостон / СПб.: Academic Studies Press / Библиороссика, 2024. — 388 с. — (Серия «Современная западная русистика» = «Contemporary Western Rusistika»).

ISBN 979-8-887195-88-9 (Academic Studies Press)
ISBN 978-5-907767-51-5 (Библиороссика)

В своей книге Мария Чизмич исследует отражение травмы в музыкальном искусстве Восточной Европы конца XX века. В 1970–80-е годы вопрос коллективной травмы, особенно связанной со Второй мировой войной и сталинской эпохой, стал темой для публичного обсуждения. Журналисты, историки, писатели, художники и кинематографисты неоднократно обращались к сюжетам боли и памяти, правды и истории, морали и духовности как во времена гласности, так и в предшествующие годы. Мария Чизмич рассматривает, как эти проблемы затрагивались в произведениях композиторов Альфреда Шнитке, Галины Уствольской, Арво Пярта и Хенрика Гурецкого. Опираясь на данные психологии и социологии, используя методы литературоведения и культурологии, автор показывает, как средствами музыки происходило осмысление исторических травмы и потери.

УДК 78.05
ББК 85.313

ISBN 979-8-887195-88-9
ISBN 978-5-907767-51-5

Благодарности

Написание этой книги стало возможным благодаря нескольким грантам, полученным от Университета Южной Флориды. Грант на творческую исследовательскую работу (Creative Scholarship Grant), грант начинающим исследователям (New Researcher Grant) и грант Института гуманитарных наук (Humanities Institute Grant) обеспечили мне финансирование для создания и редактуры отдельных частей рукописи; грант академических исследований и разработок (Faculty Research and Development Grant) частично покрыл расходы, связанные с приобретением разрешений на использование объектов, защищенных авторскими правами. Помимо этой неоценимой финансовой поддержки, в моем распоряжении было целое сообщество участливых, высокоинтеллектуальных и нередко проявляющих иронию коллег по Университету Южной Флориды. Каждый из них внес неоценимый вклад в эту книгу, будь то в форме здравых профессиональных рекомендаций, ознакомления с черновиками или обсуждения со мной тех или иных идей. Я хотела бы поблагодарить всех людей, связанных в прошлом или по настоящее время с кафедрой гуманитарных наук и культурных исследований. Среди них: Рут Бейнс, Даниэль Белград, Присцилла Брюэр, Аннетт Коцци, Джеймс д'Эмилио, Скотт Фергюсон, Сильвио Гагги, Ники Канциос, Адриана Новоа, Патрик О'Нил, Марио Ортис, Эми Раст, Элейн Смит и Наоми Явне. Писательская группа, организованная Товой Купер и Майклом Клуном при кафедре английского языка, стала для меня важной платформой, благодаря которой я смогла опробовать свои идеи и выработала стиль, доступный для ученых за пределами сферы музыковедения. Большое спасибо всем участникам нашего кружка. Мэрибет Кларк (Новый колледж Флориды), Зои Лэнг и Джил Браски также знакомились с отдельными фрагментами рукописи и помогали понять, что может быть в первую очередь интересно сведущей в музыке аудитории. Кис Ботерблоэм, специалист по истории России, любезно согласился ознакомиться с первыми черновиками глав и дал множество полезных рекомендаций. Я также хотела бы отдельно поблагодарить всех студентов, которые участвовали в моем курсе «Музыка боли». Наши разговоры о нравственных и эстетических проблемах передачи страданий в музыке во многом поспособствовали оформлению моих мыслей при написании книги.

Будучи аспиранткой при кафедре музыковедения Калифорнийского университета в Лос-Анджелесе, я черпала вдохновение из общей атмосферы интеллектуальной свободы и товарищества, которая царила на кампусе. Эти ощущения в некоторой степени по-прежнему влияют на мое творчество. Я очень ценю помощь Митчелла Морриса, всегда готового поделиться и важным замечанием, и колкой остротой. Он всеми силами содействовал моей работе над диссертацией и до сих пор одаривает меня мудрыми советами. Искреннее спасибо важно сказать и Сьюзан Макклари, которая уделяла время пожеланиям и дружеской поддержке. Семинар Роберта Финка по экспериментальной музыке стал источником первоначального замысла, который по прошествии многих лет трансформировался в эту книгу. Участие Элизабет Ле Гуин в работе совета, рассматривавшего мою диссертацию, позволило мне всегда придерживаться фактов, особенно в том, что относится к восприятию музыки как искусства, воплощенного посредством физических усилий. Вся кафедра музыковедения Калифорнийского университета в Лос-Анджелесе помогала формировать условия работы, которые стимулировали самые смелые интеллектуальные предприятия при обеспечении высочайших стандартов проведения научных исследований. В книге также ощущается вклад моих сокурсников-аспирантов по Калифорнийскому университету. Они читали первые черновики диссертации, обсуждали со мной теоретические аспекты психологических травм, поддерживали и помогали мне в моих замыслах. Прошло много лет, а мы продолжаем оставаться друзьями. Спасибо Кейт Бартел, Дейлу Чапману, Мартину Дотри, Чаку Гарретту, Гордону Харамаки, Эрику Лёдалу, Барбаре Морончини, Луису Нибуру, Гленну Пиллсбери, Эрике Шейнберг, Сесилии Сунь, Стефани Вандер Вел и Жаклин Варвик.

Несколько человек напрямую посодействовали мне в различных аспектах написания этой книги. Еще в 2008 году я наконец-то посмотрела фильм «Покаяние» после увлекательной беседы с Денисом Козловым между заседаниями конференции «Боль, причиняемая словами» в Принстонском университете. Я хотела бы поблагодарить Люка Ховарда за то, что он когда-то давно читал мои самые ранние записи по Гурецкому и всегда был готов любезно ответить на любые вопросы. Искренне благодарна Валентине Алексе, которая помогла разобраться с рухнувшим на меня множеством источников на русском языке, проявляла неизменно дружеское участие и терпение и заварила мне не одну чашку чая. Казимеж Робак помог найти и перевести несколько источников на польском, за что я ему невероятно признательна. Эндрю Шрадер, опытный пользователь нотного редактора Finale, создал несколько иллюстраций примеров из партитур, которые включены в книгу. Я хотела бы сказать отдельное «спасибо» Сюзанне Райан из Oxford University Press. Поверив в этот проект, она направляла меня в ходе создания текста и подготовки издания к публикации и всегда отвечала на многочисленные запросы оперативно и доброжелательно. Мэдлин Саттон, Кэйлин Кобб, Норман Хирши и Эрика Вудс Такер из того же издательства также достойны благодарностей за то, как разбирались с исходящим от меня бесперебойным потоком электронных писем с вопросами обо всем сразу: от особенностей подготовки книг к публикации до проблем с получением разрешений по линии авторских прав. С последними мне на помощь пришли сразу несколько человек: Александр Демко из аукционного дома Artfira, Ева Белявская из Maya Polsky Gallery и Аня Маккесси, ранее работавшая в лондонской Regina Gallery. Я благодарна художникам Игорю Тюльпанову и Семену Файбисовичу, которые разрешили использовать их работы, а также Никите Шерстюку и Михаилу Сидуру, которые одобрили включение в книгу произведений их отцов. Отдельное спасибо анонимным рецензентам, прочитавшим рукопись. Их тактичные и подробные комментарии очень помогли мне на всех стадиях доработки текста.

Написание (и многократное переписывание) книги — некий интеллектуальный марафон, с которым тяжело справиться без поддержки родных и близких. Я благодарна всем, кто был готов выслушать и ободрить. Это в первую очередь мои любимые родители Инес и Стипе, а также брат Ник. Они всегда эмоционально поддерживали меня. Самых искренних благодарностей заслуживает Эндрю Бэриш, который читал рукопись и размышлял над ней, высказывал собственные мысли и всеми силами содействовал мне в успешном завершении работы. Ближе к концу подготовки этой книги судьба подарила нам Энтони Мирко. Каждая его лучезарная улыбка приносит несказанное счастье.

О сопроводительном сайте

www.oup.com/us/performingpain

Издательство Oxford University Press создало защищенный паролем сайт, который дополняет «Музыку боли». Будем рады, если читатели найдут его полезным. На платформе доступны аудиозаписи с примерами из описанных музыкальных произведений. Прослушивание соответствующих фрагментов во время чтения поможет критически осмыслить идеи, представленные в моей книге.

Логин для доступа на сайт: Music1. Пароль: Book5983.

Введение
Музыка как свидетель

В советско-грузинском фильме «Покаяние» Кетеван (Кети) Баратели — одна из ключевых фигур кинокартины — прибывает в вызывающе белом одеянии и кипенно-белой шляпе на судебное заседание, где ей предстоит выступить по поводу разграбления могилы. Показания, которые дает в свою защиту Кети, принимают форму аллегорического сказания, наводящего на очевидные ассоциации со сталинским террором 1930-х годов. В условно благопристойном помещении суда Кети свидетельствует о том, сколько боли и лишений ей принесло прошедшее в условиях всеобщего хаоса детство, а также рассказывает, как ее родители и их друзья были арестованы и казнены. «Покаяние» представляет собой художественное отображение семейной истории. Пока присутствующие на суде слушают рассказчицу, перед глазами кинозрителей проходит визуальная хроника противостояния родителей героини злонамеренному и деспотичному городскому главе — персонажу, в котором одновременно прослеживается образ Сталина и сливаются воедино черты сразу нескольких диктаторов. В двух сценах мы наблюдаем за тем, как Кети и ее мать переживают утрату отца и подруги. В обоих случаях образы на экране сопровождаются отрывками из горестной «Tabula Rasa» — концерта, написанного эстонским композитором Арво Пяртом. Скорбный эффект произведения возникает из медленно развивающегося цикла повторяющихся мотивов, исполняемых струнным оркестром. Тем самым музыка служит элементом судебных показаний Кети о событиях прошлого и одновременно сама по себе свидетельствует об исторической травме, оставшейся в результате сталинских репрессий.

Строго говоря, в том, как «Tabula Rasa» применяется в «Покаянии», нет какого-то новаторства. В фильмах, монументах и церемониях, посвященных индивидуальным или коллективным переживаниям, часто используют музыку. Многие произведения искусства возникли как реакция на тяжелые потрясения. Личное, историческое и в конечном счете даже музыкальное свидетельствование Кети наводит на мысли и вопросы, которые составляют центральную мотивацию для написания этой книги. В какой мере музыкальные произведения выступают свидетельствами травматических событий? Возможно ли через музыку метафорически обыграть психологические последствия травм, утраты и восстановления после глубоких переживаний? Что говорит нам музыка о сущности памяти и времени? Можно ли задействовать музыку в общественных дискуссиях по проблемам страданий, памяти и скорби? Способна ли музыка задавать некие коннотации акту свидетельствования? Наконец, как слушатели реагируют на музыку? Может ли музыкальное произведение быть стартовой точкой для выработки эмпатии к боли, переживаемой другими людьми? Или все же в эстетизации травм таятся угрозы?

Историческая память в Восточной Европе конца XX века

Четыре кейса, которые рассматриваются в книге, посвящены музыкальным произведениям, написанным в России (СССР) и Восточной Европе в 1970-е и 1980-е годы. Тогда в этом регионе осмысление травматических событий из недавнего прошлого было важным элементом общественного дискурса и проявлялось через литературу, кинематограф, искусство, публицистику, историографию и, конечно же, музыку. Широко известный «секретный доклад», который был зачитан Хрущевым на закрытом заседании XX съезда ЦК КПСС в 1956 году, потряс все основы и стал публичным признанием жестоких актов насилия, произошедших во время правления Сталина. Этот документ побудил немало людей заинтересоваться событиями прошлого, которые не вошли в исторические нарративы. За речью Хрущева последовала серия оттепелей и заморозков в сфере политики реформ. Проявления открытости, наиболее ярким из которых можно назвать публикацию Александром Солженицыным «Одного дня Ивана Денисовича», перемежались с откатами, в частности настойчивым отстаиванием Брежневым мнения, что Сталина следовало изображать не иначе, как в героическом ключе. Но куда бы ни дул ветер перемен, в отдельных кругах интеллигенции сохранялось беспокойство по поводу сущности исторической памяти. С началом политики гласности и перестройки в середине 1980-х годов в обществе стало преобладать повышенное внимание к советскому прошлому — чисткам 1930-х, ГУЛАГу, коллективизации, раскулачиванию и постоянным нарушениям прав человека при Хрущеве и Брежневе. Журналисты, историки, писатели и деятели искусства пытались восполнить пробелы в истории. Историк Кэтрин Мерридейл отмечает, что советское правительство проявляло особую озабоченность коннотациями травматических событий предшествующего времени. Они то игнорировались, то искажались в документах, то преобразовывались в героические, победоносные сюжеты. В период гласности на злодеяния прошлого пролился свет, и всему народу пришлось участвовать в «активном процессе» восстановления и пересмотра коллективной памяти[1]. Это повышенное внимание к памяти и сущности истории во второй половине XX века предполагает постоянное взаимодействие с целым спектром связанных друг с другом проблем: историческими травмами, культурным наследием, соотношением истины, реализма и наших представлений о них, нравственности и совести, духовности и религии. По мере того как люди осмысляли коннотации недавней восточноевропейской истории, указанные категории выходили на первый план — зачастую параллельно в разнообразных сочетаниях.

В то время во всей Восточной Европе в коллективном сознании в качестве важных вех неизменно фигурировали Вторая мировая война и эпоха Сталина. Вторая мировая выступала существенным лейтмотивом для СССР на протяжении всего XX века. Правительство одобряло осуществляемое всеми доступными средствами прославление победы Советского

Союза над фашизмом и нацизмом. В свою очередь, деятели искусства, среди которых были и ветераны войны, в том числе Вадим Сидур, старались передать в творчестве ощущение бесславных мучений солдат. По сей день блокада Ленинграда, как и многие другие эпизоды Великой Отечественной войны, занимает существенное место в коллективной памяти россиян[2]. Аналогичным образом польская интеллигенция в 1970-е и 1980-е годы пыталась разобраться с собственным коммунистическим наследием: в отдельных случаях памятники Второй мировой войны содержали косвенную критику советских властей. Фильм Анджея Вайды «Человек из мрамора» 1977 года показывает обостренную фиксацию молодой женщины на манипуляциях коммунистического правительства с историей и попытки найти истину; а на конец 1980-х — начало 1990-х годов приходится ожесточенный спор на тему тоталитаризма, соучастничества и ответственности[3]. Вторая мировая и сталинский режим находились в фокусе всеобщего внимания, однако обеспокоенность историческими травмами зачастую распространялась и на события до и после войны (в частности, тревога по поводу перспективы ядерной войны). Так, Борис Пастернак в вышедшем в 1957 году романе «Доктор Живаго» задается вопросами о сути революции 1917 года и гражданской войне в России и прослеживает, как эти радикальные потрясения сказываются на главном герое. Ранние романы чешского писателя Милана Кундеры «Шутка» (1967) и «Книга смеха и забвения» (1979) посвящены феномену исторической памяти в свете советского воздействия на Чехословакию. «Шутка» представляет читателю размышления нескольких персонажей об их взаимодействии с социалистическими властями после событий февраля 1948 года — в сущности, коммунистического переворота в Чехословакии. Сюжет «Книги смеха и забвения» разворачивается на фоне ввода советских войск в страну в 1968 году. Герои силятся восстановить в памяти прошлое, которое вместо того, чтобы сложиться в разумный хронологический порядок, распадается на фрагменты[4]. Ближе к концу века мы обнаруживаем в произведениях таких деятелей искусства, как художник-карикатурист Вячеслав Сысоев, осмысление современной войны и связанного с ней чувства тревоги. В зарисовке «Адам и Ева» («Но жизнь прекрасна») (1982) герои резвятся на фоне идиллического пейзажа, под которым скрывается склад, полный бомб, ядерных боеголовок, артиллерийских снарядов, танков и боевых кораблей. Изображение дополняет ироничная фраза: «Но жизнь прекрасна».

В значительной части Европы и США на протяжении второй половины XX века в качестве ключевых вех исторической и коллективной памяти воспринимают скорее Вторую мировую войну и холокост. Этот социальный феномен проявляется, например, в том, насколько часто именно холокост становится предметом научных исследований в области исторических травм. Соответственно, возникают некоторые устойчивые штампы в связи с образом травмы — по крайней мере, в контексте войны. Ученые зачастую рассматривают как психологические феномены нежелание людей, переживших холокост, разговаривать о прошлом и коллективное умалчивание реалий жизни в концентрационных лагерях. Оба психологических механизма выработались в послевоенный период. В свете витающих в воздухе теорий Зигмунда Фрейда о подавлении чувств безмолвие можно трактовать как типичную психологическую и эмоциональную реакцию на индивидуальные и коллективные травмы. Молчание как психологический ответ на насилие — некий архетип в исследовании травм[5]. Однако, когда мы переходим к советскому контексту, становится очевидно, что попытки обосновать безмолвие с позиций психологии или даже психоанализа оказываются — вопреки релевантности — довольно аполитичными. После смерти Сталина в 1953 году из советских трудовых лагерей были освобождены многие заключенные. Как отмечают историки Орландо Файджес и Кэтрин Мерридейл, по возвращении домой многие советские граждане предпочитали хранить молчание и не делиться воспоминаниями о том, через что им пришлось пройти, из страха перед последствиями. Преимущественно негативное отношение к узникам ГУЛАГа могло обернуться сложностями при поиске жилья и работы[6]. И Файджес, и Мерридейл не считают психоанализ в полной мере применимым к этим обстоятельствам.

Оба исследователя подчеркивают политический характер такого безмолвия. Воспоминания о травматических событиях постоянно перемешиваются с осмыслением природы политики и власти. Общий интерес к прошлому, который сформировался в СССР в 1970-е и 1980-е годы, в определенной мере восходил к общему политическому контексту и обычно был реакцией на фальсификацию и трансформацию исторической памяти со стороны официальных властей.

Внимание к исторической памяти иногда включало в себя стремление лучше узнать локальную или общемировую культуру. У некоторых людей одним из проявлений влияния тоталитарной идеологии было ощущение, что они отрезаны от региональных культурных практик, а также от европейской и мировой культуры. Как полагает Майкл Бекерман, роман Кудеры «Шутка» запечатлевает амбивалентное отношение к народной культуре в Чехословакии во времена коммунизма. С одной стороны, власти, руководствуясь идеологическими соображениями, использовали произведения народного творчества для выстраивания отношений с «народом». С другой стороны, несколько персонажей Кудеры принимают участие в традиционных ритуалах, которые позволяют им на фоне немецкого и советского влияния сохранить связь с собственной региональной идентичностью[7]. Сандро Баратели — отец Кети из «Покаяния» — пытается отстоять свою причастность к культуре и истории Грузии, защищая местный храм, возведенный в VI веке. В споре с городским главой Сандро связывает местное этническое наследие с более обширным контекстом европейской культуры. Даже в мультипликационном фильме «Стеклянная гармоника» (1968) режиссера Андрея Хржановского волшебный музыкальный инструмент обращает против зловещего «человека в котелке» музыкальный мотив Альфреда Шнитке, основанный на буквах фамилии Иоганна Себастьяна Баха, и образы классического изобразительного искусства Европы. При рассмотрении четырех кейсов у нас будет возможность отметить, как отсылки к локальной и международной культурной традиции позволяют эстетически осмыслять феномены памяти и страдания.

Ответом на явления, которые упоминает Мерридейл, — фальсификацию документов советским правительством и манипулирование коннотациями травматических событий прошлого — стало стремление некоторых кругов к поиску истины и реализма. В период гласности режиссер «Покаяния» Тенгиз Абуладзе в интервью следующим образом описывал условия, в которых работал: «Мы должны рассказывать правду, еще раз правду, ничего, кроме правды»[8]. Филип Буббайер в хронике философских концептов «истины» и «совести» в русской культуре отмечает, что после «секретного доклада» Хрущева фиксация на достоверности захватила в первую очередь круги диссидентов, затем захлестнула интеллигенцию (в частности, заслуживает упоминания опубликованное в самиздате эссе Солженицына «Жить не по лжи!» 1974 года) и, наконец, стала преобладать в обществе во времена гласности[9]. Антрополог Алексей Юрчак предлагает иное прочтение этого исторического нарратива. С его точки зрения, повышенное внимание к правдивости было характерно, скорее, для шестидесятников — поколения, чьи взгляды сформировались в 1960-е годы. В 1970-е и в начале 1980-х годов на первый план выдвигается младшее поколение, которое было готово номинально следовать официальным ритуалам, но при этом заниматься всевозможными видами деятельности, которые формально выходили за пределы дозволенного. Так размывалась граница между правдой и ложью, официальным и неофициальным[10]. Проблема истины будет постоянно подниматься в этой книге, каждый раз находя широкий спектр откликов. Некоторые авторы, в особенности Солженицын и Гавел, реагировали на кризис правды призывом к формированию довольно четких представлений о правдивости, которые должны были противостоять лживости и пособничеству[11]. Желание обратить внимание на игнорируемые или фальсифицируемые явления жизни советского общества приводило художников, в частности Оскара Рабина, к более реалистической манере и таким табуированным темам, как убогие жилищные условия и алкоголизм. Однако были и деятели искусства, которые, рассматривая природу истины, ставили под вопрос факты, реальность, восприятие и наши представления

о них, побуждая аудиторию предаваться сложным и неоднозначным размышлениям о том, насколько человек в принципе способен честно описывать реальность[12]. Даже в «Покаянии», столь
сконцентрированном на выявлении исторической истины, находится место для осмысления истоков страданий человека через
сюрреализм и фантастический стиль.

Поиск истины и сомнение в правде неизбежно наталкиваются
на соображения этического характера. Буббайер в истории российской и советской мысли охватывает движения и школы самой
различной направленности. Он называет конец XX века для СССР
(России) временем нравственных шатаний. Советские власти
давно изображали себя носителями некоторой морали, однако,
с точки зрения Буббайера, в последние десятилетия существования СССР режим утрачивает нравственную легитимность.
Формируется альтернативная этическая и духовная культура,
основанная на искренности, правдивости, честности и отказе от
насилия. Во многих литературных произведениях, а также в таких
фильмах, как «Солярис» и «Сталкер» Андрея Тарковского, иссле-
довались нравственные устои советской жизни и проблема совести, которая активно осмыслялась всем обществом. По мере того
как внимание к этическим дилеммам становилось мейнстримом
во времена гласности, сама идея совести начала выражать стремление к нравственному и духовному возрождению и моральный
императив хранить в памяти акты насилия. Во все дискуссии на
подобные и иные темы постоянно вплетаются религиозные
и духовные мотивы. Буббайер демонстрирует влияние религии
на представления о правде и нравственности в России. Его выводы по поводу духовной риторики конца XX века согласуются
с работами исследователей, которые отмечают новый расцвет
религиозных верований в этот период[13]. Буббайер указывает, что
религиозные обороты применялись при обсуждении этических
проблем даже теми людьми, которых нельзя назвать истинно
верующими. Это указывает на существование в то время некоей
всеобщей, объединяющей одухотворенности[14].

В книге «Совесть, диссидентство и реформы в Советской
России» Буббайер в основном уделяет внимание СССР, и его

работа выступает важным отправным пунктом для моего исследования произведений российских и — шире — восточноевропейских композиторов. При этом ученый показывает, что пристальное внимание к проблеме исторической памяти по-разному переплетается с представлениями о правде, этике и религии в гораздо более обширном географическом контексте. В Польше осмысление наследия Второй мировой войны быстро вылилось в споры насчет религии, а также сложные дискуссии на тему памяти и средств ее воспроизведения. Воспоминания, истина, нравственность и духовность — все это выдвигается на первый план, когда общества пытаются привнести ясность в травматические события прошлого.

Музыка, память и постмодернизм

Произведения, которым посвящена эта книга, — Концерт для фортепиано и струнного оркестра Альфреда Шнитке (1979), Шестая соната для фортепиано Галины Уствольской (1988), «Tabula Rasa» Арво Пярта (1977) и Симфония № 3 Хенрика Гурецкого (1976) — оказываются на стыке всех обозначенных проблем. В качестве музыкальных свидетельств каждая работа в той или иной мере соприкасается с исторической памятью посредством композиционных решений, контекста написания или последующей реакции слушателей. Музыковед Маргарита Мазо указывает в обзоре музыкальной жизни Москвы и Ленинграда с 1960-х по 1980-е годы на следующие обстоятельства прошлого, в которых творили композиторы различных направлений:

> Возможно, самой мощной темой в музыке послесталинской эпохи стала нормализация исторической оси: прошлое — настоящее — будущее. В предшествующие годы официальная культура концентрировалась на построении «светлого будущего для всего человечества», как того требовала действующая политическая доктрина. Прошлое существовало, но лишь постольку, поскольку было востребовано офици-

альной линией. Прошлое представляло собой не целостный исторический континуум, продолжавший существовать через человеческие переживания в культуре, а собрание мифов, составленных из отдаленных во времени фактов и событий, которые подстраивались под официальную политику[15].

Мазо поясняет, что направление развития музыки конца XX века во многом задавали манипуляции с историей (исследовательница их характеризует в манере, схожей с Мерридейл) в сочетании с устремленным в будущее оптимизмом, который характерен для эстетики соцреализма. «Непредсказуемое прошлое» (так Мазо озаглавливает одну из статей) влияло не только на творческие процессы, но и на музыковедение и музыкальное образование. Нежелательная информация исключалась из учебников, библиотек и архивов. Мазо полагает, что музыка того времени переживала кризис неясности временны́х рамок. Ответом на разрыв линейности течения времени под воздействием ухищрений советских властей стало отражение в музыкальном осмыслении фрагментарности и статичности такими композиторами, как Альфред Шнитке, Арво Пярт и Александр Кнайфель. В результате с конца 1960-х по 1980-е годы мы наблюдаем повышенный интерес в сфере музыки и культуры в целом к мотиву памяти, что способствовало воспроизведению нормативной линейной «исторический оси». Мазо характеризует это как стремление к возврату утраченного: «По мере того как факты и ценности прошлого все больше фиксировались в подложной форме, целый калейдоскоп отсылок к мировому искусству — как предшествовавшего, так и настоящего времени — помогал переосмыслять наследие, восстанавливать идентичность и выявлять новые чувства принадлежности и целостности»[16].

Музыка способна отсылать нас к прошлому различными способами. В некоторые произведения могут быть включены относительно очевидные аллюзии к историческим событиям, периодам времени и примечательным местам в виде как названий, так и обращений к предшествующему музыкальному и литературному наследию. Музыковед Адриан Томас, пишущий во многом в духе рассуждений Мазо, указывает, что на 1970-е и 1980-е годы приходится «возобновление контактов с прошлыми эпохами» в польской музыке[17]. Как мы убедимся на примере Симфонии № 3, Гурецкий целенаправленно подбирал строки для сольной партии сопрано и музыкальные цитаты из других произведений и народных песен, чтобы вызывать в памяти слушателей определенные моменты из истории Польши. Для Гурецкого Симфония № 3 не исключительна в этом отношении. Композитор уже демонстрировал схожие устремления в оркестровом сочинении «Старопольская музыка» (1969). Аналогичные явления можно обнаружить и в произведениях других польских композиторов, в том числе Збигнева Буярского, Марека Стаховского и Кшиштофа Пендерецкого[18]. Существуют работы, которые не содержат отсылок к конкретным историческим событиям, но обращаются к стилистическим приемам прошлого. В этом контексте можно вспомнить коллажные произведения, написанные в 1960-х годах Шнитке и Пяртом, в том числе, соответственно, сонату № 2 для скрипки и фортепиано «Quasi una sonata» («Почти что соната», 1968) и «Коллаж на тему "B-A-C-H"» (1964). В обоих случаях композиторы взывают к музыке различных эпох, от барокко до современности. Отсылки могут принимать разнообразные формы — от прямых цитат до более туманных аллюзий, которые, скорее, направлены на воссоздание определенной стилистики. Даже когда Пярт оставит технику коллажа и перейдет к самобытному стилю «тинтиннабули», строящемуся на цикличных повторах благозвучных мотивов, в произведениях композитора будет сохраняться склонность к осмыслению широкого спектра материала из средневековой, барочной и современной музыки. Обозначенные примеры свидетельствуют, что пристальное внимание к прошлому часто пересекается с интересом к истории культуры, будь то личное наследие автора или общеевропейский контекст. Вне зависимости от того, сводятся ли отсылки к определенной географической точке или они принимают интернациональный характер, само обращение к музыкальным референсам дает композиторам возможность размышлять на тему всеохватывающих проблем истории и времени и подчеркивать существование множества подходов к выстраиванию отношений между прошлым и настоящим.

Особое внимание к истории, проявившееся у музыкальных деятелей во второй половине XX века, охватывает те травмы, которые оставило после себя это столетие. В послевоенный период возник мощный импульс передать через искусство ужасы Второй мировой войны и холокоста. Эта склонность обнаружилась во всей европейской (да и мировой) культуре и затронула всевозможные творческие сферы. В этом отношении сразу вспоминаются Квартет на конец света* Оливье Мессиана (1940–1941) и «Уцелевший из Варшавы» Арнольда Шёнберга (1947). Эти музыкальные произведения во многом олицетворяют потребность обратить внимание на страдания и лишения военного времени и зафиксировать их в памяти. Среди восточноевропейских и советских (российских) композиторов можно назвать Дмитрия Шостаковича, который, осмысляя исторические травмы XX века, создал Фортепианное трио № 2 ми минор (1944), представляющее собой реакцию на сообщения о нацистских концентрационных лагерях. Его Симфония № 13 «Бабий Яр» (1964) основана на стихотворениях Евгения Евтушенко и, в частности, одноименной поэме 1961 года — критическом воззвании к советским властям, исказившим историю расправы, которую в 1941-м нацисты учинили над евреями в Киеве. «Плач по жертвам Хиросимы» Пендерецкого (1960) — одна из множества работ, посвященных проблеме наращивания ядерных вооружений, а «Miserere» Гурецкого (1981; исправленная редакция — 1987) — музыкальный памятник польскому движению «Солидарность». В некоторой степени все отмеченные примеры предполагают, что композиторы осознанно стремились как-то отреагировать через музыку на болезненные события, и отражают общую направлен-

---

* Устоявшееся обозначение произведения. Примечательно, что на французском *la fin du temps* может обозначать также «конец времени» и «скончание времен» — потенциально важные коннотации с учетом того, что музыкальное произведение в первую очередь развивается с течением времени. — *Здесь и далее прим. пер.*

ность музыкальной культуры конца XX века на воспроизведение эстетических реакций на исторические травмы. При этом осознанное решение зафиксировать некие мучительные переживания — лишь один из вариантов реагирования на травмы через музыку. Естественно, музыковеды, занимающиеся этой проблематикой, изучают произведения, которые были целенаправленно написаны как ответ на травматические явления[19]. Однако исследователи также принимают во внимание и другой материал: музыку, созданную в период травматических событий (творчество в нацистских концентрационных лагерях)[20]; музыку, призванную вызывать боль (использование произведений в качестве средства пытки)[21]; музыкальное творчество, провоцируемое травматическими явлениями (после событий 11 сентября 2001 года)[22]; формальные детали в музыке, которые метафорически отображают воздействие травм на человека[23]. В моем исследовании только Симфония № 3 Гурецкого представляет собой произведение, которое было изначально создано в качестве реакции на исторические травмы. Другие рассмотренные мной примеры вписываются в общий контекст насущного интереса деятелей искусства к актам насилия в прошлом по-другому, а именно через размышления о событиях и явлениях, относящихся ко времени создания этих произведений, и через восприятие публикой. В свете неких переживаний ученые, журналисты и кинорежиссеры трактуют определенным образом те или иные работы и находят точки соприкосновения музыки и травмы.

Религия и духовность часто находят отражение в осмыслении истории, памяти и страданий. Возрождение веры в Восточной Европе конца XX века сказалось и на деятельности композиторов. Джерард Макберни в кратком обзоре истории советской музыки после Шостаковича особо отмечает общий интерес к религиозным мотивам, который охватил советское музыкальное подполье в начале 1970-х годов. С точки зрения исследователя, подобное влияние испытывали как Пярт и Шнитке, так и Галина Уствольская, Эдисон Денисов и София Губайдулина, а также многие другие композиторы[24]. Создание произведений на религиозные темы стало еще более распространенным явлением в конце 1980-х и начале 1990-х годов. Как пишет Макберни, «поразительное зрелище предстает перед нашими глазами с учетом того, что даже в прошлом "официальные" советские композиторы, такие как Андрей Эшпай, подпадали под повальное увлечение религиозной музыкой и строчили литургии и реквиемы»[25]. Интерес людей того времени к духовности и религии в музыке проявлялся различным образом, от воззваний к вселенским духовным началам до искренне благоговейных отсылок к определенным религиозным движениям. Естественно, в каждом случае подобные проявления могли иметь разные коннотации, то вписываясь в этнический национализм, то становясь элементом преисполненного нравственных соображений негодования как реакции на страдания.

Одна из основных целей, которые я ставлю перед собой в этой книге, — показать, как относительно абстрактные мысли по поводу истины, реальности и нравственности находят отражение в музыке. Да, музыка сама по себе не может буквально воплощать какую-то истину. В равной мере сложно говорить о существовании некоего «музыкального реализма», который бы выступал параллелью схожим устремлениям в изобразительных видах искусства. И все же абстрактные ценности могут влиять на музыку. Как указывает Мазо, в русской культуре давно сложился образ художника, направляющего все силы на то, чтобы обнаружить нравственные императивы и отобразить правду собственной жизни, а искусство в целом приобретало особую важность, оказываясь временами более «реальным и насущным», чем пустопорожняя реальность. Мазо обнаруживает реинкарнацию такого позиционирования искусства в тех взаимоотношениях между музыкой и аутентичностью, которые возникают в конце XX века в ответ на манипуляции советской историей со стороны властей. История всегда представляется непредсказуемой, и композиторы реагируют на это, обращаясь к техникам, якобы способным передать всю весомость правды и честности[26]. Каждая из глав книги раскроет многообразие способов, которыми осмысление аутентичности, истины и нравственности вплетается в различные произведения. Тем самым мы включим музыку в общий социальный дискурс, посвященный изучению этих взаимосвязанных явлений. Основные для моего исследования произведения по-разному соотносятся с категориями истории, памяти, травмы, правды, нравственности и духовности. Взаимосвязи между музыкой и этими понятиями могут прослеживаться и в сочетании звуковых эффектов, и в практике исполнения, и в особенностях жизни и творчества композиторов, и в историческом контексте создания того или иного произведения, и в восприятии аудиторией. Впрочем, можно отметить, что по аналогии с тем, как в музыке благодаря указанным культурным аспектам находится пространство для постижения истины, реальности и нравственности, почти любая эстетическая реакция на травму будет поднимать те же вопросы по поводу действительности страданий и этической неоднозначности попыток их выражения в произведениях искусства.

Многие из музыкальных решений, которым отдают предпочтения рассматриваемые нами композиторы, можно обозначить как постмодернистские. В частности, музыкальный теоретик Джонатан Крамер называет повышенное внимание к истории и отказ от любых линейных прогрессий отличительными свойствами постмодернистской музыки[27]. Все четыре композитора, чье творчество мы проанализируем, применяют различные формы фрагментации, повторов и статичности, стараясь избегать устоявшихся телеологических (читай: завершенных или закрытых) музыкальных структур — или даже подрывать их. В сочетании с отсылками к прошлому и современному композиторам культурному контексту, где на первый план выходила тревога за сохранность исторической памяти, подобные манипуляции фактором времени в музыке побуждают нас задумываться об общем значении темпоральности. Постмодернистские теории предоставляют один из существующих способов постижения того, как эстетическими средствами обыгрываются время, история, повторы и фрагментация. С помощью этого инструмента можно интерпретировать отражение исторических событий в рассматриваемых произведениях.

Матей Кэлинеску в анализе модернизма и постмодернизма в основном размышляет о времени. Румынский критик полагает, что одно из фундаментальных свойств модернизма сводится к вере в необратимое время, которая задает существующие нарративы о прогрессе в областях науки, технологий, истории и эстетики начиная с раннего Нового времени и вплоть до наших дней. Кэлинеску вполне очевидно отстаивает позицию о наличии множества взаимосвязанных, но все же отличных друг от друга «модернизмов»[28]. Отдельные прочтения этой мысли о линейности времени применимы для осмысления тональности и истории музыки. Музыкальный теоретик Брайан Хайер раскрывает одно из наиболее распространенных определений тональности как системы, которая может задавать определенные цели и затем манипулировать нашими ожиданиями в связи с этими целями, формируя впечатление линейности музыкального времени. Хайер также приводит взгляд на тональность, существовавший продолжительное время под влиянием Теодора Адорно. Здесь история музыки воспринимается как эволюция и прогресс через определенные этапы тональности, атональности и в конечном счете сериализма[29]. Возврат к предшествующим композиционным практикам — черта многих композиторов, упоминаемых в моем исследовании, — был бы воспринят сторонниками линейной прогрессии в истории музыки как проявление ретроградности[30].

Предположения о линейном развитии музыки с течением времени периодически всплывают как раз в дискуссиях, посвященных истории советской музыки. На конец XIX и начало XX века приходится всплеск авангарда как в музыке, так и в изобразительном искусстве и литературе. В исторических нарративах мы часто сталкиваемся с предположением, что авангард «закончился» с наступлением сталинизма и соцреализма. Музыковед Питер Шмельц представляет хронику увлечения советскими композиторами сериализмом в 1960-е годы, указывая, что внимание многих из них к сериальным практикам (некоторые упомянуты и в моем исследовании) частично связано с желанием воссоединиться с предшествующими авангардистскими техниками и «догнать» западных коллег[31]. В таком прочтении получается, что советским композиторам остается только наверстывать упущенное время и следовать за неизменно устремленной вперед траекторией исторического развития музыки, вновь принявшего линейный характер.

Борис Гройс в обзоре истории советского искусства выступает с несколько иной трактовкой модернизма и постмодернизма, предлагая, в частности, отступить от устоявшегося представления о том, что русский авангард исчез с наступлением сталинизма. По мнению исследователя, ключевой чертой русского авангарда в начале XX века было желание сформировать полноценный новый эстетический мир. Соцреализм и сталинизм также стремились к этому, причем преуспели именно они, а не авангард. Иными словами, Гройс предлагает концепцию непрерывного нарратива, в котором устанавливается связь между искусством начала и середины XX века. Исследователь полагает, что сталинизм принес историю в жертву видению идеального будущего и сделал упор на значении настоящего в построении этого перспективного будущего. Определения соцреализма, где будущее выдвигается на первый план в ущерб прошлому, вполне вписываются в представленное Кэлинеску широкое понимание модернизма как движения, направленного неизменно вперед, в будущее. И, как мы сможем убедиться на примере «Покаяния», риторика прогресса в СССР, возможно, сказалась не только на политике, но и на эстетике. Гройс отмечает, что к 1970-м и 1980-м годам у советских деятелей искусства возникает фиксация на истории, схожая с тем явлением, которое Мазо выявляет в среде композиторов. Однако, по мнению Гройса, проявлявшие интерес к прошлому художники в конечном счете сталкивались с полным коллапсом временно́й хронологии, которую им предписывали сталинизм и постмодернизм[32].

Многие исследователи задаются принципиальным вопросом: можно ли вообще распространять постмодернизм на восточно-европейский и советский контекст. Ответ в определенной мере зависит от наших представлений о сущности постмодернизма. Считаем ли мы, что постмодернизм — атрибут постиндустриального капитализма?[33] Или это направление стоит воспринимать через призму его стилистических предпочтений, таких как ирония, фрагментация, саморефлексия и отвержение любых «прогрессистских» нарративов? Некоторые авторы отстаивают связь между постмодернизмом и поздним капитализмом и, соответственно, отрицают существование восточно-европейского постмодернизма, по крайней мере в 1970-е и 1980-е годы. Другие ученые, в том числе Михаил Эпштейн, опровергают позицию, согласно которой постмодернизм столь уж неразрывно привязан к капиталистическому обществу, и подчеркивают значение стилистических решений, царивших на определенном этапе в искусстве и литературе Восточной Европы и СССР. Вслед за Гройсом эти исследователи считают постмодернизм вполне валидным инструментом для концептуализации[34]. Каждое из четырех произведений, которым посвящена моя книга, по-своему взаимодействует с историей, фрагментацией, повторами и статичностью. Тем самым они оказываются вовлечены в систему общей стилистики, которая сформировалась вокруг подходов к обоснованию постмодернизма в музыкальной сфере[35]. Впрочем, я не преследую цель обосновать некое представление о музыкальном (и, в частности, восточно-европейском) постмодернизме и настоять на причислении рассматриваемых композиторов к подобным категориям. Постмодернистские теории, во многом завязанные на проблематику исторической памяти, предоставляют прекрасный инструментарий для осмысления того, как эти композиторы применяли музыкальные отсылки к прошлому и формировали восприятие течения времени в советском и восточно-европейском контексте.

Умберто Эко пишет о постмодернистском порыве возвращаться к истории, но отмечает, что ретроспектива всегда содержит в себе неожиданные повороты. В этом причина засилья иронии, пародии, искаженных аллюзий и прочего в постмодернистских трактовках истории[36]. Точка зрения Эко на подобный эстетический интерес к истории представляется весьма релевантной моему исследованию. При этом нельзя сказать, что композиторы, которых я упоминаю, используют именно иронию и пародию. Скорее, они возвращаются к музыкальным практикам прошлого, перенимая, например, некоторые специфические тональности, но отказываясь от таких аспектов, как способность тональности сформировать ощущение времени как линейного. Аналогичным образом композиторы обращаются одновременно и к средневековым, и к современным музыкальным практикам, но никогда не перенимают приемы в полной мере, а адаптируют их под свои нужды и косвенным образом воплощают некую трактовку музыкальных атрибутов прошлого. Как предполагает Кэлинеску, постмодернизм вступает в диалог с прошлым, в то время как модернизм прошлое отвергает[37].

На Западе работает множество теоретиков, которые исследуют увлеченность историей в постмодернизме в тесной связи с такими эстетическими особенностями направления, как фрагментация. Однако существенно, что эти ученые почти всегда действуют в пределах культуры Западной Европы или Америки. Чтобы постоянно оставаться в рамках интересующего меня контекста, я буду в большей степени ссылаться на работы авторов, которые делают упор именно на восточно-европейских проявлениях постмодернизма. Я имею в виду в особенности Гройса, а также Эпштейна, Катерину Кларк и других исследователей (например, Мазо), которые изучают не собственно постмодернизм, а интерпретации исторических событий эстетическими средствами. Указанная группа ученых неизменно предпринимает попытки понять, как именно интерес конца XX века к истории сказался на событии в определенное время и в конкретном месте. Гройс выявляет амбивалентные трения между стремлением воссоединиться с прошлым и постмодернистским коллапсом линейной истории. Кларк напоминает, что многие советские писатели, работавшие в 1970-е и 1980-е годы, трактовали события настоящего через их сопоставление с феноменами прошлого[38]. Наконец, Мазо описывает ориентацию на прошлое в музыке как снадобье от произошедшей под линзой соцреализма дестабилизации истории. Еще одна цель этой книги — рассмотреть, как каждое из четырех ключевых произведений формирует и развивает взаимосвязи с прошлым в рамках общего социального дискурса о значимости памяти и страданий. Иными словами, я постараюсь ответить на вопрос: какую форму принимал диалог с историей в случае каждого рассматриваемого композитора и произведения?

С учетом того, что культурный контекст, в котором были созданы все четыре произведения, зачастую был зациклен на травматическом прошлом, музыкальные аспекты, на первый взгляд представляющиеся постмодернистскими, могут обрести новые коннотации через осмысление травмы и свидетельствования. Гуманистический и академический интерес к анализу травм в конце XX — начале XXI века во многом восходит к тому, как исследования в этой сфере нередко выступают неким откликом на вопросы, которые обсуждались еще в постмодернистском и постструктуралистском дискурсах[39]. Релятивистские представления о природе истины проявляются в интересном ключе как раз в исследованиях, которые посвящены неизбежным сбоям памяти и неровностям мыслей, возникающим в свете необходимости удержаться за важную политическую истину в подтверждение того, что некое страшное событие в самом деле произошло в истории. Постмодернистское увлечение коллапсом линейных концепций истории в чем-то созвучно представлениям о травмах, по выражению антрополога Алана Янга, как о «недуге времени»: фрагментированные воспоминания возвращаются против воли человека в виде флешбэков и кошмаров, в которых размыта грань между прошлым и настоящим[40]. Если переживание человеком некоей травмы приводит к коллапсу линейности личной памяти, то как это скажется на эстетическом воплощении реакции на травму? И как группа людей сможет сохранять в памяти и воспроизводить травматические события? В сфере искусства и культуры возникают очевидные параллели между стилистическими решениями, которые мы часто списываем на постмодернизм, и теми аспектами, которые возникают в связи с попытками отразить страдания. Это ни в коем случае не означает, что любое фрагментированное постмодернистское произведение будет обязательно реакцией на некую травму. Здесь мы можем говорить лишь о том, что между указанными направлениями творчества существуют точки соприкосновения.

Что есть травма

Слово «травма» восходит к греческому обозначению «раны». С течением времени смысл термина постепенно менялся и в итоге охватил как физические, так и психологические повреждения. Конкретные дефиниции «травмы» обычно зависят от того, в какой научной дисциплине мы работаем. Более того, поскольку вопрос о травме по сути междисциплинарный, возможны самые различные интерпретации этого феномена. Специалисты в области психического здоровья в первую очередь обеспокоены воздействием травм на образ мыслей человека и предлагают определенные стратегии реабилитации. Социологов интересуют последствия травм для нашей коллективной памяти и идентичности. Историки изучают этические проблемы нарративов о травматических событиях. Архитекторы исследуют то, как монументы и музеи увековечивают память. А поскольку значительная часть объектов изобразительного и исполнительного искусства, фотографии, литературы, музыки и кинематографа обращаются к образам страданий, искусствоведы, критики и исследователи различных форм искусства, в том числе музыки, фокусируют внимание на разнообразной динамике в изображении травм[41].

Несмотря на большое разнообразие дисциплинарных подходов, существуют некоторые нестыковки между определениями травмы в духе универсализма и социального конструктивизма. В обоих случаях дефиниции могут не укладываться оптимальным образом в определенные дисциплины. Психологи спорят, приводят ли травмы человека к некоему набору универсальных психических реакций, которые выявляются в различных культурах, или посттравматическое стрессовое расстройство (ПТСР) — все же социальный и исторический конструкт, имеющий определенные коннотации именно в западных обществах XX и XXI веков. Даже в отдельно взятой работе можно обнаружить столкновение двух точек зрения. С одной стороны, Джудит Херман в классическом исследовании «Травмы и их исцеление», написанном для психиатров, дает исторический обзор всех работ по этой теме и выдвигает предположение, что наши представления о травмах и их психических последствиях развивались как реакции на социальные и исторические потрясения, в том числе мировые войны, возвращение ветеранов и феминистское движение. С другой стороны, Херман обозначает симптомы и процесс лечения ПТСР как имплицитно универсального психического феномена[42].

Теории о травмах восходят к психологии конца XIX — начала XX века. Французский невролог Пьер Жане отстаивал позицию, что люди естественным образом воспринимают обычные воспоминания в виде линейных нарративов. Экстремальные ситуации, которые выходят за пределы сложившихся представлений человека о мире, подрывают способность осмыслять происходящее подобным образом[43]. Фрейд переосмыслил теорию Жане через идею подавления. С точки зрения Фрейда, в крайне тяжелых ситуациях, которые не укладываются в голове человека, разум подавляет соответствующие мысли, в результате чего образуется некоторый ментальный «пробел». Лишь позднее под влиянием какого-то случайного стимула фрагмент воспоминаний может вернуться, принеся боль и страдания. Подавленные мысли неизбежно влияют на сны и неосознанное поведение, вызывают флешбэки. Человек начинает осознавать травматичность первоначального события только через эти обрывки воспоминаний, которые невозможно сплести в линейный нарратив. Естественно, Фрейд предписывал страждущим терапевтические беседы, которые способны помочь сформировать из бессознательных воспоминаний осознанный сюжет[44].

В течение XX века идеи Жане и Фрейда в конечном счете способствовали оформлению современных универсалистских трактовок травмы. Обычно утверждается, что травма покоится исключительно в сознании человека. Презюмируется, что у всех людей общие ментальные паттерны, а психологические симптомы — прямая реакция на тяжелое событие. Соответственно, пациентам предлагается набор четко определенных программ реабилитации[45]. Херман фактически предлагает именно это современное, научно-медицинское понимание ПТСР и возможностей его лечения: среди вероятных симптомов она упоминает онемение (зажатость), которое периодически сменяется чрезмерными реакциями на обычные стимулы (гипервозбуждение) и дополняется такими последствиями, как флешбэки и кошмары. Здесь прослеживаются очевидные параллели с терапевтическим подходом Фрейда. Реабилитация предполагает восстановление как можно большего числа воспоминаний (с подключением всех органов чувств) и компиляцию из них осмысленного сюжета, охватывающего период жизни до наступления травматического события, само это событие и нынешнее восприятие человеком самого себя[46]. Алан Янг представляет часто высказываемое критическое замечание в адрес универсалистских представлений о травмах. Антрополог признает, что для тех, кто страдает от симптомов ПТСР, травма — весьма определенный набор переживаний. Проблема заключается в том, что универсалистский подход к травмам возникает в связи с конкретными социальными и историческими обстоятельствами. Соответственно, ПТСР как диагноз применимо ко множеству людей, но вневременной универсальной правдой оно не становится[47].

И все же насилие определенно воздействует на группы людей и их чувство коллективной идентичности, а также на то, как именно они рассказывают свою историю и как складываются воспоминания в голове каждого человека. Другая форма социального конструктивизма отходит от изучения индивидуальных паттернов и предлагает обращать внимание на значения, которые группы людей придают масштабным травматическим событиям. Такие социологи, как Джеффри Александер и Рон Айерман, развивая концепцию «культурной травмы», фокусируются на признании целыми обществами тех или иных событий травматическими. Представления о культурных травмах, которые могут свободно мигрировать между сферами религии, эстетики, права и госуправления, выступают как наборы утверждений о природе реальности и нравственной ответственности. Тем самым возникают основания для формирования коллективной идентичности и памяти и оформляется круг людей, которые могут разделить соответствующую социальную идентичность. Дискуссии, которые возникают вокруг культурных травм, могут быть весьма резкими. Разные группы придерживаются различных представлений о том, что для них значит боль и как она влияет на социальный контекст, но при этом такие споры приводят к большему взаимопониманию в обществе. Даже люди, которые не были напрямую связаны с первоначальной травмой, могут ощущать ее последствия и определять себя через соответствующую коллективную идентичность. В качестве примеров Айерман приводит множество ситуаций из истории афроамериканцев, от Реконструкции Юга после Гражданской войны до движения Black Power за права афроамериканцев в 1960-е годы. Во всех случаях память о рабстве выступает основанием для построения коллективной идентичности. На протяжении всей истории США люди посредством литературы, кинематографа, музыки и публицистики стремились интерпретировать и обсуждать значимость памяти о рабстве. Таким образом неоднократно преобразовывалась и сама сущность афроамериканской идентичности[48].

Представления о травме в личностном и социальном ключе в некоторой степени могут сосуществовать. Пока общество формирует дискурсы вокруг некоей травмы, обсуждая и определяя ее значимость, отдельные люди переживают психологическую и эмоциональную дезориентацию. Рассмотренные нами две крайности не оказываются взаимоисключающими. Более того, они могут взаимодействовать друг с другом в сфере искусств[49]. Поэзия, кино, изобразительное искусство и музыка в равной степени могут подстраивать выразительные средства для запечатления психологических последствий травмы для человека. Стихотворение Пауля Целана «Фуга смерти» (1948) представляет собой собрание повторяющихся, цикличных, фрагментированных образов, которые отражают опыт пребывания в концентрационном лагере и через упоминание конкретики, и через искажение поэтической формы. Другой пример — в фильме «Бесстрашный» (1993) Питера Уира прослеживается психический и эмоциональный срыв главного героя, который выжил в ужасающей авиакатастрофе. Эстетические произведения позволяют посредством представления реагировать на отдельные психологические и эмоциональные последствия травм. В то же время искусство выступает публичным форумом, который задает направление развития нашего восприятия и дискурса. Многие культурологи, изучающие воспроизведение страданий эстетическими средствами, склонны не отдавать предпочтение какому-то из психологических определений травмы, а уделять больше внимания тому, как искусство распространяется в обществе и формирует образ мыслей[50]. Искусство, литература, кинематограф и музыка могут сформировать из определенного события «культурную травму», постигая природу страдания, описывая значимость болезненного явления и ставя вопросы о необходимости социальных преобразований и пределах ответственности. Более того, поскольку память о травме — как личная, так и историческая — зачастую становится основанием для споров между группами силящихся отстоять некое видение социальных аспектов события, эстетические произведения, которые затрагивают проблематику страдания, нередко становятся вовлечены и в дискурс о власти. В своем обзоре музыкальных и культурных форм я буду стараться балансировать между крайностями: уделять одновременно внимание тому, как психологические реакции на травмы обретают эстетические проявления, и тому, как соответствующие произведения участвуют в общественном дискурсе.

Свидетельства и свидетельствование

В самом общем смысле свидетельства и свидетельствование представляют собой отклики на жестокие события. Как и в случае с исследованиями травм, наши дисциплинарные ориентиры во многом формируют определения. Психологи воспринимают эти явления в контексте индивидуальной терапии, а исследователи, чьи интересы связаны с культурой и эстетикой, используют указанные термины для обозначения стихотворений, фильмов и в целом произведений искусства, в которых предпринимается попытка отреагировать на страдания. Ученые часто увязывают процесс свидетельствования с элементами истины. Поэтесса

Каролин Форше отмечает способность стихотворения-свидетельства «раскрывать реальность». Литературовед Ли Гилмор придерживается более умеренной точки зрения и указывает на язык свидетельствования как на стремление установить «как можно более близкие связи с тем, что составляет правду в избранном дискурсе»[51]. Взаимосвязь между свидетельствованием и истиной, по всей видимости, связана с тем ощущением аутентичности, которое мы приписываем очевидцу, и выходит на первый план в политических и юридических контекстах, когда людям приходится сталкиваться с оспариваемой, игнорируемой или фальсифицированной реальностью. И все же в научной среде за последние десятилетия под вопросом оказались и представления о предположительно стабильной правде. Существует ли вообще истина? Не влияют ли на нее наши точки зрения, обстоятельства, в которых мы находимся, и связи с властями предержащими? Свидетельства оказываются на пересечении различных представлений об истине. С одной стороны, исследования травм ясно дают понять, что наши познания о самих себе и воспоминания могут быть ошибочными. Иными словами, наша связь с правдой в ряде случаев оказывается весьма хрупкой. С другой стороны, может быть крайне важно — по политическим и социальным причинам — подтвердить, что некое травматическое событие в действительности произошло, признать жертв в качестве таковых и выявить людей, несущих ответственность.

В психологических трактовках травм и ПТСР обращается особое внимание на причуды нашей памяти, в которой возникают пробелы, фрагментация и повторы. И хотя некоторые ученые представляют такие симптомы универсальными явлениями, сам процесс свидетельствования кажется скорее попыткой воссоздать смысл. Израильско-американский психиатр Дори Лауб пережил холокост в детстве. Он был одним из основателей Видеоархива свидетельств о холокосте имени Фортунофф при Йельском университете. Лауб рассказывает о еврейском мальчике, родителей которого отправили в концентрационный лагерь. Ребенок остался на попечении польской семьи. Мальчик всю войну не расставался с фотокарточкой матери. Когда польская семья собиралась за молитвой по вечерам, ребенок обращался к портрету матери, умоляя, чтобы война поскорее закончилась и родители вернулись домой. Лауб отмечает, что в такие моменты человек свидетельствует перед самим собой. Мальчик смог воссоздать личную историю, и этот сюжет поддерживал его до конца войны. Родители мальчика выжили и вернулись, однако он столкнулся с тем, насколько сильно они изменились за прошедшее время. Внутренний нарратив и самоощущение мальчика незамедлительно развалились на части. По мере взросления ему пришлось менять «психологические конструкты», проходя через тяжелый период абсолютной дезориентации. Лауб подчеркивает и целительное значение свидетельствования, однако в описанном случае мы имеем дело с ситуацией, когда человек придумывает для себя истории, чтобы справиться со сложными обстоятельствами. Создание подобных нарративов — трудоемкий процесс, и по мере того, как обстоятельства меняются, нарративы могут рушиться и переформулироваться[52].

Сторонники концепции «культурной травмы» не позиционируют дискурс неким актом свидетельствования, однако само представление о свидетельствовании как сформированном нарративе удачно состыкуется с их идеями. В обоих случаях мы имеем дело с людьми, которые силятся интерпретировать значение реальности. С точки зрения психологии, человек пытается толковать события, чтобы уяснить их смысл. С точки зрения социологии, группы людей обсуждают и интерпретируют травмы, чтобы создать некую коллективную идентичность. Как мне стоит воспринимать произошедшее со мной? Как я могу лучше понять окружающий мир? Как объяснить значение определенного феномена, например советских трудовых лагерей? Какими людьми были жертвы таких лагерей? Кто повинен в их страданиях? Как мы можем почтить память жертв? Мемориалы, призванные увековечить жертв, скажем, трудовых лагерей, часто помогали найти ответы на эти вопросы. Такие акты свидетельствования становятся свидетельствами, которые позволяют осознавать реальность через определенные заявления по поводу личной и социальной значимости травматических событий.

В подобном понимании свидетельствования упор делается на содержании фильма, романа или памятника. Музыка отражает реальность и передает некоторое содержание более косвенными средствами, чем другие виды искусства. И все же вполне корректно будет оценить, могут ли формальные качества эстетического произведения также выступать свидетельствами травмы. Специалисты по искусству, в том числе Кэти Карут и Шошана Фелман, адаптируют психологический подход к сущности травмы и предлагают воспринимать формальные аспекты литературы и фильмов как акты свидетельствования. Обращаясь в первую очередь к работам Фрейда, Карут и Фелман полагают, что пережившие травму люди имеют сравнительно ограниченный доступ к достоверным сознательным воспоминаниям о произошедшем (а соответственно, и точному восприятию соответствующих событий). В результате симптомы травмы — флешбэки, кошмары, бессознательные действия — предстают как буквальное переживание заново травм и событий, которые никак не могут вписаться в линейный нарратив. Хотя память может подводить, а средства, которыми мы раскрываем события прошлого, могут привести к искажениям действительности, Карут и Фелман подчеркивают, что такие дестабилизирующие проявления переживаний могут все же передать определенную часть истины, выступая в некотором смысле неосознанной формой свидетельствования. В частности, работы Карут строятся на метафорическом сдвиге от симптомов, которые люди могут ощущать, к эстетической форме. Отталкиваясь от идей постструктуралистов (например, Поля де Мана), Карут отстаивает мнение, что литература и кинематограф могут соответствовать паттернам, схожим с действиями травмированных людей. Автор проводит параллель между постструктуралистским вниманием к лингвистическим пробелам, когда язык неизбежно оказывается неспособен в полной мере передать сущность реальности (такие разрывы она называет «подобными смерти»), и идеей Фрейда о том, что травма (зачастую столкновение лицом к лицу со смертью) приводит к пробелам в памяти. Если истину следует искать во фрагментации, разрывах и безмолвии, то отражение таких переживаний в литературе и кинематографе представляет собой способ поддержания веры в валидность травм, правды и истории[53]. Аргументация Карут почти что выступает ответом на релятивизм постмодернизма и постструктурализма. Исследовательница находит место для истины во фрагментации.

Чрезмерная фетишизация травматических проявлений, когда на первый план выдвигаются сбои по части языка как носителя ценных истин, при отсутствии внимания к потенциальным альтернативам исключает иные возможные — и более благотворные — опции. Рут Лейс, исследователь истории науки, критикует Карут за то, что та ставит на первое место разрушительные последствия травм и полностью игнорирует перспективу восстановления. Историк Доминик ЛаКапра стремится обнаружить относительно стабильные представления о правде, которые могли бы помочь свести нравственные счеты с прошлым. По мнению ЛаКапры, Карут и Фелман настолько фокусируются на связанной с травмами дезориентации, что фактически делают невозможным понимание сущности исторических событий и попытки разобраться с их социально-политическими последствиями[54]. Лейс и ЛаКапра выдвигают вполне валидные аргументы, однако в их замечаниях явственно считываются дисциплинарные ожидания исследователей. Да, личная реабилитация и интерпретация прошлого в нравственном ключе — важные факторы, и мы вполне можем обнаружить достойное место для эстетических проявлений страданий в обеих сферах. Однако искусство и культура задают значительную степень свободы, которая позволяет рассматривать различные реакции на травмы. Люди творческих профессий могут поднимать важные вопросы о последствиях травм и о сути воссоздания пережитого, причем без обязательства всегда предлагать однозначные ответы. Эстетические произведения, где на авансцену выходят фрагментация и дезинтеграция, вполне способны взаимодействовать с острыми проблемами страданий и исторической памяти, вызывая у аудитории чувство эмпатии к пострадавшим. Тем самым у нас возникает возможность расширить собственные представления о мире.

Произведения литературы и кино, которые упоминают Карут и Фелман, — в том числе «Фуга смерти» Целана и кинокартина Алена Рене «Хиросима, любовь моя» (1959) — по всей видимости, представляют собой реакции на последствия травмы через отказ от линейного нарратива и распад на бессвязные фрагменты и повторы[55]. Карут и Фелман в значительной мере полагаются на скрытую аналогию: ровно так же, как человек может попытаться и не суметь пересказать набор воспоминаний, эстетические произведения могут формально не справиться с отображением того или иного смысла. По этой логике, в искусстве проявляется некоторая патология: литература и кино становятся неспособны запечатлевать человеческие переживания, словно сами произведения подверглись симптомам ПТСР. Мысль о форме и содержании, выступающих свидетельствами травмы, исходит из замечания Адорно об эстетических произведениях, которые должны работать против формальных норм и условностей, чтобы художественно передать радикальный слом устоев при столкновении с насилием[56]. Опираясь как на Фрейда, так и на Адорно, Фелман и Карут рассматривают серию литературных произведений, иллюстрирующих неспособность передать авторский замысел. Соответственно, исследователи негласно признают, что линейный нарратив — обычная или успешная форма отражения действительности эстетическими средствами. Я бы хотела избежать све́дения фрагментированных, нелинейных или склонных к повторам работ к провальным попыткам изобразить травматические ситуации — попыткам, которые открывают пространство для буквального возврата к исторической правде. Вместо этого я хотела бы подчеркнуть пластичность искусства, способного передавать через содержание и форму разнообразные человеческие переживания. Если, как предполагают Херман и другие психологи, сознание человека может реагировать на травматические события целым спектром ощущений и симптомов, то деятели искусства вполне способны находить возможности передавать эти переживания. Человек может не суметь хронологически воспроизвести болезненное событие и правильно сформулировать соответствующие эмоции, вспоминая лишь отдельные детали или фрагменты произошедшего. И произведение искусства вполне способно передать эти специфические особенности восприятия некоей ситуации[57]. Я хотела бы подчеркнуть, что работы, где упор делается на фрагментации и повторах, — не столько имитация невозможности отобразить какое-то травматическое событие, сколько выражение и свидетельство последствий, подрывающих все основы нормальности.

Итак, искусство и культура могут посредством формы и содержания нести в себе свидетельство о неких событиях. Однако найдется ли человек, который воспримет форму и содержание надлежащим образом? Да и что может в этом случае означать «надлежащее восприятие»? Свидетельствование зачастую оборачивается действием с весьма неуловимым результатом. Дача показаний как форма обращения к аудитории предполагает, что слушатели будут внимать оратору и реагировать на его посыл. И все же свидетельствование — в правовом, медицинском и культурном контексте — представляет собой диалог с непредсказуемым исходом. Услышит и поймет ли выступающего кто-либо? Принесет ли коммуникация какое-то облегчение оратору? Не навлечет ли на себя последний откровениями какие-то последствия от истеблишмента? Все это — вопросы без ответа[58]. Нередко деятели искусства, которые силятся раскрыть в эстетических произведениях сущность некоей травмы, также предпринимают попытки разобраться с водоразделом эпистемологического характера: как именно мы можем воспринять и понять мучения, испытываемые другим человеком?[59]

В идеальной ситуации искусство, литература, кино и музыка взывают к рациональному чувству эмпатии у аудитории, наделенной должным воображением. Вполне вероятно, что некие мемуары или отдельная фотография найдут «свою» публику, творчески и убедительно передадут определенный опыт и успешно познакомят постороннего человека с какой-то частичкой первоначального события. Но может ли так случиться, что эмпатия уведет не в ту сторону? Что, если аудитория окажется чрезмерно чуткой, слишком глубоко впитает чужой опыт и утратит понимание грани между собственными и чужими мыслями,

границу, отделяющую жертву от свидетеля?[60] Пытаясь найти
нравственно оптимальный способ восприятия, ЛаКапра представляет категорию «эмпатического беспокойства» — ситуацию,
когда человек ощущает эмпатию по отношению к переживаниям
постороннего и чувствует эмоциональный дискомфорт в связи
с чужой травмой, но не путает свою боль с реалиями жизни
другого человека[61].

На оборотной стороне сочувствия возникает безразличие,
недопонимание, эстетизация или даже фетишизация страдания
и насилия. Травматические события часто становятся крайне
скандальными социально-политическими темами. И иногда
свидетельствование — как у Кетеван Баратели в «Покаянии» —
предполагает протест против статус-кво со всеми вытекающими
из этого неприятными личными и политическими последствиями[62]. Эстетические произведения зачастую оказываются неспособны довести до конца попытки отразить страдания и задействовать эмпатическое воображение человека. Выражение боли
может быть недостаточно убедительным, допускать неверные
трактовки или даровать чрезмерное эстетическое наслаждение[63].

Значение утраты и скорби

Психологические и социальные аспекты травмы обычно создают ситуации, в которых от человека ожидаются скорбь
и траур. «Скорбь» обычно подразумевает индивидуальные
эмоциональные реакции на утрату, а «траур» — скорее публичные
проявления скорби (хотя бывают случаи, когда эти термины
могут быть взаимозаменяемыми)[64]. Психологи постоянно отмечают связь между травмой и скорбью, однако природа этой
связи крайне дискуссионная. Некоторые исследователи, уделяя
внимание тяжелым утратам (ситуациям, когда человек объектив-
но теряет что-то существенное), изучают, как травматические
события могут формировать или даже обострять индивидуальные проявления скорби. Другие ученые полагают, что утрата
в ряде случаев выступает формой травмы[65], и отмечают схожесть

травмы с тяжелой утратой (особенно в том, что касается колебаний человека между оцепенением и навязчивыми мыслями)[66]. Есть также специалисты, которые обращаются к работам по ПТСР для выявления теорий, подходящих для исследования феномена тяжелой утраты[67]. Описывая последствия и реабилитацию после травмы, Херман упоминает горе как один из этапов на пути к восстановлению. Мы зачастую болезненно переживаем насильственную смерть людей. По меньшей мере человек может оплакивать утрату прошлого чувства самости. Позиция Хермана по воспоминаниям и скорби восходит к идее Фрейда о «работе над скорбью»: человек должен прорабатывать всевозможные импульсы, чтобы научиться избегать болезненных воспоминаний и сформировать вместо них осмысленный нарратив утраты и/ или травмы. Предполагается, что такой нарратив будет охватывать все предшествующие периоды жизни, учитывать максимальное число воспоминаний о травме, содержать вывод о том, как прошлое связано с настоящим, и формировать новые представления человека о себе самом[68].

Фрейд остается влиятельной фигурой в области исследований тяжелой утраты. Его идеи все еще релевантны, вопреки тому, что некоторые из них считаются устаревшими. Фрейд утверждал, что скорбь подразумевает инициацию восстановления памяти и тем самым оценки всех воспоминаний, связанных, например, со скончавшимся человеком. Конечной целью здесь предполагался «декатексис» — обрубание эмоциональной привязанности к объекту скорби и создание пространства для новых связей и отношений[69]. В наше время исследователи учитывают, что люди сохраняют эмоциональную привязанность к ушедшим многие годы, если не десятилетия. Это проявляется в различных формах: обостренные реакции на воспоминания о скончавшемся, посещение мест захоронения, празднование важных годовщин и ощущение, что покойный остается рядом и с ним даже можно разговаривать[70]. Люди обычно не склонны немедленно замещать утраченные связи новыми. Так, вдова вполне способна, ощущая эмоциональную привязанность к почившему супругу, начать романтические отношения с другим человеком. Если «работа над скорбью» не может быть сведена к декатексису и высвобождению энергии человека для новых отношений, то какую роль играет воспроизведение воспоминаний? Несколько исследований раскрывают возможную пользу от озвучивания и письменной фиксации тяжелых утрат (в том числе травм). Существуют явные свидетельства того, что подобные действия могут улучшать общее психологическое и физическое здоровье человека. Однако есть и основания предполагать, что в долгосрочной перспективе рассуждения о болезненной утрате необязательно смягчают симптомы скорби[71].

И все же люди часто ощущают необходимость всеми доступными средствами поделиться болезненными воспоминаниями об утрате и травмах и нередко заявляют, что после этого они ощущают себя лучше. Помимо того, что озвучивание и письменная фиксация позволяют разобраться с симптомами скорби, благодаря этим действиям человек организует переживания и примиряется с ними, лучше понимает свои эмоциональные состояния и может объяснить их другим людям, учится выражать чувства словами[72]. Многие психологи отступают от интраперсонального подхода, которого ранее придерживались такие ученые, как Фрейд, и обращаются к более межличностным и социальным методам, где скорбь предстает как поиск смысла в утрате. В начале XXI века особую роль в этом сдвиге в теории скорби сыграл Роберт Неймайер, который трактовал смену приоритетов как переход к более конструктивистским и постмодернистским воззрениям[73]. Кончина значимого для нас человека может полностью подорвать основополагающие представления о мире. Скорбь позволяет нам осознать и найти трактовку для чувства утраты[74]. Люди, которые сохраняют связь с умершим, зачастую осмысляют, насколько большое место этот человек занимал в их жизни и насколько существенна утрата. Неймайер предлагает психологическую версию классической позиции постмодернизма: именно люди наделяют факты смыслом через взаимодействие с культурой и сообществом[75].

Описанное восприятие скорби как генерации смыслов существует параллельно с теориями о сущности травм. Травматические события схожим образом подрывают наши личные предположения о мире, который, казалось, должен быть безопасным, благосклонным к нам и наполненным смыслом. Как отмечают такие психологи, как Джеймс Пеннебейкер, Ронни Янофф-Булман и даже Херман, для того чтобы смириться с последствиями травмы, человеку приходится перестраивать ранее существовавшие или формировать новые представления о мире. Тем самым человек трансформирует собственное «я» и включает травму в потенциально позитивное мировоззрение[76]. Кристофер Дэвис, как и другие сторонники конструктивизма в области психологии, воспринимает и утрату, и травму как тяжелые и неожиданные события, которые разрушают устоявшиеся воззрения человека на мир и вынуждают многих из нас обдумывать, как именно в эти воззрения вписывается то или иное неприятное событие, а иногда даже преобразовывать или менять их[77].

Музыка как свидетель событий в Восточной Европе

Как уже можно понять, нет общепринятой точки зрения о том, применима ли теория травм к советскому контексту. Кэтрин Мерридейл критикует универсалистский подход к травмам и ПТСР. Отмечая у многих собеседников проявление того, что она определяет как свойственное советским людям подозрительное отношение к психологии и психиатрии, Мерридейл воздерживается от использования теорий травмы, чтобы избежать патологизации людей, которые не применяют соответствующие термины к самим себе. Тем не менее даже Мерридейл вынуждена признать, что существуют ситуации, в которых для российского общества применимы западные представления о травмах. В частности, ветеран Великой Отечественной войны рассказывает, что даже по прошествии многих десятилетий ему продолжают сниться кошмарные сцены баталий, а Алексей Смирнов, психиатр из Санкт-Петербурга, в диссертации о ПТСР рассказывает, как применяет эти теории для лечения ветеранов Афганской войны. Орландо Файджес признает, что травма — валидная категория для проработки того, как люди реагируют на пережитое насилие и факторы нестабильности. В частности, исследователь отмечает у многих людей, прошедших систему ГУЛАГа, психологические последствия в виде молчания о прошлом, обрывистых нарративов и навязчивых кошмаров[78].

В том, как люди психологически реагируют на травмы, может прослеживаться кросс-культурная общность. Однако смысл этих переживаний — как для человека, так и для общества в целом — во многом определяется культурными, социальными и политическими факторами. Файджес рассказывает о людях, которые, прочитав после возвращения из ГУЛАГа мемуары таких авторов, как Солженицын и Евгения Гинзбург, о жизни в трудовых лагерях, оказались под настолько сильным влиянием этих текстов, что интернализировали прочитанное, восполнив таким образом пробелы в собственной памяти. Некоторые даже верили, вопреки очевидным свидетельствам об обратном, будто лично знали Солженицына по лагерям. Говоря об обществе в целом, Мерридейл отмечает, что гласность стала временем, когда значимость травм, в особенности связанных со сталинизмом, была предметом ожесточенных дискуссий. Человек может переживать симптомы, напоминающие ПТСР, однако значение, которое приписывается первоначальной травме и ее последствиям для индивидов и общества, формируется в историческом и культурном контексте. По мнению Мерридейл, начавшийся в конце 1980-х годов процесс по раскрытию информации о событиях более ранней советской истории привел общество к участию в «активном процессе» толкования значимости новых фактов[79]. Литераторы, журналисты, кинорежиссеры и рядовые граждане вместе искали смысл тех или иных явлений и обсуждали информацию, которая прежде была либо скрыта, либо фальсифицирована.

Каждая из рассматриваемых нами дисциплин — психология, социология и история — выражает соответствующие ее внутренним потребностям соображения о том, каким образом люди пытаются внести ясность в болезненные личные или коллективные события. Воспоминания о прошлых утратах — особенно тех, которые связаны с травматическими явлениями, например войнами и политическими репрессиями, — складываются в процесс интерпретации. Когда мы воздвигаем памятники, пишем газетные статьи, снимаем фильмы или готовим торжественные концерты, нам следует задаться вопросами о том значении, которое придается той или иной травме. В чем именно она заключалась? Кто к ней был причастен? Как мы должны эмоционально реагировать на произошедшее? Со скорбью? С гневом? Рассматривая пересечение музыки, травмы и утраты, я на протяжении всей книги намерена отстаивать мнение, что музыка участвует в описанном процессе интерпретации. Музыка может различным образом исполнять функции свидетельствования: через формальные композиционные элементы, исполнение (воплощение) и восприятие. В каждой из глав мы будем рассматривать, как музыкальное произведение выступает свидетельством страданий и интерпретирует сущность той или иной травмы или утраты с учетом культурного контекста, в котором было создано.

В том, что касается методологии, я солидарна с герменевтическим сдвигом, который Кэлинеску обозначает как одну из черт постмодернизма[80]. Я не только рассматриваю все четыре произведения, составляющие ядро этой книги, с позиций герменевтики, но и в каждой главе исследую, как музыкальное произведение может само по себе участвовать в процессе интерпретации чего-либо. Обращаясь к таким концептуальным инструментам, как травма, скорбь и постмодернистские теории, в каждом случае я анализирую музыкальные детали с учетом соответствующих исторических и культурных аспектов. Лоренс Крамер предлагает наиболее емкое определение подобного герменевтического подхода:

> [Предполагает] принятие во внимание некоторой части культурного фона произведения в качестве контекста и условия существования последнего. Подобные трактовки произведений стремятся обозначить, как музыка работала именно в том контексте, при тех условиях. При этом в такой интерпретации явно нет претензий на то, чтобы отразить, как произведение воспринимали его создатель или первые слушатели. В равной мере мы не можем исключить обраще-

ние в рамках нашей трактовки к концептуальным источникам, которые появились уже после выхода произведения в свет... Наше намерение здесь — высказать нечто созвучное с тем, что, возможно, было высказано, вне зависимости от того, действительно ли это было так. Тем самым мы можем предположить, как произведение могло бы взаимодействовать в, с, в рамках или против живой культуры [из которой произошло].

Даже мой коллаж из референсов — восточноевропейский дискурс об истории, памяти, страданиях, истине и нравственности, а также теории о травме и скорби, почерпнутые из психологии, социологии, истории, литературы и культуроведения, — задает некоторый набор решений и альтернатив. Как поясняет Крамер, «культурные рамки... — конструкты, собранные из отдельных фрагментов самим интерпретатором, чьи усилия предполагают по умолчанию упорядочивающий принцип или теорию, сколь бы неформальными те ни были»[81]. Все четыре произведения, которые я рассмотрю, в той или иной мере связаны с утратой и травмой. Я буду обращаться к историческим, культурологическим и теоретическим источникам с целью контекстуализировать эти композиции и понять, как именно взаимосвязаны каждая из них и феномен страдания.

Еще один способ проникновения в эту сферу на границе между герменевтикой, эстетикой и реальностью обнаруживается в области перформативной теории, в особенности в диалоге между Ричардом Шехнером и Виктором Тёрнером[82]. Шехнер фиксировал взаимосвязь между исполнительством (в его случае — театром) и реальностью в виде всем знакомой восьмерки, обозначающей бесконечность. На одном конце символа мы обнаруживаем реальность: события, идеи, мысли и действия. На другом конце восьмерки оказывается исполнительство, перенимающее элементы реальности, которые, в свою очередь, подобно игрушечным кубикам, складываются и преобразуются в новые структуры в руках режиссеров, актеров, сценографов и многих других специалистов. Поскольку исполнительство охватывает публичные действа, театр (и, на мой взгляд, музыка, а также любой другой носитель эстетического посыла) обнаруживает новые связи с реальностью и выдвигает новую информацию и идеи. Исполнительство и реальность могут казаться весьма различными средствами, но в действительности тесно переплетаются и свободно воздействуют друг на друга. Исполнительство инициирует формирование нового набора адаптированных идей и впечатлений, которые могут найти место в реальном мире. Таким образом, между реальностью и исполнительством формируется закрытая петля извечной обратной связи, как ясно следует из выводов Шехнера. В некотором смысле все рассматриваемые мной произведения в той или иной мере взаимодействуют с определенными аспектами травмы (фрагментацией и дезорганизацией воспоминаний, физической болью и ощущением безопасности, которое способствует реабилитации) и одновременно отражают выступавшие фоном для творчества композиторов общественные дискуссии на тему исторической памяти и страданий. Во всех четырех случаях музыка выступает свидетельством социальных, исторических и психологических переживаний, завязанных на некую травму, но не представляет собой буквальный возврат к подавленному личному или коллективному воспоминанию. Мы можем сказать, что эти произведения участвуют в общественных дискурсах того времени о памяти и травмах и скорее наводят на вопросы и мысли о сущности страданий и воспоминаний, а не побуждают занять конкретную позицию. Художественные произведения в конечном счете становятся независимыми от контекста своего создания, поэтому каждая из рассматриваемых мной композиций ведет собственную общественную жизнь и используется людьми для интерпретации социальных реалий и реагирования на них. Описанная модель исполнительства, обосновывающая взаимодействие и обоюдное влияние реальной жизни и искусства, позволяет четко обозначить, как произведения, составляющие основное содержание моей книги, могут метафорически «отображать» психологические последствия травм и принимать участие в общественном дискурсе по проблематике культурных травм. Как бы заметили Шехнер и Тёрнер, исполнительство (и, на мой взгляд, в целом эстетические произведения) — это не только отражение неких исторических моментов, а важное средство, которое может помочь людям разобраться со сложившимися реалиями и выявить значение тех или иных проблем. Посредством исполнительства человек способен ввести в общественный дискурс для дальнейшего обсуждения и осмысления собственную интерпретацию событий.

В интеграции психологического, социологического и конструктивистского подходов к травмам проявляется многофункциональность музыки. Как и другие носители эстетических посылов, музыка может обращаться и озвучивать элементы личностных психологических переживаний. Фрагментация музыкальной фактуры в Концерте для фортепиано и струнного оркестра Шнитке представляется аналогией коллапса линейного нарратива, который нередко становится частью реакции человека на травму. Предсказуемые повторы в Симфонии № 3 Гурецкого формируют безопасное пространство, в котором человек может предаться скорби. В этом смысле симфония отвечает потребностям реабилитации после травмы, которую описывает Херман. В то же время музыка действует в культурном, социальном и даже политическом поле, находясь в определенной связи со временем и местом ее создания. Физическая боль, которую музыкант ощущает во время заучивания и исполнения Шестой сонаты для фортепиано Уствольской, напоминает о том, что боль была во многом лейтмотивом периода гласности. Музыка также допускает большую гибкость в интерпретации. Восприятие музыки, в том числе в журналистских работах, а также ее включение в те или иные концерты и саундтреки к фильмам обновляют контекст и преобразуют смысл произведения. В «Покаянии» композиция Пярта «Tabula Rasa» показывает, как музыка способна участвовать в процессе интерпретации культурной травмы, задавая смысл экранным образам страданий и определяя эмоциональное значение исторических воспоминаний, центральных для нарратива фильма. Одновременно отражая личные ментальные переживания и действуя в пределах социального дискурса, музыка, выступающая средством свидетельствования, может работать сразу в нескольких плоскостях: как собственно музыка во всех ее формальных, звуковых и исполнительских (в том числе физических) аспектах и как ее контекст и восприятие.

Музыка способна метафорически передавать психологические эффекты травмы: опустошающие последствия и явления, сопровождающие реабилитацию. Аргументацию я буду строить на теориях Карут и Фелман при одновременном обращении к более давней интеллектуальной традиции, которая представляет дезинтеграцию эстетических условностей в качестве риторического приема для раскрытия результатов травмы[83]. Некоторые из рассмотренных произведений также побуждают вспомнить о восприятии травмы в качестве «недуга времени». Обрывки воспоминаний воспроизводятся и составляются во фрагментарное, грешащее повторами настоящее, в котором рушится линейная граница между тем, что произошло, что происходит сейчас и что еще только должно произойти. Учитывая особое внимание исследователей травм к распаду представлений, я также буду анализировать, как музыка может метафорически выражать элементы реабилитации. Наконец, музыка зачастую взаимодействует с травмами на формальном уровне через такие приемы, как повторы, статичность, фрагментация, коллаж, телеология, диссонанс и дезинтеграция. В таких случаях музыка не обязательно выступает буквальным отображением травмы, а скорее служит свидетельством ее последствий, давая слушателям понять, как травмы могут влиять на воспоминания и восприятие времени.

Уделяя внимание формальным качествам музыки как средству свидетельствования по примеру Карут и Фелман, я тем не менее постараюсь избежать некоторых проблемных моментов, которые, на мой взгляд, присутствуют в подходах коллег. В частности, моя книга в некоторой степени ставит под вопрос главенство языковых средств в теориях травм[84]. Язык выступает основой и занимает почетное место как в терапии, так и в письменных источниках, особенно тогда, когда ученые стремятся выразить на бумаге идеи, почерпнутые из психоанализа и психологии. Многозначный термин «представления» то и дело фактически подменяет собой более узкую и часто не упоминаемую прямо категорию «линейный нарратив, выраженный языковыми средствами». Мой фокус на музыке создает возможность для осмысления в том числе иных выразительных средств. Концепт «культурной травмы» оказывается весьма полезным для музыковедческого исследования, поскольку позволяет апеллировать к синтетической природе эстетических произведений и одновременно ослабить примат языка, на котором зиждется значительная часть работ, посвященных проблематике травм. Александер и Айерман, оценивая обширный набор общественных площадок, называют культурную травму результатом социального дискурса в его самом полном выражении. Косвенно в этом утверждении содержится предположение о возможности выйти за пределы анализа, проводимого исключительно за счет языковых выразительных средств.

В осмыслении того, как музыка может метафорически обыгрывать последствия травмы, я постараюсь избежать патологизации всего и вся, которая проявляется со всей очевидностью в тех случаях, когда ученые применяют психологические и психоаналитические концепты в сфере искусства. Как и все носители эстетического посыла, музыка способна отображать психологические и эмоциональные реакции на травмы. Но это не означает, что конкретное произведение само по себе содержит какие-либо «симптомы» травмы или терпит «крах» при попытке ее изображения. Будет корректнее сказать, что гибкость выразительных средств, форм, звуковых эффектов и исполнительских практик позволяет музыке отражать боль и страдания ровно в той же мере, как и другие переживания и эмоции.

Литературоведческие и культурологические исследования феномена травмы, которые обращаются к психологическим и психоаналитическим терминам, часто неспособны справиться с разрывом между сознанием и телом. Как отмечает Патрик Бракен, в психологии и психиатрии особый упор на картезианские принципы приводит к доминированию точки зрения, что травма — исключительно психический феномен. Однако страшные события, которые приводят к психологическим нарушениям, неизбежно сопровождаются и физической болью. В то время как некоторые главы этой книги посвящены тем формальным особенностям произведений, в которых отражаются психологические проявления травмы и чувства утраты, в главе 2 я буду рассматривать музыку именно как физическую деятельность по исполнению композиции. Внимание к тому, что происходит с телом при отработке и исполнении музыки, открывает широкие перспективы поиска смысла в воплощенных переживаниях. Боль нередко становится частью исполнения музыки и в некоторых случаях может быть ее существенным элементом. И тогда ощущение дискомфорта или даже мучений оказывается взаимосвязанным с культурным контекстом, в котором фигурируют страдания, и эстетическими средствами наводит нас на мысли о том, что боль выступает значительной составной частью травмы.

Наконец, я хотела бы поднять вопрос о предполагаемой аудитории моей книги. На написание исследования меня вдохновил текущий интерес музыковедения (в максимально широком смысле, в том числе музыкознания, музыкальной этнографии и теории музыки) к таким темам, как травма, насилие, война и бессилие. Я намерена внести собственную лепту в развитие этого нового направления музыкальной науки. Исследования травм в течение первой четверти XXI века составляли отдельную сферу в рамках гуманитарных и социальных наук, однако вопрос о том, как музыка взаимодействует с проблематикой представлений и нравственных ориентиров (центральная проблема всего дискурса), пока изучался лишь косвенным образом. В свете всех отмеченных междисциплинарных аспектов я обращаюсь как к специалистам в области музыки, так и к далеким от этой сферы людям. Здесь возникает существенный практический момент: общедоступность издания. По большей части я буду рассматривать герменевтические свойства музыкальных произведений, то есть вопросы их интерпретации. Для того чтобы книга была понятна максимально широкой аудитории, я продолжу давать определения важных музыкальных терминов (как уже было в случае «тональности» и «сериализма»). Моя цель — обращаться сразу ко всем возможным читателям, а не только к тем, кто сведущ в музыке.

Резюме глав

В главе 1 мы проследим развитие многих тем, связанных с историей, памятью, страданиями и истиной, которые осмыслялись в СССР в 1970-е годы. Размышления по поводу сущности правды в сочетании с концептами реалистичности и аутентичности особенно применимы к Концерту для фортепиано и струнного оркестра Альфреда Шнитке. Как свидетельство об определенном моменте в истории, эта композиция имеет бессвязную музыкальную фактуру, в которую вплетается множество стилей и цитат, — характерное решение в рамках «полистилистического» подхода, практиковавшегося Шнитке в 1970-е и 1980-е годы. Мои аргументы основаны на утверждении Маргариты Мазо, что так называемый документальный импульс Шнитке представляет собой часть дискурса, нацеленного на выявление истины перед лицом официальной культуры лжи советских властей[85]. Я буду отстаивать мнение, что в случае Шнитке «правда» восходит не столько к «документальному» характеру представленных композитором цитат, сколько к музыкальному нарративу, в который они складываются. В этой главе посредством анализа и аналогии и с учетом представления о травме как о «недуге времени» будет рассмотрена фрагментированная фактура концерта, отсылки к музыкальным стилям прошлого и манипуляции нашим чувством времени при прослушивании произведения. У Шнитке стилистические отсылки взывают к линейным и телеологическим аспектам тональной музыки прошлого, которые лишь усиливают разрывы и диссонансы, подрывающие любые попытки достичь какой-либо степени завершенности. Иными словами, концерт воспроизводит распад линейного нарратива — один из эффектов, которые часто предполагает травма. Произведение Шнитке выступает свидетельством в виде ответа как на культурный контекст, в котором прослеживается беспокойство по поводу истины, реальности и страданий, так и на психологические переживания, связанные с травмой, и одновременно в виде отражения и первой, и второй категории.

Глава 2 посвящена фокусу культуры в 1980-е годы, включая период гласности, на проблематике памяти и страданий. Особое внимание мы уделим боли как элементу правды и взаимосвязанным нравственным и духовным аспектам. Галина Уствольская известна в высшей степени диссонантными, агрессивными произведениями, в которых филигранной работой с повторами, временем и непредсказуемыми переходами исключается любая телеологичность, или завершенность. Такие работы, как Шестая соната для фортепиано, представляются герметическими произведениями «в себе». Уствольская не включает в композиции, чтобы как-то закрепить их смысл, цитаты или аллюзии на события или музыкальные стили прошлого. Тем не менее ее соната отражает беспокойство, связанное с физической болью как атрибутом общественного дискурса во времена гласности. Для тех, кто хотел поведать о Второй мировой войне и последующих нарушениях прав человека в СССР, повышенное внимание к физической составляющей боли способствовало выведению на первый план реальности страданий в противовес официальным нарративам, которые зачастую затирали или искажали подобные ощущения. Актуализация телесных страданий также могла противостоять попыткам политиков интерпретировать соответствующие переживания в категориях патриотизма и триумфализма. Опираясь на работы литературоведа Элейн Скарри, я представлю в этой главе одухотворенную интерпретацию телесной боли в произведениях Уствольской конца 1980-х годов как противоядие от официальной культуры СССР, которая продолжала оспаривать страдания множества людей при советском режиме.

Во второй половине книги мы обратимся к музыке, которая выступает откликом на скорбь вследствие исторических травм. В главе 3 освещается дальнейшая дискуссия о месте истории и страданий во времена гласности, особенно разгоревшаяся после выхода на экраны грузинского фильма «Покаяние» Тенгиза Абуладзе. «Tabula Rasa» эстонского композитора Арво Пярта используется в двух сценах, где подчеркиваются чувства личного горя и утраты, возникавшие в связи с репрессиями в СССР.

Я буду анализировать музыку и фильм в соотношении друг с другом. «Покаяние» задает существенный контекст для того, чтобы мы могли понять некоторые из динамических решений, лежащих в основе стилистики Пярта, которая отражает влияния музыки самых различных эпох, от средневековой до современной. В свою очередь, «Tabula Rasa» содействует трактовке страданий, которую Абуладзе представляет на экране. Исполнительство и свидетельство — диалогические действия, однако всю неустойчивость диалогов раскрывает именно свидетельствование. «Покаяние» в этом смысле — очень показательное произведение. Когда героиня Кетеван Баратели завершает рассказ, зритель видит, что собравшиеся в суде люди реагируют на него неоднозначным образом: от сочувствия до прямого неприятия. Кинодрама заставляет нас задумываться над рядом параллельных вопросов. Как слушатели воспринимают музыку в качестве средства свидетельствования? Не угрожает ли музыке, как другим носителям эстетического посыла, эстетизация страданий вплоть до безразличия со стороны аудитории? Может ли музыка, вопреки подобным опасностям, пробудить в слушателе способность к эмпатии через воображение?

В заключительной главе 4 мы рассмотрим Симфонию № 3 Генриха Гурецкого, известную, в частности, под названиями Симфония скорбных песнопений и Симфония печальных песен. Я покажу, как произведение различными средствами взаимодействует с исторической памятью и связывает беспокойство о прошлом, духовности и нравственности самих представлений страданий как с польским, так и с международным контекстом. Симфония для оркестра и сопрано представляет собой коллаж отсылок к великому множеству музыкальных и литературных источников, описывающих польскую историю от движений XIX века за национальную независимость от Пруссии, Габсбургской монархии и Российской империи до обеих мировых войн. Произведение выступает как хранилище коллективной памяти: оно отражает травматические события, которые сформировали чувство национальной идентичности поляков, и созвучно тому, что Ева Плоновска Зярек называет «меланхоличным национализмом» Польши[86]. На многих концертах и записях симфония вплетается в мемориальные события и памятные даты. В 1989 году произведение было исполнено в немецком городе Брауншвейг по случаю 50-летней годовщины нацистского вторжения в Польшу. Тем самым было положено начало использованию Симфонии № 3 в связи с увековечиванием памяти о Второй мировой войне и холокосте. Беспрецедентный успех ждал запись симфонии лейблом Nonesuch в 1992 году с участием сопрано Дон Апшоу, Лондонской симфониетты и дирижера Дэвида Зинмана. Симфония № 3 Гурецкого показывает, как музыкальное произведение может выступать свидетельством травмы как посредством формальных и звуковых качеств, так и через его восприятие публикой. С одной стороны, многие элементы симфонии передают психологические переживания, связанные со скорбью. С другой — музыка оказывается поразительно подвижной, поскольку может служить эмоциональной реакцией на события. Режиссер Тони Палмер в телефильме Симфония скорбных песнопений (1993) соединяет произведение с целым собранием визуальных образов ужасающих злодеяний XX века. Я покажу, как симфония, написанная польским композитором и включающая несколько очевидных католических референсов, обрела новую жизнь в США и Великобритании в виде памятника холокосту. Как так получилось, что симфония Гурецкого используется для интерпретации не только холокоста и Второй мировой войны, но и — в перспективе — абсолютно любого страдания?

Глава 1
Музыка раскола

*Коллаж и фрагментация как интерпретация
психологической травмы
в Концерте для фортепиано и струнного
оркестра Альфреда Шнитке*

Многие ученые, исследующие травмы и культуру, настаивают, что травму невозможно передать какими-либо средствами, поскольку она предполагает сбой линейного нарратива и появление фрагментации, навязчивых повторов, долгих пауз и смешение прошлого и настоящего. Такое восприятие восходит к распространению психологических определений симптомов травмы, которые могут наблюдаться у людей, на эстетические произведения. Критики часто отмечают, что романы о травматических событиях — например, «Возлюбленная» Тони Моррисон о психологическом наследии рабства в США — отступают на формальном уровне от привычных средств передачи[1]. Такие произведения не только транслируют истории о страданиях, но и, как и переживающие травмы люди, в определенной мере структурно отражают последствия травм. Эта общая позиция прослеживается в трудах нескольких авторов, которых я упоминала во вступлении, и наблюдается в работах тех исследователей, которые предпочитают оценивать травму и культуру с позиций социологии или психоанализа. Насколько применим такой подход к музыке? Может ли музыка противостоять линейности и законченности и развиваться посредством бессвязных фрагментов, которые метафорически обыгрывают воздействие травмы?

В этой главе мы уделим внимание советскому и российскому композитору Альфреду Шнитке, получившему широкую известность в связи с полистилистикой (термин предложил он сам) — стратегией создания музыки, где на первый план выходят разобщенность, контрасты, фрагментация и распад линейности. Все эти эффекты достигаются за счет противопоставления сильно непохожих стилей, от барокко до авангарда, от джаза до популярной музыки. Разрабатывая методику полистилистики в 1970-е и 1980-е годы, композитор целенаправленно обращался к материалу из музыки прошлого на фоне общей обеспокоенности советской интеллигенции проблемами исторической памяти, истины и реальности. Как соотносятся манипуляции, производимые Шнитке с историей музыки и с тем, как ощущается течение времени в музыке и истории, с культурологическим дискурсом о памяти, который композитор имел возможность наблюдать? Что Концерт для фортепиано и струнного оркестра — коллаж из стилистических аллюзий, где утрачивается чувство линейности, — косвенно говорит о сущности исторической памяти? Каков вклад этого полистилистического произведения, в более общем контексте, в осмысление истории, истины и постмодернизма?

Создается впечатление, что значительная часть переживаний по поводу памяти и истины в 1970-х и 1980-х годах неразрывно связана с ужасами и травмами советской эпохи. Возникает поразительная параллель между советской интеллигенцией и исследователями в области теорий травмы. В обоих случаях людей беспокоят вопросы истории, памяти и истины. Музыка Шнитке выступает связующим элементом, позволяющим найти точки соприкосновения между двумя дискурсами и исследовать перспективы восприятия Концерта в качестве эстетической реакции на историческую травму. Возможно ли посредством теорий травмы прийти к умозаключению, что распад исторического времени — неотъемлемая часть существования в эру постмодерна? Наконец, как все отмеченные дискурсы — 1970-х годов, в пределах теорий травмы и даже в рамках пояснений Шнитке к собственной музыке — находят единение в проблеме истины?

Через обобщение исторических и теоретических дискуссий я хотела бы в этой главе ответить на комментарий виолончелиста Александра Ивашкина, друга и биографа Шнитке, о музыке композитора: «В ней было нечто, свидетельствующее о ситуации в обществе, психологии и культуре страны»[2]. Мы можем интерпретировать Концерт с точки зрения как теоретических дискуссий на тему воздействия травм на наши представления о них, так и дискурса того времени о страданиях и памяти. Попытка сблизить музыку, историю и теории травм приведет нас к мысли о том, насколько именно произведение способно «свидетельствовать» о культурном моменте, в который было создано.

Непредсказуемое прошлое

В советскую эпоху историческая память претерпела не одну волну изменения, пересмотра и восстановления. Память — личная, культурная и политическая, — вероятно, становится особенно волатильной, когда нам приходится реагировать на акты насилия. Советский тоталитаризм целенаправленно сокрушал плюрализм и временами намеренно пытался уничтожить историческую память, чтобы затереть противоположные воззрения и переписать прошлое в определенном идеологическом свете[3]. Как отмечает Кэтрин Мерридейл, понимание причин и последствий гибели множества людей в России и СССР становилось невозможным в связи с действиями властей, направленными на сокрытие информации и замалчивание истинного масштаба потерь. Попытки правительства переписывать и контролировать социальное значение травм и смерти прослеживаются на протяжении всей советской эпохи. Некоторых людей, получивших ранения в ходе Второй мировой, отправляли в ссылку или долгосрочно удерживали в больницах, чтобы утаить оставленные войной телесные повреждения, которые могли спровоцировать нежелательные для официального патриотического нарратива чувства. Родственникам погибших в результате сталинских чисток часто выдавали поддельные документы с целью завуалировать запредельное число жертв событий 1937–1938 годов. Теории травмы допускают интерпретацию безмолвия как одну из возможных реакций на необъяснимость страданий и утрат, однако Мерридейл подчеркивает именно политическую сущность такой тишины. В отдельных случаях люди могли опасаться, что распространение информации о тюремном заключении членов их семей или кулацком происхождении могло негативно сказаться на их жизни. По этой причине они предпочитали держать такую информацию в тайне даже от родственников. Для людей, которые нуждались в общественном и социальном признании и ознаменовании их утраты, безмолвие само по себе могло быть весьма болезненным[4]. Официальный ревизионизм сказался и на литературе. Катерина Кларк замечает, что соцреалистические произведения под видом живописания светлого будущего часто интерпретировали и представляли события и персоналии в новом свете. Тем самым находилась возможность освещать идеологию, политику и обстоятельства настоящего[5].

Прошлое оставалось доступно для пересмотра, но многие события и темы при этом выпадали из официального общественного дискурса. Алек Ноув дополняет обзор сфер, которые были открыты для обсуждения в рамках гласности, своего рода антисписком всевозможных тем, прежде считавшихся табуированными. В него входят, в частности, коллективизация, раскулачивание, договор о ненападении между Германией и Советским Союзом (пакт Молотова — Риббентропа), реалии службы в вооруженных силах, чистки в кругах деятелей культуры, ГУЛАГ, алкоголизм и жилищный вопрос. История эстетических произведений литературы, искусства и музыки также отличалась подобной нестабильностью. Многие работы, созданные как представителями этнических групп внутри СССР, так и зарубежными деятелями, не были доступны на официальном уровне. К ним было крайне сложно приобщиться, и в лучшем случае они распространялись посредством самиздата. В результате в истории культуры возникали существенные «пробелы»[6]. Историей, впрочем, манипулировали не только официальные институции. В исследовании, посвященном истории представлений об истине в русской культуре, Филип Буббайер обращает внимание на избирательность памяти отдельных людей. Вопреки имеющим хождение на Западе романтизированным образам, население СССР невозможно четко разделить на оголтелых сталинистов и героически противостоящих им диссидентов. Многие принимали прагматичные решения ради выживания. Некоторые забывали об угрызениях совести и участвовали в чистках. Уже позднее некоторые люди переосмысляли личную историю и вычеркивали из нее неудобные эпизоды, особенно случаи содействия — или лояльности — режиму[7]. Орландо Файджес в этнографическом исследовании «Шепчущие» приводит ряд подобных свидетельств: от охранников в ГУЛАГе, которые привносили элементы мистики в свое прошлое, до людей, которые скрывали от близких информацию (например, о репрессированных родственниках или кулацком происхождении), опасаясь последствий[8].

Кончина Сталина в 1953 году представляется ключевым поворотным моментом в советской истории и часто обозначается как одна из вех, которые привели СССР к оттепели в конце 1950-х — начале 1960-х годов. Тем не менее, как отмечает историк искусства Елена Корнетчук, смерть Сталина не привела незамедлительно к преобразованиям в культурной сфере. Более резонансные последствия имел состоявшийся в 1952 году XIX съезд КПСС, на котором официальные лица публично заявили о снижении качества создаваемых после Второй мировой войны произведений в сфере литературы, музыки и искусства, что представляло собой косвенную критику неблагоприятного воздействия соцреализма на культуру. Михаил Суслов, главный идеолог КПСС, порицал теории отказа от конфликта, якобы делавшие советское искусство слащавым и пустым[9]. Возникший спор фактически был признанием разрыва, который образовался между соцреализмом и объективной реальностью. В 1955 году как раз для того, чтобы как-то заполнить этот зияющий провал, список допустимых для искусства тем был расширен. Например, теперь произведения могли затрагивать вопросы, связанные с перенаселенным жильем, посредственным качеством потребительских товаров, обнаженным человеческим телом и печалью перед лицом страданий и смерти[10]. Корнетчук прослеживает эту тенденцию к либерализации в изобразительных искусствах (то же наблюдалось в литературе и музыке). Однако Хрущев сохранил за собой абсолютное право на вмешательство в дела культуры. Оттепель была отмечена попытками балансировать между желанием создавать более реалистическое и качественное искусство и поддерживать лояльность населения к партии[11].

Во многих источниках «секретный доклад» Хрущева 1956 года — «О культе личности и его последствиях» — предстает первым публичным признанием репрессивного характера мер, которыми было отмечено правление Сталина, и выступлением на тему истины в соотношении с исторической памятью. Вне зависимости от того, какие нравственные аспекты эта речь приобрела в дальнейшем, она была мотивирована в первую очередь практическими соображениями Хрущева, желавшего консолидировать власть. Выступая против «культа личности» Сталина, репрессий того времени и неготовности СССР к вторжению нацистов, Хрущев хотел с помощью обращений к событиям прошлого повысить легитимность собственной администрации и одновременно избежать дестабилизации системы[12]. Он отстаивал идею, что внимание к негативным историческим событиям позволит не допустить повторения аналогичных эксцессов в будущем. Ссылаясь конкретно на чистки 1937–1938 годов, Хрущев выражал эмпатию по отношению к жертвам репрессий, вина за которые возлагалась лично на Сталина, который пошел на эскалацию насилия в условиях, когда оно уже не было необходимым. Тем самым риторически Ленин обозначался более умеренным и выдержанным лидером, социализм все еще рисовался как позитивная идеология, а с системы в целом снимались обвинения при одновременном признании отдельных элементов травматического прошлого, которые прежде были табуированы. Буббайер отмечает, что доклад Хрущева не был прямолинейным призывом к раскрытию истины. Критически настроенный человек скорее воспринял бы его как новую модель уклонения от правды. В то же время Буббайер указывает, что та речь стала точкой сближения позиций правительства и интеллигенции и способствовала формированию определенного оптимизма в отношении перспективы искреннего осмысления прошлого[13].

Некоторое время правительство дозволяло критические замечания насчет недавнего прошлого при условии, что одновременно выражались уверенность в светлом будущем и поддержка режима. Некоторые представители городской интеллигенции ухватились за возможность высказываться более открыто по поводу репрессий минувших десятилетий. На середину 1950-х годов также пришлось освобождение множества людей из трудовых лагерей. Прошлое обрело новую жизнь в настоящем. Реакции на это явление были неоднозначные: часть семей сближалась через воссоединение, но некоторые люди избегали разговоров о прошлом, поскольку переоценка «прописных истин» для них оказалась сопряжена с психологическими и физическими страданиями[14].

Что касается культуры и искусств, во время оттепели наблюдались постоянно сменяющие друг друга волны либерализации и отката в прошлое. Историк Рональд Григор Суни подчеркивает, что после послаблений, последовавших за выступлением Хрущева, наступили очередные «заморозки», которые растянулись на 1957–1959 годы и в свою очередь сменились вторым наступлением либерализации (продлилась до 1962 года). Начиная с 1962 года происходит ряд событий, которые подорвали оттепель в целом: Карибский кризис 1962-го, отстранение Хрущева от власти в 1964-м, процесс 1965–1966 годов против писателей Андрея Синявского и Юлия Даниэля (в конечном счете их осудили и лишили свободы за публикацию произведений за рубежом) и вторжение СССР в Чехословакию в 1968-м[15]. Либерализация не только шла то на возрастание, то на убыль, но и в конкретные периоды по-разному влияла на те или иные сферы культуры. Оттепель достигла пика в 1962 году, когда в журнале «Новый мир» вышел рассказ Солженицына «Один день Ивана Денисовича» — описание одного дня из жизни в советском исправительно-трудовом лагере. Этот рассказ, обозначенный при публикации как «повесть», стал частью более открытого осмысления феномена ГУЛАГа, которое в дальнейшем проявилось в произведениях

Варлама Шаламова и Евгении Гинзбург вопреки тому, что не все приветствовали столь прямой взгляд на тему реалий лагерной жизни[16]. 1962 год, когда литература была сосредоточена на проблематике травмирующих и табуированных тем, был также отмечен резонансной выставкой в Манеже, посвященной 30-летию Московского отделения Союза художников СССР. На мероприятии преимущественно демонстрировались произведения в стиле соцреализма, однако отдельные залы были отданы под более экспериментальные работы. Посещение выставки Хрущевым и, в частности, его обостренная реакция на неофициальное искусство привели к тяжелейшим репрессиям в отношении художников. Авангардистские работы сняли с выставки, а в художественных кругах начались чистки[17].

К 1966 году Брежнев отступил от некоторых позиций Хрущева. Новый лидер признал, что существующий анализ сталинской эпохи контрпродуктивен, и предпочел изображать Сталина героем Второй мировой войны и первопроходцем в деле индустриализации[18]. Правительство Брежнева стремилось обеспечивать порядок и стабильность, окопавшись в укрытии консервативных взглядов, и предпринимало все более жесткие меры против диссидентского движения, нарастающего вследствие процесса Синявского и Даниэля и вторжения СССР в Чехословакию. В 1968 году правительство усилило санкции против открытого инакомыслия. К началу 1980-х годов диссидентское движение казалось безнадежно расколотым. При этом на протяжении 1970-х годов общественное пространство расширялось под неортодоксальные точки зрения и мероприятия, которые одновременно противоречили официальной линии, но не были очевидно нонконформистскими. Антрополог Алесей Юрчак описывает такие явления, как происходившие «вне» — в пространстве одновременно в рамках и за пределами официальной системы. Многие люди, формально исполняя социалистические ритуалы, также могли обращаться к целому спектру неофициальных действий[19].

В течение всей рассматриваемой эпохи — по самым широким оценкам охватывающей период с конца 1950-х по середину 1980-х годов — волны либерализации и откатов не могли вытеснить из дискурса пристальный интерес к проблематике истины, реальности и памяти. Буббайер замечает, что известные писатели-соцреалисты писали о важности искренности и сознательности, пытаясь увязать откровенность с потребностями партии. Подобное морализаторство в конечном счете стало опасным для режима, поскольку позволяло людям обращать официальную риторику против самого правительства. Вышедшее в самиздате эссе Солженицына «Жить не по лжи!» — важный пример сосредоточенности на истине. Этот текст оказал влияние скорее на интеллигенцию в целом, а не на одних диссидентов. Солженицын сформулировал, насколько власть государства и его монополия на насилие зависят от готовности народа мириться с провозглашаемой официальной ложью. Показывая, как позиция каждого человека способствовала пролонгации режима, Солженицын обозначает отправную точку для осмысления читателями их действий. Буббайер называет это эссе одним из самых всеобъемлющих оппозиционных документов Восточной Европы. Универсальность посыла Солженицына заключается в его отказе от предписывания надлежащего образа действий. Автор прежде всего предостерегает от того, чего делать не стоит. По этой причине эссе находит отклик у представителей разных политических взглядов[20].

Схожим образом в обзоре поствоенной советской литературы «На лобном месте: литература нравственного сопротивления» Григория Свирского подчеркивается, как по-разному писатели, например Пастернак и Солженицын, взаимодействовали с правдой, которую стремился скрыть режим. Работая над текстом в конце 1970-х годов, Свирский подчеркивает, что политическая приверженность истине фактически представляла собой нравственную позицию, противостоящую правительственной линии и выстраивающуюся на восприятии множества пережитых травм. В самом широком контексте Свирский соединяет обзор литературы с общей атмосферой недовольства того времени. Протестные настроения были связаны со стечением обстоятельств: угрозой ядерной войны и «нескончаемым грохотом» войн в Корее,

Вьетнаме, Венгрии и Чехословакии, а также на Синайском полу-
острове и Голанских высотах. Автор в первую очередь обращается к поствоенному творчеству поэтов, которые писали об
участии в боевых действиях, но были отвергнуты исключительно потому, что их личные переживания и страдания не вписыва-
лись в общий нарратив режима о духовном подъеме советского
народа. Целенаправленно фокусируясь на тех деятелях, кто
подвергся репрессиям, Свирский сплетает беспокойство своего
времени и память о насилии в прошлом с описаниями ужасов
чисток в литературных и культурных кругах. Эмоциональная
приверженность автора истине превращается в часть его нравственной реакции на все указанные травмы[21].

В своем антропологическом исследовании позднего социализма Алексей Юрчак исправляет бинарные противопоставления,
лежащие в основе советских академических работ: например,
угнетение/противостояние, государство/народ, официальная
культура / контркультура и истина/ложь. Приводя обстоятельства жизни молодых людей, которые в 1970-е и начале 1980-х
годов были комсомольцами, автор описывает распространенную
умеренную политическую позицию того времени: Ленин вывел
страну на правильный путь, социализм включал позитивные
идеалы, и только период правления Сталина был большим от-
клонением[22]. Подобная вера в социалистические идеи в сочетании
с манипуляциями бюрократическими процедурами системы
позволяла многим молодым людям приобщаться к альтернатив-
ным формам поведения и восприятия (например, через западную
рок-музыку). Одновременность доверия к социалистическим
идеалам и участия в неофициальной культуре невозможно свести
к простой дилемме. Юрчак цитирует «Жить не по лжи!» Солженицына и «Силу бессильных» Вацлава Гавела, демонстрируя
корни дуалистических представлений о коммунистическом обществе Восточной Европы. Вполне возможно, что размышления
Солженицына и Гавела повлияли на то, как развивалась дальнейшая российская и западная наука, которая сфокусировалась на
противопоставлении истины и лжи, в то время как абсолютное
большинство советских граждан предпочитали формы поведения

где-то между двух крайностей. Поколение шестидесятников, выдающимися представителями которого признаны эти писатели, в целом было склонно проявлять пристальный интерес к вопросам политической реальности, свободы самовыражения и прав человека. Представляя истину как некую стабильную категорию, Солженицын и Гавел — диссиденты, критически отзывающиеся о деятельности правительств своих стран, — базируют политические взгляды на четком разграничении собственной личности и режима, а также истины и лжи. Юрчак прослеживает межпоколенческий сдвиг в представлениях и отмечает, что между правдой и фальшью не всегда можно провести очевидную черту. При этом люди, которые достигли зрелости в 1970-е и в начале 1980-х годов, все-таки придерживались определенного концепта «истины». Многие из них отвергали недвусмысленно политизированные споры, полагали, что находятся вне полемики между диссидентским и официальным мирами, и посвящали себя интеллектуальным занятиям (например, литературе, археологии, теоретической физике и истории), призванным вывести к «глубоким истинам» — гораздо более существенным, чем проблемы, которые вызывали тревогу у советских политиков[23]. Обзор того, как описанные вопросы обсуждались и разрешались не только на страницах эссе Солженицына, но и в более широком контексте, показывает, что обеспокоенность поисками истины и реальности оказывается гораздо сложнее любых прямолинейных дилемм.

То, как неофициальное искусство взаимодействовало с реализмом, демонстрирует, что озадаченность проблемами истины и реальности может выпадать из баланса упрощенного дуализма и приводить к осмыслению сущности этих категорий. Эссе Владимира Померанцева «Об искренности в литературе», опубликованное в 1953 году в журнале «Новый мир», подчеркивает противоречие соцреализма: будто искусство может быть одновременно социалистическим и реалистическим[24]. Соцреализм создал парадоксальную ситуацию, когда художникам надлежало стремиться и к документальной выверенности, и к отражению надежд на светлое будущее, где царили оптимизм и партия. Искусствовед Джанет Кеннеди показывает, как деятели неофициального искусства разнообразными средствами преодолевали этот парадокс на протяжении 1970-х и 1980-х годов. Первоначально художники стремились воспроизвести сдерживаемые представления о реальности. В этой связи вспоминаются работы Оскара Рабина и лагерные рисунки Бориса Свешникова. С течением времени в поисках способа запечатлеть действительность художники все больше прибегали к магическому реализму, гиперреализму, фотореализму и сюрреализму. Сюрреалистическая литография Виктора Пивоварова «Муха на яблоке» (1972) представляет собой коллаж из реалистичных вещей (яблока, карандаша, мухи и фигур в шляпах-котелках), однако объекты расставлены на белом фоне необычным образом, с искажениями масштабов (например, карандаш больше, чем фигуры людей). На гиперреалистичном полотне Игоря Тюльпанова «Красная комната» (1968) перед нами открывается вид на квартиру художника, которую заполняют тщательно выписанные предметы из прошлого и настоящего: чернильница, картина Богоматери с младенцем Иисусом в стилистике Ренессанса, игральные карты, бабочка и многое другое (см. рис. 1.1). Хотя каждый предмет сам по себе представлен крайне реалистично, Тюльпанов играет с перспективой помещения, выравнивает глубину и даже рисует элементы подрамника по бокам, создавая впечатление, будто мы смотрим на холст сзади. Сергей Шерстюк подступается к реализму в ином ключе. «На море» (1981) выглядит почти как фотография: мы видим двух людей у моря; женщина прикрывает лицо руками, а мужчина поворачивается в ее сторону (см. рис. 1.2). Зритель лишен возможности понять истину представленной сцены. Эти люди знакомы друг с другом? Поссорились ли они? Или нам только так кажется из-за случайных аспектов языка тела? Семен Файбисович выводит фотореализм на новый уровень в «Двойном портрете художника за работой» (1987). На полотне Файбисович запечатлел собственное отражение в окне поезда, но лицо скрыто как камерой, которую художник держит перед собой, так и множеством отсвечивающих поверхностей. Люди, поезд и природа сливаются в неясное отображение сложной

Рис. 1.1. Игорь Тюльпанов (род. 1939), «Красная комната», 1968 год.
Масло, холст (119,5 × 158,5 см)
Художественный музей Джейн Ворхиз Зиммерли, Ратгерский
университет. Коллекция советского нонконформистского искусства
Нортона и Нэнси Додж, D06252. Фото: Джек Абрахам (Jack Abraham)

и многоликой реальности (см. рис. 1.3)[25]. Все указанные примеры
иллюстрируют и неизменный интерес художников к правде
и действительности, и различные точки зрения па сущность этих
категорий, которые невозможно свести к простому дуализму.

Гласность сдвинула некоторые акценты в общем дискурсе, но
в целом 1970-е и 1980-е годы были временем, когда советская
интеллигенция размышляла в первую очередь на тему исторической памяти. Внимание к этой проблематике лишь усиливалось
в течение брежневской эпохи и в начале 1980-х годов вплоть до
прихода к власти Горбачева. Как замечает Катерина Кларк, «интеллигенция была помешана на прошлом, и эта одержимость не

шла на убыль». Осмысление прошлого происходило по всему политическому спектру: от националистов и людей, выступавших за восстановление религии в ее правах, до интеллектуалов, которые воспринимали себя биографами или хранителями архивов тех, кто подвергся репрессиям. На 1980-е годы пришелся и возврат прошлого в материальном виде: газетные сюжеты о травмирующих событиях, архивные фотографии избиений и пыток политзаключенных и множество мест массовых захоронений, относящихся к сталинскому времени[26]. Значительная часть кинофильмов и литературных произведений обращалась в эпоху гласности к «знаменательным эпизодам национального прошлого». Сформировался новый архетипичный образ: «интеллигента-мученика, трагически вынужденного выступать носителем культурной памяти». Все больше исторических персоналий и событий привлекали всеобщее внимание по мере того, как фильмы и книги, которым не давали увидеть свет на протяжении последних 70 лет, впервые находили аудиторию. Границы между прошлым и настоящим оказывались размыты, что в некоторой степени осложняло обнаружение момента под названием «Сейчас»[27]. Одержимость прошлым могла мешать линейному восприятию времени.

Кларк также обращает внимание на то, каким именно образом воспроизводились те или иные исторические периоды — особенно без устоявшихся канонических интерпретаций — для того, чтобы толковать настоящее. Он сопоставляет, в частности, дореволюционные трактовки Великой французской революции и помешательство на прошлом в 1970-е и 1980-е годы. Многие писатели и кинематографисты фокусировались тогда на 1920-х и 1930-х годах в надежде, что там они смогут найти ответы на вопросы, заботившие их самих и современников. Если в кино упор делался на демонстрации зла, которое нес в себе сталинизм, то литераторы были склонны идеализировать 1920-е годы как некое золотое время. Эта стратегия явно прослеживается в эссе Ивашкина, где сопоставляется русская музыка 1920-х и 1980-х годов[28]. Кларк также выделяет другие примеры проявления и применения прошлого: некоторые авторы силились обнаружить отправную точку скатывания советского общества в сталинизм;

Рис. 1.2. Сергей Шерстюк (1951–1998), «На море», 1981 год. Масло, холст (119 × 152 см)
Художественный музей Джейн Ворхиз Зиммерли, Ратгерский университет. Коллекция советского нонконформистского искусства Нортона и Нэнси Додж, 2000.1333/05114. Фото: Джек Абрахам (Jack Abraham)

интеллигенция искала собственные истоки в XIX веке; кто-то ставил под вопрос бесспорные исторические вехи; были те, кто подчеркивал случайность мировых событий, и те, кто размышлял о существовании нескольких временны́х плоскостей одновременно[29].

Споры насчет места постмодернизма в Восточной Европе и России неизбежно фокусируются на 1970-х и 1980-х годах и пришедшемся на это время увлечении проблемами исторической памяти. Начиная с 1970-х годов литература, искусство

Рис 1.3. Семён Файбисович (род. 1949), «Двойной портрет художника за работой», 1987 год. Масло, холст (150,4 × 75,6 см)
Художественный музей Джейн Ворхиз Зиммерли, Ратгерский университет. Коллекция советского нонконформистского искусства Нортона и Нэнси Додж, D05392. Фото: Джек Абрахам (Jack Abraham)

и музыка Восточной Европы и России, обыгрывая и ликвидируя эстетические условности, принимает явно постмодернистские черты, по крайней мере визуально и на слух представителей Запада. Сторонник идеи русского постмодернизма Михаил Эпштейн описывает искусство и литературу этого времени как «конечные», как сигнал близящегося конца коммунизма. С этой точки зрения, мы здесь утрачиваем возможность апеллировать ко времени. Линейная прогрессия времени будто начинает резко тормозить. Распад наших воззрений на историю — предпосылка для наступления заключительного этапа коммунизма[30]. Борис Гройс, придерживающийся схожей позиции, замечает, что уже сталинское время можно назвать постмодернистским, поскольку тогда история выступала как некий склад, откуда человек мог в любой момент вытащить какой-нибудь предмет и после некоторых преобразований утолить им потребности по обоснованию действительности. Гройс полагает, что к 1970-м и 1980-м годам деятели неофициального искусства начали предпринимать попытки вновь обратиться к истории, но обнаружили, что от нее остались одни руины. Частично в этом повинен сталинский режим, в определенной степени — «переход всего мира к эпохе после конца истории». Теория Гройса определенно свидетельствует о повышенном интересе к истории и к тому, какими многочисленными способами хронология времени распадалась на отдельные фрагменты в различных произведениях искусства. Однако примечательно, что Гройс, частично виня в этом развале сталинизм, пишет так, словно постмодернизм — объективный универсальный феномен, который охватил сразу весь мир[31].

Вместо того чтобы винить в распаде линейности некую абстрактную категорию «постмодернизма», возможно, целесообразнее будет предположить, что причина заключается в затирании, переписывании и возобновлении памяти в связи с ощущением ужаса и травмы, которые во многом характеризовали советскую эпоху. Искусствовед Герман Раппапорт пишет о том, что называет «травматическим разрывом», — о времени, когда люди силятся вспомнить прошлое, которого лишены по политической директиве, нацеленной на сокрытие информации об исторических травмах. Раппапорт в первую очередь рассуждает об увлечении американских художников абстракционизмом в качестве реакции на Вторую мировую войну и холокост, однако его утверждение в равной мере применимо к советской культуре конца XX века. Правительство СССР очевидно желало контролировать информацию, затрагивающую значение травматических событий прошлого, в том числе Великой Отечественной войны и чисток конца 1930-х годов. Пристальный интерес советских граждан в 1970-е и 1980-е годы к вопросам истины, реальности и памяти, судя по всему, вертится вокруг последствий таких травм и их места как в личной, так и в общественной памяти.

Травма и память

Терминология и в целом обсуждения, имеющие отношение к травме и памяти, связаны с тем, как наши представления, линейные нарративы и воспоминания разваливаются при травматических событиях и как память о прошлом неоднократно прорывается в настоящее. Тот феномен, который Гройс и Эпштейн описывают с позиций постмодернизма, обнаруживает альтернативное — но ничуть не менее актуальное — прочтение в рамках теорий травмы.

Многие психологи, начиная с Пьера Жане, приходили к умозаключению, что человек легко трансформирует обычные воспоминания в линейные нарративы, допускающие пересказ. События одного дня — подъем с постели, утренние омовения, поездка на работу, семейные споры, пересуды между коллегами — без особого труда складываются в линейный сюжет, которым можно поделиться с членом семьи, любимым человеком или другом. Жане описывает обычную память как психический конструкт, вносящий ясность в мир. Разнообразные ощущения, чувства, мысли и действия объединяются в нарратив, который вписывается в общую историю жизни человека. Люди зачастую свободно включают знакомые впечатления в жизненную фабулу. Однако пугающие или непривычные случаи иногда проблематично уложить в устоявшиеся когнитивные паттерны. Жане полагал, что наша обычная память представляет собой социальную деятельность, которая всегда адресована кому-то другому и подстраивается под различные обстоятельства. Травматическую же память он описывал как непоколебимую и постоянную «идею фикс», автоматически всплывающую каждый раз, когда стимулы вызывают у нас ассоциации с травмой прошлого. Джудит Херман перечисляет нескольких психологов, в том числе Зигмунда Фрейда, Абрама Кардинера и Роберта Джея Лифтона, которые фиксировали аналогичные паттерны и способствовали формированию общего консенсуса по поводу того, что травма приводит к распаду линейных нарративов, допускающих пересказ. На их место заступают «неизгладимые образы» (по выражению Лифтона) пережитой травмы, которые многократно возвращаются к человеку во сне, а также в виде флешбэков и бессознательного поведения[32]. Эта модель травматической памяти получает научное обоснование в работах психиатра Бессела ван дер Колка. В рамках нейробиологических исследований он изучал особенности функционирования головного мозга у ветеранов Вьетнамской войны, страдавших ПТСР, и стремился с помощью технологий конца XX века подтвердить выводы, которые Жане сделал еще в начале столетия. Ван дер Колк отмечает, что травматические воспоминания утрачивают повествовательные качества и преобразуются во фрагментарные, статичные, повторяющиеся физические ощущения и ментальные образы. Эти ощущения и образы представляется невозможным выразить словами, поскольку мозг особым образом обрабатывает воспоминания в условиях стресса[33]. Как мы уже отмечали со ссылкой на Алана Янга, «травма — недуг времени». Прошлое не поддается выстраиванию в прямую линию и постоянно дает о себе знать, вынуждая человека переживать воспоминания в настоящем[34]. Тот коллапс линейности течения исторического времени, о котором пишут теоретики постмодернизма, обнаруживает занимательную параллель в дискуссиях о травмах и памяти: на индивидуальном и психологическом уровне способность упорядочивать события в хронологические последовательности распадается. Человек переживает затирание грани между прошлым и настоящим по мере того, как осколки воспоминаний постоянно врезаются в психику.

Музыкальные произведения способны метафорически отражать феномены фрагментации, срывов, затихания, преемственности, скорби и тоски, становясь проявлениями травм и последующей реабилитации и участвуя в общих попытках культуры и общества найти объяснение для травмы. В какой-то мере моя аргументация строится на структурной аналогии между музыкой и описанными представлениями о травме как недуге времени. В результате мы получаем не доподлинное воспроизведение страданий, а их проявление, которое участвует в общественном дискурсе, стремящемся придать им смысл. По мнению ЛаКапры, не стоит выискивать методы, которые позволяют отображать травму через буквальный возврат в прошлое. Реакции деятелей искусств на страдания следует воспринимать как способы — для людей и культур — проигрывать, прорабатывать, преодолевать и анализировать травмы, а следовательно, одновременно и давать голос прошлому, и свыкаться с травматическим опытом и его последствиями[35]. Такой подход учитывает, что эстетические произведения, понимаемые как продукт чьей-то деятельности, а не буквалистские реконструкции травм, зачастую передают дезориентацию, которую человек ощущает при страданиях.

Делая упор на культурный дискурс об истине, реальности и памяти, я фокусируюсь на представлениях, почерпнутых из теорий травмы, которые состыкуются с указанным культурным контекстом. Иными словами, я подстраиваю теорию под историю, а не наоборот. В частности, меня интересует, как интерпретация исторических травм средствами культуры дает плодотворную почву для разбора Концерта для фортепиано и струнного оркестра Шнитке. Соответственно, история и теория в этом случае выступают отправными пунктами в интерпретации избранного произведения. Аллюзии в рамках концерта к целому собранию музыкальных стилей и исторических эпох, которое не выстраивается в последовательную хронологию, поразительно созвучны с идеями о распаде истории, прослеживающимися в различных дискурсах: в пристальном интересе к вопросам истины, реальности, страданий и истории, в постмодернистских теориях и направлениях 1970-х и 1980-х годов и в теориях травмы.

Композитор, творящий во множестве стилей

Шнитке родился в 1934 году в еврейско-немецкой семье: его отец был евреем-немцем, а мать — русской немецкого происхождения и католичкой по вере. Композитор с детства ощущал давление полученного по факту рождения этнического наследия. Родственники Шнитке со стороны отца, будучи нерелигиозными евреями из балтийских стран, говорили на немецком и работали с этим языком как учителя, писатели и переводчики. Родственники со стороны матери относились к поволжским немцам — преимущественно католической этнической группе, обосновавшейся при Екатерине II на побережье Волги. После Второй мировой войны отца Шнитке отправили в Вену работать в издательстве советской газеты на немецком языке. Семья провела в австрийской столице два года. Все биографические источники уделяют особое внимание этому периоду жизни Шнитке. Именно в Австрии было положено начало его музыкальному образованию: будущий композитор учился игре на фортепиано, играл на аккордеоне, который его отец получил в подарок от начальства, и ходил на концерты. В это время Шнитке приобщился к австро-немецкой музыкальной традиции. В интервью, взятых в 1970-е и 1980-е годы, композитор тепло вспоминает детские годы, проведенные в Вене, и отмечает, что за полистилистикой стояло в том числе ощущение истории, которое он уловил в австрийской столице. На контрасте с его малой родиной — промышленным городком Энгельс — Вена казалась Шнитке погруженной в историю благодаря как музыке Моцарта, Шуберта и других композиторов, которую он слушал, так и архитектурному облику[36].

По возвращении в СССР юный Шнитке посвятил себя занятиям музыкой и в 1953 году поступил в Московскую консерваторию. Здесь он принял участие в работе Студенческого научного общества (СНО). Учащиеся собирались вместе, исполняли свои композиции, слушали современную музыку — зачастую далеко за пределами круга официально санкционированных произведений — и оживленно спорили о сущности и значении музыки[37]. Начиная с 1932 года, когда соцреализм стал элементом государственной политики, Союз композиторов СССР взял под жесткий контроль музыкальную сферу, продвигая композиции, которые считались доступными для рядового слушателя и надлежаще воодушевляющими, и боролся с западными веяниями, в особенности диссонансами, связанными с додекафонией Арнольда Шёнберга[38]. Сериализм в целом обозначался как некий антисимвол всего западного модернизма с его предполагаемой непостижимостью и формализмом. Даже в 1960-е годы сериальные техники официально считались неприемлемыми композиторскими приемами. Шнитке и многие его сверстники, относясь к поколению людей, достигших зрелости во времена оттепели конца 1950-х и начала 1960-х годов, интересовались западным модернизмом и связанными с ним приемами. Шнитке рассказывает, что по дороге домой в электричке сам упражнялся в додекафонии. Питер Шмельц в книге «Такая свобода, но только в музыке» («Such Freedom, If Only Musical») отмечает, что это поколение композиторов ощущало острую необходимость «догнать» Запад и поэтому активно искало партитуры додекафонических и сериальных произведений, недоступных широкой аудитории[39]. Естественно, в середине 1950-х годов в стенах Московской консерватории не произошло какого-то перелома, который бы привел к признанию в СССР западной музыки. Шнитке в беседах с Дмитрием Шульгиным в 1976 году рассказывает о постоянном цикле из движений вперед и откатов. Студенты находили возможности приобретать интересующие их партитуры, исполняли произведения современных западных композиторов и сами экспериментировали. В свою очередь, руководство консерватории то и дело устанавливало пределы допустимой свободы и выражало недовольство начинаниями учащихся[40]. Шмельц особо подчеркивает роль либерально настроенных профессоров и СНО в конце 1950-х и в 1960-х годах. Он описывает, как поколение Шнитке училось сериализму и получало партитуры от внешних источников[41]. Шмельц также прослеживает последовательное расширение доступа к авангардистской музыке с середины 1950-х до начала 1970-х годов, сопровождавшееся, впрочем, постепенным затуханием либерализации и изменением настроений, которые во многом характеризуют оттепель.

После окончания консерватории Шнитке принимал отдельные заказы от Союза композиторов СССР, пытаясь приноровиться к жизни перспективного официального композитора. Среди произведений, написанных в рамках такого взаимодействия, стоит отметить кантату «Песни войны и мира» (1959) на темы народных песен, которые Шнитке собирал еще студентом. Подобное коллекционирование музыкального материала было типичным заданием во время обучения в Московской консерватории. Предполагалось, что так учащиеся будут создавать восходящие к «народу» и тем самым находящие у него отклик новые произведения, способствуя формированию культурных связей между разнообразными этническими группами на территории СССР[42]. Шнитке описывает те годы как следование по пути компромисса, попытку найти композиционные стратегии, которые были бы одновременно официально допустимы и творчески интересны. В 1962 году в СССР впервые с официальным визитом приехал итальянский композитор Луиджи Ноно, чьи коммунистические взгляды были приемлемы для советских чиновников. Ноно — известный сериалист, по славе сопоставимый с Пьером Булезом и Карлхайнцем Штокхаузеном[43]. Шнитке упоминает этот визит как одну из ключевых причин, которые побудили его сойти с пути компромисса, и, в частности, отмечает, что интеллигентность и живость итальянского композитора контрастировала с бытовавшими в СССР негативными стереотипами о западных авангардистах. Ноно лично рекомендовал Шнитке партитуры для изучения, например произведения Антона Веберна, протеже Шёнберга. Итальянский композитор в дальнейшем активно снабжал учащихся Московской консерватории партитурами. Прямое личное взаимодействие Шнитке с западными композиторами и их музыкой также стало возможным благодаря коллеге Эдисону Денисову и ежегодному фестивалю современной музыки «Варшавская осень». Все эти факторы привели к тому, что Шнитке начал отклоняться от официально одобренного музыкального языка[44]. Как и многие современники, Шнитке на протяжении значительной части 1960-х годов изучал сериальные техники, разделяя общее стремление поймать текущую траекторию движения западного авангардизма. Шмельц фиксирует кризис представлений в музыкальных кругах в самом конце 1960-х. На заре 1970-х многие композиторы, в том числе Шнитке, утратили интерес к сериализму и приступили к поиску других композиционных стилей и средств[45].

С 1962 года Шнитке зарабатывал на жизнь как автор киномузыки. Музыка для фильмов, в особенности анимационных, не подпадала под испытующий взгляд властей, что позволяло работать без необходимости постоянно оглядываться на Союз композиторов СССР. В свободное время Шнитке писал работы «в стол» и изыскивал возможности их исполнения через дружественные отношения с исполнителями, а не официальные каналы[46]. Благодаря работе в кино и знакомству с коллажными произведениями Арво Пярта и Анри Пуссёра Шнитке выработал собственную методику создания музыкальных коллажей и уже не ограничивался инкорпорированием в произведения сериальных практик[47]. Начиная с 1970-х годов в интервью Шнитке неизменно выражает недовольство рационализированными, четко выверенными средствами сериализма и описывает собственные попытки объединить элементы разнообразных музыкальных систем более динамичным образом, чтобы отражать мир таким, каким его воспринимает[48].

Что представляет собой полистилистика?

Две ранние и принципиально важные полистилистические* композиции восходят к опыту работы Шнитке с киномузыкой. Вторая соната для скрипки и фортепиано «Quasi una sonata» (1968) была написана на основе его же музыки к анимационному фильму «Стеклянная гармоника» Андрея Хржановского (1968). Работа над последней кинокартиной известного советского режиссера Михаила Ромма «И все-таки я верю...» повлияла на написание Симфонии № 1 Шнитке (1972; премьера состоялась в 1974 году в Нижнем Новгороде, тогда носящем название Горький)[49]. По большей части методологические основы полистилистики возникли в связи с кинопроектами Шнитке. Композитор сам отмечал, что его интерес к тональной музыке, как и к сочетаниям в произведениях вроде бы несопоставимых вещей, восходит именно к работе кинокомпозитором[50]. Картины Хржа-

---

* Примечательно, что западные источники немного преобразуют термин, переводя его как «полистилизм».

новского и Ромма посвящены в равной мере проблемам культурной и исторической памяти и закладывают общий контекст для генезиса полистилистики. «Стеклянная гармоника» — аллегория на тему репрессий в области искусства в советский период. Центральной фигуре тирана («человеку в котелке», знакомому по картинам Магритта) противопоставляется благотворящая стеклянная гармоника — мифологизированный инструмент*, на котором проигрывается мотив, адаптированный из букв фамилии Иоганна Себастьяна Баха на латинице (B♭ A C B — си-бемоль, ля, до, си-бекар). Музыка перевоплощает людей, чьи лица искажены жадностью и моральным разложением, в прекрасные образы из истории искусства. Ответом фильма на травматические последствия гонений становится воссоединение с воспоминаниями из области европейской культуры. «И все-таки я верю...» Ромма представляет собой документальный обзор XX века. Хроника открывается показом прорывных технологических и культурных достижений начала столетия. Однако посреди долгой и вдохновляющей череды свидетельств прогресса — первые 17 минут фильма — нас ждет неожиданный «разрыв». Кадр «выгорает», звучит скрежет прожектора. Ромм намеренно прерывает собственный нарратив, чтобы обозначить, насколько резким был шок от наступления Первой мировой войны. Режиссер скончался до окончания работы над фильмом, который завершили уже его ученики. Первые 42 с небольшим минуты картины — материал, который Ромм успел собрать сам. Ученики Ромма, вторя предшествующему разрыву, включают в фильм еще одну вставку, которая обозначает смерть кинорежиссера. «И все-таки я верю...» передает всепоглощающую тревогу, которая сопровождает историческую травму. Вторая половина фильма, подготовленная учениками Ромма, отступает от хронологического повествования и формирует коллаж, в рамках которого мы постоянно возвращаемся к угрозе ядерной войны и современным фильму актам

---

* Существенно, что стеклянная гармоника — реальный инструмент, для которого, в частности, писали музыку Моцарт, Бетховен, Глинка и Доницетти. Однако в картине фигурирует инструмент, напоминающий скорее арфу.

насилия в мире. Шнитке подчеркивает, что если бы он не увидел фильм Ромма, то не написал бы Симфонию № 1. Огромное количество отсылок и смешение разнообразных тем, временных периодов и локаций, которые характеризуют кинокартину, стимулировали осмысление композитором возможностей музыки, истории и коллажа[51]. Рассуждая о сдвигах между историческими стилями, которые происходят на протяжении всей симфонии, Шнитке указывает: «Мысль об игре со временем пришла ко мне осознанно». Намеренные манипуляции с памятью присутствуют и в последующих полистилистических сочинениях композитора, созданных в 1970-е и 1980-е годы[52].

В эссе «Полистилистические тенденции в современной музыке» (начало 1970-х) Шнитке описывает свой подход к созданию музыки. Композитор выделяет «принцип цитирования», который предполагает как заимствование стереотипных элементов иностранных стилей, так и точные или слегка измененные цитаты. Стратегия «адаптации» требует переработки чуждого стиля средствами собственного языка, а также внедрение техник из других стилей. «Аллюзия» — скорее всего, представленный наиболее открытым образом термин — предполагает «тончайшие намеки и невыполненные обещания, находящиеся на грани с цитатой, но не переступающие ее». Шнитке часто объединяет два и более стилистических элемента и сочетает цитаты в виде «полистилистических гибридов»[53]. Со слов Шнитке, полистилистика — практика, допускающая большую долю вариативности и гибкости, от прямых цитат до более аморфных аллюзий. К концу 1970-х годов и в особенности в таких произведениях, как Концерт для фортепиано и струнного оркестра, Шнитке полагался преимущественно на адаптацию и аллюзии, а не на прямые цитаты. В композициях он использовал элементы, которые представлялись типичными для того или иного периода, и в дальнейшем объединял, разбавлял и менял их через сочетания с частыми диссонирующими вставками. Шнитке соотносит полистилистику скорее с общей традицией заимствований и цитирования в музыке, а не с современными ему эстетическими трендами, в том числе коллажем. Среди своих предшественников в этом отношении Шнитке называет композиторов Чарлза Айвза и Густава Малера. В отдельных случаях Шнитке противопоставляет себя итальянскому композитору Лучано Берио, чья Симфония (1968–1969) также выстроена вокруг коллажа. Например, в третьей части произведения Берио прямо цитирует работы множества композиторов, в том числе Малера и Айвза, а также Бетховена, Равеля и Шёнберга. В дополнение к этому тексты, использующиеся в Симфонии, взяты у Сэмюэла Беккета и Джеймса Джойса. Шнитке отмечает, что, несмотря на некоторые текстуальные схожести, которые можно проследить между его Симфонией № 1 и композицией Берио, концептуально произведения сильно различаются. Берио испытал на себе влияние структурализма, лингвистических теорий Клода Леви-Стросса и литератора Умберто Эко (с ним он имел возможность взаимодействовать). Шнитке же постоянно описывает полистилистику с позиций музыки к кинофильмам, над которой работал[54]. Импульсивное стремление сопоставлять российских (советских) и восточноевропейских композиторов с западными особенно явственно проявлялось у западных музыковедов и критиков конца XX века. Возможно, комментарии Шнитке насчет Берио в какой-то мере отображают желание воспрепятствовать таким сравнениям и отстоять самобытность собственного стиля. И все же нельзя не признать, что и Берио, и Шнитке создали калейдоскопичные музыкальные миры, в которых перед нами с огромной скоростью проносятся отсылки. Однако Симфония Берио включает конкретные цитаты, в то время как поздние произведения Шнитке, включая Концерт, базируются на менее очевидных стилистических аллюзиях.

В других эссе и интервью Шнитке осмысляет значимость полистилистики. Временами его мысли можно соотнести с общим культурным дискурсом об истории, истине и реальности. В частности, Шнитке указывает на возникший незадолго до этого «резкий рост интереса к прошлому» и затем представляет собственный подход к написанию музыки с позиций «временны́х и пространственных ассоциаций», которые формируют ощущение непрерывно текущего исторического времени, проводя нелинейные связи между прошлым и настоящим. В интервью американскому музыковеду Клэр Полин композитор описывает Симфонию № 1 как «множество слоев цитат из различных жанров: марши, джаз и так далее, которые придают [произведению] ощущение документальности»[55]. До некоторой степени обобщая, Шнитке словно применяет указанную характеристику симфонии ко всем своим полистилистическим произведениям. Композитор поясняет, что в его музыке человек может обнаружить «вполне реальные элементы» и «документальную объективность музыкальной реальности, которая представлена не просто как некое индивидуальное переживание, а как подлинная цитата»[56].

Несколько исследователей поддерживают оценки Шнитке и уделяют особое внимание тому, что полистилистика выступает музыкальным проектом, посвященным проблематике памяти. Александр Ивашкин — активный поборник произведений Шнитке и в качестве виолончелиста, и в качестве музыковеда — заявляет, по всей видимости, просто пересказывая слова композитора, что полистилистика демонстрирует единство человеческой культуры, и описывает музыку Шнитке как «генетический колодец» исторической и культурной памяти. В статье о влиянии перестройки и провала коммунистического эксперимента на русскую музыку Ивашкин цитирует мнение американского философа Ральфа Уолдо Эмерсона о том, что цитата представляет собой носитель истины. Это провокационная позиция, которая состыкуется с замечаниями Шнитке о «документальном» характере его музыкальных цитат и аллюзий[57].

В обзоре панорамы музыкальной жизни в Москве и Ленинграде в период с 1960-х по 1980-е годы Маргарита Мазо обращается к собственному опыту взаимодействия с этим сообществом. Музыковед отстаивает точку зрения, согласно которой манипуляции властей с исторической памятью — важный контекст, позволяющий понять композиторские и музыкальные практики того времени. «Антидокументалистский» характер советской культуры спровоцировал, по мнению Мазо, противодействие. Композиторы предпочитали методы самовыражения, в которых упор делался на аутентичности и документальности — или на «ощущении документальности», если цитировать Шнитке. В посвященном ему разделе Мазо описывает полистилистику как средство разрыва с традиционными представлениями о времени как хронологической последовательности и с линейными музыкальными решениями, типичными для симфонических форм в духе соцреализма образца 1970-х и 1980-х годов. Мазо отмечает, что полистилистические произведения, в том числе Симфония № 3 Шнитке (написана в период между 1976 и 1981 годом), задают диалогическую преемственность между прошлым и настоящим и выдвигают музыкальные цитаты или монограммы (буквы имени человека используются для выстраивания нот в мелодии) в качестве «объективных документов музыкальной реальности»[58]. В комментариях Ивашкина и Мазо, а также в замечаниях Шнитке сами цитаты и аллюзии предстают в качестве носителей памяти, реальности и истины. Это напоминает веру в стабильность указанных категорий, которая питала многих шестидесятников. В частности, контекст, на который нам предлагает обратить внимание Мазо, допускает предположение, что этот импульс был связан с попыткой восстановить то ощущение истории, которое подрывал советский режим.

Важно отметить, что существуют и иные трактовки взаимосвязи полистилистики с памятью. Некоторые исследователи полагают, что вплетение элементов классицизма и вальсов в музыкальную фактуру, в первую очередь диссонантного характера, — проявление ностальгии. В нескольких произведениях Шнитке музыка будто стремится вернуться к прошлым стилистическим приемам, уже утратившим действенность. Возникает ощущение тоски по прошлому, которое крошится и разваливается прямо на глазах[59]. Шнитке зачастую обращается в цитатах и аллюзиях к наследию немецкой музыки, и ряд комментаторов рассматривает полистилистику как способ, выбранный композитором для проработки проблем, которые связаны с культурной идентичностью и чувством отчуждения и потенциально восходят к его этнической принадлежности и проведенному в Вене детству[60]. Сам Шнитке неоднократно отмечает, что полистилистика частично стала отражением желания «догнать» кого-то[61]. Это выражение Шмельца, подразумевающее устремления целого поколения, в особенности применимо именно к Шнитке. Композитор подчеркивал, что поздно пришел к полноценному музыкальному образованию и ощущал себя оторванным как от немецких культурных корней, так и от западной авангардистской музыки и истории музыки в целом[62].

Музыковеды нередко определяют коллажи Шнитке как постмодернистские, но не затрагивают вопрос о том, что история сама по себе — важная тема для постмодернизма. В области музыки к этому термину обычно обращаются, когда нужно обозначить собрание стилей, которое выдвинулось на первый план с рождением сериализма[63]. Однако чаще всего исследователи не столько осмысляют проблематику памяти, сколько определяют полистилистику как возможность отдаться на чувственном уровне восприятию резких контрастов. Считается, что музыка Шнитке сочетает в себе традиционные формы, тональные, политональные и атональные приемы и сериализм — конфликтующие друг с другом элементы, которые подчеркивают эффекты дезинтеграции, несовместимости и противодействия[64]. Нередко слушатели воспринимают эти контрасты именно как столкновение противоположностей. Как отмечает музыковед Ричард Тарускин, музыка Шнитке может трактоваться, как противопоставление «жизни смерти, любви ненависти, добра злу, свободы тирании и (особенно в его концертах) индивида всему миру»[65]. Много раз заявляя, что его захватывают контрасты, Шнитке временами сам исключает дуалистические трактовки своих произведений. Композитор отмечает, что при четком разделении всех вещей на добро и зло он не смог бы выразить все, что имел в виду. Шнитке неизменно осмысляет и запутывает представления об образах добра и зла в музыке: «Передача негативных эмоций через прерванные текстуры и оборванные мелодии для изображения разобщенности, через напряжения и скачки идей, естественно, отображает определенный вид зла, но не абсолютное зло. Это зло сломленного добра... Воспроизведение истерии, волнений, озлобленности — выражение симптомов болезни, а не ее причин»[66].

Во многом я основываю свою аргументацию на идеях Мазо и стремлюсь сфокусироваться на том, как именно одно из произведений Шнитке соотносится с общекультурным увлечением историей и памятью. Но вместо того чтобы сконцентрировать внимание на музыкальных аллюзиях и монограммах как версиях некоего фактического предмета из истории, я рассмотрю, как Шнитке использует аллюзии для манипулирования линейностью исторического и музыкального времени. Цитаты Шнитке, особенно из XVIII и XIX веков, обращаются к линейным качествам тональной музыки. Однако композитор почти сразу именно их и подрывает. Концерт для фортепиано и струнного оркестра представляет собой игру с телеологическими музыкальными элементами: в произведение включаются отсылки к целому ряду стилей прошлого, разрывается линейность, исключается возможность достижения некоей завершенности, иногда устанавливается статичность. Возвращаясь к комментариям Гройса, вполне можно предположить, что концерт представляет собой попытку воссоединиться с исторической традицией через обращение к аллюзиям как объективным артефактам прошлого. Однако произведение одновременно отказывается быть связанным как линейным музыкальным временем, так и хронологическим историческим временем. В некотором смысле музыка Шнитке представляет собой и возврат к истории, и изображение ее коллапса в параметрах, обозначаемых Гройсом. Кто-то может назвать музыку Шнитке «постмодернистской» именно по этим причинам. Я не намерена развешивать ярлыки и выстраивать категории. Полагаю, что связь полистилистики с историей и временем задает еще одну точку зрения для дискурса, в рамках которого люди силились привести в порядок свои культурные реминисценции перед лицом властей, которые активно манипулировали общекультурной и личной памятью во имя сокрытия правды и контроля над социальными коннотациями травматических событий. Таким образом, фрагментированная текстура, возврат и немедленное сокрушение линейности вполне могут быть, по словам самого Шнитке, лишь «симптомами болезни» — музыкальными проявлениями, которые приобретают значение во взаимосвязи с теориями, позиционирующими травмы как «недуг времени».

Музыка и память

К 1979 году, когда был написан Концерт для фортепиано и струнного оркестра, полистилистика Шнитке принесла свои плоды. Подход нашел поклонников среди как слушателей, так и музыкальных критиков. Полистилистика была далека от стандартной соцреалистической музыки, однако, по мнению Шмельца, бо́льшая доступность этой стилистики в сравнении с ранними сериальными композициями при сдвигах в музыкальных вкусах советских граждан поспособствовала тому, что за Шнитке закрепился статус частично запрещенного композитора[67]. В середине 1970-х годов Шнитке также начал уделять больше внимания тональной музыке и традиционным формам в сочетании с авангардистскими техниками. В частности, композитор все еще обращался к сериям 12 тонов. В беседе 1976 года с Шульгиным Шнитке особо подчеркивает возобновившийся интерес к тональности, стремление выработать новую тональную логику и сочетание тональности и атональности[68]. Многие музыковеды также отмечают, что Шнитке намеренно обращается к традиционным формам, в частности сонате, будто лишь для того, чтобы дать им незамедлительно развалиться[69]. Кто-то видит в увлечении композитора предшествующими музыкальными формами некоторую реакционность, словно Шнитке не желал способствовать прогрессу исторического нарратива музыки посредством новых техник и идей[70]. Однако в последнем случае мы должны отметить, что полистилистика Шнитке — музыкальный проект, посвященный проблематике исторической памяти, и поэтому апелляция композитора к музыкальным стилям и языку из различных периодов в конечном счете подрывает прежде всего картину извечного исторического прогресса, который лежит в основе подобных критических замечаний.

В некотором смысле сочетание стилей из различных периодов в Концерте представляет собой панораму истории музыки в отрыве от какой-либо хронологии. Концерт Шнитке включает отсылки к конкретным произведениям, в том числе парафразы мотивов из Лунной сонаты для фортепиано № 14, op. 27, № 2

Бетховена (1801), Ноктюрна № 7, ор. 27, № 1 Шопена (1835), Импровизаций для фортепиано, ор. 20 Бартока (1922), Сонаты для фортепиано № 5, ор. 53 Скрябина (1907) и Торжественной увертюры «1812 год», ор. 49 Чайковского (1880), а также стилистические аллюзии к классицизму XVIII века, венским вальсам, атональности и додекафонии. Вполне вероятны различные трактовки концепции этого концерта. Так, мы можем проанализировать исторические ассоциации, которые связаны с каждой из цитат, и, отметив, что большинство отсылок связаны с музыкой из Восточной Европы и России, а также Вены, провести интерпретацию произведения во взаимосвязи с замечаниями самого Шнитке о его идентичности. Мы можем рассмотреть композицию исключительно как общий комментарий по поводу истории музыки, однако в таком случае музыкальные воспоминания предстанут как метафоры, в которых осмысляются история и память в целом. С учетом дискурса того времени о сохранении в памяти травматических событий прошлого, которые власти зачастую стремились скрыть, мы можем назвать отсутствие жесткой хронологии и линейности в произведении отражением культурной травмы. Концерт не цитирует музыку, которая как-либо связана с актами насилия. Травма здесь разворачивается под видом прерывистых стилистических аллюзий. Мой анализ здесь будет воспроизводить подходы других исследователей к литературным произведениям и кинофильмам: я уделю внимание формальным качествам композиции, которые предположительно несут на себе печать травмы. В свете замечания Алана Янга о травме как «недуге времени», представляется, что концерт Шнитке неспособен или намеренно отказывается от представления линейной хронологии: разнообразные музыкальные моменты из прошлого и настоящего пересекаются, выдвигая на первый план для слушателя эффекты фрагментации и дизъюнкции.

Полистилистика создает для Шнитке возможность одновременно обращаться ко всем доступным стилям в любой момент. Позднее композитор придет к пониманию, что подобные коллажи отражают и нелинейные представления о времени, и чувство единения, которое связывает эти стилистические фрагменты[71]. Так, мы можем отметить, что в разделе концерта, где звучит вальс (такты 217–297), Шнитке сочетает ритм и мелодику венского вальса с сериями 12 тонов. С учетом того, что мы имеем дело с музыкой, за которой стоят разные поколения венских композиторов и музыкантов, такое слияние стилей подчеркивает историческую взаимосвязь между двумя крайне различными музыкальными подходами, которые восходят к одной географической точке.

Для слушателя такие моменты звучат одновременно и знакомо, и надрывно — как «сломленное добро», по выражению самого Шнитке. В середине 1970-х годов композитор отмечал важность контрастов в своей музыке. Исторические реминисценции «набегают» друг на друга, что лишь подчеркивает ощущение дезинтеграции[72]. В начале концерта в партии фортепиано звучат альбертиевы басы (с такта 24; см. пример 1.1) — стилистическая отсылка к XVIII веку. Альбертиевы басы выстраиваются на повторении мотива, включающего все три ноты трезвучия. Эта фактура получила название по фамилии клавесиниста и композитора XVIII века Доменико Альберти. Альбертиевы басы используются во множестве произведений. В фортепианных сонатах Гайдна, Моцарта и Бетховена такая фактура звучит как аккомпанемент левой рукой, пока правая выводит основную мелодию. Шнитке выдвигает реминисценцию на первый план: пианист исполняет альбертиевы басы не как аккомпанемент, а сами по себе правой рукой, в то время как оркестр тихо и монотонно гудит на заднем плане. Фигурация мягко звучит краткое время (примерно шесть тактов), а затем неожиданно левая рука пианиста ложится на громкое, диссонантное скопление нот — кластер. Кластеры, активное использование которых в качестве выразительного средства в музыке обычно прослеживают в произведениях американского композитора и пианиста Генри Кауэлла в 1920-е годы, представляют собой сочетание нот, которые расположены как можно ближе друг к другу. (Представьте, что ребенок впервые садится за фортепиано и кладет всю ручку на клавиатуру, — получается кластер в самой простой форме.) Подобные резкие противопоставления — в нашем случае отсылка к классицизму XVIII века сталкивается с экспериментами начала XX века по части диссонанса — во многом типичны для музыки Шнитке. Соединяя два музыкальных стиля, которые обычно «не подходят» друг к другу, композитор подчеркивает их статус отсылок к прошлому. Если бы Шнитке продолжил дополнять фрагмент прочими классицистическими условностями, то слушатель в конечном счете привык бы к ним, отстранился от собственных сомнений и воспринял произведение как по меньшей мере внутренне стилистически согласованное. Но разрыв альбертиевых басов кластером позволяет Шнитке ясно высветить, что в обоих случаях мы имеем дело с цитатами из истории музыки. В течение всего концерта композитор сочетает отсылки к классицистической и романтической музыке с диссонантными, атональными и даже додекафоническими композиционными техниками. Резкие столкновения дисгармоничных стилей подчеркивают фрагментарность исторических аллюзий и формируют силами одних звуков ощущение надлома и прерывистости.

Интересно сопоставить этот момент с фрагментом из I акта «Музыки для волшебного театра» Джорджа Рохберга (1965), где наравне с множеством отсылок к классицизму, романтизму и современной музыке звучат цитаты из таких произведений, как Струнный квартет, ор. 130 Бетховена (1826) и «Меры времени для пяти деревяных духовых, Nr. 5» Штокхаузена (1955–1956). Как и в случае с концертом Шнитке, подобные прямые противопоставления заостряют наше внимание на использовании именно цитат, и выдвигают на первый план феномены распада и искажения. Манеру обращения с цитатами, сильно отличающуюся от описанной, мы обнаруживаем у Рохберга в скандально известном II акте, где почти полностью цитируется адажио из Дивертисмента, К. 287 Моцарта (1777). С одной стороны, очевидно современный характер всех окружающих этот эпизод фрагментов заставляет обратить внимание на центральную часть произведения как историческую отсылку. С другой стороны, транскрипция оказывается столь долгой (почти восемь минут), что у слушателей возникает ощущение, будто они просто слу-

Пример 1.1. Такты 24–31. Концерт для фортепиано и струнного оркестра (1979)
Композитор: Альфред Шнитке (© 1995 MUSIKVERLAG HANS SIKORSKI GMBH & CO. KG. International Copyright Secured. All Rights Reserved. Перепечатывается с разрешения правообладателя)

шают Моцарта. Сам Рохберг подчеркивает, что лучше всего адажио звучит, когда его играют отстраненно и неэмоционально. Тем самым лишь усиливается впечатление, что вся эта часть — именно историческая отсылка. Примечательно, что музыкальный проект Рохберга, по сути, посвященный проблематике памяти, имеет много общего с произведением Шнитке. Рохберг даже упоминает (как и Шнитке), что его вдохновляли техники монтажа в кинематографе. В частности, композитор упоминает фильмы Алана Рене «Хиросима, любовь моя» и «В прошлом году в Мариенбаде». В обоих случаях память выступает ключевой темой[73].

В концерте Шнитке переходы между стилями создают у слушателя впечатление постоянных сбоев. Раздел, который напоминает Лунную сонату Бетховена, перетекает в более романтический эпизод, схожий с ноктюрнами Шопена: в музыкальной строке левой руки пианиста слышатся характерные прыжки между широкими интервалами аккорда, а правая рука выводит лаконичную мелодию (такты 71–92)[74]. Эта тема дважды «вспыхивает» быстротечными атонально-экспрессионистскими рапсодиями (такты 93–107): сдержанные, «провисающие» ноты предполагаемого «ноктюрна» вдруг сменяются сплошным хаосом, и руки начинают быстро, будто произвольно двигаться по всем клавишам. Еще один пример: выверенный эпизод, где альбертиевы басы проходят через почти все задействованные инструменты, вдруг останавливается и постепенно уступает место фрагменту, который, по мнению музыковеда Валентины Холоповой, представляет собой по звучанию своего рода джазовую импровизацию (такты 171–195)[75]. Здесь фортепиано начинает играть высоко и потихоньку сдвигается вниз в рамках ритмически свободного и открыто атонального пассажа, который сдерживается лишь размеренным аккомпанементом в виолончели. Затем пианист приступает к предполагаемой аллюзии на мотив из Импровизаций для фортепиано Бартока, а потом к бесноватому венскому вальсу (такты 207–216)[76]. Внушительный хорал, представляющий собой парафраз православной молитвы «Господи, спаси нас», — один из самых торжественных моментов всего произведения — вдруг обрывается на полуфразе, не доходя до конца[77]. В этом жесте обнаруживается некоторое сходство с тем, как другая молитва — «Спаси, Господи, люди твоя» — вплетается в «1812 год» Чайковского. Пианист затем исполняет стремительный пассаж, который начинается в нижнем регистре инструмента. Руки быстро обмениваются фрагментами вплоть до кульминации на самых высоких нотах. Здесь мы находим некоторое сходство с началом Сонаты для фортепиано № 5 Скрябина (такты 346–360). Во всех описанных примерах резкие контрасты вызывают ощущение постоянных прерываний и смен стилей.

Мы представили лишь некоторые из аллюзий, которыми переполнен этот концерт, и уже по этим примерам очевидно, что произведение, по сути, состоит из набора быстрых и разобщенных переходов. Реминисценции на тему различных сочинений позволяют Шнитке создать музыкальный мир, в котором пересекаются прошлое и настоящее. Этого эффекта композитор добивается за счет резких смен музыкальных стилей. Как отмечает сам Шнитке, его произведения требуют от слушателя некоторой музыкальной «начитанности». Аудитория даже с самыми общими представлениями об истории музыки (то есть способная отличить «классицизм» от вальса и атональных пассажей) сможет распознать всю несоразмерность противопоставляемых эпизодов[78]. Впрочем, для восприятия концерта не столь уж существенны элементарные познания в музыке. Шнитке выдвигает на первый план именно сам феномен разрыва музыкальной ткани. Возможно, те или иные слушатели не идентифицируют все стилистические отсылки, которые делает композитор, но все равно услышат, что происходят драматичные и неожиданные переходы.

Концерт подрывает ощущение самого течения времени в музыке. Тональными средствами Шнитке устанавливает впечатление, будто произведение линейно, но почти сразу подрывает любые намеки на то, что оно стремится вперед, к какой-то цели. По всей видимости, Шнитке воспринимает аллюзии как возможность малейшим музыкальным жестом отослать слушателей к обширному собранию ассоциаций[79]. Стилистические отсылки к XVIII и XIX векам напоминают о стандартах и условностях, которые установились в музыкальном языке соответствующих периодов. В частности, Шнитке будто бы неизменно обыгрывает линейные качества тональной музыки. Тональные произведения имеют несколько особенностей, которые создают впечатление линейности. Наиболее заметным в тональной музыке можно назвать использование гармонии: благодаря ей мы словно начинаем путешествие от основного тона или тоники как некоей «стартовой точки», уходим от нее и в конце возвращаемся «домой» в «родную гавань». Тоника оказывается нашей целью, а музыка задает ощущение линейной прогрессии, поскольку в пределах различных отрезков времени (например, от пяти минут фортепианной пьесы до часа симфонического произведения) композиция может исполняться таким образом, чтобы вызывать у слушателей ожидания и стремления замкнуть цикл. Даже термин «аккордовая последовательность», обозначающий порядок музыкальных аккордов, косвенно указывает на линейность. Мы продвигаемся либо все дальше от стартовой точки, либо к какой-то конечной точке. Драматизм многих классицистических и романтических произведений во многом связан с тем, насколько далеко от «родного очага» нас увлекают композиторы и как они добираются до финального пункта назначения (или заходят в тупик, не достигнув цели). Если в эпоху классицизма такие сочинители музыки, как Гайдн и Моцарт, сделали тональность общей нормой, то композиторы последующих поколений все сильнее отступали от этого статус-кво. Так, Шуберт, может, и возвращает слушателей «домой», но он с готовностью вписывает заключительный эпизод, словно желая омрачить предполагаемую стабильность воссоединения с «родным краем». От композитора к композитору увеличивается время и усиливается сложность блужданий вдали от основной тональности. Во второй половине XIX века Вагнер в опере «Тристан и Изольда» сразу уходит от первоначальной тональности и возвращается к ней только спустя четыре-пять часов.

Композиторы часто задают существенное напряжение произведениям, обращаясь к нотам, которые «не в ладу» с избранной тональностью. Такие «неблагозвучия» могут использоваться различным образом: неожиданно вносить тревогу в мирную музыку, формировать ощущение нарастающего беспокойства, усиливать наше желание вернуться к чему-то знакомому. Впрочем, диссонанс — явление относительное. То, что может прозвучать резко в звуковом мире струнного квартета Моцарта, будет, вероятно, звучать даже приятно в контексте сочинения Шёнберга[80]. На протяжении XIX и XX веков композиторы все чаще обращались к диссонансам в музыкальном языке. В пределах преимущественно тонального произведения диссонанс может выступать как телеологическое средство, рассчитанное на нагнетание напряжения, которое все же рано или поздно должно разрешиться. Самыми простыми словами каденцию можно представить как пару аккордов, один из которых задает напряжение, а второй снимает его, выступая некой музыкальной точкой, подводящей явную границу во фразе и задающей ощущение конечности структурно важных моментов. Тем самым музыке придается телеологический, линейный характер.

Есть и другие факторы, которые могут усиливать впечатление линейности. Иногда мелодия приобретает черты полноценного действующего лица. Таков, например, известный главный мотив Симфонии № 5 Бетховена или «идеи фикс» в Фантастической симфонии Берлиоза (еще более явный пример). Слушатели прослеживают судьбу мелодии, которая в ходе произведения переживает многочисленные авантюры, вызовы, крахи и триумфы. Музыкальная форма также может задавать ощущение линейности. Это особенно свойственно, например, сонате — одной из самых общеупотребимых условных форм в музыке XVIII и XIX веков. Зачастую первые части симфоний, концертов, камерных произведений и произведений для одного инструмента выстраиваются как сонаты. Такая форма задает рамки, в которых прослеживается установление основной темы, отступление от нее и возвращение. Здесь же мы находим диссонансы, которые задают напряжение, каденции, которые разрешают его, и мелодии, которые витают в нем[81].

Концерт для фортепиано и струнного оркестра разыгрывает перед нами травматическое состояние как раз через обращение к телеологии и ее диссоциацию. Мы фактически имеем дело с музыкальной параллелью того, как травмированная память отказывает нам в стандартных, линейных воспоминаниях. Здесь важно подчеркнуть, что я не хочу обозначить тональную музыку как некий «стандарт». По всему миру мы находим и другие широко распространенные «стандарты». Шнитке здесь пользуется линейными качествами тональности лишь для того, чтобы полностью сокрушить их. Тем самым его произведение словно выступает музыкальной параллелью той фрагментации воспоминаний, которая происходит в травматических ситуациях.

Шнитке взывает к линейности и дестабилизирует ее с самого начала Концерта. Пианист открывает произведение сольной партией на аккорде до минор (см. пример 1.2). Начало представляется почти эфемерным: солист проигрывает аккорд в верхнем регистре инструмента, тихо, нота за нотой. Элементы аккорда «разбиты на части» и не исполняются одновременно. Тональность до — так называемое среднее до, расположенное посередине клавиатуры фортепиано, — нередко выступает как символ тональности как таковой, будучи частой тоникой, местом, с которого произведения начинаются и к которому они возвращаются. Хотя узнаваемые отрывки аккорда до минор напоминают нам о тональности, первые звуки концерта не выстраиваются вокруг до минор таким образом, чтобы создалось впечатление, будто это стартовая точка всей композиции. Пианист проигрывает набор аккордов (до минор, до-бемоль мажор, ре минор, ре-бемоль мажор, ми мажор и соль минор; см. такты 1–8). Хроматика уводит нас все дальше от до минор[82]. С самого начала произведения композитор словно напоминает нам о существовании тонального материала, но отвергает всякие проявления линейного прогресса, которые бы заложили ощущение завершенности. Отсюда намеренный эффект с серией аккордов, тихо и медленно спускающихся по наклонной. Концерт не открывается каким-то импульсом, которого мы ждем в начале композиции, а сразу возникает впечатление, будто музыка сама собой сходит на нет. Шнитке лишь подчеркивает это ощущение через длинные паузы между аккордами и замедление времени: каждый такт увеличивается в продолжительности на долю (4/4, 5/4, 6/4, 4/4, 5/4, 6/4). Пространство, которое раскрывается между малыми скоплениями нот, дает слушателям ясно услышать звучание каждого аккорда и затем позволяет с той же очевидностью внимать их затуханию, прежде чем пианист возьмет следующий аккорд. Так возникает эффект колокольного звона. Начало концерта словно переставляет всю идею «аккордовой последовательности» с ног на голову и формирует у аудитории всепоглощающее чувство дезориентированного замедления.

Вступительная часть в исполнении солиста обозначает еще одну важную музыкальную идею произведения: повтор одной ноты (сначала она дается шесть раз, потом семь), сопровождающийся небольшим «завершением» в виде трех восходящих нот (см. пример 1.2). Повтор этой одной ноты осуществляется гораздо быстрее, чем предшествующие фигуры. В сочетании со сдвигом вверх этот зачаток мелодии создает впечатление, что мы направляемся куда-то. Однако уводит он нас не в сторону чего-то узнаваемого или определенного, а в сторону все нарастающего диссонанса. Шнитке постепенно включает в концерт диссонансные эффекты, мягко продвигаясь от аккордов, которые на старте мы еще можем распознать, ко все более жесткому разладу. Первые два появления повторяющейся ноты сопровождаются двумя аккордами, резко сыгранными одновременно. В результате мы получаем полиаккорд — столкновение наборов нот[83]. К третьему разу любое ощущение предполагаемой гармонии уже улетучивается. Последний нотный «хвостик» завершается плотным скоплением кластеров. И здесь уже мы не находим возврата к созвучию. Весь эпизод повторяется, но уже в более высоком регистре. В первоначальном соло для фортепиано Шнитке обозначает все идеи, которые будут выступать основой последующей композиции. Через использование тонального языка он вызывает у нас различные ассоциации. Дело в том, что тональность — не только применение узнаваемых аккордов. Это общая музыкальная система прошлого, которая выстраивалась на линейности и завершенности. И именно эти качества незамедлительно переворачиваются по мере того, как пианист совершает размеренный хроматический виток вниз, а затем проводит нас по пути нарастания произвольного диссонанса.

Значительная часть произведения далее выстраивается на этих исходных хрупких аккордах. Ближе к началу концерта Шнитке включает в фактуру отсылку к фразе из раздела разработки в Лунной сонате Бетховена[84]. Шнитке использует контур испол-

Пример 1.2. Такты 1–13. Концерт для фортепиано и струнного оркестра (1979)
Композитор: Альфред Шнитке (© 1995 MUSIKVERLAG HANS SIKORSKI GMBH & CO. KG. International Copyright Secured. All Rights Reserved. Перепечатывается с разрешения правообладателя)

няемой правой рукой мелодии и имитирует ее текстуру, ритм и очертания (см. пример 1.3)[85], но не просто обращается таким образом к прошлому, а ясно дает понять, что эта фраза была частью линейного, телеологического движения. Однако у Шнитке музыкальный узор в стилистике Бетховена ведет нас в никуда. Мотив прокручивается через хроматически проседающую последовательность аккордов. Правая рука пианиста (начиная с такта 71) проходит по тем же аккордам, с которых открылся концерт (до минор, до-бемоль мажор, ре минор, ре-бемоль мажор,

Пример 1.3. Такты 77–82. Концерт для фортепиано и струнного оркестра (1979)
Композитор: Альфред Шнитке (© 1995 MUSIKVERLAG HANS SIKORSKI GMBH & CO. KG. International Copyright Secured. All Rights Reserved. Перепечатывается с разрешения правообладателя)

ми мажор и соль минор). Шнитке, обратившись к линейному прогрессу музыки в эпоху классицизма, немедленно ниспровергает его избранным набором нетелеологичных аккордовых образований. Ощущение сбоя лишь обостряется одновременным противопоставлением двух разнонаправленных аккордов в левой и правой руках: пока правая играет до минор, левая исполняет до-бемоль мажор. Такое композиционное решение сохраняется на протяжении всей последовательности. Слушатели сталкиваются с мгновенно узнаваемым классицистическим мотивом и стилем, которые окрашены в чрезвычайно диссонантные тона. И без того несбалансированная поделка на тему классицизма оказывается еще более эксцентричной в контексте партии струнного оркестра. Скрипки, распределенные на небольшие группы, исполняют по ноте, которая постепенно «сгибается», медленно, но уверенно переходя в фальшь, прежде чем вернуться к «правильной» высоте звука. Это звуковой аналог разглядывания искаженного отражения в кривом зеркале. Сочетание классицистического канона с диссонансом вызывает у аудитории незамедлительную интуитивную реакцию. Мы сталкиваемся с чем-то знакомым, но исковерканным. В конечном счете стратегия Шнитке направлена на то, чтобы через хроматику и диссонансы подорвать линейность и телеологию всей отсылки к классицистической эпохе.

По мере продвижения через Концерт логика построения аккордов во вступительном фрагменте распространяется и на циклы других тональностей. Примерно к концу первой четверти произведение вдруг разражается альбертиевыми басами (начиная с такта 124). Мотив звучит резко почти во всех инструментах (в обеих руках пианиста, а также в виолончелях и контрабасах), переходя от низших инструментов к высшим (см. пример 1.4). Стремительный, четкий ритм и безудержные повторы альбертиевых басов в таком количестве партий формируют ощущение движения вперед. В сравнении с началом концерта этот фрагмент громкий, быстрый и механистический. Легко вспоминаются схожие примеры использования альбертиевых басов в классицистических фортепианных концертах, где сущностная механистичность мотива задает произведениям аналогичный динамизм. В сочинениях прошлого такой раздел, возможно, вывел бы слушателей на телеологическую аккордовую прогрессию, настроив их на ожидание стартовой точки и желание вернуться к ней. Однако Шнитке, обращаясь к общему рисунку и условностям классицистической музыки, полностью освобождает их от причинно-следственного багажа. Калейдоскоп альбертиевых басов продолжает жесты из самого начала концерта: музыкальный узор проходит хроматически через аккорды, которые не вызывают у нас ощущения, что мы стремимся к какой-либо цели[86]. При этом, вопреки предполагаемому механистическому хроматизму, который возникает, если анализировать секвенцию в целом,

Шнитке параллельно накладывает разные лады друг на друга[87]. Наслаивание множества разнообразных аккордов один поверх другого формирует диссонантную бездну. В результате мы не чувствуем ни основу гармонии, ни направление движения музыки, ни ясную цель произведения. Создается впечатление, что через сочетание альбертиевых басов с высокой степенью хроматики в выстраивании гармонии Шнитке пытается одновременно вернуть нас к истории и смешать прошлое с настоящим. В такие моменты хронологическое историческое время будто терпит полный крах, а слушатель освобождается от линейного музыкального времени. В итоге создается движение, никоим образом не направленное на возвращение к «домашнему очагу», из которого мы первоначально исходили.

Самый неприкрыто драматичный пример одновременного взывания и отторжения тональности происходит, когда Шнитке вводит в оркестр хоральный мотив (впервые появляется на такте 57), который сильно напоминает православную молитву «Спаси, Господи, люди твоя». Именно этот мотив открывает увертюру «1812 год» Чайковского (см. пример 1.5). Первые три ноты мелодии создают небольшую восходящую дугу-ступеньку. У Шнитке каждая нота возносится над одним аккордом. Суммарно три аккорда формируют каденцию в тональности до мажор (ля минор, соль мажор, до мажор). Такая простая каденция ясно задает ощущение направленности нашего движения, достижения цели и резолюции. К этому эффекту композитор прибегает трижды, и только затем мелодия продолжает развитие. Повтор подчеркивает чувство, что мы наконец-то пришли к какой-то тональности, каденции. Реитерация приносит с собой резолюцию. При этом оркестру «не удается» воспроизвести каденцию без некоторой степени разобщенности: три проигрывания накладываются друг на друга, так что завершение первой каденции наслаивается на начало второй. Отсюда возникает ощущение, что ноты аккорда, которые будто бы несут нам резолюцию (до мажор), в определенной степени замутнены включением нот из первого аккорда (ля минор). Иными словами, композитор и применяет стратегию, где на первый план выходят тональность и впечатле-

Пример 1.4. Такты 124–127. Концерт для фортепиано и струнного оркестра (1979)
Композитор: Альфред Шнитке (© 1995 MUSIKVERLAG HANS SIKORSKI GMBH & CO. KG. International Copyright Secured. All Rights Reserved. Перепечатывается с разрешения правообладателя)

ние завершенности, которое обычно связано с линейным продвижением к некоей цели, и не позволяет оркестру сыграть без сбоев. В результате каденция звучит как-то неправильно.

Пока оркестр стремится прийти к хоть сколько-нибудь связной мелодике и каденции, солист направляет силы на создание все

Пример 1.5. Piano reduction, такты 57–62. Концерт для фортепиано
и струнного оркестра (1979)
Композитор: Альфред Шнитке (© 1995 MUSIKVERLAG HANS
SIKORSKI GMBH & CO. KG. International Copyright Secured. All Rights
Reserved. Перепечатывается с разрешения правообладателя)

большего диссонанса, чтобы помешать оркестрантам достигнуть
их цели. И только оркестр возвращается к первичной каденции,
создавая наконец ощущение, что мы к чему-то пришли, как
пианист проигрывает четыре громких и в высшей степени дис-
сонантных аккорда, которые повторяются и по завершении мелодии.

Описанный фрагмент лишь предвосхищает еще более мас-
штабную и долгую конфронтацию, которая разворачивается
перед нами ближе к концу концерта (см. такты 336–350). Возврат
к тому же материалу оборачивается усилением и расширением
всего того, что аудитория слышала в начале произведения. Оркестр вновь заводит тот же хорал и продвигается через ту же
каденцию, четырежды проигрывая мотив, прежде чем продолжить мелодию и даже дважды достигнуть ее кульминации. Все

дополнения придают музыкальной теме больший размах, широту и полетность. Примечательно, что этот эпизод расположен ближе к концу произведения. Музыка будто силится дать нам некое окончательное ощущение величественной завершенности. Но пока хорал достигает апогея, пианист предпринимает все, чтобы пресечь воспоминания о тональной музыке и ее стремления к возвращению «домой». Как и прежде, фортепиано вступает при первом обращении к до мажор и затем предается, почти без единой передышки, выколачиванию все более громких и диссонирующих аккордов на протяжении всей мелодии. Диссонантные аккорды — первоначально широко разнесенные малые секунды — все больше уплотняются по мере того, как столкновение становится все более ожесточенным. К концу сегмента пианист практически выдалбливает кластеры. Мы не слышим ни одного узнаваемого аккорда, никакой гармонии. Если что-то и удается распознать в таком шуме, так это вседовлеющее ощущение безудержного хаоса. Наконец, оркестр отказывается от попытки вывести мелодию, а пианист продолжает безжалостно сокрушать инструмент. Через какое-то время затихает и фортепиано. Оркестр возвращается к мелодии, и вновь разыгрывается то же драматическое противостояние, но на этот раз нас ждет обрыв посередине хорала.

Именно столь яростные музыкальные схватки, достойные увековечивания в эпических канонах, побуждают многих людей уделять повышенное внимание резким контрастам, которые характерны для музыки Шнитке. И в этом нет ничего удивительного: нас захватывает драматизм таких напряженных баталий. В живом исполнении подобные произведения интересно слушать и видеть. Перед пианистом, в сущности, ставится задача заслонить или даже заглушить собой целый струнный оркестр, а это далеко не так просто. С точки зрения законов физики и числа исполнителей на площадке, обстоятельства по умолчанию складываются не в пользу фортепиано. Пианист должен прямо на сцене пытаться сбросить на клавиатуру как можно больше массы, чтобы извлечь как можно более громкий звук из инструмента. Солист в самом буквальном смысле телесно отбивается от постоянных попыток оркестра сыграть узнаваемый тональный пассаж, который стремится создать у слушателей ощущение, что музыка к чему-то стремится и имеет заранее определенную конечную точку. Борьба за силу звука лишь подчеркивает то, что на сцене мы видим неустанные физические усилия исполнителей. Такие эпизоды можно воспринять как борьбу различных музыкальных стилей. Однако самое примечательное — именно то, что пианист вступает многократно тогда, когда оркестр почти достигает резолюции. Фортепиано, по сути, прерывает каденции — одну из составных частей в создании линейной, телеологичной, завершенной музыки.

Дважды сопротивление линейности тональной музыки в концерте приобретает несколько иной характер. Концерт проваливается в статичность, и сама драма, нагнетаемая произведением, оказывается подвешенной во времени. В первый раз это происходит сравнительно рано в опусе. Мы слушаем вводное соло фортепиано и первое появление альбертиевых басов в партии правой руки пианиста. Именно альбертиевы басы выводят нас в статичное пространство. Этот прием дополнительно закладывает впечатление, словно музыка идет на спад, а в этом случае почти останавливается, отвергая любое ощущение движения вперед, которого мы могли бы ожидать в начале композиции. Шнитке распределяет вторые скрипки, виолы и виолончели на 12 партий, или подгрупп (такты 38–45). Каждая партия исполняет все те же альбертиевы басы, но в разном темпе (см. пример 1.6). Верхний голос — первая из вторых скрипок — открывает этот раздел и играет мотив медленнее всего (половинными нотами). Каждая группа струнных, словно колеблясь, вступает с легким отставанием от предшествующей. Партии накладываются друг на друга. Инструменты постепенно вступают по нисходящей, при этом альбертиевы басы исполняются с каждой партией чуть быстрее. К тому времени, когда достигается предел и последняя партия виолончели продвигается на достаточно большой скорости (16-ми нотами), задействован почти весь струнный оркестр. Ситуация осложняется еще и тем, что каждая партия вступает на разных нотах и проигрывает разный аккорд. Распределив музыку по 12 партиям и вынуждая инструменты начинать игру с разных нот, Шнитке преобразует альбертиевы басы в додекафонию. Однако, что примечательно, композитор здесь искажает не только тональную музыку, но и додекафонию: есть две партии, которые вступают на одной высоте, и поэтому получается не 12 ожидаемых тонально полноценных партий, а 11[88].

Пока 12 струнных партий проигрывают один и тот же мотив, но при различных времени вступления, продолжительности нот и стартовых нотах, слушатели продолжают воспринимать устойчиво цикличное, но допускающее некоторые вариации звучание в партии фортепиано тех же первых шести аккордов. В результате возникает статичное, диссонантное звуковое полотно, которое, по мере того как опускается все ниже, становится все громче. Шнитке настолько сильно преображает здесь альбертиевы басы, что почти исключает возможность распознать мотив на слух. Даже профессиональному музыканту приходится заглядывать в партитуру в поисках подсказки. На краткий миг время словно застревает в этой неблагозвучной топи, но затем все же продолжает течение навстречу первому столкновению хорала в исполнении оркестра и громких подрывных аккордов в партии фортепиано. То, как Шнитке накладывает здесь различные временны́е слои, вызывает ассоциации с музыкой Шостаковича, например, первой частью его Симфонии № 15 (1972; см. такты 255–288), где, благодаря тому, что инструменты исполняют ноты в различном темпе, у слушателей также создается впечатление статичности.

Ближе к концу концерта, после того как фортепиано не позволяет оркестру доиграть хорал и привнести в произведение хоть какое-то телеологическое движение, музыкальная баталия вдруг прерывается, и Шнитке включает еще один эпизод замершего диссонанса (такты 351–365). Однако в этот раз вместо того, чтобы жестко следовать альбертисвым басам, каждая партия более свободно продвигается по трем нотам аккорда. Выстраивая музыкальную текстуру снизу вверх (а не наоборот, как ранее), Шнитке удваивает масштаб музыки: струнный оркестр разделяется на 24 партии (с учетом всех 12 возможных высот звука).

Пример 1.6. Такты 39–41. Концерт для фортепиано и струнного оркестра (1979)
Композитор: Альфред Шнитке (© 1995 MUSIKVERLAG HANS SIKORSKI GMBH & CO. KG. International Copyright Secured. All Rights Reserved. Перепечатывается с разрешения правообладателя)

Попытка определиться с целью всего произведения натыкается на продолжительный статичный хаос, который нарастает в густоте звучания и, наконец, улетучивается в никуда, оставляя после себя только тишину. Шнитке возвращает нас в прошлое через исторические аллюзии, параллельно подрывая ощущение хронологической последовательности времени. Музыкальные воспоминания возникают именно для того, чтобы разрушить линейность времени в музыке. Все, чему остается внимать слушателям, — отдельные фрагменты, разобщенность, застой и периодическое безмолвие.

Музыка, истина и свидетельствование

В некоторой степени Концерт для фортепиано и струнного оркестра музыкальными средствами возвращает нам историю. Мы можем обратить внимание на конкретные музыкальные стили, к которым обращается Шнитке. Искаженная молитва, додекафония и произведения Бартока не попадали в сферу разрешенной в СССР музыки или неустанно контролировались Союзом композиторов СССР. С этой точки зрения, полистилистика самым буквальным образом воспроизводит отрывки оспариваемой культурной памяти. Не забывая о замечаниях Мазо, следует все же отметить, что обращение к разнообразным моментам из истории музыки в период, когда память как таковая оспаривалась, представляется существенным. Как отмечают Буббайер, Мерридейл, Файджес и другие специалисты, травматические события советского времени ослабили как личную, так и коллективную память. Контроль властей влиял на историю культуры (это выражалось в канонизации определенных композиторов, художников и авторов в тот или иной период), а также сказывался на том, как люди сохраняли собственные воспоминания, создавая произведения искусства (например, стихотворения, посвященные Великой Отечественной войне). Конкретные цитаты, используемые Шнитке, имеют принципиальное значение и по отдельности, но важно подчеркнуть, что значимость полистилистики заключается в совмещении такого обширного набора отсылок. Представление истории музыки — как метафоры всей истории — в качестве пространства, где человеку доступны любые музыкальные стили и идеи, вполне можно назвать актом рекламации исторической памяти.

Концерт выстраивается на предпосылке, что любые музыкальные моменты из истории можно свести вместе. Шмельц открывает свою книгу цитатой из интервью, которое Шнитке дал Андерсу Бейеру: «Когда человек предпринимает что-то, чтобы воспротивиться закостеневшей системе, произведение утрачивает достоверность. Приходится изображать, будто бы системы нет вовсе»[89]. Как в замечании композитора, так и в его техниках читается стремление отвоевать право цитировать любой момент из истории музыки так, как ему заблагорассудится, вне зависимости от административных ограничений и политических тенденций. Такой подход состыкуется с сознанием пребывания «вне»: восприятием собственной деятельности за пределами политической борьбы между властями и открытой оппозицией. Примечательно, что Шнитке подчеркивает «ощущение документальности» в своей музыке, а Ивашкин и Мазо считают полистилистику средством для достижения истины и реальности через музыку. Такое сосредоточение разных настроений отсылает нас к пристальному интересу шестидесятников к проблеме истины. Так, одержимости истиной Юрчак противопоставляет свои аргументы. Ивашкин и Мазо видят в цитатах документальные свидетельства реальности и истины. С учетом всего этого можно задаться вопросом, какие именно истины и реалии отражают конкретные отсылки. Не отражает ли хорал, основанный на православной молитве, которая была дополнительно профильтрована через музыку Чайковского, некую традицию, в том числе религиозную? Взывают ли прерывающие хорал фортепианные пассажи в стилистике Скрябина к миру мистицизма и теософии, к которому был причастен сам пианист? Такой подход может задавать интересную и занимательную точку для интерпретации концерта, однако формулировки высказываний Шнитке, Ивашкина и Мазо, по всей видимости, характеризуют более общий культурный контекст. Как весьма недвусмысленно заявляет Мазо, в мире, который пережил переписывание исторической памяти, особенно в свете травматических событий, сам факт цитирования свидетельствует о том, что есть некое реальное, настоящее прошлое. В этом случае полистилистику вполне можно определить как «соцреализм минус социализм»[90]. И здесь дело уже не в том, что именно подразумевается под каждой отсылкой. Само цитирование уже несет в себе реализм и историю. Исходя из этого, полистилистика, возможно, подпадает под определение ниши неофициального советского искусства 1960-х и 1970-х годов, которую постулирует Шмельц. Описывая музыкальные тенденции 1960-х годов, автор выводит спектр, который с одного конца впадает в абстракционизм (геометрические полотна Франсиско Инфанте), а с другого — в реализм (произведения Оскара Рабина на темы, остававшиеся неосвещенными в рамках соцреализма)[91]. Если сериализм можно поместить в абстрактное крыло ниши, то Концерт для фортепиано и струнного оркестра (как и полистилистика в целом) находится ближе к реалистическому концу спектра.

При этом существенно, что подобная аргументация выводит на первый план именно само цитирование и игнорирует развитие и взаимодействие конкретных цитат в рамках того или иного произведения. Концерт реконструирует историю, но одновременно выступает свидетельством схлопывания линейного времени. По мнению Гройса, сталинизм разграбил историю и подорвал ее хронологичность. К 1970-м и 1980-м годам, когда неофициальные деятели искусств ощутили настоятельную потребность в восстановлении истории, все, с чем им оставалось работать, была бессвязная путаница, порожденная не только сталинизмом, но и постмодернизмом. Концерт Шнитке демонтирует историческую хронологию, сталкивая друг с другом музыкальные аллюзии к XVIII, XIX и XX векам, и одновременно лишает тональную музыку целенаправленности, которая составляет ее сущность. Нарративы линейного развития, закладывающие основы истории и музыки, силятся отстоять позиции, но в конечном счете распадаются.

Как замечает Джанет Кеннеди, неофициальное советское искусство 1970-х и 1980-х годов искало всевозможные формы «реального». Концерт, скорее, близок тем произведениям, которые ставят под сомнение саму суть наших представлений о реальности, а не тем работам, которые больше соотносятся с прямолинейным реализмом. Стилистические аллюзии Шнитке взаимодействуют между собой таким образом, что мы вынуждены обращать внимание на них именно как на цитаты. Использование условностей тональной музыки и их деконструкция ставят под вопрос средства музыкальной выразительности. Композитор подчеркивает, что, подобно тому, как «Красная комната» Тюльпанова скована видимыми элементами холста, так и концерт представляет собой не столько цельное произведение, сколько выстроенное определенным образом сочетание эпизодов. Переключение между различными стилями выводит на первый план дезинтеграцию композиции, а сочетание «классицистических» мотивов с предельным диссонансом будто вынуждает нас усомниться в том, что существует истина, которая позволит получить ключ к разгадке несуществующего ребуса. Здесь вспоминается «На море» Шерстюка, где мы в определенной мере находим вопросы, а не четкие ответы. Тарускин считает именно неопределенность главным источником притягательности этого концерта Шнитке: предположительно противостоящие друг другу силы (хорал в исполнении оркестра и диссонантные аккорды в партии фортепиано) вступают в борьбу, которая ничем не завершается. Мы не обнаруживаем здесь кульминации. Концерт завершается тем, что фортепиано и оркестр медленно, тихо, без особого движения проигрывают все 12 тонов — развязка «предельно дезориентирующая», по мнению Тарускина[92]. В беседе с Ивашкиным Шнитке отмечает, что он больше не видит финал, расставляющий все на свои места, как реальную опцию. Последний эпизод концерта лишь делает еще один шаг в сторону от «нарратива», который потенциально создал бы что-то осмысленное из музыкальных обрывков[93]. С чем остаются слушатели? С цитатами и аллюзиями, которые ошеломляюще сопровождают друг друга и наваливаются друг на друга. Играя с различными представлениями о времени (это в целом характерно, по словам Катерины Кларк, для литературы и искусства того времени), концерт Шнитке создает отдельную реальность, столь же многослойную и неясную, как «Двойной портрет художника за работой» Файбисовича, где оконное стекло отражает так много людей и предметов, что окружающая действительность оказывается неразличимой в своей сложности.

Если постмодернизм описывает разлад истории и доминантных нарративов, то теория травмы сфокусирована на во многом схожем феномене: распаде линейных последовательностей событий на фрагменты, разделенные обширными пробелами. Страдание приводит к тому, что мы перестаем ощущать границу между прошлым и настоящим. Это идейное согласие двух направлений изысканий, возможно, частично связано с тем, что постмодернизм сильно связан с последствиями в значительной мере нравственно окрашенных исторических травм. Мысли Гройса вполне удачно описывают музыку Шнитке, однако полистилистика в равной мере восходит к выдвижению проблематики памяти и страдания на первый план в отдельно взятой культуре. Как указывают Файджес и Мерридейл, власти переписывали и подделывали историю для того, чтобы иметь возможность контролировать конкретные коннотации травматических событий. В этой связи людям приходилось отстаивать как личные, так и коллективные воспоминания о пережитых страданиях. В этом отношении показателен пример романа «Книга смеха и забвения» Милана Кундеры. В начале произведения президент Чехословакии, лидер коммунистов Клемент Готвальд, обвиняет одного из своих прихвостней в предательстве и в буквальном смысле затирает образ этого человека из всей пропаганды в начале 1950-х годов. В целом роман посвящен событиям в преддверии ввода советских войск в Чехословакию в 1968 году. Герои произведения силятся вспомнить прошлое, но все, что всплывает в их памяти, — отдельные фрагменты. В этом и заключаются последствия переписывания истории и переживания травмы. Сюжет романа сконцентрирован вокруг вопросов о сущности памяти и страданий и разворачивается в постмодернистской манере как последовательность обрывочных эпизодов. Травма сказывается не только на образе мыслей героев, но и на структуре повествования.

Концерт для фортепиано и струнного оркестра Шнитке схожим образом на уровне формы разыгрывает перед нами феномен травмы в рамках культурных терзаний на тему памяти и страданий. Как и роман Кундеры, концерт нацелен на воссоединение с историей, но вынужден довольствоваться тасованием исторических фрагментов. Тем самым композиция посредством музыки воссоздает впечатления, схожие с эффектами травматических воспоминаний. Симптомы, связанные с разрушительностью и фрагментарностью, — вроде флешбэков, кошмаров и бессознательного поведения — затирают грань между прошлым и настоящим. Шнитке работает в поле истории музыки, и используемые им цитаты имеют музыкальную природу: аллюзии к прошлому постоянно возвращаются, оставаясь фрагментарными и неприятными. Исследователи, начиная с Пьера Жане, характеризуют неспособность человека рассказать последовательную, линейную историю как ключевую характеристику травматических воспоминаний. Возможно, музыка не столь повествовательна, как речь или текст. Однако все фрагменты, из которых складывается концерт, пытаясь вернуть нас к условной линейности тональной музыки, постоянно откатываются от телеологического движения вперед, прерывают стремление к достижению каденции (ощущения завершенности), впадают в статичность и даже обрываются полной тишиной.

Часто высказываемое замечание, что репрезентации распадаются перед лицом травмы, основывается на дискуссиях, протекающих в связи с произведениями литературы, кино, искусства (и теперь еще музыки), которые на формальном уровне демонстрируют разрушительные симптомы травмы. В частности, особое внимание этому развалу способности к воспроизведению уделяет Шошана Фелман. Несмотря на существенное влияние провокационных и созидательных идей Фелман (как и Карут) на многих ученых, занимающихся травмами (в том числе на меня саму), ее подход, по всей видимости, размывает границы между эстетическим произведением, которое обыгрывает психологические последствия травмы, и собственно «провалом» представлений. Исходя из позиции Фелман, создается впечатление, что автор — или даже само произведение, если мы признаем его субъектность, — стремится вытянуть из себя линейный сюжет, но «терпит неудачу». При такой интерпретации искусство в некоторой степени патологизируется, будто стихотворение, музыкальная композиция или фильм могут, подобно человеку, переживать психологический урон от травматических событий. Я хотела бы предложить немного сдвинуть здесь акценты. Произведения, которые на уровне формы отображают травматические воспоминания, свидетельствуют о том, что наши представления весьма гибкие, а деятели искусств могут быть крайне изобретательны в творческих порывах, создавая работы, где проявляются, отображаются и воспроизводятся отдельные элементы переживаний человека, в том числе психологическая и физическая боль. Размышления о том, как композиция Шнитке «не справляется» с линейностью, могут привести нас к умозаключению, что композитору «не удалось» написать тональную музыку. Такой подход способен сильно исказить представления о сущности Концерта. За счет манипуляции тональными и атональными материями Шнитке создает произведение, которое намеренно разыгрывает перед нами слом линейности во всем разладе, фрагментации, статичности и безмолвии. Как замечал сам композитор, Концерт музыкальными средствами представляет нашему вниманию «симптомы болезни». В этом качестве музыка Шнитке полноценно участвует в культурном дискурсе, который осмысляет историю и память перед лицом травматического срыва. Концерт проигрывает перед нами дезинтеграцию сознания во имя того, чтобы внести ясность, смириться и найти — или не обнаружить — смысл в воспоминаниях, затронутых травмой.

Карут видит в имманентной фрагментарности травматических воспоминаний важный элемент стремления вернуться к истории и истине. Исследовательница, во многом базируя выводы на постструктуралистском подходе, где в центр внимания помещена неспособность языка служить эффективным средством коммуникации, полагает, что непреднамеренное, прерывистое обращение к прошлому (через флешбэки и кошмары) выступает средством поиска истины и знания. Даже если человеку не удается полностью уяснить или даже вспомнить болезненное событие, моменты разлада представляют собой не что иное, как обращение к реальности. В определенной мере такие умозаключения, связанные с продуктами культуры, также патологизируют творческий процесс и побуждают нас искать форсированные параллели между людьми и эстетическими произведениями. Однако в представлениях Карут мы обнаруживаем важный порыв человека найти в сознании пространство для истины. В силу как психологических, так и политических причин действительные обстоятельства страданий часто оказываются неясными и горячо оспариваемыми. Словно реагируя на феномены постмодернистского релятивизма и посттравматической нестабильности, Карут пытается выявить по меньшей мере небольшой участок, где обнаружится некая истина. И в этом отношении ее посыл во многом соотносится с мотивами, которыми руководствовались такие писатели, как Солженицын и Гавел, стремящиеся — пусть даже из политических соображений — выстроить стабильную концепцию правды о том, что представлял собой террор.

Как я уже отмечала, цитаты Шнитке не представляют собой прямые отсылки к определенному травматическому прошлому. Маловероятно, что мы встретим какие-либо конкретные политические истины в полистилистике Шнитке, в частности в партитуре Концерта для фортепиано и струнного оркестра. Если Ивашкин корректен в оценке и музыка Шнитке в самом деле «свидетельствует» о современных композитору социальных, культурных и политических обстоятельствах, то он добивается этого эффекта, не ограничивая себя потенциальными коннотациями определенной цитаты или аллюзии, которые могли бы послужить вместилищем буквалистской правды. Вместо этого Шнитке воспринимает цитирование в целом как музыкальный проект, посвященный проблематике памяти, и драматизирует противопоставление фрагментов, которые составляют произведение. В исследовании свидетельства как такового Фелман называет истину туманным конструктом, к которому мы не всегда можем с легкостью подступиться напрямую. Свидетельствование представляет собой не закрепление правды, а возможность отреагировать на кризисный момент в нашем восприятии истины[94]. И вполне можно заключить, что музыка Шнитке выступает свидетелем кризиса правды, исполняя перед слушателями этот кризис: обломки воспоминаний, которые не складываются в какую-то закрытую структуру и отказывают нам в финальной резолюции конфликта. Концерт разыгрывает собственный распад, за счет эстетических и формальных средств содействуя осмыслению истории обществом и отображая множество вариаций форм фрагментарных, нелинейных, распадающихся на части, прерванных и настороженно замерших травматических воспоминаний.

Глава 2
Сокрушительные пассажи

*Шестая соната для фортепиано
Галины Уствольской и интерпретация боли*

Шестая соната для фортепиано Галины Уствольской представляет собой последовательность очень громких кластеров, которые вынуждают пианиста играть с «сокрушительной» силой и ощущать дискомфорт в пальцах, руках и предплечьях[1]. Физическая агрессия, которую Уствольская требует от исполнителя, дает нам повод задуматься о том, что музыка — телесное действие по своей сути. Музыкальная игра сама по себе — и, естественно, в сочетании с замыслом композитора и звуковыми эффектами — может выступать свидетельством пережитых мучений. В этой главе мы рассмотрим те физические действия, которые требуются от пианиста, исполняющего сонату Уствольской, и проанализируем произведение в контексте дискурса о культурных травмах в годы гласности. Реформы того времени вывели на первый план в политике и культуре устойчивые споры о месте реализма в искусстве и литературе и о достоверности трактовок исторических событий. Все это мы рассмотрели в предыдущей главе, сделав упор на фальсифицированных советскими властями исторических нарративах о личных и общественных травмах. В свете поддельной истории и очевидно пропагандистских целей соцреализма неофициальные художники, писатели и музыканты были вынуждены выискивать варианты для более правдивых способов передачи всевозможных форм страданий. Музыка, конечно же, не может быть в буквальном смысле слова «правдивой», но рассматриваемая соната несет в себе определенную «истину», вынуждая исполнителя испытывать болезненные ощущения, и тем самым вовлекается в дискуссии времен гласности о сути истины и истории.

Галина Уствольская (1919–2006) прожила всю жизнь в Санкт-Петербурге. С 1937 года она училась в музыкальном училище имени Римского-Корсакова при Ленинградской консерватории, а потом и в самой консерватории, окончив ее в 1947 году. С 1947 по 1975 годы Уствольская преподавала в музыкальном училище[2]. Ее первые композиции были выполнены в стилистике соцреализма, однако уже к концу 1940-х — началу 1950-х годов Уствольская начала вырабатывать собственный, весьма диссонантный стиль, который прослеживается, в частности, в ее «Октете» и «Трио»[3]. 1960-е годы оказались для нее особенно плодотворным периодом, и Уствольская лишь наращивала объемы работы на протяжении 1970-х и 1980-х. Многие из ее произведений выходили спустя 10–20 лет после создания[4]. Как композитор Уствольская не последовала по пути младших современников (в том числе Шнитке и Пярта, а также Гурецкого в Польше), которые в течение 1960-х часто экспериментировали с сериализмом и с 1970-х годов вырабатывали новые техники, выходившие за рамки как соцреализма, так и сериализма. Уствольская никогда не практиковала сериализм и предпочитала разрабатывать собственный диссонантный стиль, который в 1960-е годы нашел благодарную аудиторию[5].

Что касается разыгрывания физической боли при исполнении музыки и взаимосвязи этого феномена с культурной травмой, в этой главе я не буду прибегать к той же модели интерпретации с опорой на источники из области психологии, которая применялась в предшествующей. В свете склонности отделять тело от сознания и под влиянием психологических моделей культуроведческие исследования травмы преимущественно концентрируются на психических процессах. Однако музыка требует участия тела для извлечения звука и вследствие этого создает возможность осмыслять телесную боль как важный элемент травмы. Вынуждая пианиста ощущать дискомфорт, соната Уствольской ставит вопросы о том, как мы познаем и изображаем страдания, — проблемы, которые занимают центральное место в междисциплинарных размышлениях о сущности боли. Элейн Скарри в знаменательной работе «Телесная боль» («The Body in Pain») отмечает, что «боль противится языку, и это не просто ее побочный или случайный аспект, а суть боли как таковой»[6]. Скарри полагает, что язык оставляет нас перед лицом страданий, но при этом именно он позволяет пробивать себе дорогу к знанию, а также социально-политической справедливости. Преодоление этого сопротивления языка во имя полноценного олицетворения боли становится, таким образом, начинанием с очевидным нравственным посылом. Язык, впрочем, — лишь одна из возможных форм коммуникации. Музыка, по своей сути, — исполнение, которое может открывать доступ к травме и передавать болевые ощущения. Отстраняясь от языка, Уствольская создает музыкальные структуры, через исполнение которых человек может приобщиться к боли.

Культурные сферы, в том числе музыка, апеллируют к социальным аспектам и манипулируют ими, чтобы раскрывать, объяснять, закреплять или низвергать мировые события. В исследовании о соотношении ритуала и театра Виктор Тёрнер подчеркивает взаимосвязь и взаимозависимость театрализованного представления и общества. Культура стремится извлечь некий смысл из заданных обстоятельств, которые ей предлагает реальный мир[7]. Тёрнер не столь уж далеко уходит от замечаний Шехнера насчет диаграммы взаимосвязей между социальной и эстетической драмами, которая оформлена в виде знака бесконечной восьмерки, и видит в представлениях не столько отображение реальности, сколько путь к внесению в нее ясности. Желая раскрыть то, как Шестая соната для фортепиано трактует исторические и географические аспекты своего создания, в этой главе я обрисую дискуссии в период гласности на тему культурных травм, представлю феноменологический анализ произведения и рассмотрю исполнение композиции в свете дискурса 1980-х годов о сущности страданий.

Дискурс о культурной травме во времена гласности

«Конец коммунизма», который открылся революциями 1989 года в Центральной и Восточной Европе, привел к существенным изменениям в политике, экономике и культуре. Польский социолог Пётр Штомпка называет именно такие общественные преобразования источниками травм. Радикальные сдвиги превращались в единую культурную травму в ходе публичных обсуждений, в рамках которых люди дискутировали на тему совместно переживаемых событий, выражая реакцию на них. Среди всех феноменов, сопровождавших развал СССР, Штомпка особое внимание уделяет публичному дискурсу, который переписал «всю историю Советского Союза... оказавшегося не раем для рабочего класса, а [площадкой для] террора и истребления людей»[8]. Впрочем, более обширная историческая ретроспектива позволяет убедиться, что размышления в области культуры насчет советской истории, истины и страданий начались задолго до 1989 года. Официальная советская культура предпочитала замалчивать отвратительные моменты жизни в СССР и истории Советского Союза. Как я уже отмечала в первой главе, неофициальный дискурс об истории, истине, страданиях и представлениях охватывал диссидентские и интеллигентские круги еще с 1956 года, когда на заседании XX съезда КПСС Хрущев зачитал «секретный доклад», и лишь вышел на передовую линию культуры и политики с наступлением гласности в середине 1980-х[9].

Горбачев полагал, что гласность должна стать формой более открытой коммуникации с людьми, которая позволит повысить эффективность бюрократической машины. Это не было идеалистическим дарованием свободы слова[10]. Изначально Горбачев исходил из того, что раскапывание закромов советской истории лишит страну энергии, необходимой для проведения реформ[11]. Это не помешало, конечно, жаждущим свободы слова деятелям отреагировать на новый политический курс движением «снизу» и положить начало общественной дискуссии по поводу целого ряда пробелов, которыми грешила советская история[12]. На встрече с представителями СМИ в начале 1987 года Горбачев подтвердил валидность исследований репрессий прошлых лет, поскольку эти пробелы, «пустые страницы в истории и литературе», должны быть восполнены[13]. Назначив либерально настроенных редакторов на ведущие посты в советских газетах и журналах, Горбачев тем самым поспособствовал честному анализу исторических событий, но сам придерживался умеренных взглядов. Авторы могли обращаться к истории и критиковать СССР при условии, что они продолжали поддерживать партию и сохраняли оптимистический настрой по поводу будущих реформ[14]. Такие прогрессивные журналы, как «Огонек», активно проверяли умеренность Горбачева на прочность. Однако многие деятели воспринимали ревизионизм в отрицательном свете. Культурные травмы зачастую представляют собой оспариваемые сферы исторической памяти. В этой связи бытовало мнение, что чрезмерный упор на истории, поиске истины и необходимости покаяния приводил к сгущению красок. Консервативные фракции в правительстве опасались, что критика событий недавней советской истории могла подорвать систему в целом[15].

В тот период культурная травма оказывалась необычайно многослойной: преобразования, которые ускорили и в конечном счете привели к краху коммунизма, были болезненными сами по себе, а также выводили на первый план травматические события прошлого. Дискурс о страданиях протекал в тесном взаимодействии настоящего и прошлого. Журналисты, писатели и историки освещали широкий круг тем, зачастую — впервые в публичном пространстве. В общественном сознании всплыли прошлые травмы сталинизма, коллективизации, раскулачивания и репрессий как до, так и после Второй мировой войны[16]. Развернувшаяся в культурной сфере дискуссия также находила отражение в литературе. Официально публиковались произведения, которые прежде распространялись исключительно через самиздат, в том числе поэма «Реквием» Анны Ахматовой, фиксирующая ее личный опыт простаивания в тюремных очередях в Ленинграде на фоне чисток 1936–1938 годов, и роман «Дети Арбата» Анатолия Рыбакова[17]. Гласность в определенной мере несла с собой свободу слова, но это ни в коей мере не был одномерный процесс:

«секретный доклад» Хрущева был опубликован лишь в конце 1980-х годов, а такие массовые организации, как правозащитное общество «Мемориал»*, возникнув, сталкивались со значительным вмешательством правительственных структур в их деятельность[18]. Однако сам факт создания «Мемориала» — организации, нацеленной на увековечивание памяти жертв чисток и восстановление исторической правды по поводу советских репрессий, — в сочетании с противостоянием властей, писателей и рядовых граждан по вопросам осмысления прошлого демонстрирует значимость и релевантность публичной дискуссии о травмах с особым упором на истину, государственный террор и физические страдания.

Искусство и культура — сферы, которые на протяжении всего XX века создавали условия для исследования описанных ценностей и проблем. Мазо особо подчеркивает значение подобных дискуссий для композиторской деятельности и музыки 1960–1980-х годов. Как отмечалось в предшествующей главе, Концерт для фортепиано и струнного оркестра Шнитке соотносится с этим контекстом, фиксируя последствия травмы. Композитор использует нелинейность воспоминаний и манипулирует музыкальными аллюзиями, отображая кризис истины. Музыка Уствольской взывает к схожему набору вопросов: общее ощущение критического момента, универсальная духовность, возвышенные до статуса священности страдания, моральный авторитет и нравственная чистота, истина и боль. За исключением Мазо, никто из авторов, которые занимаются творчеством Уствольской, не пытается явно вписать ее музыку в контекст конца 1980-х годов — существенного для культуры периода. Однако риторические средства, к которым исследователи прибегают при рассмотрении жизни и деятельности Уствольской, все же перекликаются в той или иной мере с лейтмотивами того времени.

Политические, культурные и экономические пертурбации, пришедшиеся на перестройку, сформировали всеобщее чувство

---

* Внесено в реестр иностранных агентов и ликвидирован по решению Верховного суда Российской Федерации в 2022 году. — *Прим. ред.*

духовного беспокойства, завязанное на ощущении, что страна переживала кризис[19]. На фоне социальных преобразований, которые в конечном счете привели к краху коммунизма и возникновению особого интереса к осмыслению травматического прошлого, страдания стали превалирующей темой в разговорах обычных людей в конце 1980-х годов. В этнографическом исследовании русских речевых практик 1989–1990 годов Нэнси Рис отмечает, что граждане СССР сокрушались по поводу множества тем от сталинских репрессий, Второй мировой войны и социально-экономического хаоса времен перестройки до неясного будущего страны. Дискуссии о страданиях могли возникать у людей самых различных политических взглядов: антисоветчиков, просоветских аппаратчиков, популистов, русофилов и так далее. Исходя из всеохватывающего обзора, выполненного Рис, возникает впечатление, что в это время представители целого спектра политических фракций, от диссидентов до патриотов, ощущали наступление кризиса и участвовали в осмыслении феномена страданий[20].

Уствольскую, как правило, позиционируют как антисоветчицу и связывают ее музыку с феноменами исторического кризиса и страданий[21]. Композитор Виктор Суслин, друг и издатель Уствольской, рассматривает ее музыку в контексте травм XX века:

> [В течение XX века] в мире произошли огромные потрясения. Одно из главных — в области духа: то, что в 30-е годы многим (отнюдь не только в СССР) казалось «светлым будущим», в 80-е стало бесславным и позорным прошлым. Настолько бесславным, что можно только робко надеяться, что расплата за ослепление и грехи XX века не будет слишком жестокой, и молить Бога о спасении. Это и делает Галина Уствольская в «Третьей симфонии»[22].

Суслин помещает симфонию Уствольской внутрь исторического кризиса, связанного с разочарованием в «светлом будущем», которое столь часто воспевалось в соцреализме, и с осознанием того, что соответствующая риторика служила сокрытию ряда жестоких реалий XX века. В некотором смысле Суслин видит в музыке Уствольской кризис исторического времени, описанный Мазо. Хотя Суслин ясно указывает, что не хочет ограничиваться географическими пределами СССР, его освещение кризиса выглядит тесно связанным с настроениями, царившими в конце столетия именно в Советском Союзе. В пору становления советский режим живописал себя с позиции нравственного превосходства. Начиная с 1930-х годов соцреализм призывал граждан к искренности и добросовестности в соответствии с преданностью партии. К 1980-м годам образ такого «светлого будущего» утратил актуальность. Его вытеснили изыскания, направленные на восполнение «пробелов» в советской истории. В глазах многих людей обращение к исторической реальности «бесславного и позорного прошлого» раскрывало ложь, лежащую в основе официальной линии и морализаторства властей. В результате наступало нравственное разочарование, одну из версий которого нам и представляет Суслин[23]. Риторически он обрамляет музыку Уствольской дискурсом об истории, истине и страданиях, который охватил советскую культуру, литературу и искусство в эпоху гласности.

Духовность и покаяние были крайне распространенной и допустимой нравственной реакцией на ощущение кризиса, которое наблюдалось в СССР в 1980-х годах. Даже приведенная цитата Суслина связывает упадок с областью духовного[24]. С конца 1960-х годов поиски альтернатив советской идеологии зачастую принимали форму движения за религиозное возрождение. Молодежь, горожане, интеллигенты и многие члены диссидентских кружков увязывали недовольство режимом с духовностью[25]. Те, кто стремился к духовному самосовершенствованию, посвящали себя разнообразным религиозным практикам, от буддизма, йоги и православия до некоей универсально-вселенской духовности[26]. Произведения Уствольской в некоторой мере отражают такое религиозное возрождение. Здесь мы находим отсылки и к универсалистской духовности, и к исихазму — православному аскетизму[27]. И отец, и дед Уствольской были заметными фигурами в Русской православной церкви, однако сама композитор говорит о духовных стремлениях в более общих понятиях. В письме

Суслину от 1988 года она указывает: «Хотя мои произведения не религиозны в собственно литургическом смысле, они наполнены религиозным духом и — как я это ощущаю — лучше всего звучали бы в помещении храма, без музыковедческих предисловий и анализов. В концертном зале, то есть в "светском" окружении [они] звучат иначе»[28]. Если не считать Пятую и Шестую сонаты для фортепиано, то все инструментальные произведения Уствольской, написанные начиная с 1970 года, сопровождаются религиозными коннотациями или основаны на текстах музы композитора — немецкого монаха-бенедиктинца Германа Расслабленного из Райхенау (1013–1054). Суслин пишет, что духовность его коллеги «возникает напрямую из контакта, который она ощущает с Богом, и не имеет никакого литургического смысла, равно как и связи с какой-либо конфессией»[29]. Многие люди, которые обратились к религии в конце XX века, преодолели схожий путь и подчеркивали личное взаимодействие с высшей силой, в частности, христианским Богом, при одновременном самодистанцировании от религиозных организаций, а именно православной церкви, в силу предполагаемых взаимосвязей представителей последней с властями[30]. Хотя Уствольская выводит для себя на первый план именно духовность, а не организованную религию, исихазм сам по себе подчеркивает как раз прямую, личную связь с Богом, позитивную роль, которую страдания могут играть в жизни верующего, возможность следования примеру сознательной жертвенности Христа, постоянную практику обращения к Богу с молитвами и жизнь в аскетических, если не сказать нищенских, условиях[31]. Публикация в конце XVIII века сборника «Добротолюбие» позволила исихазму сформироваться в полноценное мировоззрение, которое пронизывало русскую культуру и способствовало закреплению социальных парадигм, влиявших и на нее в целом, и на отдельные сферы, в частности литературу. Философ-герметист Валентин Томберг отсылает нас к Достоевскому в качестве образца подобной духовности среди литераторов и описывает специфику восточноевропейских воззрений на сущность боли: любые страдания могут сблизить нас с Иисусом Христом и, соответственно, быть представлены как некая жертва[32]. Суслин устанавливает тесную связь между ощущением кризиса — в особенности исторического — и духовностью. В этом смысле музыка Уствольской приобретает статус некоего квазирелигиозного ответа на исторические страдания. Через музыку проступает мольба о спасении и искуплении души.

Страдания и духовность были ведущими лейтмотивами рассматриваемого периода и пересекались не только в покаянии за исторические травмы, но и в нарративах о страданиях, возведенных в статус сакрального действа. Черпая вдохновение из православных представлений о позитивной роли страданий в жизни человека и преобразуя эти представления, соцреализм изображал свершения солдата или Гражданина как страдания во имя государства и социализма. Антисоветские элегии обычно переставляли такие сюжеты с ног на голову, обыгрывая дисбаланс в силах и возможностях их участников. Такие контрнарративы часто фокусируются на фигуре литератора, который не поддерживает официальную линию, живет в материальном плане весьма скудной жизнью и при этом в творчестве блюдет эстетическую чистоту. Рис отмечает, что такие повествования наделяют их героев и минимальными материальными возможностями, и существенной степенью нравственного превосходства[33]. Поклонники Уствольской также связывают ее жизненные обстоятельства и музыкальные произведения именно с подобными освященными духом величия страданиями и нравственно-эстетическим авторитетом. Семен Бокман и Ольга Гладкова — ученики композитора, написавшие книги о ее жизни и деятельности — рассказывают о тех скромных условиях, в которых работала Уствольская, и при этом настойчиво подчеркивают ее творческую независимость и эстетическую целостность как автора музыки. Уствольская писала «в стол», уединившись во «внутренней иммиграции», но оставшись, со слов Гладковой, преданной своим музыкальным устремлениям вопреки политическим бурям и музыкальным течениям, которые силились сокрушить ее[34]. Соответственно, последователи Уствольской видят в ее личных страданиях ясный знак личной силы и честности композитора перед самой собой.

Как и в случае с нарративами об идеализированных страданиях, особый упор на истину и аутентичность позволяет наделять Уствольскую и ее музыку нравственным превосходством. Гладкова неизменно указывает, что эта музыка искренняя и истинная. Хотя произведения Уствольской вызывали диаметрально противоположные реакции среди слушателей, те, кто восприимчивы к этой музыке, находят в ней «правдивость и исключительную духовность». Гладкова связывает такую «истину» с бескомпромиссной последовательностью и аутентичностью Уствольской как композитора. В этом смысле она противопоставляется более успешным музыкальным деятелям, которые, с точки зрения Гладковой, склонялись перед политическими тенденциями и популярными увлечениями[35]. Гладкова демонстрирует специфически русский настрой, согласно которому в произведениях любого творца должны проявляться, как пишет Мазо, «личные переживания автора, ищущего нравственные ценности и высшую истину». Подобные представления о деятельности представителей истинного искусства можно обнаружить и далеко не только в XX веке, однако Мазо фокусируется именно на той версии этих воззрений, которая существовала ближе к концу столетия. Она полагает, что советские музыканты и композиторы жаждали сформировать вокруг себя ауру аутентичности, реагируя в первую очередь на манипуляции властей с истиной и историей[36]. Восприятие произведений Уствольской как «истинной музыки», по сути, представляет собой заявление о нравственной принципиальности и эстетической последовательности в противовес официальной культуре, в которой не хватало и того и другого.

Поиск истины в конце XX века проявлялся в том числе в повышенном внимании к физической боли. Соцреализм исключал любые возможности демонстрации отвратительных моментов жизни в СССР и часто преображал или просто затирал информацию о физических страданиях во имя идеологических соображений[37]. Это побуждало таких деятелей искусств, как выдающийся неофициальный скульптор Вадим Сидур, работать над специфическими образами человеческого тела, которые могли бы, за рамками характерного для соцреализма триумфализма, отражать

Рис. 2.1. Вадим Сидур (1924–
1986). «Памятник погибшим
от насилия» (1965). Алюминий
(32 × 13,5 × 18,5 см)
Художественный музей Джейн
Ворхиз Зиммерли, Ратгерский
университет. Коллекция
советского
нонконформистского
искусства Нортона и Нэнси
Додж, 1995.0914/00406. Фото:
Джек Абрахам (Jack Abraham).
Предоставлено ГБУК
г. Москвы «МВО "Манеж"»

последствия войн и страданий (см. рис. 2.1). Сидур был ветераном
Второй мировой войны и получил тяжелые ранения в результате
участия в боевых действиях. Героями произведений, посвященных феномену страдания, скульптор избирал политзаключенных,
искалеченных солдат и жертв атомных бомбардировок. Как
и другие неофициальные деятели искусств в то время, Сидур
хотел через деформацию человеческого тела отобразить ту истину и те реалии, которым не было места в официальной культуре.
Евгений Барабанов пишет следующее о Сидуре: «О какой правдивости может идти речь, если в ней нет пространства для боли,
травмы, неизвестности и рока?»[38]

Основной период творчества Сидура пришелся на 1960-е
и 1970-е годы, однако пристальный интерес к проблеме истины
телесной боли, фиксирующийся в его произведениях, наблюдал-
ся и в работах других деятелей искусств на протяжении 1980-х
годов. Рассуждая о литературе, Дуня Попович замечает, что
поэма 1988–1989 годов Нины Искренко «Проект Конституции»

обращает тело в «опознавательное средство переживаний». Ис-кренко обыгрывает официальную советскую риторику: например, она подменяет стандартный оборот «граждане СССР имеют *право на труд*» ироничной фразой «граждане СССР имеют *право на труп*». «Право на труд» — формулировка, тесно завязанная на риторику советских чиновников о трудовых ресурсах страны и наращивании эффективности экономики. «Право на труп» недвусмысленно намекает, что единственным продуктом деятельности советской машины были мертвые тела[39]. Особо подчеркивая обеспокоенность людей того времени телесной болью, Виталий Коротич, главный редактор прогрессивного журнала «Огонек» в конце 1980-х — начале 1990-х годов, пишет следующее о множестве писем, которые редакция получала от читателей в период с 1987 по 1990 год: «Боль определенна. Что бы у вас ни болело, будь то зуб, рука, нога или спина, вы понимаете корень вашего страдания, вы ощущаете его не абстрактно, а очень точно, очень определенно. Большинство получаемых нами писем — о боли»[40]. Коротич связывает источник ощущаемой телесной боли со всеобщим опытом переживания кризиса в конце 1980-х годов. То же повышенное внимание к феномену боли обнаруживается в конкурсе «Мемориала» на создание памятника жертвам сталинских репрессий. Были поданы разнообразные эскизы, иллюстрирующие невыразимость страданий и невозможность представить всю историю гонений и чисток[41]. В таких стремлениях увековечить память ясно прослеживается проблема эпистемологии: как мы можем дать другому человеку прочувствовать нашу боль?

Некоторые критики сопоставляют произведения Уствольской со скульптурными работами. Эта метафора предположительно направлена на то, чтобы подчеркнуть значимость физического аспекта в исполнении ее музыки. В частности, Анна Гнатенко выявляет сходство между подходами Уствольской и Сидура. Как и многие произведения Сидура, соната Уствольской выводит на первый план именно тело человека и переживаемую им боль. При этом ни Уствольская, ни Сидур не пытаются возвеличить страдания как проявление некоего сверхчеловеческого патриотического дела. Гнатенко посвящает исследование последним двум фортепианным сонатам Уствольской и обращает внимание на то, что исполнитель де-факто изображает болезненные страдания — существенный фактор в представлении этих произведений.

> Строго говоря, исполнение этой музыки не вызывает ничего, помимо боли, вполне ощутимого телесного дискомфорта. Игра должна быть поистине болезненной для пианиста, а аудитория должна как видеть, так и слышать боль, которую переживает исполнитель. Было бы ошибкой списать такую технику игры на проявления эгоцентризма во имя оригинальности, жестокости композитора по отношению к пианисту или мазохизма исполнителя. Боль в этом случае — некий ритуал, который освящен сущностным этическим и эстетическим смыслом. Исполнение музыки Уствольской выступает обрядом посвящения в музыку как таковую[42].

Чтобы передать физические и чувственные ощущения, которые связаны с подобным перформансом на тему боли, я обращаюсь сразу к нескольким взаимосвязанным источникам, первостепенным из которых выступает мой опыт изучения и исполнения Шестой сонаты. Я дополняю личные наблюдения мыслями и идеями, почерпнутыми у студентов и коллег, для которых исполняла сонату или с которыми слушала ее исполнение. Все последующие описания сонаты Уствольской основаны на записи 1993 года в исполнении Олега Малова. Он стал первым исполнителем Шестой сонаты для фортепиано в 1988 году, и его специфический подход к интерпретации произведения подчеркивает существенные элементы работы[43]. Я также обращусь к замечаниям других пианистов, которые рассказывали о впечатлениях от исполнения музыки Уствольской. В целом, далее я постараюсь представить вниманию читателей некоего «рядового исполнителя» — условного субъекта, который, вобрав в себя все точки зрения, будет представлять собой корпус знаний по рассматриваемой теме[44].

Игра на фортепиано как исполнение боли

Драматизм Концерта для фортепиано и струнного оркестра во многом заключается в тех манипуляциях с последовательностью аккордов, на которые идет Шнитке: от узнаваемых ладов мы переходим ко все более нарастающему диссонансу и наконец достигаем кластеров. Композитор обозначает эту траекторию еще во вступительных пассажах, которые пианист играет один (см. пример 1.2, в особенности такт 13). Кластеры, формирующие глубоко диссонантный звуковой мир вокруг слушателей, составляют главную характерную черту Шестой сонаты для фортепиано Уствольской. Обычно композиторы при обращении к кластерам указывают в партитурах предельные верхние и нижние ноты и предлагают исполнителю сыграть как можно больше нот, которые оказываются в пределах этого диапазона. Хотя в сонате используются и кластеры такого рода, Уствольская значительно варьирует подходы к построению кластеров: в произведении есть и небольшие кластеры, которые исполняются сжатыми вместе пальцами или даже ребром ладони, и кластеры, где все ноты прописаны и должны четко исполняться в предусмотренных сочетаниях, и крупные кластеры, для исполнения которых приходится опускать на клавиатуру полностью обе ладони и все пальцы, и даже настолько крупный кластер, что пианисту приходится опускать на клавиатуру предплечье. Уствольская применяет гораздо большее разнообразие кластеров, чем Шнитке (а если говорить совсем начистоту — чем подавляющее число композиторов). При этом диссонантная партия фортепиано у Шнитке и кластеры Уствольской в равной степени предполагают некоторую телесную технику. В кульминации концерта Шнитке пианист пытается помешать струнному оркестру или даже заглушить его. Здесь исполнитель обращается к поразительно ударной технике (см. пример 1.5). Именно подобная в самом буквальном смысле сокрушительная игра на фортепиано детально раскрывается в последней сонате Уствольской. Обозначение «форте» само по себе предполагает громкую игру. А бóльшая часть произведения Уствольской требует игру на четырех-пяти *форте* — условно «фортиссимо-фортиссимо» или даже «форте-фортиссимо-фортиссимо»*. При этом фортепиано может играть в известных пределах громкости, и даже на концертном рояле не получится исполнить те динамические переходы, которые позволяют сделать системы усиления звука. Скорее всего, при исполнении рассматриваемого произведения не будет громкости, привычной тем, кто ходит на концерты, на которых используют всевозможные средства усиления, но динамические маркировки Уствольской требуют от пианиста играть настолько громко, насколько это возможно.

В течение сонаты, исполнение которой занимает примерно семь минут, Уствольская уделяет особое внимание взаимосвязям между отдельными нотами и кластерами. Ноты долго сменяют друг друга, пока не начинают звучать поверх друг друга, постепенно уступая место кластерам. Хотя соната во многом построена на диссонансах, она одновременно поразительно мелодична, поскольку кластеры выступают в качестве носителей мелодических рисунков[45]. Многие авторы отмечают, что музыка Уствольской весьма лаконична[46]. Шестая соната — четко организованное произведение, выстроенное вокруг четырех основных музыкальных мотивов, каждый из которых сопровождается характерным мелодическим материалом. Соната фактически «отражает» саму себя, как в зеркале: первые четыре отрывка повторяются в обратном порядке с некоторыми изменениями. Уствольская представляет компактный набор музыкального материала, который, за счет ее тщательного обращения с модифицированными репризами, вынуждает гадать, что мы услышим дальше. При этом музыка в чем-то доведена до автоматизма: кластеры и мелодии прорываются через поток четвертных нот без тактов, которые бы могли четко разделить ноты по группам и задать произведению ощущение метра[47]. Уствольская к тому же вводит в сонату паузы, которые позволяют исполнителю взять передышку и формируют резкие перерывы заложенных композитором закручен-

---

* В партитуре также содержится характерная маркировка *Espressivissimo* — условно «экспрессивнейше».

ных мелодий. Произведение, и без того исполняемое на предельной громкости, достигает кульминации в серии обширных кластеров, которые вынуждают пианиста неоднократно опускать на клавиатуру предплечье. Ближе к концу сонаты Уствольская вводит шесть *пианиссимо* аккордов из целых нот, которые повторяют контур ранее встречавшейся в произведении мелодической идеи, на этот раз замедленной таким образом, чтобы дать каждому аккорду полностью затихнуть прежде, чем начинает звучать последующий. Шестой из этих аккордов Уствольская связывает с седьмым, удваивая его продолжительность и фактически позволяя исходящему из фортепиано звуку смолкнуть до неожиданного момента абсолютной тишины. Соната завершается возвратом к модифицированному повтору кластеров, с которых началась.

Физические действия и ощущения при исполнении произведения вызывают у исполнителя существенный дискомфорт. Как раз это чувство дискомфорта во многом позволяет нам разгадать смысл сонаты. Исследователи Элизабет ле Гуин и Сюзанна Кьюсик в равной мере выступают за то, чтобы при интерпретации музыки принимать во внимание те ощущения, которые возникают в телах людей, исполняющих ее. В моих размышлениях стартовой точкой выступает предположение, что действия и ощущения при исполнении музыки задают определенный смысл произведениям[48]. То, что предпринимает и чувствует исполнитель во время выступления, — одна из форм взаимодействия произведения с аудиторией. При этом важно отметить, что существуют и другие выразительные средства и интерпретационные подходы для анализа рассматриваемой сонаты. Мы могли бы сфокусироваться на том, как слушатели воспринимают репризы в этом произведении, на прописанных взаимосвязях между различными мелодическими единицами или даже на боли, которую вызывает исполнение сонаты, в качестве косвенного указания на необходимость выработки пианистом за время обучения некоторой внутренней дисциплины. Коннотации, извлекаемые из этих разнообразных подходов, потенциально можно состыковать друг с другом. Вне зависимости от того, получилось бы выявить такие связки или нет, общий обзор различных прочтений и трактовок лишь обогатил бы наши представления как о музыке Уствольской, так и о музыкальной культуре в целом.

Повышенное внимание к действиям и ощущениям музыкантов поднимает вопросы о сущности исполнения как такового. Исполнение музыки имеет некоторую общность и взаимосвязь с иными формами исполнения (например, литературой и изобразительными искусствами) и реальными переживаниями. Однако найти полные параллели между музыкой и иными формами исполнения не представляется возможным. Читая о болезненных переживаниях или видя изображение истерзанного войной человека, мы можем даже на телесном уровне ощущать сильную эмпатию к зафиксированным в произведениях страданиям. И все же чтение текста и просмотр образов редко приводят нас непосредственно к ощущению телесной боли. А пианист, который исполняет сонату Уствольской, в ходе репетиций и исполнения произведения как раз переживает болезненные ощущения, которые выходят за рамки известных нам представлений. И разыгрываемые здесь страдания — это вполне настоящая боль, хотя, конечно, не то же самое, что реальные страдания, которые испытывают во всем мире. Разумеется, переживания миллионов жертв государственных репрессий превосходят любые болезненные ощущения, которые можно получить от игры фортепианной сонаты. Анализируя соотношение между исполнением и реальностью, Шехнер описывает обращение к элементам реальности, которые могут быть использованы в исполнении, чтобы вернуть содержание исполнения в контекст реальности. Схожим образом Тёрнер использует предложенный французским этнографом Арнольдом ван Геннепом термин «лиминальность» для объяснения того, что ритуалы и исполнения будто бы существуют где-то «между» других видов деятельности. Исполнение и реальность остаются отдельными материями, но Тёрнер (в какой-то мере по аналогии с Шехнером) подчеркивает, что исполнение может перенимать элементы из реальности и в дальнейшем влиять на нее. Шехнер и Тёрнер фактически формируют модель диалога между реальностью и исполнением. В свою очередь, итальянский театральный режиссер Эуджение Барба делает упор на физической активности актеров и танцоров: исполнители обращаются в некоторой форме к действиям и ощущениям, которые происходят в реальности, и затем преобразуют, упрощают, преувеличивают и иным образом трансформируют их в исполнении[49]. Болезненные действия и ощущения, разнообразные формы которых обнаруживаются в реальности, находят отражение во время исполнения сонаты Уствольской. Проще говоря, постоянные удары о твердую поверхность в течение определенного времени — не самое приятное времяпрепровождение. Кроме того, исполнение музыки (в том числе танцы под музыку) предполагает продолжительные репетиции. Боль становится частью выступления на сцене, но гораздо более существенно, что болезненные ощущения накапливаются за многие часы репетиций в преддверии концерта. Фокус на том, насколько подготовка важна для исполнения музыки (да и в принципе любого исполнения), тем более подрывает бинарные представления о связи реальности и исполнения. Не будучи полным аналогом страданий в реальном мире, болезненные действия и ощущения исполнителя могут составлять важное содержание замысла. В случае сонаты Уствольской, в частности, имеет значение то, как произведение вписывается в общекультурный диалог о страданиях времен 1980-х годов. Суммарно идеи Шехнера, Тёрнера и Барбы фиксируют наше внимание на том, как музыка формирует вокруг себя специфическое исполнительское пространство, связанное как с повседневными жестами и действиями, так и с социально-политическими событиями и этическими спорами.

Заключительная фортепианная соната Уствольской — не исключительное произведение в том смысле, что доставляет исполнителю боль. За время репетиций музыканты привыкают к боли, которая возникает вследствие специфических техник игры на их инструментах и еще более пагубных хронических травм от повторяющегося напряжения (в русскоязычных источниках часто обозначаются как туннельные синдромы). Исполнение музыки часто предполагает некоторый дискомфорт. Акцент на той роли, которую приобретает для исполнения боль, открывает перед нами целый ряд дополнительных опций: одни произведения вызывают боль, но позволяют исполнителю превозмочь неприятные ощущения; другие провоцируют боль во время исполнения в тех случаях, когда тем или иным образом нарушаются цели композиции; в определенных случаях боль оказывается главной темой исполнения. Соната Уствольской требует от пианиста громкой, ударной игры и тем самым выводит на первый план именно болезненные ощущения, усиливая тот аспект, который всегда выступает как потенциальная опция при исполнении.

Когда музыканты садятся за разучивание сонаты, они вступают в непосредственное взаимодействие с партитурой и инструментом. Через эти вполне материальные предметы пианист начинает выстраивать более общие взаимоотношения с композитором и будущими слушателями. И к Уствольской, и к аудитории я еще вернусь чуть позже в этой главе. Сейчас же я хотела бы сконцентрировать внимание именно на триаде «партитура — фортепиано — пианист». Даже беглый взгляд на ноты к Шестой сонате для фортепиано выхватывает обилие необычных обозначений уже на первой странице. Стрелочки рассекают по диагонали нотные линии, которые и так уже кишат зигзагообразными значками, фиксирующими акценты, кластеры и паузы. Почти каждую ноту сопровождают стрелочки двух видов: обычные значки акцентов и — сбоку — похожий на растянутый акцент значок в виде указывающей на нотную головку стрелочки. В расширенном пространстве между нотными станами, над первой нотой, виднеется звездочка, указывающая на сноску внизу листа: «Нотное письмо фиксирует верхние ноты комплексов, состоящих из произвольного набора нот (хроматических и диатонических). Каждый комплекс нот следует извлекать краем руки или сложенными вместе тремя изогнутыми пальцами. Верхние ноты — тема, и, соответственно, их нужно выделять» (см. пример 2.1)[50].

Необычные указания к исполнению и примечание дают необходимую информацию, чтобы пианист смог сыграть вводные кластеры. Особое внимание уделяется именно телу исполнителя во время игры. Исторически музыковеды склонны характеризовать партитуры как сочиненный текст, из которого мы должны

Пример 2.1. Начало Шестой сонаты для фортепиано (1988)
Композитор: Галина Уствольская (© 1996 MUSIKVERLAG HANS
SIKORSKI GMBH & CO. KG. International Copyright Secured. All Rights
Reserved. Перепечатывается с разрешения правообладателя)

извлекать организационные и творческие стратегии композитора, планы исполнения, указания по форме произведения, наборы рекомендаций по тональностям и так далее. Исполнители взаимодействуют с одним и тем же текстом, трансформируя значки и символы с нотного листа в фактические действия с инструментом. Эти движения вписываются в материально-телесное взаимоотношение исполнителя с инструментом. Моменты, которые никак не освещены в партитуре, остаются открыты для специфических физических и музыкальных предпочтений исполнителя, складывающихся в интерпретацию. Два описанных подхода к работе с нотами, вне всяких сомнений, влияют друг на друга и временами пересекаются, но институционально они в течение истории были разделены[51]. Партитура Уствольской нивелирует грань между нотами как «сочиненным текстом» и «проектом выступления». Композитор очевидным образом включает себя в партитуру, используя примечания. Обычно педагог выступает медиатором между исполнителем и партитурой, помогая первому «перевести» указания последней в конкретные физические действия[52]. Примечания Уствольской, по сути, исполняют ту же функцию, что и наставления педагога. Ноты к сонате побуждают вспомнить, что все партитуры представляют собой порождения уникальных творческих голосов их сочинителей и выступают хранилищами визуальной информации, обращаемой в практические действия[53].

Изучая партитуру Уствольской, пианист вынужден бороться со спецификой строения инструмента. Фортепиано по умолчанию предполагает, что исполнитель пальцами зажимает клавиши, тем самым приводя в действие молоточек, который ударяет по струне (все это — «действие»). Молоточек бьет по струне ровно с той силой, с которой палец давит на клавишу[54]. Из этих основополагающих особенностей фортепиано рождаются два ключевых фактора в современном подходе к игре на инструменте. Во-первых, тело контактирует с клавиатурой, обычно — через взаимодействие между пальцами и клавишами. В случае сонаты Уствольской на клавиши обрушиваются пальцы, ладони, кулаки и предплечья. Во-вторых, пианист задает давление на клавиатуру вертикально и затем распределяет силу горизонтально, чтобы перемещать пальцы и руки с течением времени от одного места на клавиатуре к другому. Естественно, существуют и другие факторы игры на фортепиано, в том числе манипуляции с силой атаки и временем ее снятия, работа с педалями, особенности фразировки, зачастую расписанные до мелочей повороты предплечий и влияющие на технику игры физиологические различия между пианистами. Однако взаимодействие пальцев и клавиш и использование веса тела — фундаментальные аспекты[55]. Уже начиная с Антона Рубинштейна, известного пианиста XIX века и основателя первой русской консерватории в Санкт-Петербурге, в русской педагогике игры на фортепиано особое внимание уделялось роли всего тела в исполнении музыки. Приоритетом выступала не столько ловкость пальцев, сколько умение правильно приложить вес тела к инструменту. В некоторой степени громкие кластеры, которые Уствольская прописывает в сонате, можно представить как вполне логичное, пусть и доведенное до предела развитие склонности русской школы обращать внимание именно на использование веса тела при игре. Во введении в русскую педагогику игры на фортепиано Кристофер Барнс подмечает неизменный отказ учителей, в частности Генриха Нейгауза, отделить физическую технику от художественности. Из всего этого возникает идея взаимосвязанности телесного исполнения музыки и собственно художественности исполнения, которая соотносится с моими мыслями о том, что физические ощущения пианиста во время игры выступают ключевым аспектом всего произведения Уствольской[56].

Любые технологии, в том числе музыкальные инструменты, не представляют собой нейтральные предметы. Они, по мнению Дона Ихде, задают «определенные интенции и склонности, в рамках которых устанавливаются доминантные манеры их применения»[57]. Так, современное фортепиано очевидно предполагает упор на игру пальцами, но в течение XX века неоднократно появлялись композиции и необычные — или, как их называют в западной англоязычной литературе, «расширенные» — исполнительские техники, которые ставили под вопрос или даже подрывали устоявшийся подход[58]. К 1988 году кластеры было уже сложно назвать каким-то нововведением, однако даже в наши дни пианисты исполняют кластеры (как и другие неортодоксальные техники) исходя из уже сформировавшихся телесных ориентиров и взаимодействия пальцев с клавишами. Важно помнить, что «расширенные» техники игры на фортепиано все же остаются именно «расширением» устоявшихся практик. Иными словами, они формально не входят в общепринятую систему подготовки, представляют собой скорее исключения в обширной литературе произведений для фортепиано и — даже при условии, что исполнитель имеет опыт работы с экспериментальной музыкой, — изучаются после общепринятых техник, то есть в дополнение к ним. Как указывает Стюарт Гордон, педагогика игры на фортепиано XX века в первую очередь базировалась на репертуарных произведениях XIX столетия. Лишь небольшое число авторов посвящают хоть сколько-то времени осмыслению техник, необходимых для исполнения композиций XX века[59]. Рассматриваемая соната, конечно, предполагает, что исполнитель использует вес своего тела на клавиши. С этой точки зрения соната все еще взывает к базовым навыкам игры на фортепиано. Однако сочетание крайне громких кластеров преобразует эти фундаментальные принципы взаимодействия с инструментом таким образом, что пианист ощущает боль.

Имеющиеся у исполнителей познания и их опыт «нормативной» игры на фортепиано выступают в качестве мерила и ориентира при начале работы над произведением Уствольской[60]. Пианист, садящийся за отработку сонаты, уже имеет наработанные и «инкорпорированные» на физиологическом уровне знания о том, как — при обычных обстоятельствах — следует играть на инструменте, распределять вес тела и перемещать пальцы по клавиатуре. Ученые, занимающиеся проблематикой взаимодействия тел и предметов, обращаются к термину «инкорпорация», который объясняет те физические действия, через которые человек приобщается к разнообразным вещам и технологиям, учась ими пользоваться. Так, Вивиан Собчак рассказывает, что значит привыкать к ходьбе с протезом ноги, а Майк Майклс описывает, как учился пользоваться телевизионным пультом[61]. Джазовый пианист Дэвид Садноу вносит вклад в эту феноменологическую дискуссию, осмысляя собственный опыт инкорпорации — обучения взаимодействию с клавиатурой фортепиано. Как отмечает Садноу, физические пространства и движения, возникающие во время игры, стали для него столь естественными, что ему, например, не приходится задумываться о протяженности октавы. Это как доведенное до автоматизма умение писать ручкой. Садноу рассматривает процесс изучения пространств, из которых состоит клавиатура фортепиано, начиная с осознания взаимоотношений между пальцами и клавишами и затем переходя к расстояниям между нотами, октавами, аккордами и так далее. В результате мы получаем (как и в описанном Собчак примере с протезом) плавное взаимодействие тела и инструмента[62]. При этом работа в рамках музыкальной традиции, выстраивающейся на условных обозначениях — нотации, требует инкорпорации не только физических габаритов инструмента, но и системы нотной записи[63].

Собчак и другие авторы, которые придерживаются феноменологического подхода в анализе места технологий в нашей жизни и обществе, чаще всего рассматривают инкорпорацию предметов именно с позиций их предполагаемого назначения. Некоторые виды технологий (в том числе уже упомянутый телевизионный пульт) могут быть введены быстро и обычно не предполагают какой-либо вариативности в применении. В случае музыкальных инструментов действуют иные принципы. Музыкантам приходится постоянно сталкиваться с новой музыкой, которая требует от них переосмысления условий их интимного физического контакта с привычными инструментами. Садноу, возможно, чрезмерно идеализирует слияние пианиста и фортепиано на телесном уровне. Да, человек может со всей определенностью знать пространство, которое занимает одна октава, а также владеть набором других техник и навыков. Но это не значит, что при работе с новым произведением пианист сразу же поймет, как нужно исполнять тот или иной фрагмент и произведение в целом. Инкорпорация в музыке — постоянный, непрекращающийся процесс пересмотра исполнителями взаимодействия их тел с партитурами и инструментами. Этим музыкальные инструменты отличаются от других технологий. Собчак отмечает, что проблемы с протезом подрывали устойчивую последовательность ее жизни[64]. Сбои и перенастройка инкорпорации — обычное дело в игре на музыкальных инструментах. Начиная репетировать Шестую сонату для фортепиано Устьольской, пианист привносит в ее исполнение разнообразные телесные привычки. Разучивание этой сонаты, в сущности, схоже с изучением любого нового произведения. Музыка всегда требует от исполнителя адаптации имеющихся знаний и навыков под новый формат игры. Однако кластеры еще сильнее расширяют горизонты инкорпорации. Пианисту приходится использовать инструмент не совсем по назначению. Соната вынуждает почти в буквальном смысле придать телу новую форму и тем самым несет в себе определенные культурные коннотации. Пианист вынужден скорректировать устоявшиеся привычки и инкорпорировать новые методы игры. Все это задает систему ориентиров, где исполнителю придется испытывать боль. Мы ощущаем дискомфорт, когда привычные движения тела вынужденным образом меняются. Боль же возникает вследствие того, что человек отрабатывает партию и старается инкорпорировать в неизвестный формат исполнения.

Уже в течение вводных пассажей сонаты кластеры меняют способ взаимодействия пианиста с клавишами: вместо пальцев используется вся рука (см. пример 2.1). Исполнение этих вступительных кластеров идет вразрез со всем, чему учили пианиста, который по умолчанию склонен размещать пальцы на отдельных клавишах и избегать ударов по самому инструменту. Параллельно разучивание кластеров служит началом инкорпорации пианистом как специфической нотации, так и особого подхода к игре. Пианисту требуется расшифровывать стрелочки, рассекающие уже на первой странице нотные станы, а также обозначения акцентов и кластеров и весьма детализированные примечания композитора. Первые пять нот (ми-бемоль, ре, фа, до, си) составляют верхушки небольших кластеров, как следует из стрелочек сбоку. Прибегая к любой из стратегий игры, которые Уствольская упоминает в примечании (сложенные вместе пальцы или ребро ладони), пианист сразу же сталкивается с «ударной» техникой: исполнитель будто бы стучит воображаемым молотком по клавиатуре (см. рис. 2.2 и 2.3). Каждая доля должна исполняться с достаточным усилием, чтобы получилась требуемая динамика в *fff*. Пианист сгибает и прижимает друг к другу пальцы, сохраняя жесткость в суставах пальцев и кисти и не дергая предплечьем. Принимая силу от плеча и локтя, пальцы обрушивают ее и вес верхней части тела на клавиатуру. Тем самым достигается громкий звук. Исполнитель также может сжать пальцы в подобие кулака и играть ребром ладони.

Используя такую технику, пианист передвигает пальцы или кулак по неровной поверхности фортепиано. Помимо прописанных нот мелодии, Уствольская не указывает, какие ноты следует исполнять в кластерах. Соответственно, кончики пальцев или ребро ладони иногда ударяют по клавишам произвольно. Иногда

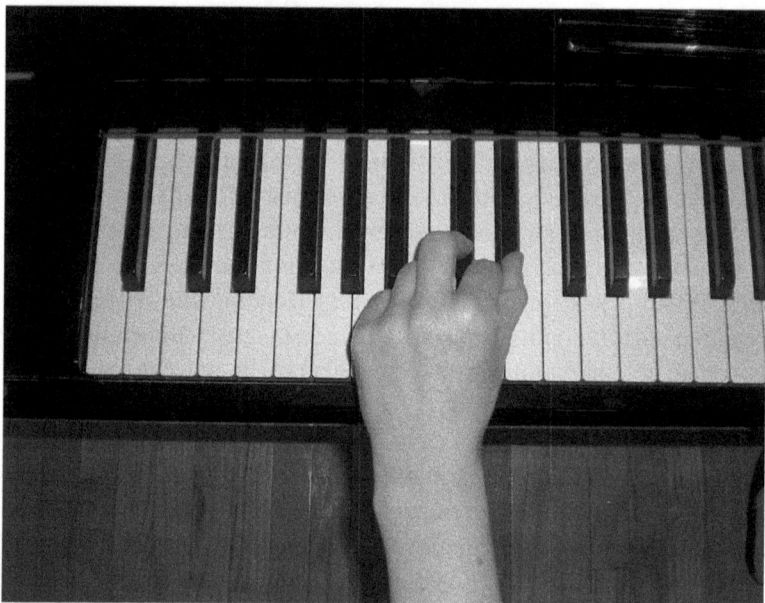

Рис. 2.2. Небольшой кластер, исполняемый прижатыми друг к другу пальцами

рука ложится на относительно ровные белые клавиши, иногда задевает черные клавиши. Чаще всего она натыкается на края и уголки клавиш, а не на ровные поверхности. Удары о твердую клавиатуру уже через несколько попыток приводят к покраснению руки и вызывают дискомфорт. Слушатели и критики часто отмечали то, с какой силой Уствольская требует исполнять кластеры. Пианист же быстро осознает ту степень точности, которую «ждет» композитор: каждый из первичных кластеров должен четко воспроизводить верхнюю ноту. В записи Малову удается добиться этого эффекта: мелодическая линия всегда четко слышна. Для того чтобы обеспечить нужную динамику звучания, достаточно подать вес на клавиатуру. Однако для того чтобы правильно исполнить кластеры, как и другие ноты на клавиатуре,

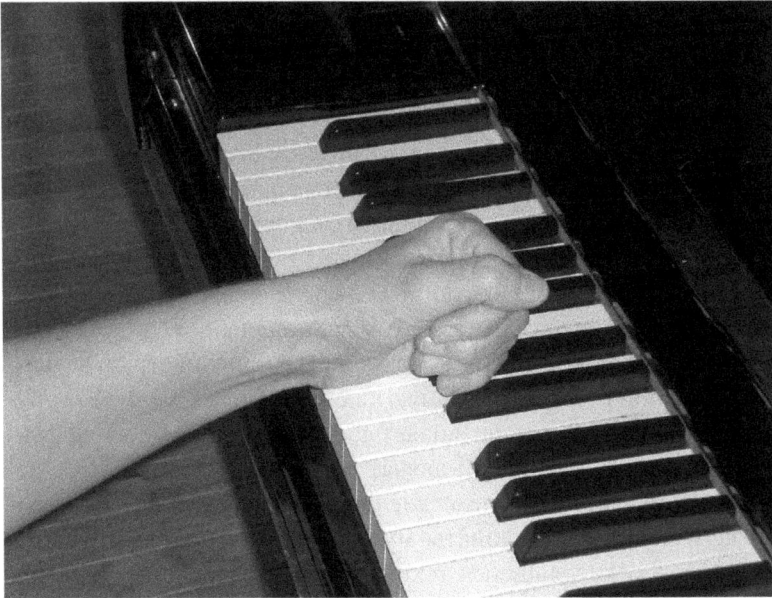

Рис. 2.3. Небольшой кластер, исполняемый ребром ладони

пианисту важно рассчитать, как именно распределяется вес руки на клавишах. Если пианист играет пальцами, то центр веса сдвигается в сторону первого и большого пальцев. При игре ребром ладони важно, чтобы особенно четко, с должным нажимом опускалась костяшка мизинца. Игра темы в верхних нотах позволяет мелодии ясно прозвучать. При этом на соответствующую часть руки перекладывается вся мощь тела и нарастающая боль.

После начальной серии декларативно-ударных кластеров уже в конце первой страницы текстура произведения меняется: мы переходим к единичным нотам. Устьвольская вынуждает пианистов переключаться между двумя манерами игры таким образом, чтобы физическая техника игры кластеров передавалась и на пассажи из единичных нот. К концу первой страницы исчезают

стрелочки кластеров, однако обозначения *ffff* и акценты остаются-
ся. Пианисту приходится продумывать, как именно играть эти
отдельные ноты, чтобы достичь требуемой динамики звучания.
Более тонкой текстуре единичной ноты нужно прозвучать так же
громко, как ранее сыгранным плотным кластерам. При отработке этого пассажа пианист, возможно, сначала обратится к традиционному взаимодействию пальцев с клавишами. Однако так не
получится воспроизвести то напряжение, с которым звучали
вводные кластеры. Чтобы добиться последовательности в динамике, пианист вынужден прижимать пальцы друг к другу еще
плотнее, чем в ранних малых кластерах, и нацеливать по четыре
пальца одной руки на отдельную клавишу. Сила всей руки, обру-
шиваемая на клавиши, позволяет достигнуть требуемого эффекта: единичные ноты теперь звучат так же громко, как и предшествующие кластеры. Вследствие физических действий по отработке и исполнению сонаты музыкант утрачивает ощущение
грани между устоявшейся техникой взаимодействия с инструментом и техникой исполнения кластеров: каждую ноту пианист
проигрывает в той же манере и с той же силой, что и громкие
кластеры. Рука не попадает по неровным краям клавиатуры, как
в начале, однако все равно с большим напряжением опускается
на клавиши, и кончики пальцев ощутимо ударяются о твердую
поверхность.

По мере того как пианист продолжает играть, руки обмениваются единичными нотами, словно бы вступая в самый что ни
на есть буквальный кулачный бой с фортепиано. Неожиданно
правая рука «высвобождается» и переносится вверх к соль-бемоль, исполняемой громче — на *сфорцандо*. В сторону устремляется вся правая рука — от кисти до локтя. Пальцы, плотно
собранные вместе, обрушиваются на изолированную ноту.
На этой открытой ноте легко сбиться: резко движущаяся рука
вполне может соскользнуть с выступающей черной клавиши
и опуститься со всей силой не только на соль-бемоль, но и на
соседние клавиши. Как раз это и происходит в записи Малова,
когда эпизод повторяется позже в сонате. Нежданное *сфорцандо*
посреди четырехкратного *форте* оборачивает соль-бемоль

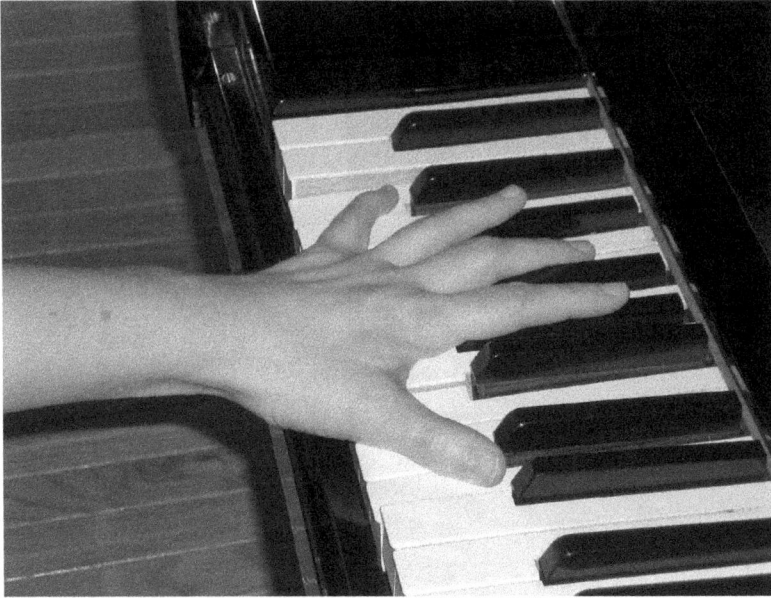

Рис. 2.4. Кластер, исполняемый всей ладонью

Пример 2.2. Кластер во всю руку. Шестая соната для фортепиано (1988)
Композитор: Галина Уствольская (© 1996 MUSIKVERLAG HANS SIKORSKI GMBH & CO. KG. International Copyright Secured. All Rights Reserved. Перепечатывается с разрешения правообладателя)

Рис. 2.5. Кластер, исполняемый всем предплечьем

в оторванный от остальной музыкальной материи болезненный вопль. Пролет мимо клавиши и сбой в игре лишь подчеркивают сущностную уязвимость жеста. Рискованный прием приводит к тому, что пианист не просто проигрывает одну ноту в технике игры кластеров, а непреднамеренно обращает единичную ноту в кластер.

Из таких однократных ударов по нотам Устьвольская постепенно формирует все более плотные сочетания кластеров, которые приводят к драматической кульминации сонаты. Начиная с пятой страницы композитор создает цепочки кластеров, которые растягиваются более чем на девять нот. Левая рука пианиста вынуждена растягиваться от большого пальца до мизинца, а ладонь — опускаться на максимально возможное количество клавиш; правая рука тем временем исполняет небольшие кластеры, которые напоминают те сочетания, которые открывали произведение (см. рис. 2.4)[65]. Эта текстура передается из руки в руку, пока исполнитель продвигается из нижнего в верхний регистр — обостренный последовательный подъем вверх. И без того напряженная, если не сказать безжалостная, атмосфера достигает апогея на пятом повторе мотива, когда пианисту нужно исполнить кластер, охватывающий сразу 16 нот (см. пример 2.2 и рис. 2.5). И вновь Уствольская оставляет в сноске указание для исполнителя: «Кластер во всю руку». Предплечье ударяется о клавиатуру, охватывая диапазон от ми-бемоль до фа. Правая рука играет кластеры то предплечьем, то, как раньше, всей ладонью, левая рука — то ладонью, то прижатыми друг к другу пальцами. Пока левая рука проносится по нотам басового ключа, правое предплечье в основном целится в средний регистр, сдвигая в эту сторону туловище пианиста. Для игры последующих кластеров ему нужно отказаться от такой искривленной позы. В общей сложности в пределах полного исполнения сонаты солисту придется совершить 32 таких подхода — и еще гораздо больше за время отработки сонаты. Каждый сдвиг приводит к тому, что тело качается из стороны в сторону, пианисту приходится крутить бедрами. По мере того, как он свыкается с этими физическими ощущениями и запоминает необходимые позиции ладоней и рук для исполнения конкретных кластеров, его тело приобщается к действующей силе инерции, и вес туловища все более свободно и ощутимо обрушивается на фортепиано. Это самые большие и громкие из всех кластеров, требуемых Уствольской ($ffff$), и именно они складываются в звуковую и физическую кульминацию произведения. Как и во всех предшествующих кластерах, удары чувствительных конечностей о твердую и неровную поверхность клавиатуры вызывают болезненные ощущения. Нарастающее ощущение инерции лишь обостряет их по мере того, как тело все свободнее и мощнее раскачивается с помощью бедер из стороны в сторону.

Подчеркивая значение ударной игры, которую можно обнаружить повсеместно в репертуаре пианистов, Уствольская требует от исполнителя играть жестче, громче и дольше, чем это может быть привычно для некоторых солистов. И, по аналогии с замечанием пианистки Мариан Ли по поводу Композиции № 2, «Dies Irae» (1972–1973), вся соната развивается через череду кластеров, которые, с учетом динамических обозначений, должны исполняться со значительным усилием и по умолчанию будут вызывать у исполнителя боль[66]. Метафора с молотком удачно обыгрывает физическую составляющую техники исполнения громких кластеров. Руки и кисти вынужденно обретают силу и ригидность, которые вполне сопоставимы с особенностями действия молотка. Метафора также отображает звуковой эффект и неослабевающую ритмичность сокрушительной игры пианиста. Во всех ранее описанных примерах руки исполнителя соприкасаются с клавиатурой регулярными, непрекращающимися ударами, словно пианист вбивает в инструмент гвозди. Однако молоток, в отличие от руки человека, — материя безжизненная. Фактически источником телесной боли выступает само тело исполнителя. Вес тела позволяет рукам ударять по фортепиано в полную силу. Да, пианист вполне может уподобить руки молотку, задавая им известную жесткость, и сокрушать фортепиано громкими пассажами. Но никакой исполнитель не способен не чувствовать боль от такой игры. Вся метафора с *молотком*, к которой обращаются Эндрю Росс и другие музыкальные критики, чтобы описать настойчиво интенсивные удары по фортепиано, скрывает тот факт, что пианист испытывает во время такой игры далеко не самые приятные ощущения.

Исполнитель, действуя против устоявшихся и инкорпорированных на телесном уровне знаний, чувствует явный дискомфорт в руках и пальцах. Начиная с нижней половины третьей страницы Уствольская во второй раз возвращается к отдельным нотам, постепенно, но неотступно нагромождая помеченные *fff* ноты в кластеры (см. пример 2.3). Во вступительном фрагменте к сонате и последующем эпизоде с единичными нотами пианист, от которого требуется слаженно работать с инструментом, утрачивает ощущение грани между исполнением кластеров и отдельных нот. Теперь же Уствольская предлагает музыканту на телесном уровне проработать действия, которые отделяют кластеры от индивидуальных нот. Во вступлении Уствольская прописывала только верхушки кластеров. Теперь же она четко фиксирует все ноты (от двух до семи), входящие в кластеры, которые — особенно исполняемые настолько громко — идут вразрез с привычным

Пример 2.3. Разрастание кластеров. Эти кластеры, начинающиеся с двух-четырех нот, разрастаются до семи. Шестая соната для фортепиано (1988)
Композитор: Галина Уствольская (© 1996 MUSIKVERLAG HANS SIKORSKI GMBH & CO. KG. International Copyright Secured. All Rights Reserved. Перепечатывается с разрешения правообладателя)

взаимодействием пальцев с клавишами при игре на фортепиано. Уствольская бросает вызов пианисту: исполнить в точности прописанные кластеры, на которые при шести или семи нотах не хватает пальцев. Эти кластеры вынуждают исполнителя выйти из зоны комфорта типовой игры аккордов. Пианисту приходится придумывать неожиданные и непривычные форматы взаимодействия с клавиатурой через пальцы и руки[67]. Чтобы сыграть сразу все ноты, он вдавливает часть руки в клавиши и опускает запястья вниз, чтобы захватить сразу три клавиши большим пальцем (Уствольская дает соответствующую рекомендацию в сноске), остальные же пальцы на привычный манер вжимаются в отдельные клавиши (см. рис. 2.6).

Отмеченные кластеры не провоцируют болезненные ощущения у пианиста ударами о клавиши. Потенциальным источником дискомфорта в этом случае становятся неожиданные изгибы руки и кисти и низкое положение запястий. Кисти и запястья принимают далеко не самый удобный угол, чтобы пальцы могли с силой опускаться на клавиши.

Исполняемые ладонями кластеры, которые ведут нас к кульминации сонаты, не соответствуют никаким телесным навыкам, привычным для пианиста. Расстояние, составляющее октаву, настолько часто встречается в репертуарных для фортепиано

Рис. 2.6. Прописанный кластер, исполняемый отдельными пальцами

произведениях, что для исполнителя оно становится укоренившимся элементом представлений о клавиатуре как в физическом, так и в пространственном отношении. Здесь снова вспоминается феномен инкорпорации, о котором рассуждал Садноу. В зависимости от индивидуальных физиологических особенностей руки конкретного человека выход за пределы октавы, чтобы охватить сразу девять нот, может потребовать некоторой коррекции и растяжения большого пальца и мизинца дальше друг от друга, что непривычно или вообще невозможно. Исполнение ладонями кластеров в течение того ограниченного времени, которое они занимают в сонате, — а скорее, даже тех многих часов, которые потребуются на их разучивание, — трансформирует познания исполнителя о способностях и возможностях его тела и заданного пространства. Ладони и пальцы опускаются плотно на клавиши, в нарушение нормативного пространства между поверхностью клавиатуры и ладонью, предполагаемого традиционной техникой игры на фортепиано. Пальцы тяжеловесно — и не особо комфортно — ложатся на неровную клавиатуру, чтобы пианист смог зажать максимальное количество клавиш. От постоянного растяжения руки во имя достижения девятой ноты и исполнения как можно большего количества нот в каждом кластере соединительные ткани между пальцами музыканта начинают болеть (см. рис. 2.5).

Ради неизменно амбициозного по требуемой громкости звучания, пианист вынужден собирать волю в метафорический кулак и опускать на клавиатуру — иногда в виде подобия настоящих кулаков — весь вес собственного тела. Уже на шестой ноте во вступительном пассаже сонаты исполнитель сталкивается с первым из множества кластеров во всю ладонь. Звездочки отсылают нас к очередной сноске Уствольской: «Кластер включает максимальное число нот в пределах указанного интервала» (см. пример 2.1). После нескольких небольших кластеров, которые приходится исполнять закрытой ладонью (либо подобием кулака, либо плотно прижатыми друг к другу пальцами), рука пианиста вдруг вынуждена распахиваться и растягиваться. Ладонь и пальцы левой руки ударяют по максимально возможному количеству нот. Переход от кластеров, исполняемых закрытой рукой, к кластеру, исполняемому открытой рукой, в какой-то мере дает пианисту небольшую передышку. Ладонь, охватывающая пространство в девять нот, опускается на ощутимо более свободное пространство. Ребро ладони и пальцы получают краткий миг отдыха и возможность приготовиться к следующим пассажам. А чтобы достать кластер, расположенный сильно ниже первых пяти нот, исполнителю приходится отводить левую руку значительно дальше от тела. Ладонь, через которую передается вес верхней части спины, плеча и руки, аккуратно опускается о клавиатуру. Значок цезуры (растянутая буква «v») закрывает фразу и дает исполнителю возможность немного «отдышаться», чтобы сыгранное невнятное сочетание нот отзвучало и стихло перед тем, как пианисту придется вновь вдарить по инструменту.

Ли отмечает схожий момент в Композиции № 2 и предполагает, что Уствольская стратегически использует паузы и тишину, давая таким образом пианисту время на передышку[68]. Первый большой кластер вызывает в теле два весьма противоречивых ощущения: мышцы верхней части спины расслабляются от того, что рука больно ударяется об угловатую поверхность клавиатуры. Для исполнителя обрушивание веса на фортепиано не всегда комфортно, но все же это приносит приятное ощущение вывода напряжения и тяжести из верхней части спины, плеча и руки. Если начальные ударные кластеры сонаты создают чувство дискомфорта, то эффект высвобождения всей массы тела на клавиатуру, нарушение общепринятых правил игры на фортепиано и даже сам факт исполнения таких шумных пассажей могут быть источником значительного удовольствия и удовлетворения для исполнителя. При этом такое вознаграждение трудов вызывает у пианиста боль в руке и пальцах.

Далеко не каждый фрагмент сонаты связан с чувством дискомфорта. Исполнитель ощущает облегчение, когда ему предоставляется возможность перенести телесное напряжение на инструмент. Кроме того, Уствольская включает в произведение периодические паузы, и пианист может передохнуть. Задачу исполнителя также упрощают смены рук и изменчивые мелодические рисунки. Нарастание петляющих кластеров во всю ладонь обеспечивается переходом с левой на правую руку по мере того, как пианист взаимодействует с клавиатурой. Когда кластеры начинают звучать в правой руке, левая, проигрывая малые кластеры в закрытой позиции, получает краткую паузу для отдыха от болезненно широкого разброса нот. Соответствующая передышка возникает и у правой руки, кончики пальцев которой устают при выбивании малых кластеров. Композитор вновь дает исполнителю возможность выпустить нарастающее напряжение. Впрочем, стоит признать: «передышка» здесь сводится к тому, что одна форма некомфортной игры сменяется другой.

Прежде чем в конце перейти к несколько измененному начальному материалу сонаты, Уствольская включает в произведение единственный пассаж долгих аккордов из целых нот, исполняемых *пианиссимо.* Аккорды складываются в поступательную ниспадающую линию (ре, си, ре, си-бемоль, ре, ля) и восходят к последовательности отдельных нот с нижней части третьей страницы, которые складывались в кластеры (см. пример 2.3). Однако в этом случае приглушенные аккорды гармонизируют мелодию. Пианист же получает возможность нажимать на отдельные клавиши подушечками пальцев. И физически, и по звучанию этот фрагмент представляет собой продолжительную паузу для исполнителя. Пока слушатели отдыхают от бесконечных громких кластеров, пианист расслабляется, извлекая пальцами набор целых нот. Только здесь, ближе к концу сонаты, мы возвращаемся к традиционному формату взаимодействия с фортепиано, что лишь подчеркивает, насколько большое напряжение и существенную боль предполагают остальные фрагменты произведения.

Как и при разучивании любого музыкального произведения, пианисту нужно выработать точность и четкость при исполнении сонаты Устьвольской. Исполнителю приходится инкорпорировать новые движения, которые идут кардинально вразрез с закрепленными на телесном уровне навыками игры на инструменте. Овладение мелодической линией при одновременном выбивании громких кластеров предполагает, что пианист повторяет тот или иной фрагмент значительно большее количество раз, чем он исполняется в сонате. Руки музыканта начинают болеть: пальцы саднят от ударов по жестким клавишам, ладони краснеют донельзя. Вынужденные продолжительные репетиции приводят к усилению болезненных ощущений, которые при этом останутся многочасовыми тайными страданиями исполнителя. Пианист, впрочем, все же имеет возможность контролировать отработку произведения и, соответственно, появление боли. Здесь в распоряжении исполнителя есть несколько стратегий: можно попеременно играть кончиками пальцев и ребром ладони, чтобы одна часть руки отдыхала, пока основная работа ложится на другую; можно сначала играть ноты тихо, чтобы разучить их без чувства дискомфорта; можно также перепрыгивать между пассажами сонаты, облегчая себе задачу разнообразием. В конечном счете повторы и репетиции позволяют пианисту, добиваясь естественности исполнения, инкорпорировать специфические методы взаимодействия с фортепиано, которых требует рассматриваемое произведение. Через эти переживания и впечатления исполнитель приучает себя к принятию и преодолению боли.

Шестая соната для фортепиано и культурный дискурс об истине и травме

Те действия и ощущения, с которыми тело пианиста сталкивается при исполнении Шестой сонаты для фортепиано, отражают тот исторический период, когда произведение было написано. В сонате чувствуются отблески общекультурных прений по проблематике исторических кризисов, духовности, истины и боли. Как следует из слов Коротича, люди активно вовлекались в такие обсуждения, реагируя на масштабные социально-политические преобразования конца 1980-х годов, однако одновременно с этим болезненные переживания находили отражение в телесных ощущениях. Действия и боль, которые пианист претерпевает при исполнении рассмотренной сонаты, отображают общие культурные метания того времени: воплощенная боль как форма истины; глубоко личные страдания и переживания публичного характера; периодически неясная грань между теми, кто причиняет боль, теми, кто причастен к ее причинению, и теми, кто испытывает боль; перспектива искупления за счет уделения внимания страданиям; сложность их выражения и познания боли других людей.

В эпоху, когда ощущение наступившего кризиса приводило к публичным дискуссиям об истине и истории, «истина» Уствольской обнаруживается в воплощенном переживании боли. На протяжении всей истории Советского Союза большое количество людей подвергалось репрессиям. При этом соответствующие страдания оставались незамеченными на уровне официального дискурса. Социальные изменения конца 1980-х годов вывели в публичную сферу осмысление травм. В результате многие, в частности редакция «Огонька» и занимавшиеся этим вопросом сотрудники «Мемориала», предпринимали попытки честно проанализировать опыт прошлого. Барабанов, говоря о скульптурах Сидура, отмечает, что истина всегда включает в себя страдание. Соната Уствольской в определенной мере реалистична по своим качествам: переживание боли передается через тело исполнителя. Эта стратегия во многом схожа с подходом Сидура при работе со скульптурными формами. И Сидур, и Уствольская уделяют повышенное внимание человеческому телу и болезненным ощущениям, с которыми оно может сталкиваться. Сидур взаимодействует с ним в стилистически упрощенной форме, что позволяет транслировать элементы страданий через позы и положение отдельных частей тела. Упоминавшийся «Памятник погибшим от насилия» передает нам ощущение боли посредством рук фигуры, которые заведены ей за спину и подняты высоко над головой. Прямоугольник, выпирающий над предполагаемыми плечами, может быть и головой, и шеей. Во втором случае легко представить, что фигура была недавно лишена головы (см. рис. 2.1). Соната Уствольской концентрирует наше внимание на человеческом теле в действии. Исполнение музыки вынуждает пианиста осуществлять движения, которые вызывают дискомфорт. Официальная советская культура периодически обращалась к травматическим ситуациям, в том числе ко Второй мировой войне, однако соцреализм придавал страданиям, например, солдат патриотический, героический, триумфалистский флер, который зачастую затмевал бесславность получения людьми ран. Выход за пределы подобных интерпретаций через обращение к боли позволяет достигнуть определенной формы истинности. Соната побуждает осмыслять, насколько значительный дискомфорт ощущает пианист, ударяя со всей силы руками, пальцами и предплечьями о клавиатуру фортепиано. В рамках советской культуры, которая игнорировала и замалчивала множество случаев страданий, произведение Уствольской свидетельствует о действительности боли, сокрушающей тело, и выступает в определенной мере доказательством этих страданий. Истерзанное тело становится источником истины, которая часто вычеркивалась из официальной советской риторики.

Несмотря на разнообразные политические устремления, обходящие стороной исторические травмы, и всевозможные меры, которыми правительства силятся скрыть или просто отвергнуть факт страданий, в нас сохраняются телесные последствия травматических событий. Литературоведы Ана Дуглас и Томас Воглер в обзоре ключевых споров по теории травмы описывают тело как «материальную основу закрепления важных аспектов "истинности" человеческого существования и идентичности». Эти авторы в определенной степени считают реальные жизненные ситуации более существенными, чем художественные произведения. В обзоре, в частности, упоминаются последствия сброса атомных боеголовок на Хиросиму и Нагасаки — последствия, которые явно отражались в телах пострадавших и погибших. Литература, посвященная этим травматическим событиям, лишь поступательно формировалась на протяжении последующих десятилетий и получила широкую известность в Японии лишь в 1980-е годы[69]. В ситуациях, когда страдания игнорируются, скрываются или оспариваются, искусство может выводить на первый план не только воспоминания, но и реалии переносимых физических страданий. Соната Уствольской формирует пространство, в котором исполнитель вынужден ощущать боль. Тем самым в период, когда под вопрос ставились самые черные страницы советского прошлого, подчеркивалась значимость реальных телесных переживаний и ощущений.

Опыт разучивания и исполнения рассматриваемого произведения существует в пределах как приватного репетиционного зала, так и публичной концертной площадки. Охватывая сразу оба указанных пространства, соната демонстрирует, что, с одной стороны, боль тесно связана с телом конкретного человека, а с другой — страдания представляют собой общечеловеческое переживание. Как отмечает Скарри, человеческое тело полностью очерчивает границы боли, которая оказывается принципиально частным явлением, тяжело поддающимся трансляции вовне[70]. Пианист, который решается взяться за произведение Уствольской, в частной обстановке прорабатывает болезненные ощущения, возникающие при разучивании сонаты. А на концерте подчеркивается то, как отдельная личность переживает боль. Слушатели не могут пережить то, что ощущает исполнитель сонаты. И все же пианисты, берущиеся за нее, вступают в некоторую систему отношений с произведением. Решение Уствольской написать именно такую сонату, исторически сложившиеся особенности игры таких композиций для солирующего фортепиано, взаимодействие между пианистом, инструментом, партитурой и педагогом, участие слушателей — все это обстоятельства, которые вписывают дискомфорт, переживаемый вроде бы исключительно исполнителем, в социальный контекст.

По словам Артура и Джоан Клейнман, общесоциальные ощущения формируют наше личное восприятие страданий[71]. Соответственно, гласность — период коллективного кризиса — задает рамки, в которых Шестая соната для фортепиано охватывает как личностно переживаемую на уровне тела боль, так и общественное восприятие и принятие страданий. Как отмечал Коротич, в письмах, направляемых в редакцию «Огонька», находили отражение вполне определенные болезненные ощущения, которые люди претерпевали на глубоко физическом уровне. Через письма, которые могли публиковаться в журнале с миллионными тиражами, советские граждане участвовали в дискуссиях на новообразованном поле социально-политической открытости. Авторы посланий возвращали в публичную сферу телесно переживаемые личные ощущения, которые и без того уже включали в себя аспекты существующих социально-политических связей. Гласность открыла людям возможность выражать болезненные ощущения через официальные каналы. Музыка как воплощенное телесное исполнение и одновременно набор социальных взаимоотношений прямо связана с этими сдвигами между частным и публичным. В сонате Уствольской боль прослеживается как в действиях и ощущениях пианиста, так и в общей сети взаимосвязей, которые составляет мир, окружающий исполнение музыки.

Эти взаимоотношения как раз наводят на мысли о причинно-следственных связях и пособничестве. Причиняет ли композитор боль исполнителю? Виноват ли сам пианист в испытываемом дискомфорте? Мы вправе заметить, что Уствольская требует от исполнителя действий, которые будут вызывать боль. Это прослеживается как в мощных кластерах, так и в примечаниях с крайне четкими рекомендациями по тому, как именно тело должно участвовать в исполнении сонаты. Впрочем, пианисты по общему правилу берутся за произведение по собственной воле. Исполнитель сам доставляет дискомфорт пальцам, рукам, ладоням и предплечьям, перенося вес тела на клавиатуру. Кроме того, за пианистом остается известная степень контроля в описываемой ситуации. Исполнитель решает, когда, как и насколько долго испытывать конкретные болезненные ощущения. Проблематика причинно-следственных связей и пособничества находила отражение и в исторических спорах конца 1980-х годов. Многие люди требовали от чиновников признания и обнародования истины о советском прошлом, в частности, о периоде сталинизма, но сохранялась большая проблема, связанная с понятием пособничества. Вацлав Гавел отмечает, что даже участие в конформистских ритуалах, которое может обеспечить индивиду выживание в рамках репрессивной государственной машины, фактически делает из граждан пособников режима[72]. «Мемориал» столкнулся как раз с вопросами подобного рода на прошедшей в октябре 1988 года конференции для подготовки к регистрации организации. Обсуждая создание памятника жертвам сталинизма, члены «Мемориала» уделили особое внимание проблеме разграничения виновников и жертв репрессий. Некоторые деятели выступали за как можно более всеохватывающие понятия, которые бы относились к любому человеку, как-либо затронутому репрессиями. Но были и те, кто не хотел поддерживать пособников режима и, соответственно, выступал за «чистые» категории[73]. Алексей Юрчак лишь обостряет проблематичность ситуации, ставя под вопрос дихотомию между лоялистами и диссидентами, которую предлагает Гавел. Юрчак показывает, насколько неоднозначные формы могло принимать поведение людей. Сложно назвать кого-либо чистым лоялистом или чистым диссидентом. В отдельных случаях люди фактически занимают позиции, выходящие за пределы такой дихотомии[74].

В равной мере соната Уствольской побуждает нас задуматься, какую степень ответственности за исполняемую боль несут композитор и пианист. Здесь также нет очевидного виновника и жертвы болезненных ощущений. Мы вновь сталкиваемся с вопросом о пособничестве, и очевидного ответа на него нет.

Пианист сам делает выбор в пользу исполнения сонаты. В этом мы можем проследить некоторое влияние исихазма. Духовность наблюдается во всех произведениях Уствольской, включая две заключительные фортепианные сонаты, несмотря на отсутствие в них каких-либо религиозных обозначений. Ту роль, которая отводится исполнителю в рассматриваемой композиции, можно сопоставить с готовностью Христа пойти на страдания ради искупления. Во многом продолжая споры о пособничестве и советских репрессиях, Томберг описывает специфически русское восприятие боли: в преступлении одного человека может быть замешан целый ряд людей. А поскольку ответственность за страдания оказывается всеобщей, то аналогичным образом всеобщими должны быть и покаяние, и спасение. Через сознательное принятие страданий любая боль уподобляется мучениям Христа и позволяет участвовать в искуплении[75]. Даже нерелигиозные активисты за права человека и диссиденты воспринимали противостояние властям и навлекаемые на себя наказания со стороны правительства в подобном христианском свете. Готовность страдать вписывалась в нарратив о спасении души[76]. Решение пианиста взяться за исполнение сонаты и, соответственно, представить на суд публики исполнение, полное боли, отражает общерусские представления о страданиях, которые имели принципиальное значение для дискурса времен гласности. Христианство послужило основой для восприятия боли как возможности искупления.

В эпоху, когда общество было захвачено обостренными дискуссиями о социальных и исторических страданиях, Уствольская создает музыкальное пространство, где пианист сознает и ощущает физическую боль. Свидетельство как средство коммуникации направлено на то, чтобы донести некий аспект страданий до другого человека. Эта эпистемологическая проблема явно ощущается во всем дискурсе времен гласности. За предложением «Мемориала» деятелям искусств создать памятник жертвам сталинских репрессий, в котором удалось бы избежать соцреалистических условностей, последовало множество вариантов скульптуры, отражающих саму проблематичность передачи страданий другого человека и приобщения к ним. Некоторые художники стремились выразить необъяснимость боли, и их скульптурные и архитектурные решения демонстрировали пределы наших представлений о страданиях. Как организация, собирающая информацию о репрессиях, «Мемориал» предпочел подход, который бы обозначал важность и позитивное значение формирования представлений о страданиях ради достижения социальной справедливости[77].

Подобные эпистемологические рассуждения о пределах и преимуществах выработки представлений о страданиях принципиально важны для работ, посвященных проблематике травм и боли. Травму зачастую представляют — по крайней мере в некоторой степени — как нарушение памяти. Даже до Фрейда психологи отмечали, насколько сложно было для их пациентов припомнить и поведать детали пережитых травматических событий. Травма будто подрывает способность помнить и, соответственно, пересказывать произошедшие события. Основным средством психологического самовосстановления человека выступают представления, обычно оформленные в виде выраженного словами повествования[78]. Парадоксальный фокус именно на представлениях, которые, по идее, и разваливаются на отдельные части вследствие травмы, и формируют путь к ее преодолению, прямо влияет на то, как травма изображается в литературоведческих и культурных исследованиях, и как приверженцы гуманизма трактуют боль. С одной стороны, боль сопротивляется выражению. С другой стороны, словесное выражение боли в некоторой степени облегчает положение человека за счет обретения социально-политической справедливости[79].

Изучение того, как боль работает в конкретном музыкальном произведении, и того, как она связана с общим дискурсом о культурных травмах, представляет собой важный канал доступа к междисциплинарным гуманистическим исследованиям проблематики травмы и боли. Музыка в особенности способствует воплощению и олицетворению травматических переживаний и, соответственно, может отражать болезненный опыт, вынуждая исполнителя претерпевать во время игры определенные ощущения. Музыка способна преодолевать двойственность между желанием выразить и невозможностью отобразить травму, пониманием и неизведанностью боли. Соната Уствольской устраняет любую амбивалентность как раз через формирование пространства, которое позволяет исполнителю познать боль. Исследователи-гуманисты, специализирующиеся на проблематике травмы, зачастую настолько концентрируются на языковых средствах, что упускают из виду прочие валидные, доступные в эстетических сферах, пути проживания болезненного опыта. Внимание к сущностной способности музыки олицетворять и воплощать в себе вещи позволяет нам открыть новое поле в дискуссии о возможностях познания боли. Категория наших представлений расширяется за счет включения в нее исполнения, игры и физических ощущений, которые сопровождают музыку. Музыка находит некоторую общность с перформансами. Крис Бёрден, Вито Аккончи, Марина Абрамович, Герман Нич и другие художники-акционисты пытались в своих работах внедрять телесную составляющую более «действенно», чем это возможно в традиционном театре. Это достигалось за счет обращения к действиям, предполагающим насилие и боль. В частности, «Стрельба» (1971) сводилась к тому, что друг выстрелил Бёрдену в руку из ружья. Такие акции пробивают грань наших эстетических представлений, позволяют включить в них фактические болезненные ощущения и заставляют задумываться над тем, где, собственно, проходит граница между реальностью и исполнением[80]. Соната Уствольской, естественно, находит параллели в перформансах. В обоих случаях на первый план выходит тело, над которым совершаются болезненные действия. Различия, судя по всему, следует искать в той степени боли, которую претерпевает тело. Игра рассматриваемой сонаты определенно может вызывать дискомфорт вплоть до появления синяков. Однако те формы боли, которые исследует Бёрден (и выстрел в руку здесь — только наиболее наглядный пример), очевидно превосходят любые неприятные ощущения и угрозу здоровью, которые навлекает на себя исполнитель композиции Уствольской.

Слушатель может различным образом взаимодействовать с сонатой в рамках ее исполнения, например, на концертной площадке. Во-первых, аудитория полностью отрезана от тех действий, которые происходят на сцене. Слушатель не может чувствовать ту боль, которую доставляет себе пианист. Соната подчеркивает, насколько болезненные ощущения ограничены пределами нашего тела. Даже стоя рядом с человеком, который страдает от острой боли, мы не сможем узнать или ощутить эту боль. Разрыв тем более обостряется в связи со склонностью людей переключать внимание с предмета на предмет, из-за чего мы часто воспринимаем людей с некоторым рассеянным безразличием. Во-вторых, аудитория может наслаждаться тем, как в сонате Уствольской полностью игнорируются все устои игры на фортепиано, и тем, насколько бесшабашно механистически звучит произведение. Никогда нельзя исключать перспективу того, что исполнение такого музыкального произведения будет доставлять нам удовольствие. Музыка Уствольской, скорее всего, не придется по вкусу привыкшим к мейнстриму слушателям. Однако пианист во время игры вполне может сформировать заразительное ощущение ритма и энергии, которому занимательно внимать. Вполне вероятно, кто-то из слушателей даже начнет двигаться в такт музыке. Живое исполнение также допускает вероятность «телесной эмпатии» или «взаимного олицетворения». Как замечает специалист по этнической музыке, джазмен Виджай Айер, слушатели могут настолько вовлечься в игру, что будут с готовностью воображать, как резонируют те или иные движения исполнителя в их телах[81]. Слушатели/зрители следят за тем, как пианист со всей силы колотит по клавиатуре, и представляют, что было бы с их руками при столкновении с аналогичной твердой поверхностью. Находясь близко к исполнителю, слушатели/зрители могут наблюдать за тем, что происходит с его телом. Например, аудитория может заметить, как краснеют руки исполнителя от ударов по клавишам. Слушатели/зрители неспособны в буквальном смысле ощутить то же, что ощущает пианист, но, обратив внимание на изменения, происходящие с его телом, они могут понять, по крайней мере частично, чувства, сопровождающие игру. Тем самым способность музыки передавать определенные смыслы через действия и ощущения музыканта транслируется и на аудиторию. Как и в любых других формах представлений, взаимодействие между артистами, исполнителями, зрителями и слушателями всегда характеризуется некоторой нестабильностью и непредсказуемостью. Перспектива эмпатии сосуществует с перспективами удовольствия и безразличия.

Соната Уствольской формирует пространство, в котором боль претворяется в жизнь, ощущается и выводится на первый план. При этом даже пианист может временами ощущать от игры удовольствие, которое будет приводить к формированию воплощенного двойственного состояния. В исследовании «О чужой боли» Сьюзен Зонтаг высказывает разочарование по поводу жгучего любопытства, с которым люди готовы рассматривать любые фотографии, даже с поля боя. Отвращение, которое Зонтаг испытывает к противостоянию боли и удовольствия, приводит ее к высказыванию сомнений по поводу всех форм представлений сразу[82]. Писательница поднимает весьма важную нравственную проблему. Однако, скорее всего, мы не найдем эстетических, не доставляющих вообще никакого удовольствия проявлений и разыгрываний страданий. Эстетические переживания, связанные со страданиями, травмами и болью, существуют в несколько парадоксальном мироздании: исполнение и прослушивание музыки, просмотр фотографий и фильмов и так далее — все это развлечения. Как бы ярко и живо ни были представлены страдания в каком-либо произведении, мы, возможно, никогда не сможем исключить из него хотя бы самый малый элемент удовольствия. Сонату определенно некомфортно играть, но и в ней мы обнаруживаем отдельные моменты телесного удовлетворения, облегчения и даже удовольствия. Исполнение сонаты чисто на физическом уровне олицетворяет собой неразрешимую дилемму между удовольствием и болью, которая составляет суть любых проявлений страданий. Эстетические произведения странным образом позволяют отдельным аспектам страданий, травмы и боли быть познаваемыми, различаемыми, засвидетельствованными и искупленными именно посредством определенного удовольствия. Ученики Уствольской представляют наставницу и ее музыку преимущественно в нравственном ключе, особо подчеркивая честность и чистоту замыслов композитора. Тем самым Уствольской придается статус однозначного морального камертона. Подобная морализаторская риторика будет в любом случае сопровождать наше восприятие Уствольской и ее места в культурном контексте конца XX века. Однако это не отменяет тот факт, что пример рассматриваемой сонаты демонстрирует гораздо большую многозначность и сложность того, как вопросы этики и представлений преломляются в наследии Уствольской.

Специфическая диалоговая динамика свидетельствования, которое воплощает собой соната Уствольской, задает средства для интерпретации взаимосвязей, возникающих между композитором, исполнителем и слушателем/зрителем. Ссылаясь на Эли Визеля и Пауля Целана, Шошана Фелман называет свидетельствование одиноким бременем. Травма вполне способна изолировать человека и вызвать у него ощущение отрезанности от семьи, друзей и общества в целом. Не менее уединенной может становиться позиция свидетеля. При этом свидетельствование направлено как раз на преодоление одиночества. Человек пытается найти форму выражения, которая позволит ему рассказать о своей боли другим людям. Эти парадоксы свидетельствования в определенной мере объясняют противоречия, связанные с исполнением рассматриваемой сонаты. Пианист, играющий произведение Уствольской, изолирован. Никто — ни слушатели, ни композитор — не могут ощущать то, что ощущает он. Однако все переживаемые исполнителем действия происходят в контексте выступления, который создает возможность того, что у аудитории возникнет чувство эмпатии к музыканту. Как пишет Фелман, «как раз потому, что свидетельство *адресовано* другим людям, свидетель, действующий исходя из позиции собственного одиночества, оказывается средством претворения в жизнь некоего свершения, некоего положения, определенного аспекта *за пределами себя самого*»[83]. Фелман подразумевает людей, несущих в себе следы травм. Исполнителем же сонаты может быть, в сущности, любой человек, и его отношения с контекстом создания этого произведения не обязательно прямолинейны. Исполнители музыки нередко выступают гостями в чуждом времени и чуждом месте, обращаясь к переживаниям других людей, но оставаясь привязанными к реалиям собственной жизни. В этом смысле исполнители в самом деле становятся «средствами претворения свершений в жизнь». В случае сонаты Уствольской пианист занимает место жертвы, его тело становится проводником переживаний, которые описаны композитором. Композиция выступает как свидетельствование не только в том, что она фокусируется на боли как определенной истине, но и в том, что она становится средством претворения этой боли. Даже не зная контекста, пианист будет частью свидетельствования и, более того, средством его осуществления. И для того музыканту необязательно знать исторический контекст, в котором Уствольская работала над сонатой.

Анализ физических действий, которые предполагает игра фортепианной сонаты Уствольской, показывает то, как воплощенная в исполнителе музыка фиксирует социальный дискурс, реагирует на него и взаимодействует с ним. Музыка и ее исполнение обращены к событиям и спорам в реальном мире во имя создания осмысленного эстетического переживания. В рассматриваемом нами случае заключительная соната Уствольской формирует пространство, в котором исполнитель может через игру приобщиться к боли. Такой акт нравственного посвящения вписывается в период, когда в СССР открылись возможности для осмысления зачастую травматичной истории страны. С учетом соответствующих дискуссий соната фокусирует наше внимание на боли как форме истины, а также побуждает нас задуматься о сопричастности и ответственности и о том, что познание травмы и боли — часть нравственного, одухотворенного реагирования на тот или иной кризис. Уствольская создает музыкальное пространство, в котором пианист неминуемо почувствует боль и через чуть ли не физиологический акт исполнения при-общит других людей к переживаемым им физическим ощущени-ям. Все это наводит нас на мысль о том, насколько музыка спо-собна делать доступной боль и передавать болезненные ощуще-ния. Исследователи проблематики травм и боли нередко обходят стороной один парадокс: страдания сложно передать какими-либо средствами, но именно выражение наших чувств приносит облегчение. Языковые и визуальные средства отражают страда-ния немного по-другому. Музыка же действует на телесном уровне: исполнитель играет, задействуя все тело, а слушатели физически ощущают эмпатию к страданиям, которые перед ними предстают. Тем самым соната оказывается посреди эпистемоло-гического разрыва между сознанием боли и ее познанием. Выво-дя на первый план ощущения, связанные с исполнением музыки, Уствольская прямо высказывается об историческом периоде, во время которого создавала произведение, и становится участницей дискуссии о сущности страданий в эру гласности.

Глава 3
Исторический экскурс в эпоху гласности

«Tabula Rasa» Арво Пярта как музыкальное свидетельство в «Покаянии» Тенгиза Абуладзе

Фильм «Покаяние» грузинского режиссера Тенгиза Абуладзе вышел в 1986–1987 годы и сразу подлил изрядную порцию масла в огонь публичных дискуссий об исторической памяти в СССР времен перестройки. Историки и кинокритики зачастую отмечают эту картину как символ политики гласности. В статье 1986 года для The New York Times Фелисити Баррингер называет «Покаяние» важной вехой в истории культуры — вехой, в глазах некоторых москвичей сопоставимой по значимости с публикацией в 1962 году рассказа Солженицына «Один день Ивана Денисовича»[1]. «Покаяние» затрагивает многие из тем, которые уже поднимались в предыдущих главах: история, правда, нравственность, духовность. Эти и другие вопросы оказались в центре внимания широкой общественности благодаря киноленте. Факты советской истории и сущность феномена сталинизма немедленно стали предметом обсуждения и споров[2]. Подчеркивая паранойю, ужас и хаос, которыми сопровождались чистки 1930-х годов, а также демонстрируя их воздействие на последующие поколения граждан СССР, «Покаяние» разыгрывает перед зрителями нравственно заряженную аллегорию на тему сталинизма. Мы наблюдаем за тем, как одно семейство переживает ужасающие аресты и исчезновения родных и близких, а потом видим, как подросшие дети и внуки силятся осмыслить реалии террора[3]. Абуладзе не представляет некую хронику сталинизма. Сочетая исторический реализм с сюрреализмом, фантастическими эпизодами и сновидениями, режиссер предлагает нам ответить на вопросы о том, как мы помним и трактуем прошлое, полное насилия, и как мы каемся за него.

Фильм открывается сценой, где главная героиня, кондитер Кетеван Баратели, делает торты с украшениями в виде церквей, а зашедший к ней в гости знакомый читает газету и вдруг громко объявляет, что хоронят Варлама Аравидзе, жестокого главу некоего городка, в котором разворачивается действие. «Покаяние» затем будто погружает нас в глубины сознания Кети. При этом так и остается неясным, что представляют собой последующие сцены: воспоминания героини, ее фантазии или некое сочетание и того, и другого? После поминок и похорон труп Варлама неожиданно обнаруживается в саду дома его сына. Перепуганные и шокированные члены семьи и товарищи покойного вновь закапывают тело, но оно, выставленное в непринужденной позе, снова и снова возвращается во двор дома. После безуспешных попыток стражей порядка положить конец этой ситуации у могилы устраивают засаду. В ней участвует и Торнике, внук Варлама. Ему как раз и удается поймать расхитителя могилы. Этим человеком оказывается Кети Баратели. Ее приводят на абсурдистское заседание суда: охранники расхаживают в рыцарских доспехах, судьи и адвокаты облачены в старомодные одеяния и парики, один из чиновников даже играет с кубиком Рубика. Кети дает показания в собственную защиту и погружается в прошлое. Героиня родилась в семье художников. Ее родители, как и многие другие люди, бесследно исчезают в результате злонамеренных действий неуравновешенного Варлама. Пересказываемые Кети события остро напоминают репрессии 1930-х годов. Потрясенный признаниями героини Торнике срывается на отца, требуя дать объяснения по поводу мучающих его вопросов о безмолвии и правде, причастности и покаянии.

Нана Джанелидзе, невестка Абуладзе, участвовала в написании сценария к фильму и отбирала музыку. Два ключевых эпизода выступления Кети в суде Абуладзе и Джанелидзе дополняют музыкой эстонского композитора Арво Пярта, а именно — «Silentium», второй и заключительной части концерта «Tabula Rasa» (1977) для двух сольных скрипок, камерного оркестра и подготовленного фортепиано[4]. Показания Кети достигают драматической кульминации, когда она описывает эпизод после ареста отца: Кети и ее мать бегут мимо железнодорожных путей к поезду с бревнами и начинают искать на них хоть какие-то весточки от отца. Сцена воспроизводит реальные события: узники трудовых лагерей, работавшие в 1930-х годах на лесозаготовках, выцарапывали даты и свои имена на срубленных деревьях с единственной надеждой: возможно, члены их семей найдут эти послания и узнают, что близкие еще живы[5]. Кети и ее мать ничего не находят. В более поздней сцене мать Кети бежит к подруге, чтобы рассказать ей об уничтожении церкви, возведенной в их городке еще в VI веке. Но ее встречает закрытая дверь: подругу уже арестовали, а квартира опечатана. Эта сцена предвосхищает исчезновение самой матери Кети. В обоих эпизодах мы становимся свидетелями утраты родственников и друзей именно из-за Варлама и его жестокости. Все вопросы, которые осмысляют в фильме, — как мы помним, воспринимаем, оплакиваем прошлое и каемся за него — возникают в связи с этими потерями. Обе сцены сопровождаются горестными переливами «Silentium». Таким образом, музыка становится частью диалога между фильмом и историей. Произведение Арво Пярта во многом задает эмоциональную реакцию зрителей на эти ключевые события и тем самым наравне с самим фильмом пытается обнаружить некоторый смысл в наших личных и общеисторических травмах и утратах[6].

В определенной мере карьера Арво Пярта напоминает тот профессиональный путь, который проделал Альфред Шнитке: композиторов объединяет ранний интерес к серийным техникам, на смену которому пришли выдающиеся эксперименты с коллажами. Однако в 1970-е годы Пярт, в отличие от Шнитке, который разрабатывал полистилистику, обратился к религии и тому, что обычно называют на Западе «ранней музыкой». Принятие православного крещения и исследование музыки Средневековья и Ренессанса повлияли на выработку у композитора нового стиля. Произведения Пярта в технике *тинтиннабули* (сюда относится и «Tabula Rasa») обращаются к тональному материалу, но используют его предельно статично. Название стиля отсылает к обозначению колокольчиков на латыни (*tintinnabulum*) и к игре на колоколах в русской православной традиции. «Tabula Rasa» в том виде, в котором она предстает в «Покаянии», вписывается в развернувшийся в конце 1980-х годов общий дискурс о советской истории. Но еще более примечательно, что сама стилистика *тинтиннабули* взывает к призрачному прошлому. Интерес к истории и памяти, нашедший музыкальное выражение в полистилистике Шнитке, проявляется и в *тинтиннабули* Пярта — пусть и в иной форме. Под влиянием различных источников, от григорианских хоралов до музыки Баха, Пярт формирует в произведениях нетелеологические медитативные пространства, которые будто посвящены самой природе истории, времени и духовности.

«Tabula Rasa» и «Покаяние» были созданы в один исторический период: в конце 1970-х и середине 1980-х годов соответственно. Эти произведения в равной мере позволяют нам обдумывать проблематику истории, времени и религии. Первые две главы этой книги были посвящены преимущественно России. «Tabula Rasa» и «Покаяние» позволяют нам зафиксировать, что по меньшей мере некоторые из вопросов, вдохновивших Шнитке и Уствольскую, — память, страдания и нравственность — витали в советском дискурсе на протяжении 1970-х и 1980-х годов. Некоторые исследователи рассматривали музыку Пярта в эстонском контексте, а фильм Абуладзе — в грузинском. Подобные проекты представляют собой важные интерпретации этих произведений и вполне допускают дальнейшие измышления и трактовки[7]. Но в этой книге я намерена сфокусировать внимание на том, как рассматриваемые работы вписываются в общий — восточноевропейский и советский — дискурс о памяти, травмах и утрате конца XX века. Появление «Tabula Rasa» в «Покаянии» заставляет нас задуматься о том, как музыка и кино способны взаимодействовать и усиливать друг друга. Что мы можем сказать о социальной и исторической значимости музыки Арво Пярта исходя из того, какую роль исполняет в «Покаянии» его «Tabula Rasa»? Как «Tabula Rasa», в свою очередь, влияет на подходы «Покаяния» к осмыслению советской истории и травм, связанных с ней?

В «Покаянии» фрагменты «Tabula Rasa» сопровождают судебные показания героини о собственном травматическом прошлом. В связи с этим возникает несколько существенных вопросов. В какой мере скорбные переливы скрипок в «Silentium» придают эмоциональную осмысленность представленным сценам утраты, воспоминаний, личного горя и публичного траура? Как соотносится в фильме музыка Пярта с концептами истинного и реального? Как религиозный подтекст «Tabula Rasa» взаимодействует с духовными нравственными мотивами кинокартины? Какое значение приобретает музыка Пярта в свете общего дискурса о памяти, который придает воспоминаниям и истине духовно-нравственные аспекты? Выступление Кети в суде — возможность для нее выразить свое горе. Рассказ о прошлом позволяет героине найти смысл в личном чувстве утраты: Кети настаивает на том, чтобы ее родителей помнили как безвинных жертв и что их гибель должна сподвигнуть жителей городка расплатиться за прошлые злодеяния. Драматически обыгрывая речь героини, фильм Абуладзе осмысляет сущность утраты и страданий и создает полноценный нарратив отдельно взятой культурной травмы. В двух опорных точках — скорбь как поиск смысла и культурная травма как попытка объяснить значимость свершившегося насилия — фильм и музыка сливаются. В этой главе мы рассмотрим «Tabula Rasa» в рамках теоретической дискуссии об актах свидетельствования, трауре и коллективной травме, а также проанализируем, как именно произведение в той форме, в которой оно используется в «Покаянии», способствует осознанию обществом и всей культурной средой смысла сталинского террора конца 1980-х годов.

Исследование и интерпретация истории: гласность и «Покаяние»

Почти все ученые, которые обращаются к изучению 1980-х годов в СССР, стремятся передать повышенное воодушевление и волнение, порожденные гласностью. Алексей Юрчак в первую очередь пишет о периоде, предварявшем гласность, однако авторы приходивших к нему писем рассуждают о конце 1980-х годов как о времени, когда они жадно поглощали информацию, почерпнутую из газет и журналов, в которых каждую неделю предпринималась попытка раскрыть историческую истину[8]. На закате СССР публичный дискурс неизбежно вертелся вокруг вопроса о коммунистическом наследии. Как отмечает Мерридейл, гласность началась после долгого периода, когда правительство деятельно контролировало коннотации травматических событий. Гласность была «активным процессом открытия прошлого заново»[9]. Но когда факты становятся известны, не так уж просто предугадать, какое значение им будет придаваться и какие эмоции они вызовут у тех или иных людей. В результате могут происходить крайне ожесточенные споры. «Покаяние» художественно воспроизводит как раз «активный процесс» поиска воспоминаний и острого желания найти смысл в прошлом. Тем самым фильм принимает участие в трансформации сталинского террора в общественно признанную культурную травму.

За десятилетия до начала гласности многие люди, прошедшие через тюремное заключение или связанные с жертвами событий 1930-х годов, предпочитали хранить молчание по поводу собственного прошлого из опасений, что оно может как-то повредить им в настоящем. При этом бо́льшая часть общественности либо была уверена в том, что узники лагерей в самом деле были преступниками, либо ощущала оторванность от политических чисток и системы ГУЛАГа[10]. Оставаться в стороне оказалось невозможным в конце 1980-х годов. Публикации и сюжеты того времени сделали насилие прошедших десятилетий материальным и ощутимым. Поменялось и отношение к жертвам сталинских репрессий. Правозащитная организация «Мемориал», выступавшая за социальную справедливость, сыграла ключевую роль в общественном признании многих людей жертвами чисток. В частности, «Мемориал» активно выступал за публикацию в газетах имен погибших вместе с их жизнеописаниями и за возведение памятников в публичных местах. Все это вынудило общество признать, что убитые или осужденные были по большей части обыкновенными, ни в чем не повинными людьми. Газеты продолжали публиковать материальные доказательства сталинизма: фотографии допросов и пыток из архивов правоохранительных служб. По мере того как обнаруживались братские могилы, в печать также попадали изображения тел и костей. Прошлое стало для всех частью настоящего[11]. Широкая общественность оказалась вовлечена в исследование истории. Людьми руководили разнообразные мотивы: одни искали доказательства, чтобы вынудить правительство признать ужас происходившего, другие пытались обрести хоть какие-то зацепки, которые позволили бы понять, что случилось с родными и близкими[12].

На первых порах официальная риторика гласности не отличалась разительно от заявлений, которыми сопровождалась оттепель. Можно было высказывать любые критические замечания, но только при условии недвусмысленной поддержки социалистической системы[13]. Однако публичные дискуссии конца 1980-х годов, связанные почти со всеми аспектами жизни в СССР, в конечном счете вышли далеко за пределы того, что считалось допустимым при хрущевской оттепели, хотя, как отмечает Файджес, гласность все же была преимущественно городским феноменом[14]. Журналисты, редакторы и издатели пользовались политическим хаосом, царившим в конце 1980-х годов, и смело раздвигали границы дозволенного, в некоторых случаях осмысляя даже саму сущность и рамки гласности[15]. В то время как усилия «Мемориала» и различных СМИ привлекали внимание к жертвам репрессий, возникла дискуссия по поводу политической системы, которая допускала такие эксцессы. Во многом дискурс сосредотачивался на фигуре Сталина. Кто именно был ответственен за насилие, развернувшееся под эгидой государства? Был ли во всем повинен исключительно Сталин? Или вину следовало возложить на более широкий круг людей? Что можно сказать о рядовых гражданах, которые доносили на соседей? Был ли феномен Сталина неизбежностью для истории России и СССР? Можно ли было как-то рационализировать фигуру вождя? Или вся его власть строилась на сплошной лжи? Что исторически связывало фигуры Ленина и Сталина? И что мы можем поделать с положительными оценками деятельности Сталина, авторы которых называют его мощным представителем СССР на мировой арене?[16]

Кэтлин Смит в хронике деятельности «Мемориала» фиксирует ключевые моменты, которые вызывали споры как во время оттепели, так и в период гласности. Некоторые силы желали переписать всю советскую историю и переформатировать коллективную память, особенно с учетом более честных пересказов событий чисток и фактов жизни в системе ГУЛАГа. Перспектива такой ревизии истории вынуждала искать ответы на целый ряд других вопросов: в частности, кого признать пострадавшими, как компенсировать их страдания, как сохранить память о репрессированных, как обнаружить и призвать к ответственности тех, кто допустил злостные нарушения прав человека?[17] Эти проблемы обсуждались представителями самых различных политических объединений. В конце 1980-х годов либеральные группы нацеливались на обнаружение истинных обстоятельств ужасов прошлого и стремились открыть пространство для восстановления социальной справедливости и выплаты компенсаций пострадавшим[18]. Более консервативные организации сокрушались по поводу повального увлечения воспоминаниями и высказывали опасения, что все эти ангажированные призывы к поиску правды вырождаются во всеобщее погружение в отрицательные эмоции[19]. Правительственные круги также силились разобраться с тем, как они хотели представить события прошлого, и с тем, как текущие дискуссии могли сказаться на ситуации в стране. Горбачев и его сторонники в самом деле запустили ряд мер, направленных на либерализацию. Однако власти все же пытались сохранять контроль над социально-политическими преобразованиями и, вне зависимости от собственных критических настроений, боялись того, что выставление прошлого в негативном свете может лишить легитимности всю систему[20].

Лейтмотивами во всех этих дискуссиях по поводу исторической памяти были нравственные и духовные тревоги. В хронике осмысления русскими и российскими интеллигентами и интеллектуалами понятий совести и истины Буббайер отстаивает мнение, что нам не стоит презюмировать, будто бы крах коммунизма в СССР означал и падение устоявшегося нравственного порядка. В действительности все гораздо сложнее. Да, закат СССР сопровождали хаотичные социально-политические события, но на конец 1980-х годов также пришлось возросшее чувство душевного разлада, которое охватило отдельные круги интеллигенции и стало всеобщим с началом гласности. Историки, исследуя и оспаривая прошлое, задавались вопросами нравственного характера, а рядовые граждане, столкнувшись с моральной нечистоплотностью всей предшествующей эпохи, мучились дилеммой, стоит ли высказываться против режима. Люди нередко обращались к понятию «совесть», желая описать обеспокоенность моральным состоянием общества, отразить стремление к духовному перерождению и желание задать воспоминаниям этическую компоненту. В 1988 году «Огонек» и «Московские новости» — либерально настроенные издания — провели «Неделю совести» в целях обратить внимание общественности на преступления сталинской эпохи и вызванные ими страдания. Постоянные препирательства по поводу памяти, нравственности и смыслов с течением времени переросли в множественные призывы к покаянию, в особенности в связи с прегрешениями времен Сталина. Впрочем, и покаяние как отдельная тема вызывало вопросы: кто-то искренне выступал с такими требованиями, кто-то — по большей части «за кулисами» — скептически критиковал подобные мнения, кто-то видел в отсылках к покаянию новомодную риторику[21].

Совокупность этих мучительных мыслей о личной и исторической памяти, истине, совести, духовности и нравственности нашла отражение в фильме Абуладзе. «Покаяние» способствовало усилению общественного интереса к историям жертв чисток и вдохновило других деятелей искусств создавать произведения, осмысляющие сталинизм и связанные с ним нравственные проблемы[22]. Несмотря на высокую аллегоричность и даже абстрактность ряда эпизодов кинокартина привлекла всеобщее внимание в конце 1980-х годов. В рецензии на фильм Джим Форест рассказывает, насколько ему было сложно посмотреть его в СССР в 1987 году: билеты на все показы во всех 17 кинотеатрах Москвы — как и во всех кинотеатрах Ленинграда — были распроданы. Форесту удалось посмотреть фильм только благодаря помощи друзей, которые достали ему билет на киносеанс в Киеве[23].

Мысль о создании «Покаяния» зародилась у Абуладзе 20 годами ранее, но разработку идеи и сценарий режиссер подготовил только в 1981 году. В том же году Абуладзе представил сценарий первому секретарю ЦК КП Грузии Эдуарду Шеварднадзе, который оказался восприимчив к нравственной тематике будущей кинокартины, поддержал режиссера и помог ему преодолеть политические препятствия, всегда стоящие на пути подобных проектов. Фильм изначально снимался для грузинского телевидения, которое транслировало местные телепрограммы в течение трех часов в день. На такие передачи не распространялся контроль центрального правительства. Тем самым Абуладзе мог избежать потенциально весьма критической реакции Москвы. Съемки проходили в 1984 году и заняли пять месяцев, однако фильм так и не был показан на грузинском телевидении и какое-то время лежал без движения. Придя к власти, Горбачев назначил Шеварднадзе членом Политбюро ЦК КПСС, и Абуладзе напомнил тому о фильме. Шеварднадзе устроил показ фильма для Горбачева, который одобрил его к выходу на экраны. Старший советник Горбачева Александр Яковлев организовал первые просмотры картины, когда фильм «случайно» попал на экран: в 1986 году «Покаяние» благодаря интеллигентам с хорошими связями было представлено на закрытых показах в Москве, Тбилиси и других крупных городах. Ко времени официального выхода картины в 1987 году к ней уже было приковано внимание общественности. Правительство рассматривало фильм в качестве инструмента достижения собственных целей. Руководству страны «Покаяние» виделось исходящим из самой родины Сталина антисталинским фильмом, который должен был вдохнуть жизнь в кампанию против сталинизма. Свидетельством того, насколько сменились политические ориентиры после 1984 года, служит тот факт, что Абуладзе был удостоен Ленинской премии за трилогию фильмов: «Мольба», «Древо желания» и «Покаяние». Впрочем, язык политики оставался прежним, несмотря на перемены в коннотациях риторики. Согласно официальному заявлению «Союзинформкино», «Покаяние» было вдохновлено высшими идеалами Ленина: всегда придерживаться истины[24].

Осмысление личной и исторической памяти в «Покаянии» происходит через осквернение могилы, которое неоднократно предпринимает Кети. Смерть Варлама будто пробуждает ее память об исчезновении родителей. Как отмечает психолог Кевин Энн Ольтьенбрунс, люди, которые потеряли родителей в детстве, неизбежно сталкиваются с новыми контекстами, позволяющими им понять эту утрату, продолжают ощущать отсутствие родителей по мере взросления и перехода к новым этапам жизни[25]. Постоянно выкапывая тело Варлама, Кети запускает череду действий, которые вынуждают ее земляков и родственников Варлама столкнуться лицом к лицу с личным прошлым героини — частичкой коллективно позабытой истории — и обдумать нравственные последствия открывшейся им истины. Во время сцен в суде, давая показания, Кети переворачивает смысл заседания и выносит собственный приговор Варламу: она никогда не позволит упокоиться его телу. В некотором смысле показания Кети подтверждают мысль литературоведов Дуглас и Воглера о том, что пересказ истории преображает пережившего страдания человека: из пассивной жертвы он становится активным субъектом действия[26]. В детстве Кети определенно была пассивной жертвой, которую Варлам лишил обоих родителей. Теперь же повзрослевшая Кети, давая показания, активно преобразует прошлое. Фактически она вершит суд над Варламом. Кети объявляет во всеуслышанье, что, сколько бы ни закапывали тело, она будет вытаскивать его на поверхность. Оставить Варлама лежать в земле — значит простить его. Кети проводит четкий знак равенства между погребением Варлама и погребением прошлого. Нетронутая могила будет вдохновлять живущих на дальнейшее пособничество и умалчивание. Символ тому — Авель, который постоянно отрицает, игнорирует или оправдывает действия отца*. В аргументах Кети прослеживается общность с позицией психоаналитика Дори Лауба, который в детстве пережил холокост. По мнению Лауба, воспоминания сами по себе могут быть неоднозначными (и в «Покаянии» ясно показано, что память зачастую подводит человека), но хранить молчание означает способствовать продолжению жестокого деспотизма[27]. В свою очередь, Пол Розенблатт, комментируя горе как социальный конструкт, рассказывает о людях, родственники которых стали жертвами политической тирании. Некоторые из таких людей в силу социального давления предпочитают хранить молчание и оставаться наедине с горем, другие же (как Кети) могут действенно реагировать и противостоять динамике властных отношений в имеющемся социальном контексте, чтобы «выступить с собственным свидетельством в надежде, что тем самым они положат конец кругу насилия»[28]. С этой точки зрения становление Кети в качестве активного субъекта позволяет реинтерпретировать значение гибели ее родителей и, соответственно, служат попыткой добиться позитивной перемены в обществе к лучшему. Кети выступает хроникером событий, которые разворачиваются в фильме. Героиня принимает высоконравственную и высокодуховную миссию, призывая все окружение к восстановлению памяти и искреннему покаянию. И, вне всяких сомнений, неслучайно именно женщина берет на себя ответственность потребовать от общества честного взгляда на прошлое. Как отмечает Нэнси Рис, в СССР и России конца 1980-х и начала 1990-х годов часто именно женщины набирались смелости свидетельствовать о тех или иных событиях, реинтерпретируя травмы прошлого и увековечивая память о них[29].

---

* Примечательно, что роли Варлама и Авеля весьма символично исполняет один актер: Автандил Махарадзе.

Абуладзе включает в по большей части вымышленный сюжет фильма реальные эпизоды истории Грузии и СССР. Осквернение могилы Варлама основано на известном Абуладзе событии, когда по окончании тюремного заключения несправедливо осужденный грузин потревожил могилу человека, который посадил его в тюрьму[30]. Можно провести некоторые параллели между персонажами фильма и историей семьи арестованного и расстрелянного в 1937 году Мамии (Ивана) Орахелашвили, грузинского большевика и ведущего деятеля КПСС[31]. Сам образ Варлама Аравидзе, у которого даже фамилия — говорящая (она буквально переводится с грузинского как «ничей сын», условный «человек без корней»), представляет собой набор отсылок к историческим персоналиям: у антагониста пенсне, как у начальника НКВД Лаврентия Берии, и усики, как у Гитлера, одевается он как Муссолини и говорит фразами, напоминающими речь Сталина[32]. Абуладзе целенаправленно создавал аллегорический образ, который символизировал все зло в современном мире, тем не менее Варлам преимущественно представляется отсылкой к Сталину. Как отмечает киновед Джули Кристенсен, Абуладзе в рамках подготовки фильма пришлось преодолеть крайне запутанный лабиринт политических коннотаций. С одной стороны, режиссер предлагал вниманию максимально широкой (не только советской, но и международной) аудитории аллегорию на тему тлетворности тоталитаризма. С другой стороны, Абуладзе создавал фильм о Сталине в первую очередь для грузинских зрителей и постарался сделать все, чтобы не оскорбить их, проведя знак равенства как между Сталиным и всеми прегрешениями прошлого, так и между Сталиным и всеми грузинами[33].

Осмысляя сущность истории, фильм также обыгрывает разнообразные временны́е несостыковки. Облаченные в доспехи рыцари появляются и в зале судебных заседаний в «наши дни», и в 1930-е годы в качестве сообщников Варлама. По радио в 1930-е годы передают послевоенную речь Альберта Эйнштейна. Тело Варлама транспортируют на точно такой же бронированной машине, в которой могли перевозить жертв террора 1930-х годов. В пояснениях к «Покаянию» Джозефина Уолл и Дениз Янгблад замечают, что подобные «сбои», которых в фильме можно обнаружить великое множество, не позволяют зрителям четко сориентироваться во времени. Более того, такие разрывы шаблонов имеют некоторый эффект унификации: подобные события могут произойти в любое время и в любом месте[34]. Это замечание, как и комментарии Гройса по поводу авангардистов 1970-х и 1980-х годов, звучит вполне правдоподобно. При этом важно подчеркнуть, что «Покаяние» одновременно обращается к истории и подрывает любую хронологическую линейность. Гройс полагает, что это парадоксальное увлечение историей и одновременное сокрушение исторических последовательностей можно по крайней мере частично связать с тем, как при Сталине прошлое переписывалось и зачищалось. Подчеркивая сходство со Сталиным, Варлам часто противодействует исторической памяти. Один из ключевых моментов фильма связан с разрушением церкви VI века, что отсылает нас к тому, как при Сталине уничтожались святые места[35]. Фильм постоянно вертится вокруг страданий, в которых повинен Варлам, поэтому анахронизмы также можно интерпретировать как попытку драматизировать взаимодействие между травматическими событиями и историей. Как подчеркивает литературовед Кэти Карут, «вся действенность травматического события заключается в том, что мы запоздало реагируем на него, а также в том, что оно отказывает нам в возможности определенно выявить его источник, оно где-то вне конкретного места и времени»[36]. Вероятно, Абуладзе в самом деле хотел представить универсальную аллегорию, но темпоральная дизъюнкция фильма также свидетельствует в пользу того, что источник травмы не привязан ко времени.

Исторические реминисценции «Покаяния» выражаются и в манипуляциях с культурной памятью. Фильм переполнен отсылками к различным произведениям искусства. Даже если мы возьмем только музыку, то в фильме обнаруживаются самые разнообразные мотивы. В дополнение к тому, что Варлам, демонстрируя высококультурность, исполняет кабалетту Манрико из «Трубадура» Верди, в кинокартине звучат также свадебный марш из музыки Мендельсона ко «Сну в летнюю ночь», ода «К радости» из Симфонии № 9 Бетховена, Прелюдия для фортепиано «Следы на снегу» Дебюсси (Тетрадь 1, № 6) и патриотическая грузинская песня «Самшобло» («Родина»), которая исполняется на похоронах Варлама. Кинокартина содержит и различные отсылки к литературе, от сонетов Шекспира до поэм одного из главных поэтов Грузии Шоты Руставели[37].

Пока Кети дает показания, зрители узнают о ее отце, художнике Сандро Баратели, который выступает основным защитником и поборником культурного наследия городка. Грузины особенно гордятся фактом очень раннего принятия христианства, и Сандро в высшей степени обеспокоен тем, что в храме VI века размещает оборудование экспериментальная лаборатория. Подчеркивая некоторую сюрреалистичность фильма, Абуладзе показывает нам старинную, полуразрушенную церковь с поблекшими росписью и иконами. Святое место наполняют необычные аппараты, которые напоминают приборы Теслы: провода змеятся между рифлеными металлическими конструкциями различной высоты и таинственного назначения. Вместе с пожилыми людьми аристократического вида Сандро приходит к Варламу с просьбой о сохранении церкви и перемещении оборудования в другое место. Когда один из прихвостней Варлама осмеивает затею, Сандро замечает, что уничтожение церкви — это уничтожение всего культурного наследия местных жителей. Почему бы тогда не избавиться сразу и от произведений Гомера, Толстого, Данте, Руставели, Баха, Чайковского и Верди, а заодно и от всех остальных храмов, в том числе базилики Святого Петра и Нотр-Дама? Культурная память Сандро принимает многонациональный характер: здесь прослеживаются и грузинские, и русские, и общеевропейские мотивы[38]. Сандро олицетворяет и желание грузин уберечь свою историю от тирании, и стремление любого народа под гнетом тоталитаризма сохранить культурную идентичность. Будучи художником и защитником искусства и памяти, Сандро символизирует собой связь между высокой культурой и нравственностью. Эта связь имеет глубокие корни в русскоязычной литературной традиции и активно фигурировала в дискуссиях конца 1980-х годов[39]. Слова, которые Сандро обращает к помощ-

нику Варлама, объединяют культуру, историю, духовность
и нравственность.

Истина выступает ключевым лейтмотивом фильма. Махина-
ции Варлама резко контрастируют с жаждой Кети и Торнике
правдиво описать исторические события прошлого. Киновед
Дениз Янгблад замечает, что в «Покаянии» 1930-е годы представлены временем, когда «истина не значила ничего»[40]. Отвечая на
вопросы о причинах ареста Сандро, Варлам демонстрирует
поразительную способность к словесной эквилибристике, в которой истина полностью растворяется. Глава города умиротво-
ряет тех, кто обеспокоен его действиями, и полностью освобождает себя от какой-либо прямой ответственности за случив-
шееся. В рамках происходящих «в наши дни» сцен в суде Кети
и Авель выступают антиподами: Кети рассказывает о своем
прошлом, а Авель отвергает ее рассказ как сплошной вымысел.
Наиболее болезненный момент наступает после суда, когда
Торнике спрашивает у отца, не мучит ли того совесть. Будучи
больше не в силах терпеть ложь, Торнике в отчаянии убегает
к себе в спальню и стреляется из ружья, полученного в подарок
от деда. Причиной самоубийства Торнике становится его безыс-
ходное разочарование, вызванное неспособностью или нежела-
нием родных признать доставшееся им наследие, которое связано с противопоставлением истине всевозможных форм
умалчивания, пособничества и коррупции.

Для Абуладзе истина не просто лейтмотив, но и идея, которая
направляет его работу над фильмом. Прямолинейный реализм
сочетается в картине с сюрреалистическими фантазиями. Сам
Абуладзе поясняет, что в фильме происходят переходы между
«моносемантическими» и «полисемантическими» сценами.
Всевозможные стратегии помогают подчеркивать проблематичность истины и реальности[41]. После ареста Сандро мы видим
серию реалистичных сцен с прямыми отсылками к истории
и культуре. Так, Нино, супруга Сандро и мать Кети, вместе с до-
черью простаивает в длинной веренице печальных женщин,
которые надеются хоть что-то узнать о пропавших родственниках.
Каждый раз, когда подходит очередь той или иной женщины, из

окошка раздается мужской голос, который объявляет либо «Передача принята» (это значит, что родной человек еще жив), либо «Выслан без права переписки» (это значит, что он уже мертв). Сцена напоминает реалии конца 1930-х годов, когда женщинам приходилось таким же образом отстаивать очередь в надежде узнать что-либо об арестованных родственниках, а также образы из поэмы «Реквием» Анны Ахматовой, в которой она описывает собственные переживания в этих обстоятельствах[42]. С подобным предельным реализмом резко контрастируют все сюрреалистические эпизоды и фантазийные вставки, из которых зрители узнают, что случилось с Сандро после задержания. В одной из сцен мужчина и женщина в традиционных грузинских нарядах для бракосочетания играют свадебный марш Мендельсона на белом рояле в окружении яркой зелени. Когда появляется Сандро, мужчина оказывается следователем по его делу, а женщина, неожиданно предстающая перед нами с повязкой на глазах и весами в руках, — олицетворением слепоты правосудия. Мы видим Михаила Коришели, друга Сандро. Он растрепан и, по всей видимости, лишился рассудка от ситуации, в которой оказался. Коришели объявляет Сандро соучастником абсурдного заговора по прокладке тоннеля от Бомбея до Лондона. Абуладзе использует в таких случаях сюрреализм, чтобы обыграть всю нелепость сталинской эпохи, когда людям уже после задержания предъявляли обвинения в совершении невозможных преступлений, нарушающих все законы логики. Такие эпизоды кинокартины нельзя назвать правдоподобными в буквальном смысле этого слова, но через иррациональные элементы они позволяют прорабатывать проблематику истины[43]. «Покаяние» не предлагает аудитории на выбор однозначную истину и столь же очевидную ложь. Вместо этого, как и в художественных произведениях, которые я упоминала в главе 1, в фильме используются всевозможные средства для изучения кризиса правды.

«Покаяние» демонстрирует сложную канву взаимосвязанных понятий: культурную, личную и коллективную память, нравственность и собственно потребность в покаянии. Все эти мотивы взаимосвязаны через постоянные отсылки к религии: храму VI века, уподоблению Сандро и Нино Христу и Мадонне[44], разговору между восьмилетней Кети и тогда тоже совсем маленьким Авелем о распятии и его способности воскрешать людей из мертвых. С одной стороны, такое повышенное внимание к религиозной тематике отражает связь фильма с грузинской культурой. С другой стороны, временами создатели картины будто хотят вывести зрителя на общие, может быть, даже вселенские, размышления на тему духовности. В рамках осмысления прошлого с позиций нравственности примечателен заключительный эпизод фильма, в котором заключена отсылка к недавней культурной истории Грузии: к окну квартиры Кети подходит странница в исполнении звезды грузинского кино Верико Анджапаридзе и спрашивает у героини, не приведет ли дорога, на которой та живет, к храму[45]. Кети отвечает, что это улица Варлама и что к храму она не ведет. Странница риторически вопрошает: «К чему дорога, если она не приводит к храму?» Напоминание о церкви в последней сцене кинокартины оказывается символом всех мотивов, которые тревожат создателей фильма. Церковь — место истории, культуры, духовности и нравственности; а правление таких людей, как Варлам, наряду с любым фашистским, тоталитарным режимом, уводит нас как можно дальше от этих ценностей.

Советские зрители по-разному реагировали на «Покаяние». Фильм стал популярен в том числе в связи с тем, что он обращается к проблематике пособничества, конфликтов поколений, дискуссий на тему нравственности и попыток интерпретировать советскую историю через призму духовности. Те, кто был восприимчив к картине, видели в ней искреннее воззвание к совести. Но были и те, для кого фильм становился источником сложных, неприятных эмоций. Старшее поколение, заставшее 1930-е годы, и жители регионов часто негативно отзывались о кинокартине. Некоторые люди, отмечая, что фильм чрезмерно аллегоричен и, соответственно, непрямолинеен, желали увидеть не эзоповское сказание о нравственности, а более документальное, буквалистское исследование исторических реалий[46].

Коннотации свидетельствования

«Покаяние», выступающее свидетельствованием о сталинских репрессиях, вышло на экраны в конце эпохи, в рамках которой, как замечает Мерридейл, в силу политического контроля со стороны правительства возможности людей вспоминать о терроре 1930-х годов были сильно ограничены[47]. Литературовед Ли Гилмор проводит грань между свидетельскими показаниями, которые вызывают ассоциации с контекстом законности, и свидетельствованием, которое может принимать разнообразные формы в культуре[48]. Этот дуализм находит отражение в «Покаянии». С одной стороны, Кети выступает свидетельницей и дает показания в зале судебных заседаний вымышленного грузинского городка. Тем самым задается правовой контекст для личных воспоминаний человека, в которых аллегорически обыгрывается опыт жизни при Сталине. С другой стороны, рассматриваемая кинолента демонстрировалась в кинотеатрах крупных советских городов и выступала актом свидетельствования исторической фактуры и последствий сталинизма. Представители различных отраслей культуры зачастую не принимают во внимание обозначенный юридический аспект и рассматривают свидетельство и свидетельствование как синонимы, в равной мере связанные с представлениями об истине. Истина определенно выступает ключевым лейтмотивом фильма. Кети показаниями прерывает молчание, на которое ее обрекала власть Варлама, и с предельной искренностью делится историей своей семьи. Таким образом, «Покаяние» в рамках гласности привлекает внимание к прежде вырванным из советской истории эпизодам. При этом смешение реальных сцен с анахронизмами и фантазийными вставками в показаниях Кети лишает нас возможности дать прямолинейное и однозначное определение понятию «истина».

Если мы воспримем симптомы травмы как проявление «недуга времени», в результате которого в жизнь человека постоянно вторгаются подавленные воспоминания, то анахронизмы в «Покаянии» могут быть поняты как эстетическое отображение феномена травмы. Абуладзе задает нарратив, который неспособен следовать четкому, линейному восприятию истории. Из раза в раз мы сталкиваемся с временны́ми несостыковками — художественной интерпретацией того, как травма подрывает ощущение непрерывной последовательности времени. Впрочем, даже тогда, когда аномалии достигают максимально сюрреалистичного эффекта (например, тело Варлама в предполагаемых 1980-х годах увозят на фургоне времен 1930-х годов), они воспринимаются как неудержимое возвращение к историческим реалиям (на таких же фургонах во времена чисток перевозили узников). Карут неоднократно возвращается к мысли о парадоксе травмы: она «одновременно бросает нам вызов и требует от нас свидетельства»[49]. Показания Кети несут в себе историческую память, но уже первая сцена фильма создает ощущение, будто все события, которые мы наблюдаем, — плод фантазии героини. Концовка фильма лишь усиливает это впечатление. Это, впрочем, не мешает зрителям внимать свидетельствованию Кети и осмыслять бремя ее молчания. И Мерридейл, и Файджес замечают, что это безмолвие, обычно воспринимаемое как психологическая реакция на пережитую травму, может быть описано и как следствие политической обстановки в СССР[50]. Вполне возможно, что Кети лишь привиделась вся сюжетная канва фильма, поскольку она не могла поведать о прошлом из-за постоянных ограничений в области свободы слова и страха перед возможными последствиями. Впрочем, не столь уж существенно, с чем именно мы имеем дело в этом случае. Задавая столь неоднозначные рамки для действия в «Покаянии», Абуладзе воспроизводит травматическое прошлое и одновременно указывает, что оно остается вне доступа. Критики фильма отмечали, что такое решение лишает фильм четкой политической позиции. Однако как раз отсутствие этой очевидности в сочетании с обыгрыванием парадоксов придает кинокартине характер медитации на тему страданий и памяти.

Отмеченная интерпретация фильма вполне возможна, но здесь важно подчеркнуть и тот факт, что произведения искусства свободно циркулируют в обществе и вносят значимый вклад в коллективное и публичное осмысление страданий. Фабула «Покаяния» выстроена вокруг показаний на судебном заседании.

Тем самым кинокартина драматизирует борьбу за смысл, которая вносит вклад в формирование «культурной травмы». Джеффри Александер указывает, что социальные нарративы о травме зачастую обладают следующими особенностями: повествование в них строится вокруг сущности боли, положения жертвы, взаимоотношений между жертвой и общественностью и распределения нравственной ответственности за страдания между повинными в них людьми[51]. Общая позиция Александера по культурной травме напоминает то, как Кэтлин Смит описывает ход дискуссий в период гласности, ключевыми темами которых были признание и увековечивание памяти о жертвах, а также стремление привлечь к ответственности их истязателей. В показаниях Кети драматизируются волновавшие людей того времени социальные проблемы, которые описывает Смит. В равной мере сюжет фильма соотносится с представлениями Александера о культурной травме. Кети рассказывает, чем сопровождалась власть Варлама: безрассудными арестами, личными утратами и истязанием жертв. Абсолютное большинство людей, подпадающих под действие злонамеренных прихотей Варлама, невиновны. Это и рядовые граждане, и деятели искусств, и даже истинные поборники коммунизма. Зал суда городка где-то в Грузии — идеальное место действия для того, чтобы обыграть неоднозначные реакции на рассказ Кети: от яростных опровержений всех ее обвинений со стороны Авеля до искреннего сочувствия со стороны Торнике. В конечном счете «Покаяние» пытается найти выход из неразрешимых проблем нравственности и ответственности: оскверняя могилу Варлама, Кети стремится привлечь городского главу к ответственности; самоубийство Торнике же напоминает нам о трагическом бремени коллективной вины. «Покаяние» отражает реальные дискуссии конца 1980-х годов, когда переосмыслялось наследие коммунизма и, в частности, возможность публичного признания и интерпретации травмы сталинской эпохи.

Кети представляет саму себя и при этом выступает от лица великого множества людей. В пределах фильма история ее семьи — одна из огромного количества схожих историй гонений, устроенных Варламом; а в реальности по мере того, как показы кинокартины происходили по всему миру, героиня стала олицетворением происходившего с людьми, которые подпали под чистки[52]. Что должны извлекать зрители из показаний Кети? «Покаяние» представляет на наш суд сущностную волатильность любого свидетельствования: Авель отвечает на рассказ Кети вспышкой яростного гнева, жена Абеля в попытке дискредитировать Кети невозмутимо провозглашает обвиняемую сумасшедшей, и только у их сына получается прислушаться к Кети, понять ее и ощутить сострадание. Дав показания, Кети не обретает какого-либо целительного облегчения. Более того, пока власти держат ее в заключении, героиня задается вопросом, что с ней будет дальше. По всей видимости, реакция Торнике — некая тревожная эмпатия — представляется лучшей из всех возможных реакций на рассказ Кети вопреки тому, что молодой человек совершает самоубийство. Апеллируя к людям, которые лично не испытывали подобную боль, процесс пересказа, интерпретации и свидетельствования фактов культурной травмы потенциально усиливает общественное взаимопонимание и социальную солидарность. И, похоже, именно к этому и сводится целеполагание «Покаяния»[53].

Многие сцены из рассказа Кети — в особенности реалистичные эпизоды — направлены на то, чтобы зрители прониклись состраданием. Мучительные переживания Нино после ареста мужа вызывают чувство, что мы проживаем их вместе с ней. Мы печалимся вместе с Нино. Аффект как таковой служит двум целям: он выступает основой эмпатии и параллельно представляет собой интерпретацию смысла травматических событий[54]. Абуладзе вводит «Tabula Rasa» Пярта в две наиболее реалистичные сцены фильма, призывая нас разделить с Нино скорбь по ее мужу и подруге. Печаль обозначается как нравственно допустимая реакция на такие потери. «Покаяние» и интерпретирует прошлое, и показывает, как люди по-разному стремятся внести в него ясность, но не пытается представить нам документально выверенную копию реальности. В этом случае свидетельствование предполагает отображение исторической действительности —

пусть и в аллегорическом ключе. Тем самым предлагается некая интерпретация истины, и зрители стимулируются на проявление эмпатии по отношению к повествованию. В рамках «Покаяния» свидетельства Кети получают психологические и социальные функции. Рассказ героини в зале суда несет в себе личные переживания героини, которые вызывают разнообразные общественные последствия. Речь Кети вписана в общий дискурс осмысления и оспаривания сталинизма как культурной травмы советского народа.

Тинтиннабули, время и история

Проблемы, составляющие основные лейтмотивы кинокартины Абуладзе, выступают отправной точкой для осмысления более обширных, связанных с историей и памятью тем, которые во многом задавали траекторию развития Арво Пярта как композитора с конца 1960-х годов. «Silentium» оказывается эффективным средством для содействия общему посылу «Покаяния»: отстаиванию необходимости объяснить наше прошлое. При этом вопросы истории, истины и духовности, которые поднимает фильм, весьма интересовали Пярта. Композитор через размышления на эти темы выработал специфический стиль и пришел к написанию «Tabula Rasa». Арво Пярт родился в 1935 году в эстонском городке Пайде, к югу от Таллина. На раннее детство будущего композитора пришелся ряд важных геополитических событий середины XX века: в частности, вторжение в Эстонию (а также в Латвию и Литву) в 1940 году советских войск, вынужденных затем покинуть родину Пярта в связи с немецким наступлением. СССР возобновил притязания на Эстонию в 1944 году и де-факто произвел ее оккупацию, продлившуюся более полувека, вплоть до распада советского государства. Пярт учился по специальности «Композиция» в Таллинской консерватории с 1957 по 1963 год. В какой-то мере он прошел путь, схожий с развитием карьеры Шнитке и Уствольской. Под руководством наставника Хейно Эллера, ведущего эстонского композитора того времени, Пярт изучал додекафонию и серийные техники, ассоциировавшиеся с поствоенным авангардом. Параллельно учебе с 1957 года Пярт работал звукорежиссером на Эстонском радио. Окончив консерваторию, Пярт остался там преподавать теорию музыки. Вскоре он начал писать музыку для фильмов и в конечном счете создал музыкальное сопровождение для более чем 50 кинокартин[55]. Пярт признает, что это занятие позволило ему экспериментировать с различными сочетаниями серийных и тональных техник. Такая композиционная стратегия породила его коллажные работы середины и конца 1960-х годов. И хотя здесь очевидно прослеживается аналогия со Шнитке, для Пярта работа в кинематографе не стала существенным источником вдохновения. Более того, эстонский композитор высказывается весьма смущенно по поводу своих произведений для кинокартин. Пярт сопоставляет процесс сведения и сочетания музыкальных отрывков в фильмах с производством сосисок[56].

Некоторые эстонские композиторы из поколения Пярта стремились передать свой культурный национализм через обращение к традиции народных песен. Сам Пярт же был членом круга молодых музыкантов, которых интересовали додекафония и сериализм. Шмельц включает Пярта в обзор восточно-европейского сериального движения, которое демонстрировало общее стремление к тому, чтобы «догнать и перегнать» Запад[57]. В рамках одной из поездок в СССР Луиджи Ноно посетил Таллин. Вторя современникам из Москвы, Пярт отмечает, как сильно впечатлило и вдохновило его это событие. В 1960 году Пярт написал первую (для себя и в целом для Эстонии) композицию в серийной технике: «Некролог». В Таллине, в отличие от Москвы, ситуация с цензурой была не столь тяжелой. В музыковедческих кругах тем не менее высказывались неоднозначные точки зрения по поводу того, насколько критически воспринимались ранние серийные работы Пярта[58]. Пол Хиллиер, дирижер, автор обзора жизни и творчества Пярта и основатель таких коллективов в области ранней музыки, как Hilliard Ensemble и Theater of Voices, чьи программы нередко включали произведения эстонского композитора, отмечает, что резкая реакция общественности на «Некролог» свидетельствовала о неприятии Союзом композиторов СССР сериализма. Тихон Хренников, первый секретарь Правления Союза композиторов СССР, выступая на 3-м Всесоюзном съезде советских композиторов в 1962 году с речью против экспериментов в музыке, сослался конкретно на «Некролог». Согласно мнению Питера Шмельца, который представляет несколько иную точку зрения на творчество Пярта, «Некролог», по крайней мере частично, был воспринят в штыки, поскольку произведение увековечивало память жертв фашизма. В целом же драматизм и эмоциональность Пярта придавали его серийным работам сравнительную доступность, в связи с чем чиновники были склонны относиться к ним довольно снисходительно[59].

В 1960-х годах Пярт, в некоторой степени предвосхищая подход Шнитке, расширил пределы своей творческой активности по части сериализма и написал несколько полистилистических произведений, которые сочетают в себе и серийные, и тональные техники. Заключительная коллажная работа Пярта — «Credo» для фортепиано, оркестра и хора (1968) — стала поворотным моментом для композитора. Пярт окончательно порывает с сериализмом и посвящает себя религии и ранней музыке. К концу 1960-х годов сериализм сам по себе более не считался грехопадением для композиторов, а вот проявления религиозной веры, которые звучат в «Credo», вызвали ожесточенную реакцию. Премьера произведения сопровождалась скандалом. Как и в своих предшествующих коллажах, Пярт выстраивает «Credo» как борьбу додекафонии и алеаторики — элементов случайности при написании или исполнении музыки — против тональных мотивов[60]. Вопреки названию, «Credo» не основано на общеизвестном тексте литургических песнопений, начинающемся со слов «Credo in unum Deum» — «Верую в единого Бога». Вместо этого Пярт прямо заявляет о вере в Иисуса Христа, обращаясь к отрывку из Евангелия от Матфея (Мф. 5:38–39): «Вы слышали, что сказано: око за око и зуб за зуб. А Я говорю вам: не противься злому»*.

---

* Вариант оформления цитаты взят с официального сайта Московского патриархата: http://www.patriarchia.ru/bible/mf/5/.

Эту прокламацию веры и пацифизма Пярт дополняет отсылками к Прелюдии до мажор из тома 1 Хорошо темперированного клавира Иоганна Себастьяна Баха. Цитата из Баха противостоит пассажам в стиле додекафонии и алеаторики. Произведение завершается аккордом до мажор[61]. Сложно не поддаться соблазну интерпретировать «Credo» в контексте жизни композитора. Шмельц именно такую трактовку и предлагает: будто в произведении после метаний между различными подходами к композиции Пярт возвращается к тональности, которую символизирует до мажор[62]. В то же время можно найти точки соприкосновения между тем, как Пярт обозначает свою веру через цитату Баха, и обращением Сандро в защиту церкви VI века в сцене из «Покаяния». Уничтожение святого места и отказ от музыки Баха и связанного с ней культурного наследия — явления одного порядка. В «Credo» занимательным образом происходит противоположный процесс: открытое признание приверженности к христианству находит отражение в музыке через возврат к Баху. Здесь нельзя не вспомнить о том, что сам Бах был человеком глубоко верующим. Культурная память завязана на духовность. Эта идея ляжет в основу дальнейших работ Пярта в технике *тинтиннабули* и найдет должное выражение в «Покаянии» спустя почти 20 лет.

После «Credo» Пярт на долгое время отложил композиционную деятельность и занялся исследованиями музыки Средневековья и Возрождения. Композитор отмечал, что такие произведения не освещались в рамках консерваторских программ. В конце 1960-х — начале 1970-х годов Пярт открыл для себя другие ранее неизвестные страницы в истории музыки: грегорианское пение, школу полифонии Нотр-Дам, Гийома де Машо и франко-фламандских композиторов, в том числе Якоба Обрехта, Йоханнеса Окегема и Жоскена Депре[63]. Исследователи до сих пор спорят по поводу того, когда и как музыка стала *тональной* (вероятно, при переходе от Возрождения к барокко). Изыскания Пярта свели композитора с музыкальными практиками, которые существовали до рождения тональности. Пярт был далеко не единственным человеком, который открывал для себя эти сферы. На 1970-е годы пришелся расцвет изучения ранней музыки в СССР. Именно тогда создаются коллективы «Мадригал» (в Москве) и Hortus Musicus («Музыкальный сад» в переводе с латыни, в Таллине), которые специализировались на музыке времен Средневековья и Возрождения на аутентичных инструментах и с учетом специфической манеры исполнения. Пярт отмечает духовную близость с представителями Hortus Musicus и подчеркивает, что участники коллектива с огромным энтузиазмом работали с новой для них музыкой и выступали с его произведениями[64].

Принципиальным для дальнейшего разворота Пярта к вере стало то внимание, которое он уделял религиозным аспектам ранней музыки. Если у Уствольской мы находим некую универсальную духовность, а у Шнитке — постепенное принятие католицизма, который исповедовала его бабушка, то Пярт стал продолжателем традиции, связанной с переходом в православие, которая возникла в Эстонии еще в XIX веке. Композитор вступил в Эстонскую православную церковь в начале 1970-х годов — в период, когда в поисках альтернатив советской идеологии многие молодые образованные горожане обращались к религии[65]. Нередко это становилось результатом участия интеллигентов в деятельности неформальных кружков, собиравшихся вокруг ключевой фигуры, зачастую — священнослужителя. В частности, композитор, преподаватель Таллинской консерватории Хеймар Ильвес открыто выступал по поводу религии и веры на собраниях музыкантов и интеллигентов в Таллине. На этих встречах присутствовал и Пярт[66].

Отправной точкой нового стиля *тинтиннабули* у Пярта можно считать написанную им в 1976 году фортепианную пьесу «Für Alina» («К Алине») — медленную, тихую и вдумчивую композицию. Пярт не задает метр, который бы предопределил регулярный ритм произведения. Пианисту предлагается в свободной манере играть две параллельные мелодии, которые возносятся и спадают по аналогии с тем, как развиваются средневековые песнопения. Вся пьеса написана в си минор, тем самым она подчеркнуто возвращает нас в мир тональной музыки. В результате специфические особенности тонального языка задают ощущение неподвижности, которое резко контрастирует с серийными текстурами. Более того, пьеса выстроена вокруг натурального минора, напоминающего средневековые лады. Здесь нет того элемента телеологии, который мы встречаем в гораздо более распространенном гармоническом миноре. Это только усиливает впечатление полной статичности, дополняемой эффектами расширения и сокращения: мелодии разрастаются от одной до восьми нот, а затем теряют ноту за нотой. Интровертированность «Für Alina» возникает из поразительно скудной фактуры музыки. Пианист одновременно играет не более двух нот, из-за чего все внимание слушателей сосредотачивается на необычном богатстве красок, которое достигается посредством такого вроде бы ограниченного количества возможных сочетаний. «Tabula Rasa», сочиненная годом позже, развивает и усиливает многие из описанных особенностей: натуральный минор, статичную гармонию и процесс расширения. Впрочем, ключевой чертой *тинтиннабули* можно назвать специфический подход к полифонии — музыкальной композиции, при которой друг на друга накладываются отдельные мелодии. После «Für Alina» Пярт концентрируется на наборе правил, задающих принципы взаимодействия музыкальных элементов. Например, в «Silentium» из «Tabula Rasa» один голос поднимается и опускается поступательно по гамме ре минор (Пярт называет это «мелодическим голосом»), а второй голос будто произвольно исполняет ноты трезвучия по ре минор (условно «голос колокольчика»). Такие пары голосов Пярт берет за базовую единицу и переплетает три пары для того, чтобы задать более полное звучание в «Silentium».

По звучанию музыка Пярта представляется абсолютным антиподом сочинений Шнитке и Уствольской. Миры последних наполнены фрагментарностью, разрывами, жесткими диссонансами и агрессивными звуками. Пярт же предлагает нашему слуху поступательные изменения, ощущение постоянной последовательности, бездвижности и зачастую нежные звуковые переливы. При этом все же можно выделить некоторые сходства, которые прослеживаются между произведениями этих композиторов. Музыка Уствольской предполагает значительное число повторов, как и *тинтиннабули* Пярта, хотя методы обработки повторов разные. Повторы Уствольской сложно предсказуемы, их тяжело отследить; у Пярта же небольшие вариации до предела ожидаемы и стабильны. *Тинтиннабули* осмысляет и вдохновляется историей музыки. Тем самым Пярт затрагивает те же проблемы памяти, которые возникают в полистилистике Шнитке. И все же Шнитке и Пярт кардинально различным образом отсылают нас к истории музыки. Цитаты и аллюзии Шнитке сопротивляются друг другу, что лишь подчеркивает и выводит на первый план их фрагментарность; у Пярта же исторические веяния сплетаются в целостный, непрерывный музыкальный контур.

Тинтиннабули состоит в весьма сложных взаимоотношениях с историей музыки. Пярт отвергает некоторые стилистические решения и черпает вдохновение из других техник и подходов. Комментируя то, как общественность восприняла *тинтиннабули*, композитор замечает: «В какой-то момент официальные лица, ответственные за музыкальное творчество, хотя бы частично приняли додекафонию. Я создал *тинтиннабули*, когда примерно 90 % из них стали додекафонистами. И тогда меня во второй раз объявили сумасшедшим». По всей видимости, восприятие тональной музыки и радикально простых музыкальных идиом обозначало для Пярта разрыв с прошлым в качестве сериалиста. Многие коллеги видели в его новой музыке отказ от серийных техник и, что более существенно, его же усилий по обеспечению права работать в стилистике сериализма[67]. Впрочем, Пярт был далеко не единственным композитором, который предпочел не ограничивать себя серийными техниками. Альфред Шнитке, София Губайдулина, Валентин Сильвестров, а также их американские современники, в том числе Филип Гласс и Стив Райх, в 1970-е годы разработали собственные альтернативы сериализму. Как и Шнитке, Пярт описывал свое недовольство этим стилем как нежелание ограничиваться «математическим подходом» к сочинению имманентно сложной музыки: «Всякий, кто занимается серийной музыкой, полагает, будто бы чем сложнее структура произведения, тем оно сильнее и лучше. И это неверно. Все должно быть наоборот»[68]. Как можно убедиться на примере «Für Alina», простота стала основным ориентиром в творчестве Пярта. При этом некоторые комментаторы все же отмечали, что в схематичности произведений в стиле *тинтиннабули* — например, жестком нарастании и убывании числа нот в «Tabula Rasa» — угадывается сходство с неизменной систематичностью сериализма. Пярт и сам замечал, что «Tabula Rasa» в определенной мере была реакцией на дармштадтскую школу — известную группу композиторов — авангардистов-сериалистов, чья деятельность в основном разворачивалась именно в этом немецком городе[69]. «Tabula Rasa» объединяет тональный язык с почти математически точно выверенной формулой композиции. Тем самым произведение в некоторой степени выступает критическим осмыслением собственных стилистических истоков, а не их полноценным опровержением. Пярт через «математический подход» стремился создать музыку не предельно сложную, а предельно простую.

«Tabula Rasa» отвергает и критикует предшествующее созданию произведения прошлое, но при этом возвращается к более широкой традиции европейской музыкальной истории. Пярт положил начало этому процессу еще в коллажных композициях, в том числе в «Credo». Но, в отличие от Шнитке, Пярт не фокусируется на цитатах, а, скорее, включает элементы музыки времен Средних веков, Возрождения и даже эпохи барокко в собственный авторский стиль. Музыка Средневековья и Ренессанса — это преимущественно вокальная музыка, которая постепенно развивалась от единых мелодических линий к сочетанию двух и более партий, одновременно исполняющих независимые друг от друга мотивы. Упор на полифонию нашел продолжение в барокко. Только в начале эпохи классицизма композиторы отступают от этой модели в пользу гомофонии — единой мелодии, поддерживаемой набором аккордов. Пярт задает для своей музыки собственную систему координат, но основополагающая черта *тинтиннабули* — не представление последовательности четких и узнаваемых аккордов, а накладывание друг на друга музыкальных партий — восходит именно к ранней музыке. Склонность Пярта выводить на первый план сочетания двух-трех нот (как, например, в «Für Alina»), по всей видимости, связана с тем переломным моментом, когда многоголосные песнопения переживали переход от одной к двум мелодическим линиям, что открыло для музыки целый новый спектр звуковых красок. Общий интерес Пярта к полифонии отражается в «Tabula Rasa» через специфическую адаптацию принципов написания канонов. «Silentium», в сущности, представляет собой некоторую форму мензурального — или пропорционального — канона: во всех партиях звучит одна и та же мелодическая идея, но он в каждом случае исполняется в различных темпах, то есть разворачивается в разных временных промежутках. В результате мы получаем сложную многослойную текстуру. Канон — давняя историческая традиция, которая родилась в XIII веке или ранее, достигла расцвета в 1500-е годы во франко-фламандской школе, утратила популярность в начале 1600-х годов и вернула позиции в XVII–XVIII веках благодаря, в частности, Баху. Композиторы XX века, в том числе француз Оливье Мессиан и некоторые минималисты-американцы, обращались к каноническим формам, поскольку последние позволяли им работать с тональным материалом, но не впадать в телеологию, которая свойственна тональной музыке. «Tabula Rasa» также имеет некоторое сходство с кончерто гроссо времен барокко. Этот инструментальный жанр предполагает чередование и противопоставление небольшой группы солистов полному ансамблю исполнителей. В первой части «Tabula Rasa» две солирующие скрипки обмениваются музыкальными блоками со струнным оркестром и подготовленным фортепиано. Солисты фактически все время проигрывают триаду ре минор в ажурных пассажах, которые, по мере того как музыка расширяется за счет дополнительных нот, становятся все шире по диапазону и все энергичнее по динамике. Здесь узнается виртуозность концертов для скрипки Вивальди и Корелли. Даже тембры, которыми манипулирует Пярт, кажутся реминисценциями на тему истории музыки. Хрупкое звучание препарированного фортепиано в «Tabula Rasa» поразительным образом напоминает звучание клавесина, который типичен для музыки барокко.

Интерес Пярта к ранней музыке пересекается с его вниманием к духовным вопросам. Многие из произведений, которые вдохновляли композитора, были именно религиозными. Соответственно, ранняя музыка, которую осмысляет Пярт, неизменно связана с религиозным контекстом. Примечательно, что в референсах Пярта — от григорианских песнопений до Баха — преобладают веяния из католической и протестантской традиций. Сам же Пярт в конечном счете обратился в православие, но даже после этого важного события во всех его произведениях в стиле *тинтиннабули* прослеживается некоторый экуменизм — идея всехристианского единства. Пярт часто взаимодействует с религиозными темами через тексты не на церковнославянском языке, а на латыни. Музыковеды и журналисты неоднократно отмечали то влияние, которое религия оказала на его музыку. Так, исследователь Пол Хиллиер обобщает существенные веяния православной теологии, но — и это существенно — оставляет за скобками то, как они отражаются в конкретных произведениях Пярта[70]. «Tabula Rasa» и звучит как критика сериализма, и включает элементы ранней музыки, и воспроизводит атрибуты православной телеологии. При этом религиозные идеи не лежат где-то вне музыки, а задают ее форму. Первая часть «Tabula Rasa» — «Ludus» — представляет собой высокоформальный процесс повторения мотивов, в рамках которого устанавливаются и постоянно ломаются четко определенные пределы; вторая часть — «Silentium» — непринужденно игнорирует все границы, проведенные в первой части, и погружается в глубокую статичность. В произведении Пярта перед нами разыгрывается процесс музыкального реагирования — в виде преодоления и адаптации — на православные представления о том, что формализм и повторяемость мотивов в иконах, песнопениях и молитвах выступают средствами достижения действительного контакта с высшими силами и ухода за пределы материального мира[71].

Вне зависимости от всех обозначенных связей с историей музыки, статичная гармония и многочисленные повторы в сочетании с жестко формализованным расширением и убыванием музыки четко указывают, что «Tabula Rasa» — именно произведение конца XX века. Пярт отдает предпочтение тональной музыке в исключительно статичных проявлениях. Слушателям остается зачастую внимать одной и той же тональности на протяжении сильно растянутых отрезков времени. Первая часть «Tabula Rasa» крутится исключительно в пределах ля минор на протяжении примерно девяти с половиной минут. Затем наступает черед второй части, которая в течение 17 минут препарирует ре минор. Схематичность мотивов, статичность тональностей, полифония, служащая напоминанием об отдаленном музыкальном прошлом, и идейная духовность — все эти элементы складываются в стиль, который отвергает линейность, иерархичность и телеологичность тональной музыки. Пярт удерживается как от завершенной тональности, так и от эволюционистских представлений об истории музыки. Вместо этого мы сталкиваемся с «длением». Этим термином Маргарита Мазо описывает интерес Пярта к нелинейности во времени[72].

На Западе музыку Пярта в свете ее статичности и связи с ранней музыкой и религией часто воспринимают как метафору на тему истории. Однако поклонники Пярта как раз избегают отсылок к статичности, веяниям ранней музыки и влиянию религии и заявляют, что *тинтиннабули* — «вневременной» стиль, в котором обнаруживаются и обобщаются универсальные моменты. Роберт Шварц в рецензии так описывает музыку Пярта: «Это нежное, наивное, непорочное искусство, сотворенное в век циников и безбожников, не только приостанавливает течение времени, но и стоит за пределами истории»[73]. Хиллиер аналогичным образом смешивает в оценке творчества Пярта музыкальные, исторические и духовные понятия, полагая, что оно являет собой продолжение традиций как ранней музыки, так и православного христианства, и подчеркивая, в частности, непреложность, присущую христианским практикам с самого их возникновения. Хиллиер с готовностью признает, что отсылки к давней исторической преемственности редко когда оправдывают себя в полной мере, однако все же отстаивает зафиксированный контекст и, соответственно, настойчиво заявляет, что в *тинтиннабули* обнаруживается некое историческое «безвременье»[74].

Питер Филипс, учредитель и руководитель вокального ансамбля Tallis Scholars, исполняющего, помимо ранней музыки, и произведения Пярта, со скепсисом встречает комментарии Хиллиера:

> Вне зависимости от стремления самого Пярта к некоторой бесконечности, музыка была написана композитором в определенное время и в определенном месте, в пределах конкретного исторического и художественного контекста. Своими будто бы чистосердечными попытками связать «бесконечность» вдохновленного религией творчества и «продолжение» определенной традиции в работах Пярта Хиллиер творит миф, который требует тщательного изучения[75].

Хиллиер, Шварц и другие музыкальные критики рассуждают в пределах устоявшегося — и просто дополненного патиной духовности — мифа о «великом композиторе». Для примера возьмем Бетховена. Заявления о величии немецкого композитора обычно наделяют его музыку некоторой вселенской универсальностью, будто произведения Бетховена оказывают непреодолимое воздействие на всех людей, во всех уголках мира и в любое время. В таком прочтении музыка Бетховена преодолевает границы истории и становится вневременной. В случае Пярта сторонники такого подхода выстраивают риторику, по всей видимости, преимущественно на отсылках к ранней музыке и религии. Филипс подчеркивает, что за счет такой мифологизации Пярт перестает быть живым человеком, живущим во времени и пространстве, и становится полурелигиозной фигурой, витающей где-то в облаках, вне географических и временных измерений. Критики часто причисляют Пярта к целым спискам композиторов, которые проявляют склонность к статичности в музыке и обращаются за вдохновением к религии. Так, эстонский композитор помещается в один ряд с Гурецким (к нему мы еще обратимся) и британским композитором Джоном Тавенером. Музыкальный критик Джон Дилиберто, затрагивая эту группу композиторов и формирующиеся вокруг них мифы, называет Пярта «наиболее праведным среди благочестивых минималистов»[76].

По иронии люди, питающие неприязнь к музыке Пярта, исходят из во многом схожих посылов, несколько исключая статичные по тональным прогрессиям произведения из истории музыки. Дэвид Кларк — наиболее последовательный из критиков Пярта — придерживается модернистских взглядов на историю музыки, согласно которым музыка «прогрессирует» от тональности к сериализму, от относительной простоты ко все более изощренной сложности. Такие представления во многом восходят к влиянию Адорно и с тех пор вошли в общее понимание эволюционного развития музыки. В глазах Кларка Пярт «совершает движение вспять» к тональностям, простоте, процессуальности и повторам, идя наперекор нарративу о стремлении любой музыки к прогрессу. Под таким углом зрения произведения Пярта оказываются регрессивными и антиисторическими при сопоставлении с атональной музыкой и серийными композициями. В статье от 1994 года для издания «Музыка и литература» («Music and Letters») Кларк называет музыку Пярта «ностальгической», а годом ранее в эссе для «Музыкальных вех» («Musical Times») заключает, что Пярт в произведениях оплакивает модернизм, а точнее — те функции, которые модернизм утратил и более не может исполнять с какой-либо долей легитимности[77]. В обоих случаях Кларк исходит из предположения, что в свете пришествия сериализма возвращение к любому тональному музыкальному материалу — даже не требующему телеологичности — представляется как абсолютная реакционность.

При этом Кларк признает, что Пярт, опираясь на статичные гармонические лады и четкие формулы композиции, фактически критикует прогрессистские нарративы. Впрочем, Пярт и сам недвусмысленно высказывал сомнения по поводу модернистских представлений об истории музыки и даже явное неприятие их. В интервью 1970 года Пярт замечает:

> Я не уверен, что в искусстве возможен прогресс. Прогресс как таковой обнаруживается в науке. Всем понятно, что значит продвижение в сфере технологий ведения боевых действий. Искусство же — более сложная материя... Многие

арт-объекты прошлого кажутся более современными, чем наше современное искусство. Можно ли это как-то объяснить?.. Искусство должно быть посвящено вопросам вечности, а не только проблемам сегодняшнего дня[78].

Реагируя на такую позицию, Кларк делает краткую отсылку к общему постмодернистскому дискурсу по поводу нарративов о прогрессах. Этот дискурс он называет возможным контекстом для творчества Пярта, но добавляет, что реальной альтернативы модернизму не существует (а постмодернизм загнал бы нас в зыбучие пески релятивизма). Кларк сводит постмодернизм, который представляет собой требующее детальной проработки неоднородное поле вечных споров и дискуссий, к одному релятивизму, а потом незамедлительно, будто бы невзначай, ниспровергает его[79].

Тинтиннабули — как в предполагаемом духе вселенской всеобщности, так и во вменяемой стилю антиисторичности — ставит под сомнение взаимосвязь музыки с историей. Это особенно заметно по ранним произведениям, в том числе «Tabula Rasa», которые специфическим образом обыгрывают советскую историю. *Тинтиннабули* нельзя назвать ни вневременным, ни антиисторичным стилем. Духовная статичность и отказ от прогрессистских нарративов в этой музыке представляют собой отражения помещенных в четкий культурный и исторический контекст поисков альтернатив как советской идеологии, так и засилью музыкального модернизма в 1970-е годы. Скорее всего, не стоит рассуждать о том, будто музыка Пярта метафорически выходит за пределы истории или повисает в какой-то панисторической сфере. *Тинтиннабули* отсылает нас к музыкальному материалу прошлого, чтобы мы могли осмыслить сущность памяти и времени. Пярт формирует нелинейное пространство, в котором сталкиваются и взаимодействуют различные моменты из истории музыки. Как и Шнитке, Пярт, творя в стилистике *тинтиннабули*, стремился разобраться в истории музыки именно в 1970-е годы, когда советская и восточноевропейская интеллигенция силилась справиться с проблемой памяти. Нет, не в музыкальном модернизме, отвергаемом Пяртом, нам следует искать оптимальный контекст, в который можно вписать *тинтиннабули*. Правильнее обратить внимание на дискуссии о советском прошлом, которые разгорелись в 1970-е и 1980-е годы.

Как и некоторые из упоминаемых Гройсом произведений изобразительного искусства конца 1970-х годов, «Tabula Rasa» «восстанавливает» историю за счет обращения к стилистическим решениям музыки Средних веков и Возрождения — эпох, которые фактически выпадали из советского музыковедения. В то же время «Tabula Rasa» — неумолимо процессуальное, цикличное произведение, отвергающее любую линейность в течении времени. Пярт обращается к истории и отходит от прогресса, но, в отличие от Шнитке, не посредством фрагментации и дизъюнкции, а через повторы. Свои наблюдения Гройс помещает в контекст как постмодернизма, так и сокрушительного воздействия сталинизма на историю. С учетом всех рассуждений Гройса мы могли бы предположить, что такие произведения, как «Tabula Rasa», представляют собой попытку воссоединиться с прошлым, осененным одухотворенностью и подорванным советским тоталитарным режимом. «Покаяние» подчеркивает именно такой нарратив. Сандро пытается сохранить свои религиозные и культурные корни, защищая их символ — церковь VI века. И Варлам не только обрезает эти корни, подвергая Сандро сначала аресту, а потом и казни, но и в конечном счете сносит церковь, стирая историю. Однако до наступления этих трагических событий Сандро пытается отстоять церковь, связывая религию с историей, а грузинскую культуру (символизируемую Руставели) — с общей европейской традицией (Бах и другие деятели культуры). Если сталинизм (и Варлам, олицетворяющий Сталина) уничтожает историю, то и «Покаяние», и «Tabula Rasa» становятся противоядием, когда воспроизводят и восстанавливают сокрушенное, параллельно выстраивая художественные, культурные и религиозные взаимосвязи, которые выходят далеко за пределы истории и границ СССР.

В «Tabula Rasa» элементы старины и новизны сливаются и создают ощущение замершего времени. Обращаясь к такой композиционной стратегии, Пярт, по всей видимости, отдает предпочтение музыкальным пространствам, где могут сосуществовать частички из различных периодов истории. Композитор не принимает идею прогресса ни в истории, ни в музыке. Гройс замечает, что именно в 1970-е годы, когда деятели культуры попробовали воссоединиться с прошлым, история рухнула прямо под их ногами, не выдержав параллельного воздействия постмодернизма и сталинизма. Но, возможно, художники и композиторы — особенно Пярт — не пассивно реагировали на эти внешние веяния, а делали выбор в пользу проработки нелинейных представлений об истории. Варлам сразу же замечает, что Сандро, молящий о спасении церкви VI века, и его товарищи, по всей видимости, выступают против прогресса. По мнению эстонского историка Велло Сало, советское правительство зачастую оправдывало кампании против религии как раз противопоставлением церкви и прогресса. Сало замечает, что эстонцы с особым скепсисом относились к такой риторике: «В Эстонии религиозная вера столь слабо противодействует внедрению новых вещей, что настойчивая борьба против нее выглядит как битва против ветряных мельниц»[80]. И сцена из «Покаяния», и вывод Сало явно демонстрируют, как «прогресс» служил обоснованием для затирания как истории, так и религии. В «Tabula Rasa» категорий «прогресса» нет ни в том, что касается отсылок к истории музыки, ни в выстраивании структуры. В произведении мотивы ранней музыки, религиозный контекст и статичность формируют ощущение цикличности времени, где все эти и многие другие элементы сосуществуют и взаимодействуют друг с другом. «Tabula Rasa» в некотором смысле представляет собой критику всех советских демагогических заявлений о прогрессе и религии.

Как «Tabula Rasa», так и «Покаяние» в рамках осмысления прошлого апеллируют к духовности и тем самым отражают общую склонность людей находить взаимосвязи между культурой, историей и нравственностью. Упор на веру придает искусству, культуре и памяти определенный флер высокоморальности. Буббайер подчеркивает, что в 1970-е и 1980-е годы известные русские деятели искусства и даже политики отстаивали нравственность высокого искусства. Мазо приписывает русским давнюю традицию облечения моральных истин в художественные формы. Сам Пярт отмечает у себя побуждение прорабатывать через музыку «вопросы вечности»[81]. Не будучи этническими русскими, Пярт и Абуладзе могли и не следовать этой традиции. Впрочем, и композиция Пярта, и фильм Абуладзе позволяют сделать вывод, что по меньшей мере в 1970-е и 1980-е годы в советском дискурсе наметились нравственные по характеру дискуссии об истории и памяти, во многом проходившие через ассоциации с религией.

Музыка, эмпатия и культурная травма в «Покаянии»

«Покаяние» задает важный культурный контекст для «Tabula Rasa» и подчеркивает то, как ранние произведения Пярта в стилистике *тинтиннабули* выступают ответом на вопросы об истории и памяти, которые поднимались в общесоветском дискурсе. В свою очередь, «Tabula Rasa» помогает «Покаянию» инициировать, по выражению Джеффри Александера, «процесс проработки травмы». Композиция Пярта выступает частью общей интерпретации в «Покаянии» феномена сталинизма в качестве культурной травмы, позволяет создателям фильма четко обозначить жертв этой системы и формирует эмпатию у зрителей по отношению к ключевым персонажам кинокартины.

Вслед за арестом Сандро Абуладзе представляет нашему вниманию серию предельно реалистичных сцен, в которых вторая часть произведения Пярта — «Silentium» — звучит как лейтмотив утраты и потери. Зрители становятся свидетелями того, как Нино пытается справиться с исчезновением арестованного мужа. Первая сцена кажется почти переложением на кинопленку поэмы Ахматовой «Реквием»: Нино и Кети отстаивают долгую очередь наряду с другими женщинами, пытающимися хоть что-нибудь узнать о пропавших близких. Не получая внятного ответа, Нино в следующей сцене вбегает в кабинет Варлама, но городского главы там нет. Героиня находит лишь таблички, на которых изображен Варлам. Нино хватает и ломает одну из них. В этот момент в кабинет входит Варлам. Вопреки вспышке гнева, Нино подходит к Варламу и, опускаясь перед ним на колени, отчаянно молит о спасении Сандро. Городской глава, смерив Нино безучастным взглядом, проходит мимо. Затем мы оказываемся в новом доме Нино и Кети. После ареста Сандро семья потеряла большую квартиру и теперь живет в скромном подвальном помещении. К Нино и Кети с улицы заглядывает соседский мальчишка, который сообщает им, что на железнодорожную станцию прибыла новая партия древесины. Мальчик говорит, что Нино и Кети, возможно, найдут весточку от Сандро на одном из бревен — еще один элемент исторической правды. Нино не теряет ни секунды и покидает комнату вместе с Кети.

Мы переносимся на железнодорожные пути в промышленной части городка. Нино и Кети бегут вдоль рельсов. День стоит пасмурный, земля под их ногами влажная после дождя, сцена выдержана в сплошных серых и коричневых тонах. В кадре, снятом с операторского крана, мы видим, как маленькие фигурки продвигаются мимо заготовленных бревен. «Silentium» вступает сразу после появления Нино и Кети в кадре и звучит на протяжении всей мрачной сцены. Никакие другие звуки — ни внешние шумы, ни голоса людей — не пробиваются в музыку. Закутанные в пальто и платки Нино и Кети ищут на бревнах хоть какое-нибудь сообщение от Сандро. Мать и дочь долго ходят по покрытой глубокими лужами площадке. Абуладзе противопоставляет этим безрезультатным поискам два эпизода, когда другие люди находят что-то среди бревен. Мальчик обнаруживает имя отца на бревне и, ликуя, убегает на поиски матери — единственный момент, когда музыку прерывает посторонний звук. В сцене также фигурирует немолодая женщина, которая сначала не мигая смотрит на связку бревен снизу вверх, а потом продолжает поиски. Чуть позже мы видим эту женщину у одного из бревен: она гладит и целует место, где вырублены имя и дата, трогает каждый уголок, каждый зарубок на бревне и что-то приговаривает вслух. Зрители не слышат, что именно говорит эта женщина. Она напряженно двигает губами, неоднократно припадая лицом к дереву.

Найденная весточка от близкого человека оказывается и глубоко ценной, и болезненно эфемерной. Абуладзе дополняет сцену кадрами, на которых спецтехника, медленно продвигаясь по вязкой грязи, перемещает связки бревен и измельчитель древесины извергает из себя плотный поток опилок.

Абуладзе снимает поиски, предпринятые Нино и Кети, таким образом, чтобы зрители могли ощутить себя на их месте и сопереживать героиням[82]. В одном кадре мы видим маленькие руки Кети. Девочка проводит пальцами по опилкам. Камера отодвигается, и мы обнаруживаем Кети — одинокую и печальную — посреди щепок и брусков. На заднем плане — огромная лужа. Чуть ранее в том же эпизоде Кети стоит у кучи бревен и осматривает их концы. Абуладзе снимает лицо девочки с большим платком на голове сначала с дальнего плана, с другого конца бревен. Внимание зрителей сконцентрировано на отдаленном, маленьком личике Кети, обрамленном деревом. Камера постепенно увеличивает масштаб, приближая нас к Кети (см. рис. 3.1). Абуладзе схожим образом показывает Нино. В одном кадре героиня замирает, опустив голову на руку, лежащую на бревне. Решение Абуладзе показывать мать и дочь в таком мрачном, промозглом месте и именно по отдельности лишь обостряет понимание того, что Нино и Кети остались одни, лишившись мужа и отца. Камера продолжительное время задерживается на лицах героинь, позволяя зрителям увидеть их эмоции и почувствовать сопричастность горю[83]. В самом конце сцены Абуладзе показывает Кети и Нино вместе. Кадр открывается с крупного плана ножек Кети, которую, как мы видим, когда камера продвигается вверх, обнимает Нино. Мать и дочь сидят перед стеной из бревен. Нино и Кети соприкасаются головами — мотив, узнаваемый по множеству изображений Мадонны с младенцем Иисусом (см. рис. 3.2). Наконец, камера медленно приближается к печальному лицу Нино. Их поиски оказались тщетными. И именно здесь в фильме происходит самый резкий переход: на смену скорбящей Нино в кадр врываются одетые в традиционные грузинские брачные наряды мужчина и женщина, сидящие за роялем посреди залитого солнцем зеленого пейзажа. Столь же жестко мрачные

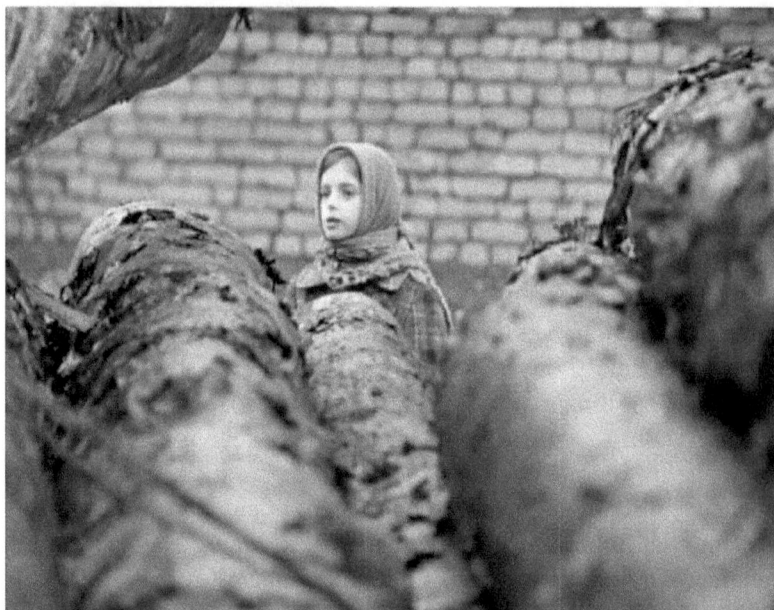

Рис. 3.1. Кети в окружении бревен. Из «Покаяния»

переливы «Tabula Rasa» обрубает шумный свадебный марш Мендельсона[84]. Новая сцена дает Абуладзе возможность в предельно сюрреалистичной, фантастической и целенаправленно дезориентирующей манере представить конечную судьбу Сандро.

В сцене с бревнами Абуладзе использует лишь часть «Silentium»: такты с 29 по 65. В целом вторая часть «Tabula Rasa» выстроена на противопоставлении трех групп инструментов, каждая из которых звучит в своем регистре: две сольные скрипки исполняют предельно высокие ноты, первые и вторые скрипки играют в среднем регистре, альты и виолончели — в нижнем. Как и характерно для *тинтиннабули*, во всех группах мы проходим через жестко регламентированный процесс расширения: в каждом голосе, ведущем мелодию, стартуем на ре и систематически до-

Рис. 3.2. Нино и Кети у бревен. Из «Покаяния»

бавляем по две ноты попеременно, одну поверх и одну ниже
начальной ноты (см. пример 3.1). В результате мы получаем циклический эффект постоянных повторов, в ходе которых мелодия
постепенно разворачивается все шире и шире. Каждая группа
инструментов в начале играет вместе и проходит все тот же
процесс расширения. При этом каждая группа исполняет музыку в своем темпе. Солирующие скрипки играют медленнее всего
(целые ноты с точками и целые ноты), первые и вторые скрипки — в два раза быстрее (целые и половинные ноты), альты
и виолончели — еще в два раза быстрее (половинные и четверт-
ные ноты). «Silentium» прорабатывает неизменный материал:
слушатели внимают одним и тем же передвижениям вверх и вниз
по нотному стану в ре миноре. Мы оказываемся в стабильном,

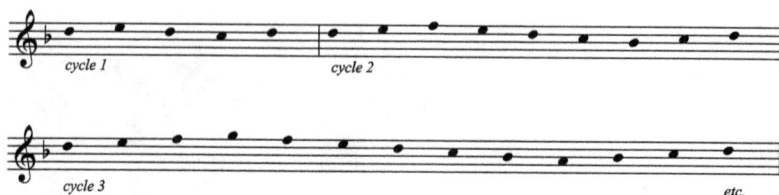

Пример 3.1. Схема процесса расширения мелодической текстуры
в «Silentium»

предсказуемом и устойчивом музыкальном пространстве. Однако группы инструментов всегда находятся на разных точках в этом пространстве. В результате текстура произведения — почти калейдоскопичная — многослойна и изменчива. Во фрагменте «Silentium», который Абуладзе выбирает для сцены с бревнами, солирующие скрипки уже добрались наполовину вверх по октаве (в такте 29 они касаются ля) и до конца сцены успевают продвинуться почти до предела октавы (в такте 67 они играют до). Зрителям фильма лучше всего слышны именно голоса верхней группы инструментов. На фоне переплетающихся штрихов в партиях остальных струнных скрипки проигрывают циклический мотив все выше и выше, и от этого музыка становится все более пронзительной. Примечательно, что в «Покаянии» зрителям не будет дано дослушать «Tabula Rasa». По мере того как произведение близится к развязке, а проигрываемые мотивы завершаются, инструменты поочередно затихают, пока музыка не растворяется в беззвучии на заключительном *тинтиннабули*.

Абуладзе использует «Silentium», чтобы обострить скорбный аффект и вызвать в зрителях эмпатию к персонажам. По выражению самого режиссера, сцена с бревнами «моносемантическая»: кадры и музыка действуют совместно и побуждают зрителей ощущать те же печаль и отчаяние, которые охватывают Нино и Кети. Странным образом в по большей части превосходных пояснениях к «Покаянию» Джозефина Уолл и Дениз Янгблад не указывают прямо, что в фильме звучит «Tabula Rasa». Они упоминают «скорбные струнные» и «печальную музыку»[85]*. Лишенные возможности указать, откуда взята музыка для фильма, Уолл и Янгблад вынуждены определять композицию по той эмоциональной роли, которую она играет в фильме. Горестный эффект в «Silentium» достигается в значительной мере благодаря тому, как Пярт работает с диатоникой и диссонансами или, проще говоря, как он взаимодействует с восемью нотами тональности ре минор[86].

С одной стороны, «Silentium» — предельно устойчивое и статичное произведение для слушателя. На протяжении почти 17 минут мы внимаем только ре минору. С другой стороны, полифоничность, взаимодействие множества партий, наслаивающихся друг на друга, почти неумолимое движение в пределах тональности и аккордов в ре минор создают неожиданно душераздирающую текстуру, полную мягких диссонансов. Произведения Пярта обычно развиваются в пределах одной тональности и могут оставаться в ее рамках продолжительное время. Здесь мы не находим сменяющих друг друга аккордов. В силу этого на первый план в полифонии выводятся интервалы — разнообразные соотношения между двумя нотами. Когда одновременно звучат две ноты, слушатели, привычные к западной музыке, могут слышать различные степени диссонанса и созвучия, которые связаны с пространством, разделяющим звуки. Например, две ноты, соседствующие на клавиатуре фортепиано (большие и малые секунды), зачастую воспринимаются как сильный диссонанс. Ноты же, расположенные в восьми, шести и трех ступенях друг от друга, будут звучать гармонично — это, соответственно, октавы, сексты и терции, которые входят в мажорное и минорное трезвучия той или иной тональности. Ноты, расположенные в четырех и пяти ступенях друг от друга (кварты и квинты), так же «звучат» для слушателя, однако в некоторых случаях воспри-

---

* Примечательно, что почти то же самое происходит и в самом «Покаянии»: в начале кинокартины зрителям лишь сообщается, что в фильме использованы «фрагменты из произведений композиторов-классиков». Пярт не упоминается.

нимаются как «пустые», поскольку может возникать желание дополнить их еще одной нотой, чтобы четко оформить и «закончить» аккорд. Взаимодействуя всего с восьмью нотами в пределах одной тональности, Пярт избегает резкости диссонансов, которые возникают при столкновении звуков из кардинально различных гармонических областей, и агрессивной жесткости обширных кластеров. При этом даже в границах одной тональности композитор имеет возможность обращаться ко всем разновидностям музыкальных интервалов, от неприятной малой секунды до благозвучной большой терции.

Абсолютное большинство произведений, написанных для западной аудитории, закручены вокруг соотношения тональностей, поэтому любители музыки неизбежно воспринимают именно в таком ключе сочинения в стилистике *тинтиннабули*. Соответственно, слушатели продолжают воспринимать малую секунду как диссонанс, а большую терцию как благозвучие[87]. Однако примечательно, что Пярт весьма оригинальным образом применяет ключевые элементы тональной музыки: гаммы и трезвучия. В прошлом тональные произведения зачастую вводили и сочетали благозвучия и диссонансы в рамках изменчивого гармонического потока. Это создавало ощущение, что музыка стремится к некоей цели, и композиторы заигрывали с ожиданиями слушателей по поводу гармонических переходов *телоса*. Произведения же в стилистике *тинтиннабули*, в том числе «Tabula Rasa» не зацикливаются на аккордовых цепочках. Вместо этого музыка на протяжении продолжительного времени задерживается в одной тональности и, соответственно, исключает как способность тональной музыки вызывать стремление к обобщающей резолюции, так и устоявшиеся тональные практики по части диссонансов. По мере того как мелодический голос продвигается вверх и вниз по гамме, «голос колокольчика» проигрывает ноты трезвучия. В результате возникает возможность устанавливать всевозможные интервалы почти в любом необходимом порядке. Например, «открытая» по звучанию квинта может смениться резкой секундой, а затем — мягкой терцией. Пярт организует работы в стиле *тинтиннабули* по весьма четким параметрам, но в музыкальных схемах избегает условностей предшествующей тональной музыки. Таким образом, создается впечатление, будто мелодический голос и «голос колокольчика» соприкасаются друг с другом почти произвольно: мимолетный диссонанс появляется, потом сразу же отступает, затем возвращается, вновь исчезает и так далее.

Во всех видах музыки мы наблюдаем то, как звуки развиваются в последовательности и во времени, а также слышим, как звуки накладываются друг на друга. Пярт концептуально представляет *тинтиннабули* как набор отдельных музыкальных линий, которые разворачиваются с течением времени. Каждый из фрагментов музыкальной текстуры Пярта может не казаться интересным сам по себе: мелодический голос неспешно продвигается вверх и вниз по гамме ре минор, пока «голос колокольчика» степенно отзывается частями аккорда ре минор. Занимательный эффект возникает, когда эти фрагменты разворачиваются параллельно друг другу. Слушатели открывают для себя то бесчисленное многообразие сочетаний, которые возникают в связях между звуками, — отдельный богатый мир созвучности. Прислушайтесь внимательно к музыке, открывающей сцену с бревнами в «Покаянии». Здесь представлены самые различные комбинации нот (см. пример 3.2). Иногда линии пересекаются на единой ноте из аккорда ре минор — быстротечное единое звучание на унисоне (приме) или октаве (см. 4-ю четвертную ноту, такт 29 в примере 3.2). Иногда возникает совпадение двух нот из аккорда ре минор (см. 5-ю ноту, такт 29), однако без третьей «завершающей» ноты такие сочетания кварт и квинт звучат открыто и немного пустовато. Периодически мы вдруг слышим все три ноты из трезвучия ре минор, и возникает сразу узнаваемый, пусть и хрупкий момент идеальной гармонии (см. 3-ю ноту, такт 31).

Когда эти медленно разворачивающиеся музыкальные мотивы звучат одновременно с отдельными или всеми нотами, составляющими аккорд ре минор, возникает целый спектр более или менее благозвучных сочетаний. Однако чаще всего *тинтиннабули* уклоняется от очевидных аккордов и тем более «мутит воду» вокруг тех созвучий, которые все-таки прорываются сквозь музыкальную фактуру. Первое сочетание нот, которое доносится до слушателя в самом начале сцены с бревнами у Абуладзе, — ре — соль — ля (см. такт 29 в примере 3.2). Ре и ля входят в трезвучие ре минор, поэтому у нот есть потенциал к стабильному звучанию. Однако соль звучит в секунду с ля. Соседние ноты вызывают ощущение дисбаланса. Мы могли бы интерпретировать эти три ноты как косвенное указание на некий аккорд (например, с добавлением си получился бы аккорд G7). Проблема заключается в том, что в подобном традиционном подходе к анализу гармонии упускается то, к чему стремится Пярт. «Silentium» позволяет всем нотам в тональности ре минор звучать свободно. В результате мы получаем неизменно возникающие, быстро исчезающие, но неизбежно возвращающиеся диссонансы. В текстуре музыки ощущается постоянное умеренное напряжение. Периодически вечно движущиеся и переливающиеся линии пересекаются на неблагозвучном интервале. Бывает и так, что один инструмент долго держит одну ноту (например, долгую ля у первой солирующей скрипки в тактах 29 и 30), пока другой инструмент постепенно добирается до ноты, резко контрастирующей с другой, уже звучащей (см. 1-ю ноту в такте 30, где первые скрипки сдвигаются на си-бемоль). Даже если мы возьмем первые два такта из сцены с бревнами, то обнаружим, что лишь однократно в них звучит ничем не обремененный аккорд ре минор. Во всех остальных случаях ноты складываются в более или менее явный диссонанс. Используя узнаваемые тональности, Пярт вызывает у слушателей устоявшиеся реакции на благозвучие и его отсутствие. При этом композитор целенаправленно держится одной тональности и не позволяет узнаваемым аккордам сложиться в последовательность наращивания и ослабления напряжения. Пярт создает для нас музыкальный мир, в котором диссонанс присутствует всегда и не стремится обратиться в благозвучие.

Диссонансы Пярта приобретают особое звучание благодаря тому, как композитор манипулирует пространством, временем и звукоизвлечением. У Шнитке и Уствольской кластеры формируются из наборов малых секунд: групп двух, трех, четырех

Пример 3.2. Такты 29–31, «Silentium», «Tabula Rasa»
Композитор: Арво Пярт (© Copyright 1980, 2001 by Universal Edition
A.G., Wien / UE 31937. All Rights Reserved. Used by permission of
European American Music Distributors LLC, U.S. and Canadian agent for
Universal Edition A.G., Wien)

и более нот, которые исполняются как можно плотнее друг
к другу. При громкой и форсированной игре на фортепиано такие
диссонирующие кластеры звучат агрессивно и жестко. Пярт
взаимодействует с малыми секундами кардинально иным образом. Наслаивая друг на друга три группы *тинтиннабули*, звуча-
щие в нижнем, среднем и верхнем регистрах, композитор создает большие разрывы между множеством нот. Две ноты (например,
соль и ля в начале такта 29) могли бы прозвучать неустойчиво
и резко, если бы их исполнили одну за другой и с определенным
нажимом. Однако в этом случае ноты разделяются пространством
в две октавы (ля звучит на предельных высотах для солирующей
скрипки, а соль — гораздо ниже, это центральная нота для первых

скрипок). Кроме того, ноты исполняются мягко, поэтому до слушателей доносится приглушенный диссонанс. В моменте напряжения в первую очередь проявляются нежность, звонкость и простор. Исполнители часто задерживаются на таких сочетаниях нот, и неясное чувство несогласия медленно уступает место очередному неуловимо тревожному звуку.

Во многом по аналогии с Шнитке, Пярт отверг сериализм и вернулся к тональной музыке. Однако Пярт преобразует тональный материал таким образом, чтобы не дать ему приобрести какую-либо завершенность. Если Шнитке взывает к линейности тональной музыки и сразу же подрывает ее, то Пярт через постоянные повторы и игры с гармонией создает эффект полной статичности. Мы уже отмечали, что формалистичность «Tabula Rasa» можно интерпретировать как критику серийной музыки. Манипуляции Пярта с ре минор в «Silentium» схожим образом побуждают нас осмыслять сущность тональной музыки. Диатонические диссонансы можно обнаружить во всей истории западной музыки, в особенности если искать их в произведениях на минорный лад, вроде Мазурки ля минор, ор. 17, № 4 Фредерика Шопена (1833), «Адажио для струнных» Сэмюэла Барбера (1936) и «Tenebrae» Освальдо Голихова (2002–2003). Эти и многие другие композиции фиксируют распространенные ассоциации между такими аффектами, как патетика, скорбь и диатонические диссонансы. Как весьма удачно замечает Дэвид Кларк, Пярт формирует полотна из «высвобожденных диатонических диссонансов»[88]. В традиционных тональных произведениях такие моменты возникают в общем контексте тональных переходов, которые формируют и разрешают диссонансы. Однако в таких композициях, как «Silentium», диатонические диссонансы оказываются полностью изолированы от какого-либо контекста и от систем телеологических ориентиров, которые могли бы как-то разрешить их. Пярт обращается к тем элементам парадигмы тональности (гаммам и трезвучиям), которые обычно задают ощущение устойчивости и гармонии, и открывает нам неожиданно глубокий мир диссонансов, возникающих, когда этим элементам дается возможность свободно взаимодействовать друг с другом. То, как организованы звуки в «Silentium», вызывает ощущение постоянной рассогласованности музыки. Уделяя повышенное внимание небольшим отзвукам, возникающим при столкновении двух-трех нот, Пярт формирует целое мироздание, в котором диссонансы звучат особенно горько, скорбно, тревожно и неразрешимо.

Пярт успешно обыгрывает устои тональной музыки, не впадая в ее телеологические устремления, частично в связи с тем, как он работает со временем. «Silentium» открывается на ломаном аккорде ре минор в исполнении подготовленного фортепиано и контрабасов. И каждый раз, когда солирующие скрипки возвращаются к стартовой точке, фортепиано и контрабасы вновь играют аккорд ре минор. Такие маркеры течения времени в начале произведения встречаются постоянно, однако затем звучат после все больших временны́х интервалов и в итоге вообще сходят на нет. При этом музыка, которая раскрывается перед нами между мягкими напоминаниями о том, что мы все еще остаемся в пределах течения времени, кажется неизменно однообразной вопреки систематическому добавлению к ней новых нот. В результате композиция начинает восприниматься как единая сущность, которая постоянно расширяется и постепенно занимает собой все больше временно́го пространства. Внимательный слушатель сможет легко отслеживать игру верхней скрипки, которая медленно поднимается и спускается по нотам гаммы. К партии добавляются одни и те же ноты, исполняемые максимально единообразно. Каждый цикл сопровождается столь систематичными и четкими изменениями и дополнениями, что слушатель воспринимает их как нечто само собой разумеющееся и фокусирует все внимание на разрастающемся, но в целом устойчивом контуре музыки. Более того, изменения музыки перестают восприниматься как изменения. Наоборот, они лишь подчеркивают общую статичность произведения. Две ведущие скрипки настолько медленно продвигаются по верхним нотам, что у слушателя остается более чем достаточно пространства для того, чтобы ясно услышать и распознать все происходящее под верхними партиями. По мере того как три группы *тинтиннабу-*

ли Пярта осуществляют свой процесс на разной скорости, инструментальные партии сливаются в единое, однообразное, неизменное звуковое полотно. «Silentium» открыто манипулирует тем, как мы ощущаем течение времени: создается впечатление полного тождества прошедшего, происходящего сейчас и того, что еще только будет. Последовательность и линейность времени полностью разваливаются и замещаются всепоглощающей статичностью. Постоянные преобразования нот в «Tabula Rasa» задают ощущение непреодолимой безмятежности[89].

В целом сюжет «Покаяния» разворачивается вокруг последствий утраты, которая столь эффектно подчеркивается в сцене с бревнами. В остальных сценах фильм обращается к более аллегорическим и фантастическим средствам осмысления истины, страданий и памяти. Но «Silentium» и его глубокая меланхоличность оказываются неразрывно связанными с наиболее реалистичными эпизодами кинокартины. Впрочем, никакая истина не может вечно оставаться предельно нейтральной. «Silentium» во многом формирует эмоциональную подоплеку той «истины» исторических реалий, которые представляет «Покаяние» в сцене с бревнами. Социолог Нил Смелзер отмечал, что люди склонны интерпретировать культурные травмы с позиций аффекта[90]. Абуладзе посредством «Silentium» задает эмоциональную интерпретацию противопоставляемых эпизодов фильма. Вся драма сцены с бревнами отражает нарратив культурной травмы. Нам четко дают понять, кого считать жертвами и где следует искать истоки их боли. Сандро — определенно главный пострадавший во всей этой трагедии, но примечательно, что самые реалистичные эпизоды фильма демонстрируют именно крах семьи и то, как арест героя сказывается на его родных. Ранее в фильме сцена ареста Сандро проходит почти незамеченной, поскольку показана мимоходом. Однако в сцене с бревнами отсутствие отца становится болезненно очевидным. Оно явственно чувствуется, пока Нино и Кети ведут безуспешные поиски. Абуладзе показывает, как страдают в результате государственного насилия семьи репрессированных. Женщины и дети, переживая потерю близких, обеспокоены тем, что их судьба неизвестна. Абуладзе через фигуры Нино и Кети рисует условный портрет большой группы людей, которые к 1980-м годам провели около 50 лет в состоянии безвестности. На фоне сдвигов в общесоциальном дискурсе и постепенного изменения в прошлом враждебного или безразличного отношения к жертвам сталинизма Абуладзе через «Silentium» демонстрирует, что страдания этих людей заслуживают и эмпатии, и скорби. Печаль, которой окутана рассматриваемая сцена, связана не только с переживаниями Нино и Кети. Абуладзе старается спровоцировать осознание целым народом подобных потерь и формирование общественной реакции в форме траура. Демонстрируя нам печальную судьбу Нино и Кети в таком ключе, режиссер, похоже, выступает за публичное признание того, как сталинизм повлиял на жизнь обычных людей, и за открытое горевание.

Неразрешимая статичность диатонических диссонансов в «Silentium» в определенном смысле отображает то, что у боли, которую переживают Нино и Кети, не может быть конца. Потеря мужа и отца — неизменный факт их жизни. Сандро не вернется к ним, матери и дочери не откроется истина о том, что с ним случилось, и, в заключение всего, Нино тоже будет арестована, а Кети останется сиротой. Семейство Баратели — три аллегорические фигуры. В их переживаниях угадываются сюжеты, пересказываемые историками Орландо Файджесом и Кэтрин Мерридейл, истории людей, которые лишились родных во время чисток и которым либо так и не было дано узнать, что именно произошло с их близкими, либо были предоставлены фальсифицированные сведения. В любом случае эти люди были лишены возможности смириться с чувством утраты из-за полного отсутствия доступа к информации. Безрезультатные поиски хоть какой-то весточки от Сандро обозначают собой начало информационного вакуума. Музыка создает ощущение напряжения, которое останется с Нино и Кети навсегда.

Сцена с бревнами призвана изобразить или даже восстановить в реалистичном ключе личные воспоминания и историю жизни Кети. Однако музыка, сопровождающая эпизод, обрывает у слушателя любое ощущение исторической хронологии. Это происходит и за счет сочетания различных веяний в произведении, и в связи со специфической статичностью композиции, которая подрывает бесперебойное течение времени. Мы могли бы поразмыслить над тем, насколько «Tabula Rasa» в этом смысле оказывается «постмодернистским» произведением, однако более существенным представляется связь этих вопросов о времени и осмысления травмы. В определенной мере то, как в «Silentium» обыгрывается время, побуждает нас обратить внимание на последствия переживаний для личных обстоятельств и психологии героинь. В контексте «Покаяния» «Silentium» показывает травму именно как «недуг времени». В сцене с бревнами время замирает. Кети на протяжении всего фильма — и всей жизни — вынуждена возвращаться к воспоминаниям о том времени, когда она потеряла обоих родителей. Как мы уже упоминали, в кинокартине стирается граница между прошлым и настоящим, которые переплетены через все анахронизмы фильма. Сцену с бревнами, в частности, можно интерпретировать двояко. Если все события фильма разыгрываются исключительно в сознании Кети, то воспоминание об утраченном отце потрясает ее со всей силой, пока героиня, не покидая собственную квартиру, где мы ее находим в самом начале кинокартины, осмысляет значение смерти Варлама. Если же судилище, устраиваемое над Кети в связи с выкапыванием тела Варлама, в самом деле состоялось, то сцена с бревнами — глубоко травматическое переживание — возникает как публичное воззвание, с которым героиня обращается к общественности, требуя, чтобы та признала страдания, понесенные из-за Варлама, и тем самым трансформировала личные чувства в коллективную память. То, как течение исторического времени обыгрывается в «Silentium», побуждает обратить внимание, что сцена с бревнами — одновременно и прошлое, и настоящее, и в действительности произошедший эпизод истории, и воспоминание о нем.

С учетом того как разворачиваются показания Кети в суде, можно предположить, что ее исповедь — а вместе с ней и «Покаяние» в целом — выступает как реинтерпретация травматического прошлого в настоящем времени. Это один из аспектов, которые Рон Айерман относит к культурной травме[91]. Фильм Абуладзе выступает публичной платформой для того, чтобы зрители признали прошлое, осмыслили его значение и дали трактовку. В этом смысле наши коллективные представления о самих себе зачастую завязаны на том, что в подобных эстетических произведениях прошлое и настоящее сливаются воедино. Мы рассматриваем историю с позиций сегодняшнего дня. Как отмечают Айерман и другие исследователи, культурные травмы постоянно претерпевают переосмысление. Коннотации прошлого меняются в зависимости от того, что беспокоит нас сейчас. Здесь прослеживается мысль Ольтьенбрунс о людях, которые после некой утраты в детстве на разных этапах жизни переформатируют отношение к ней и вновь переживают травму. В сцене с бревнами Абуладзе формирует пространство для увековечивания памяти и оплакивания жертв сталинизма. И тем самым режиссер совмещает прошлое с настоящим. А эмоциональный заряд, который содержится в «Silentium», задает направление интерпретации в кинокартине событий прошлого. Наслаивание исторических пластов в композиции состыкуется с тем, как в фильме прошлое и настоящее накладываются друг на друга.

«Silentium» используется в «Покаянии» еще один раз, вновь в связи с осмыслением темы утраты, к которой теперь присоединяются религиозные мотивы[92]. После встречи с сочетавшимися в сюрреалистическом браке инквизитором и слепой справедливостью Сандро проходит через темные, промозглые подземные тоннели под оду «К радости», которая звучит здесь иронично и, естественно, метафорически. Сандро оказывается перед глубокой лужей и, по всей видимости, дает показания все той же слепой справедливости и безликим «стражам порядка». Слова Сандро мы не слышим, их заглушает музыка. Сцена меняется, и мы видим Сандро в условном облике Христа: он подвешен под потолком за руки и обнажен, если не считать белой набедренной повязки. Камера перемещается снизу вверх, от его ног к лицу, и мы наблюдаем застывшее на нем выражение муки. Звук взрыва обрывает сцену. Нино резко садится в постели и сообщает Кети, что отца больше нет в живых. Как можно трактовать предшествующую сцену? Был ли это сон Нино? Или некое отражение реальности? Дал ли взрыв понять Нино, что Сандро погиб? Мы не получаем ответы. Нино и Кети выбегают из дома и обнаруживают, что церковь VI века, которую пытался отстоять Сандро, обрушивается каменным дождем и горит бешеным пламенем. Отблески огня видны на потрясенных и печальных лицах собравшихся. Абуладзе вновь резко меняет сцену. Нино пробегает по улице и заворачивает в дом, где живет ее подруга Елена. Нино взмывает по винтовой лестнице к квартире Елены, нажимает на звонок и колотит в дверь. Выглядывает соседка, и от нее Нино узнает, что квартира стоит пустая и опечатанная. Елену уже взяли*.

Нино поворачивает голову и видит печать на двери. Снова звучит «Silentium», на этот раз — с самого начала. Первый аккорд в подготовленном фортепиано накладывается на момент, когда Нино осознает всю тяжесть своего положения. Героине открывается очередная болезненная истина. Нино отступает от двери и медленно спускается по лестнице под звуки музыки. Камера, помещенная посреди лестницы, следит за тем, как Нино идет вниз. Обессиленная, героиня оседает на ступеньку, опирается на кованые перила и — под настойчиво печальные звуки «Silentium» — тихо плачет (см. рис. 3.3). Примечательно, что Абуладзе использует здесь другой отрывок из «Silentium», не тот фрагмент, который звучал в сцене с бревнами. Аккорд в подготовленном фортепиано звучит чаще именно в начале композиции, сопровождая циклическое наслоение друг на друга всех расширяющихся линий трех инструментальных групп. При этом чисто на слух музыка звучит почти идентично и задает ту же атмосферу печали, что и в сцене с бревнами.

---

* Интересная деталь — ода «К радости» возникает в фильме как раз в связи с Еленой, которая, пытаясь успокоить Нино, беспокоящуюся за мужа, поясняет ей: при масштабе задуманных Варламом преобразований «может случиться, что даже невиновные станут жертвами», но это стоит того, чтобы ода «К радости» неминуемо зазвучала по всей земле. И Елена запевает мелодию, которая вдруг перерастает в полный хор. Нельзя не отметить скорбную иронию того, что Елена вскоре становится очередной жертвой «радости», которую несет в мир Варлам.

Рис. 3.3. Нино на лестнице. Из «Покаяния»

Между арестами Сандро и Елены происходит уничтожение церкви, которую надеялся спасти Сандро. Интересным образом Абуладзе не противопоставляет сцене горящего храма «Tabula Rasa». Однако эпизод с опечатанной квартирой Елены следует сразу за этой сценой. От этого возникает впечатление, что Нино оплакивает одновременно и задержание подруги, и утрату мужа, и потерю церкви. В некотором смысле разрушение церкви и гибель Сандро взаимосвязаны: герой почти с первого появления начинает бороться за спасение храма; казнь Сандро сопровождается звуком взрыва, который обрушивает храм; и после того, как Нино говорит дочери, что они остались без отца, героини отправляются к горящей церкви. Уничтожение храма отсылает нас к советской кампании борьбы с религией и сносу церквей в СССР.

Параллельно это еще и аллегория, обозначающая гибель Сандро. Возвращение к «Silentium» позволяет нам осмыслить произошедшее: Нино потеряла и Сандро, и Елену, и церковь, и все, что последняя значила для Сандро, который видел в храме символ веры, грузинской идентичности, истории страны и общемировой культуры, включая музыку Баха и других композиторов и произведения иных деятелей искусства. Тот факт, что Абуладзе в монтаже объединяет указанные сцены, проводит связи между духовным, культурным и историческим упадком общества и личными переживаниями конкретных людей. «Silentium» подсказывает нам, что все эти травмы в равной мере достойны оплакивания.

«Tabula Rasa» возвращает нам историю и духовность. Произведение выстроено на атрибутах различных музыкальных веяний прошлого (некоторые из них оказались вне музыковедческого нарратива СССР) и взывает к религиозным концептам. С учетом рассуждений Гройса мы можем предположить, что Пярт в «Tabula Rasa» стремится нащупать течение истории, но наталкивается лишь на постмодернистский коллапс линейного времени. Такой подход будто выстраивается на предположении, что историческая хронология — единственный возможный стандарт, а ее крушение — отклонение от нормы. Аналогичным образом желание Гройса увязать общий постмодернистский разлад в истории с манипуляциями прошлым, которые допускались при Сталине, также задает ощущение, словно этот «коллапс» представляет собой нечто достойное сожаления и хронологическое восприятие прошлого было якобы естественным, пока не появились силы, нарушившие его течение. Подобная аргументация не позволяет увидеть некоторые важные коннотации включения «Tabula Rasa» в «Покаяние». В фильме это произведение — композиция, посвященная восстановлению давно потерянного, — сопровождает сцены человеческой, религиозной, культурной и исторической утраты. Одновременно «Tabula Rasa» подчеркивает, что все описанные эпизоды — часть свидетельствования Кети, которая через пересказ истории своей жизни удостоверяет все утраченное. Ответственность за все трагические последствия героиня возлагает на Варлама и членов его семьи. Представление показаний Кети (вне зависимости от того, происходили ли они в реальности или были плодом фантазии героини) позволяет «Покаянию» спровоцировать общественную дискуссию и привлечь внимание к событиям 1930-х годов и последствиям сталинизма. Да, «Покаяние» — картина о безвозвратных потерях, но фильм не только пересказывает сюжет о тех страданиях, которые тоталитарный режим причиняет безвинным людям, но и фокусируется на том, как все последующие социально-политические силы сохраняли подобные истории в тайне. В некотором смысле «Silentium» — ключ к пониманию «Покаяния». Композиция Пярта несет в себе множество исторических веяний, сосуществующих в статичном вневременном цикле. Смешение прошлого и настоящего демонстрирует их взаимосвязанность и задает ощущение нелинейного течения времени. Во многом уподобляясь «Tabula Rasa», «Покаяние» через воспоминания Кети и ее показания в зале суда переносит прошлое в настоящее, активируя коллективную память и задавая этой памяти направление.

«Tabula Rasa» привносит религиозные ассоциации в сцены, которые по умолчанию никак не отмечены очевидным духовным подтекстом. «Покаяние» определенно затрагивает вопросы духовности и религии — и как части культуры и истории отдельной нации, и как элемент всего феномена веры. Но «Покаяние» будто обращается к религии и из общей нравственной обеспокоенности прошлым. Как замечает Буббайер, для многих людей «пробелы» в советской истории были покрыты патиной духовности или даже религии. Цитируя произведение, прямо связанное с обращением Пярта в новую веру и музыкально обыгрывающее аспекты духовности, «Покаяние» взаимодействует с выделяемым Буббайером общесоветским нравственным и духовным стремлением в 1970-х и 1980-х годах увековечить прошлое через искреннее восприятие исторической правды.

Рассматривал проблему соотношения истории с травматическими событиями, которые он описывает, ЛаКапра выдвигает предположение, что исследователь может занять позицию «эмпатического беспокойства». По мнению исследователя, вместо того чтобы дистанцироваться от произошедшего, историку предпочтительнее открыто признавать эмоциональную реакцию, которую в нем вызывают представляемые обстоятельства, и при этом учитывать, что эти переживания — не в полной мере его личные. «Эмпатическое беспокойство» — некая нравственная золотая середина на полпути между объективизацией дистанцирования и чрезмерной самоидентификацией. Ученый может стараться пояснять травматические события как можно более точно, но — в духе рефлексии — признавать, что они на него влияют, как и на любого человека. ЛаКапра полагает, что в таких исторических трактатах следует избегать законченности нарративов, которая оборачивается ложным ощущением завершенной ситуации. Пересказы ужасов прошлого в оптимистическом ключе с надеждой на лучшее будущее могут создавать у читателей ощущение умиротворения от того, что человек способен пережить боли и унижения, а страшные свершения имеют в некотором смысле благостную развязку[93].

«Покаяние» — и «Silentium» как часть фильма — представляет собой эстетизированное проявление эмпатического беспокойства, о котором рассуждает ЛаКапра. Скорбный эффект «Silentium» очевидно задает направление для взаимодействия зрителей с переживаниями Нино и Кети. Музыка способствует тому, чтобы у аудитории через эмоциональную реакцию на воспринимаемые образы и звуки возникало чувство отождествления с чужими муками. При этом «Silentium» чисто на музыкальном уровне не содержит финальной развязки. Постоянное воспроизведение статичных диатонических диссонансов не дает ощущения, что музыка когда-либо достигнет кульминации или принесет нам утешение. Резкий переход к следующему эпизоду с поляной и звучащим неприличным и бестактным свадебным маршем тем более лишает сцену с бревнами какой-либо развязки. «Tabula Rasa» позволяет четко очертить то, как кинокартина, обращаясь к прошлому СССР и увековечивая его, интерпретирует феномены культурной травмы и утраты. При этом избранная создателями фильма риторическая стратегия подрывается сюжетными особенностями «Покаяния». Торнике — благодарный и сочувствующий слушатель Кети — кончает жизнь самоубийством, столкнувшись с неспособностью членов его семьи с какой-либо искренностью осмыслить прошлое и признать растянувшуюся на несколько поколений коллективную вину, истоки которой молодой человек видит в действиях родственников. В итоге фильм оставляет нас с несколькими противоречащими друг другу мыслями и идеями. «Покаяние» одновременно восстанавливает историю и представляет всю ее фрагментарность; создатели кинокартины предпринимают попытку запечатлеть прошлое в реалистическом ключе и демонстрируют, насколько эта задача невыполнима; фильм указывает на перспективу чистосердечного, нравственного осмысления личных воспоминаний и подчеркивает глубокую проблему пособничества, которая лишает многих людей возможности воспринимать истинную историю. Почти во всех аспектах «Покаяние» не дает обнаружить оптимального выхода из тупика тревожного прошлого. Нам остается одно: эмпатия. Сюжетной — и музыкальной — развязки никто даровать не может.

Показания Кети подчеркивают тот факт, что свидетельствование происходит одновременно на личном и коллективном уровнях. Речь Кети содержит некую трактовку исторических реалий. Героиня обозначает для собравшихся в судебном зале личные воспоминания, а Абуладзе указывает собравшимся перед экраном значимость переоценки сталинизма и его наследия. В свете того, что происходит в «Покаянии», свидетельствование оказывается именно интерпретацией истины, а не провозглашением фиксированной правды. «Silentium» задает эмоциональную трактовку событиям фильма — и советской истории, — призывая нас сопереживать героям. В качестве свидетельствования посредством музыки «Silentium» содействует этому тем, что позволяет ощущать эмпатию по отношению к предлагаемой Абуладзе в «Покаянии» интерпретации исторической истины.

Глава 4
Музыка, скорбь и война
Симфония № 3 Хенрика Гурецкого
и политика памяти

Симфония № 3 Хенрика Гурецкого была создана и всегда воспринималась как музыкальный ответ на травматические события. Произведение — элегия в память о кончине матери композитора, о сопротивлении Восточной Европы, в частности Польши, в эпоху коммунистического тоталитаризма, о вынужденных жить в болезни людях, о жертвах Второй мировой войны и в особенности холокоста. Эта симфония — интересный пример сложного взаимодействия музыки, скорби, травмы и свидетельствования. Популярность композиции позволила ей прозвучать с несколькими различными контекстами. В какой-то мере мы вернемся к методологии исследования, которая использовалась в первой главе. Как и Концерт для фортепиано и струнного оркестра Шнитке, Симфония № 3 свидетельствует о травматических состояниях, показывая через формальные и звуковые аспекты музыки аналогии психологических и эмоциональных реакций на травму. Но если Шнитке погружает нас в лишенную какого-либо умиротворения фрагментарность, то Гурецкий, стремясь представить феномен горя и переживание травмы, скорее, обращается к эффектам, схожим с диатоническими диссонансами и каноническими повторами Пярта. Симфония № 3 взаимодействует с исторической памятью через большой набор цитат и при этом задает ощущение нелинейности времени. Аналогичные подходы мы обнаруживаем в уже рассмотренных произведениях Шнитке и Пярта. Однако, в отличие от этих композиторов, Гурецкий включает в симфонию литературные и музыкальные элементы, прямо связанные с травматическими событиями, в первую очередь теми, которые занимают существенное место в истории и национальной идентичности польского народа. Соответственно, Симфония № 3 как музыкальное свидетельствование и меланхоличное произведение выступает реакцией на исторические реалии, которые вплетены в композицию.

При этом мы не можем ограничиться лишь этими соображениями. Симфония во всем ее скорбном звучании вызвала настолько большой интерес среди слушателей, что теперь многие ассоциируют эту музыку с различными историческими и вымышленными обстоятельствами, никак не связанными с Польшей. Запись 1992 года для лейбла Nonesuch с участием оркестра «Лондонская симфониетта», дирижера Дэвида Зинмана и сопрано Дон Апшоу, была встречена с поразительным энтузиазмом: она стала одной из самых продаваемых записей классической музыки за всю историю и даже попала в хит-парады популярной музыки в Великобритании. Частично в связи с текстом аннотации, который сопровождает запись, любители музыки из США и Великобритании часто воспринимают произведение как дань памяти Второй мировой войне и в особенности холокосту[1]. На самом деле симфония посвящена страданиям именно польского народа, однако практика ее исполнения на международном уровне демонстрирует, сколь гибкой оказывается музыка в качестве выразительного средства. Включение произведений в конкретные записи, выступления и фильмы задает новый контекст для восприятия, давая музыке эмоциональный заряд, необходимый для обозначения и интерпретации культурных травм.

Все темы, которые мы упоминали в предшествующих главах, остаются релевантными и в случае Симфонии № 3, хотя важно принимать во внимание, насколько по-разному музыка звучит в польском контексте и в международной среде. Теории, затрагивающие проблематику культурных травм, актов свидетельствования и скорби, подчеркивают, что каждый человек по-своему расшифровывает сущностное значение боли и страданий. Композиция Гурецкого изначально несет в себе коннотации, имеющие отношение ко вполне конкретным чувствам личной и общенациональной утраты. Популярность произведения распространила эту практику самоидентификации с музыкой на международном уровне. Принимая решение послушать симфонию, исполнить ее или использовать в качестве саундтрека фильма, человек задает смысл переживаемым ощущениям утраты и травмы. В большинстве обстоятельств Симфония № 3 обозначает наши взаимоотношения с воспоминаниями о прошлом и с религиозной тематикой. Но ситуация вокруг этого произведения даже сложнее, чем можно представить на первый взгляд. Нам не дано предугадать, как именно разыграются нравственные последствия свидетельствования — даже свидетельствования в музыкальной форме. Спровоцирует ли меланхоличность симфонии Гурецкого слушателей на эмпатию к чужим страданиям? Или же мы впадем в ловушку эстетизации боли?

Симфония № 3: меланхоличный польский национализм и культурная травма

Соцреалистические диктаты резко вторглись в музыкальную жизнь Польши в 1948 году. Соцреализм особенно повлиял на композиционные практики в Варшаве и Кракове, предполагая отторжение американской популярной музыки, упор на национальную идентичность Польши через обращение к народной музыке и стремление писать «доступную [широкой аудитории]» музыку[2]. Кончина Сталина в 1953 году стала существенным водоразделом: политическое и культурное воздействие соцреализма на польских композиторов значительно снизилось. Партийным функционерам приходилось выискивать возможность отстаивать свои позиции[3]. В результате на Гурецкого, который родился в 1933 году, соцреализм почти не оказал воздействия[4]. Ранняя часть карьеры композитора пришлась на оттепель. Гурецкий принадлежит поколению, представители которого вступали во взрослую жизнь в 1950-е и 1960-е годы. В прежние годы его авангардистские техники считались бы чем-то запредельным для официальной линии. В карьере Гурецкого наблюдается множество параллелей с творческими путями Шнитке и Пярта: все эти композиторы сначала работали в стиле сериализма и только позже пришли к более экспрессивной эстетике, основанной на тональных практиках.

В конце 1950-х и начале 1960-х годов музыкальный фестиваль «Варшавская весна» выступал ведущим мероприятием для композиторов-авангардистов*. К 1958 году фестиваль начал концентрироваться на популяризации серийной музыки со всех концов Западной Европы. На мероприятии звучали произведения Арнольда Шёнберга, а такие композиторы, как Луиджи Ноно и Карлхайнц Штокхаузен, лично приезжали в Варшаву. Фестиваль служил ключевой площадкой для музыкальных обменов между Западной и Восточной Европой и для исполнения произведений целого поколения молодых композиторов, в том числе Гурецкого и Кшиштофа Пендерецкого, которые тогда работали в серийных техниках. Шмельц связывает увлечение сериализмом в СССР с желанием «догнать». В свою очередь, Адриан Томас полагает, что польских композиторов сериализм привлекал как средство борьбы с культурной изоляцией, преодоления «провинциального звучания» и участия в музыкальных трендах. Все это делало сериализм в их глазах прекрасной альтернативой соцреализму[5]. Благодаря «Варшавской весне» Гурецкий познакомился с целым рядом западных серийных произведений, писал собственные работы по тем же общим ориентирам и проявил себя состоявшимся композитором посредством нескольких первоклассных исполнений своих композиций на фестивале[6]. Успех был закреплен победой на Конкурсе молодых композиторов Союза польских композиторов в 1960 году. Это дало Гурецкому возможность провести три месяца в Париже[7].

В 1950-е годы молодые польские композиторы в самом деле пребывали под воздействием сериализма, но быстро адаптиро-

---

* Фестиваль существует по настоящее время.

вали и скорректировали серийные техники во имя реализации собственных музыкальных устремлений. К середине XX века композиторы и музыканты в Польше ощущали желание найти единение с западными практиками и потребность в формировании полноценно польского стиля. В середине 1960-х годов такие деятели, как Пендерецкий, представили собственную альтернативу сериализму — «сонорику». Этот термин подразумевает специфически польский подход к написанию музыки с особым упором на тембральные и прочие качества звучания, достигавшиеся посредством необычного применения традиционных и электроакустических инструментов, а также за счет повышенного внимания к распространению звука в пространстве и резким контрастам. Некоторые произведения Гурецкого, в том числе «Scontri» («Столкновения»), могут быть восприняты одновременно и как серийные, и как сонорные. Важно подчеркнуть, что для Гурецкого и других представителей того поколения было принципиально важно взаимодействовать с сериализмом и разрабатывать собственные подходы к написанию авангардистской музыки[8].

К концу 1960-х и в течение 1970-х годов Гурецкий пересмотрел свою стилистику и отказался как от сериализма, так и от сонорики в пользу более экспрессивной эстетики. Томас подмечает, что истоки предстоящего стилистического сдвига Гурецкого можно было наблюдать еще в 1960-е годы, особенно в свете интереса композитора к музыкальным традициям прошлого и к церковной музыке[9]. В 1970-е годы многие польские композиторы пересмотрели стремление к западному авангарду и начали возобновлять контакты с прошлым, национальной идентичностью и религиозными темами, которые были под запретом при коммунистических властях, налаживать эмоциональный контакт со слушателями и возвращаться к народным истокам, где царило сознание собственной самости в противовес послушанию соцреализму[10]. Симфония № 3 отражает все эти особенности. Произведение интегрирует польскую народную музыку и религиозные отсылки в некое хранилище исторического и культурного наследия.

В 1970-е годы Гурецкий начал включать в свои произведения тональные элементы, длинные, медленно раскрывающиеся мелодии и статичную гармонию. Все эти музыкальные жесты достигли кульминации в Симфонии № 3 и составляют набор приемов, которые облегчают эффекты страданий. Использование в произведении тональных материалов стало источником споров после премьеры 1977 года во французском городке Руайян. Как замечает Люк Ховард, французские и немецкие журналисты и критики посчитали, что симфония Гурецкого была отступлением от принципов авангарда[11]. В таких замечаниях проявлялось убеждение, согласно которому история музыки неизбежно развивается по направлению ко все большим сложности, хроматизму и диссонансам. Соответственно, четкие тональности и лад, огромный канон, который составляет первую часть симфонии, и масштабное, статичное окончание третьей части на ля мажор воспринимались первыми слушателями как регрессия по отношению к якобы неизбежному ходу прогресса в музыке. Вне всяких сомнений, Симфония № 3 выступает за пределы многих модернистских практик и ожиданий и обращается к тому, что можно назвать постмодернистской темой: увлечению прошлым, которое укладывается в нелинейный подход к конструированию времени. Исторические реминисценции Гурецкого возникают в нехронологическом порядке и сосуществуют друг с другом в повторяющемся цикле неспешно развертывающейся музыкальной фактуры. Гурецкий одновременно отвергает и настойчивую уверенность модернизма в необходимости прогресса, и устойчивую теологичность тональной музыки. По мнению польского музыковеда Малгожаты Гонсёровской, Симфония № 3 — «своеобразный сплав» старого и нового[12]. Если мы посмотрим на все рассмотренные ранее произведения, симфония Гурецкого окажется наиболее созвучна с «Tabula Rasa» Пярта. Оба композитора обращаются к музыкальным практикам прошлого, статичной гармонии, постоянным повторам, медленным изменениям и всеохватывающей благозвучной музыкальной текстуре, в которой царит диатонический диссонанс. И, как и в случае «Tabula Rasa», мы можем предположить, что Симфония № 3 мягко сокрушает линейность времени, подчеркивая взаимосвязи, существующие между различными элементами культурной и исторической памяти.

Гурецкий, конечно же, не мог предположить, как будет воспринята Симфония № 3. Однако существенно, что композитор изначально видел в произведении именно ламентацию. Отсюда название Симфония скорбных песнопений (также Симфония печальных песен). Гурецкий собрал целый коллаж музыкальных и литературных отсылок, связанных с обстоятельствами жизни реальных людей, с войнами и потерями. Поводом для написания симфонии послужила скоропостижная смерть матери Гурецкого в 1935 году. Будущему композитору тогда было всего два года[13]. Первая и третья части симфонии воплощают чувства матерей, которые взывают к умирающим детям, а центральная часть представляет нам дочь, откликающуюся на мольбу матери. Во вторую часть вплетены слова, выцарапанные 18-летней Хеленой Вандой Блажусяк в 1944 году на стене гестаповской тюрьмы в городе Закопане, который расположен у подножия горного массива Татры. Уже после первых исполнений симфонии на территории Польши Гурецкий узнал, что Хелена цитировала песню сопротивления, которая повествует о герое войны из Львова, безуспешно пытавшемся в 1918 году отстоять принадлежность региона Польше, а не Украине. Третья часть произведения Гурецкого основана на мелодии и тексте силезской народной песни «Куда же ты ушел» («Kajże się podzioł»), исполняемой от лица матери, оплакивающей сына, который предположительно погиб в битве. Мелодия песни восходит к XIX веку, однако текст датируется 1918–1921 годами, на которые пришлись вооруженные восстания в связи с возвращением в состав Польши оккупированной Германией еще со времен Первой мировой войны Силезии. Гармоническую основу третьей части симфонии Гурецкий «позаимствовал» из Мазурки ля минор, ор. 17, № 4 Фредерика Шопена, который незадолго до того, как написать ее, отправился в ссылку во время Польского восстания 1830–1831 годов против власти Российской империи. Все указанные исторические отсылки относятся к событиям в истории Польши, когда статус страны оказывался под вопросом, будь то в связи со спорами по поводу границ с Германией и Украиной или на фоне борьбы против Германии и России за контроль над национальной территорией в целом. Симфония Гурецкого неоднократно побуждает нас обращаться к истории в том виде, как ее помнит народ. Польша напрямую связывается с образами войны и травмы. В музыке также ясно слышится восприятие Польши как страждущей страны.

Некоторые из цитат, которые включает Гурецкий, несут в себе очевидные католические коннотации, не теряя при этом связь с темой утраты. Слова Хелены адресованы двум материнским фигурам: ее матери и Богоматери. В первой части симфонии сопрано исполняет фрагмент на польском из ламентации девы Марии (XV век). В каноне же звучат две мелодии: гимн на тему Великого поста «Здесь умирает Иисус» («Oto Jezus umiera») и народная песня на религиозный текст «Да вознесется хвала ему» («Niechaj będzie pochwalony»)[14]. Композиторы, работавшие в стилистике соцреализма, также обращались к региональной народной музыке со всех концов Восточной Европы, трансформируя мелодии таким образом, чтобы вывести через них на первый план доминирующую политическую идеологию[15]. Но в симфонии Гурецкий цитирует музыку, которая соотносится с национальной памятью и католицизмом. Более того, избранные тексты чаще всего имеют религиозную тональность. Тем самым композитор еще сильнее дистанцируется от официальных культурных практик, предписанных коммунистическими властями. Симфония через собранные в ней исторические, литературные и музыкальные отсылки однозначно утверждает польскую национальную идентичность, основы которой следует искать в католицизме. Страдания польского народа интерпретируются почти в мессианском ключе.

Восприятие Польши как безвинно страдающего края существует уже более 150 лет. Оно восходит к утрате поляками собственного государства в XIX веке и постоянным угрозам низведения в политическое небытие, которые ощущались на протяжении XX столетия. Представление о Польше как о мессии среди множества наций питало коллективное сопротивление и моральный дух в эти сложные времена, а также позволяло противодействовать существующим негативным стереотипам о поляках. Национальное самовосприятие польского народа лишь укрепилось в связи со Второй мировой войной. Во имя консолидации власти коммунистическое правительство Польши предпочло затереть границы между испытаниями, через которые в годы войны прошли евреи и поляки, и выступило с моноэтнической концепцией польского национального мученичества по вине нацистов[16].

Симфония № 3 вбирает в себя элементы, соотносящиеся с войнами, которые ставили под вопрос статус поляков как нации, и католическим наследием Польши. Композиция объединяет в себе все аспекты устоявшегося культурного нарратива о польской идентичности. Таким образом, симфония изначально была вовлечена в дискурс о культурных травмах. Произведение Гурецкого отмечено всепоглощающей печалью, которая придает эмоциональный вес тому сочетанию отсылок, вплетенных в музыку. Впрочем, как мы убедимся в этой главе, музыка — весьма гибкое эстетическое средство, а культурные травмы становятся основанием противостояния разнообразных точек зрения на истину. Особенно это касается конфликтов по поводу исторической памяти евреев и поляков о периоде Второй мировой войны. Симфония № 3 как произведение в память о мучениях может взаимодействовать с различными травмами: как страданиями польского народа, так и холокостом. Эта способность композиции объясняется тем, что она специфическим образом разыгрывает перед нами последствия травматических событий, конкретно интерпретирует значимость исторических утрат и передает слушателю ощущение глубокой грусти.

Симфония № 3 как проявление скорби

Частично в силу частой повторяемости в симфонии мелодического, ритмического и гармонического материала эту композицию Гурецкого нередко критикуют за «неумолимую простоту».

Особенно часто такие мнения высказывают те, кто видит в сложности и изощренности музыки «глубину» и «самоценность». Так, Джозайя Фиск сокрушается, что «монохромные текстуры, составляющие поверхность музыки, не просто представляют собой оболочку, которая обрамляет иные слои смысла, а выступают единственным слоем смысла в произведении»[17]. В таких умозаключениях прослеживаются термины и ожидания, которые модернизм использует для оценки музыки, заслуживающей, с позиций того же модернизма, списания и осуждения. Да, симфония, воспроизводя один и тот же материал и склоняясь в сторону статичной гармонии, очевидным образом избегает всех традиционных маркеров «музыкальной глубины», например развития мотивов, сложной гармонии и серийных формул. Но как раз «поверхностность» произведения придает ему осмысленность и убедительно доносит до слушателя аффект скорби. Неудивительно, что симфония пользовалась большой популярностью в течение 1980-х и 1990-х годов, активно продавалась на дисках и часто звучала как в фильмах, так и по радио[18].

Многие из композиционных приемов Гурецкого можно обозначить как звуковые метафоры психологических и эмоциональных реакций на травму и утрату. Подобные формальные и звуковые аналогии восходят к действительным эмоциям, пережитому ощущению печали, восстановлению психики после травмы. Метафоры, обнаруживая музыкальную форму, становятся в некотором смысле свидетельствованием. Такое взаимодействие жизненного опыта и музыки напоминает о том, что Шехнер замечал по поводу выступлений в любых форматах: исполнители преобразуют ощущения, почерпнутые из реального мира[19]. Все эти сходства между ощущением скорби и Симфонией № 3 вовсе не представляют собой исключительно плод фантазии музыкального критика, склонного к чрезмерному анализу. Все вышесказанное способствует формированию общего консенсуса по поводу горестного эффекта, который производит на слушателей рассматриваемое произведение. Но нельзя сказать, что Симфония № 3 лишь представляет собой музыкальные аллегории на тему эмоциональных и психологических реакций на травмы и утраты.

Все те же композиционные стратегии в совокупности с некоторыми другими решениями вызывают у аудитории всепоглощающую скорбь при прослушивании произведения. Возникающая ассоциация между музыкальными приемами, применяемыми и в других считающихся «печальными» композициях, и скорбью позволяет предположить, что существует некий музыкальный «вокабулярий горя», по которому есть некоторое общекультурное взаимопонимание, но который постоянно развивается и меняется. Музыкальные и литературные цитаты Симфонии № 3, а равно и восприятие ее как траурного произведения служат лишь дополнительными основаниями для интерпретации композиции в качестве олицетворения скорби[20].

При этом я не подразумеваю никоим образом, что метафорическое обыгрывание процесса излечения от травмы через определенные приемы придает Симфонии № 3 некие универсальные целительные свойства, хотя, конечно, на кого-то прослушивание симфонии может оказать терапевтическое воздействие. Музыкотерапия в данном случае — интересный контраргумент. Британская модель предполагает, что музыка как раз благодаря метафорическим и чувственным качествам может способствовать улучшению состояния человека. Когда люди в контексте психотерапии — особенно психоанализа — создают музыку, они склонны придавать произведениям некие сверхмузыкальные качества и выражать через нее эмоциональные ощущения, тем самым избавляясь от беспокоящих чувств. Использование музыки подобным образом в терапевтических целях, похоже, служит доказательством того, что она сильнее всего действует на нас, когда мы вслушиваемся и находим в ней аналогии нашим эмоциональным и психологическим переживаниям[21].

В пересказе впечатлений от прослушивания симфонии Гурецкого я в первую очередь основываюсь на записи 1992 года от лейбла Nonesuch, которой произведение во многом обязано своей популярностью. Прослушивание этой и любой другой записи симфонии Гурецкого предполагает сопоставление конкретных композиционных решений с выбором определенной группы музыкантов для исполнения произведения и подходом продюсеров и звукорежиссеров к его записи. С учетом этого будет разумно воспринимать категорию «исполнения музыки» именно в таком широком, всеохватывающем смысле. Перформативная теория открывает перед нами один из возможных путей к осознанию взаимосвязи между действительностью и искусством. Исполнители и слушатели воспринимают музыку в различных форматах: в частности, «вживую» и через записи. В дискуссиях, разворачивающихся в исследованиях исполнительского искусства, обнаруживаются прецеденты, которые могут лечь в основу такого мнения. В частности, Филип Аусландер рекомендует обращать внимание в записях музыки именно на ее «исполнение», которое следует воспринимать наряду с «живыми» концертами и партитурой[22]. Рассматривая музыкальное произведение и его реализацию через конкретные звуки как равновесные элементы исполнения, я буду полагаться на разнообразные свидетельства и доказательства: описания композиционных деталей, интерпретацию партитуры и пересказ впечатлений от прослушивания. При этом для осмысления того, как «звучит» симфония Гурецкого, я буду говорить от лица некоего «рядового слушателя». В первую очередь я исхожу в такой обобщенной интерпретации из собственных ощущений от прослушивания музыки, однако последние во многом зиждутся на коллективном переживании, которое я вывожу, основываясь на большом количестве разговоров с коллегами и студентами, а также на содержании рецензий и научных статей. «Событийная канва», разворачивающаяся перед нами в симфонии, — впечатления, которыми можно и нужно делиться. Да, «рядовой слушатель» — удобная условность при написании книги, но в этой фигуре проявляются коллективные аспекты моего восприятия симфонии. Кроме того, надеюсь, что такой прием позволит и читателю приобщиться к музыке Гурецкого и поделиться впечатлениями от нее[23].

Первая часть Симфонии № 3 представляет собой медленно раскрывающийся канон, который постепенно выстраивается от одной до восьми партий. На смену канону приходит дуэт для струнных, в свою очередь, уступающий место соло для сопрано.

По окончании «песни» мы возвращаемся к канону, который звучит сразу в полную силу и медленно затихает после того, как количество голосов уменьшается с восьми до одного. Первая часть симфонии начинается условно «нигде», на пороге между звуком и беззвучием, в эфемерном пространстве между сдержанным молчанием и глубоким стоном. Включая запись симфонии, слушатель предполагает, что музыку неизбежно будут предварять несколько секунд тишины. И — совсем неожиданно — сначала кажется, что эта тишина длится намного дольше, чем это обычно бывает. Симфония Гурецкого начинается так тихо, что музыка почти не выделяется на фоне обычных звуков повседневной жизни. Слушателю, возможно, даже придется «настроить» слух, чтобы внимать симфонии. Вполне вероятно, что некоторые люди начнут «искать» ожидаемую музыку, увеличивая громкость до предела, и тут же уткнутся в басовую линию, едва доносящуюся из динамиков. Контрабас играет на предельно низких нотах — почти на три октавы ниже до первой октавы. Симфония, рассчитанная на большой набор струнных инструментов, открывается в атмосфере максимальной интимности. На таких низких нотах кажется, будто одинокие контрабасы недовольно рокочут, что лишь обостряет эффект *пианиссимо*, едва пробивающегося в мир звуков намеренно неспешно. Постепенно сдвигаясь от тишины к пределам слышимости, первая группа контрабасов почти минуту исполняет начало канона и тем самым устанавливает вокруг симфонии ауру хрупкости и чувственности. Музыка становится чуть-чуть громче со вступлением второй группы контрабасов, которые заводят линию *poco più forte* — «чуточку громче» — на несколько нот выше, в квинте от изначальной ми. Тем самым устанавливается восходящая траектория развития мелодии. Таким образом — через постепенное добавление голосов, уплотнение музыкальной фактуры, повышение регистра и усиление динамики — канон Гурецкого проходит путь от безмолвия к полноценному звучанию.

Шероховатая басовая линия, с которой открывается симфония, словно выражает внутренний конфликт между импульсом сдержаться и стремлением высказаться. Симфония Гурецкого раскрывает неясные ощущения, которые составляет лейтмотив дискуссий о феномене травмы как в психологии, так и в литературе. Психологи часто интерпретируют травму через обращение к памяти: травма нарушает привычные воспоминания и ставит под сомнение способность человека воспринимать события. Даже Фрейд, осмысляя проблему подавления и бессознательного возвращения к болезненным воспоминаниям, противопоставляет стремление хранить молчание и желание излить душу[24]. Джудит Херман, рассуждая о ПТСР, указывает следующее: «Центральное противоречие психологической травмы — порыв отвергнуть страшные события и побуждение во всеуслышанье признать их». Херман описывает воспоминания, которые проявляются в лишенных словесной формы, фрагментированных, заторможенных, повторяющихся из раза в раз образах и телесных ощущениях и которые решительно подрывают способность жить «нормальной» жизнью через регулярные флешбэки и кошмары. Все это лишает человека возможности говорить о травматических событиях. Херман также обращает внимание на то, что безмолвие может принимать различные формы. Например, могут возникать взаимоисключающие желания скрыть тяжелые переживания и поделиться ими. Люди периодически впадают в безмолвие или высказываются обрывисто и неоднозначно, фактически не давая истине проявиться[25]. Двойственное стремление забыть и помнить — ключевой парадокс феномена травмы и ядро гуманистических исследований на эту тему[26]. Чувство амбивалентности, связанное с травмой, развивается сразу на нескольких уровнях: как личное переживание, эстетическое проявление и теоретическая проблема концептуализации травмы в психологии и культурологии. Наши представления о действительности, чаще всего выраженные средствами языка, оказываются вдруг тяжким бременем, поскольку, с одной стороны, разваливаются перед лицом травмы, а с другой — являют собой путь к формированию нового состояния нормальности.

Жак Деррида в надгробной речи 1990 года в память о Луи Альтюссере подчеркивает, что напряженность, отделяющая безмолвие от речи, есть сущностная часть скорби:

Да будет мне прощено, что я и читаю, и не читаю вещи, которые, на мой взгляд, мне надлежит произнести вслух, но лишь в тех пределах, чтобы не дать молчанию окончательно сковать меня. Эти отдельные обрывки — то единственное, что мне удалось урвать у безмолвия, которое в настоящий момент искушает меня, как и, вне всяких сомнений, всех вас, обрести в нем утешение[27].

Деррида именно зачитывал заготовленную речь и в духе рефлексии разыграл перед слушателями всю диалектику скорби, которая одновременно побуждает человека выражать чувства и препятствует этому — и то, и другое всеми возможными средствами. При зачитывании на публику слова становятся олицетворением ситуации, которую отображают. Указанная речь в последующем была опубликована отдельно вместе с другими эссе, написанными по случаю кончины друзей. Редакторы издания отмечают, что тексты Деррида «не посвящены теме скорби, а представляют собой то, что написано *в* скорби и *вопреки* скорби»[28]. Обращаясь к разнообразным биографическим, литературным и музыкальным деталям, которые соотносятся с утратой и травмой, симфония Гурецкого изначально помещает слушателя в пространство где-то между тишиной и звуком и ровно так же представляет эмоциональное противоречие и чувственную двойственность скорби. При этом композиция не описывает прямо подобную ситуацию. Музыкальными средствами композитор воссоздает то самое кричащее безмолвие, характеризующее печаль, которая повергает человека в молчание, но побуждает искать звуки, способные облечь ощущения.

Вступительный канон, в сущности, воспроизводит эту часто встречающуюся психологическую реакцию на травму и чувство утраты. Первоначальный покой задает ощущение приватности, а намеренно медлительный темп развития музыки — мрачную атмосферу. Симфонию открывают контрабасы, неспешно исполняющие гамму ми минор с особым упором на малую терцию (см. пример 4.1). Основная тема канона — та мелодия, которая в течение всей первой части симфонии будет неумолимо звучать из раза в раз, — первую треть (такты 1–8) «топчется на месте», двигаясь вверх-вниз по первым трем нотам гаммы ми минор. Это лишь обостряет впечатление, что музыка развивается очень медленно. Мало того что темп первой части симфонии неспешный, мелодически музыка сначала кружится вокруг себя. С некоторым едва ощутимым усилием мелодия поднимается (с такта 9). Этот первый сдвиг вверх придает музыке некоторую движущую силу, и музыканты доходят до пика октавы (такты 12–13). Здесь мелодия слегка смягчается, поскольку контрабасам приходится пересекать большую терцию. Мимолетно даже кажется, что весь этот подъем по октаве будет началом чего-то нового и позволит свету пробить мрачность музыки. Однако мелодия незамедлительно начинает спадать вниз, спиралью прокручиваясь через малые терции, пока музыка не возвращается к неизбежной первоначальной точке. Такой циклический, поэтапный подъем по малым терциям мы обнаруживаем в основной теме еще одной композиции, которая известна скорбностью: «Адажио для струнных» Сэмюэла Барбера (1936)[29]. В обоих случаях «грешащие» на повторы и крутящиеся в едином цикле мелодии выстроены вокруг малых терций, которые и придают музыке печальный аффект.

Оплакивание потери близкого человека может приводить нас к противоречивым эмоциональным ощущениям, подпитываемым желанием вернуть безвозвратно утраченное. В трактате «Скорбь и меланхолия» Фрейд описывает один из ключевых эмоциональных конфликтов, возникающих в связи с утратой: даже осознав факт смерти, человек склонен пытаться сохранить эмоциональный контакт с отошедшим в мир иной. Фрейд полагал, что испытывающие скорбь люди рано или поздно разрешают для себя это напряжение и, как мы уже упоминали во введении, достигают «декатексиса». Для тех же из нас, кто впадает в меланхолию, скорбь дает осечку. Человек попадает в патологическую трясину нарциссизма и мании, которая может довести его до самоубийства[30]. Современные психологи — особенно конструктивисты, которых мы упоминали во вступлении, — в целом считают описанную модель декатексиса устаревшей. Однако в практике у пациентов, переживающих скорбь, часто отмечается ощущение неослабевающей тоски[31]. Многие психологи описывают скорбь как эмоцию. Но есть и точка зрения, что это целый комплекс сложных чувств, в который, помимо прочего, вплетаются шок, отчаяние и уныние[32]. В частности, Роберт Уайсс отмечает, что скорбь включает в себя «компульсивное побуждение найти потерянного человека и вместе с тем острое желание дождаться его возвращения». Мы можем в различной степени переживать такие чувства в результате утраты. В произведениях Колина Паркса и Джона Боулби подобное повышенное внимание и постоянный поиск каких-либо признаков присутствия скончавшегося описываются как частые симптомы скорби[33]. Такая тоска обычно не свойственна людям с ПТСР, однако Холли Пригерсон и Селби Джейкобс, желая обосновать отдельную категорию «травматической скорби», сопоставляют неизбежное ощущение нехватки чего-то и печаль разлуки с гипертрофированной бдительностью, которая как раз часто сопровождает ПТСР. Тем самым исследователи проводят параллели между утратой и травмой[34]. Я не намерена придерживаться исключительно формулировок Фрейда, поэтому использую слова «скорбный» и «меланхоличный» в самом общем смысле, то есть не в тех коннотациях, которые подразумевал австрийский психоаналитик.

Из того, как в Симфонии № 3 выстраиваются восходящие мелодические линии и неизменно уходящие вверх диссонансы, формируется пространство, где чувствуется сильное томление и острое напряжение, которое не может как-либо разрешиться. Это своего рода музыкальная метафора тоски как неизменной части скорби. Нарастание мелодии канона задает ощущение жгучего желания, которому не дано с какой-либо очевидностью быть реализованным. Переливы мелодии зачастую расшифровываются как метафоры. Вспомните прыжок на октаву вверх, с которого открывается песня «Over the Rainbow» («Над радугой») на музыку Гарольда Арлена из фильма «Волшебник страны Оз» (1939). В этом музыкальном жесте ощущается мечта Дороти вырваться из Канзаса и оказаться в новом мире. Похожий прыжок вверх происходит и в лейтмотиве «любовь — смерть» оперы

Пример 4.1. Тема канона, такты 1–24, часть 1, Симфония № 3
Композитор: Хенрик Гурецкий (© Copyright 1977 by PWM Edition,
Krakow, Poland. Transferred 1998 to Chester Music Ltd. U.S.
Renewal rights assigned to Boosey & Hawkes, Inc.
Перепечатывается с разрешения правообладателя:
Boosey & Hawkes Music Publishers Ltd.)

«Тристан и Изольда» (написана в 1859 году). Тем самым подчеркивается, что любое страстное желание всегда связано с тоской. Тему канона в Симфонии № 3 можно интерпретировать схожим образом как метафору. Однако Гурецкий не дарует слушателям понимание того, что мы уверенно движемся вверх или по самой меньшей мере пытаемся так делать. В этом симфония ближе «Адажио» Барбера с проходящей один и тот же цикл мелодией, которая неоднократно достигает пика и сразу же отступает от него. Мелодия Гурецкого создает ощущение глубинной печали. Ее источником выступает собственно тяжесть восхождения, происходящего медленно, мелкими шажочками, с постоянными отступлениями. Мелодия по прошествии длительного времени, наконец, достигает пикового звучания в октаве, то есть музыка ровно посередине первой части симфонии будто находит некую осмысленную точку. Однако никакого наслаждения или удовольствия от этого не ощущается. Захватывая единую ноту, мелодия достигает зенита и сразу же сокрушительно падает, возвращаясь к отправной точке. Тем самым мелодия канона риторически обыгрывает постоянное стремление и желание достичь чего-то, мечту о том, чтобы оказаться в другом месте, но не дает нам понимания, что мы претворили в жизнь эту мечту. Так музыка вторит частой эмоциональной реакции у скорбящих: беспредельной тоске.

Сама форма канона соотносится с общей траекторией развития первой части симфонии: каждая секция инструментов вступает с той же мелодией, но все выше и выше. В результате задается ощущение нарастающей волны, которая достигает пика перед соло сопрано. Когда сопрано достигает предельных нот в этой части симфонии, мы возвращаемся к канону, на этот раз звучащему сразу во всем многоголосии. Затем каждая из восьми групп инструментов, начиная с первых скрипок, медленно затихает одна за другой. Если в течение всей первой части симфонии фокусироваться на верхней мелодии, то будешь внимать тому, как тема канона то и дело достигает пика. С каждой новой группой инструментов этот предел перемещается все выше. Тем самым музыка постоянно стремится вверх, но не достигает некоей конечной точки. Даже при втором появлении канона и его постепенном затихании сверху вниз мелодия сама по себе сохраняет эту восходящую направленность. Гурецкий через повторы материала создает пространство, где слушателей накрывает калейдоскоп уносящихся вверх звуков, в котором явственно ощущается безграничная тоска по чему-то недоступному.

Гурецкий в некоторой степени преобразует эту формулу выстраивания мелодии во второй части симфонии. После того, как канон первой части окончательно затухает, вторая часть сразу же открывается на резком контрасте: на полетном мотиве в ярком, блистательном ля мажор (см. пример 4.2). Гурецкий продолжает нагнетать это ощущение тоски. Мотив открывается неполной большой терцией от ля (с «пустой» квинты). У слушателя возникает острое желание услышать «пропущенную» ноту. Затем мотив прыгает выше, на соль-диез, который, будучи вводным тоном, также вызывает ожидание резолюции. Однако мотив почти сразу спадает. При этом естественность, с которой новый мелодический материал движется вверх, и неожиданная мягкость ля мажор создают впечатление, будто ощущаемая нами тоска будет гораздо менее тяжелой, чем мы могли предположить, и потенциально даст надежду на лучший исход. К сожалению, это лишь первое впечатление. После трех повторов вводного мотива мы переходим на более мрачный минорный лад: с ля мажор на си-бемоль мажор (такт 11). Тем самым умиротворение предшествующего фрагмента оказывается крайне эфемерным[35]. Сопрано вскоре вступает на стремящемся вниз мотиве (с ре-бемоль на до) на польском обозначении «мамы»: *mamo*. Мелодия неоднократно спускается, как во многих других произведениях схожего настроения. Вспоминаются такие ранние арии, как, например, знаменитая «When I Am Laid in Earth» («Когда меня уложат в землю») из оперы «Дидона и Эней» Генри Пёрселла (ок. 1689), где схожие мотивы формируют эффект плача[36]. Соло сопрано напоминает нам о том, как тяжело и долго взмывал вверх первый канон. И вновь мелодия ограничивается одной октавой. Сначала музыка тяготеет вниз и затем постепенно поднимается, шаг за шагом, с постоянными повторами, достигая кульминации. Музыкальная интерпретация бесконечной тоски идеально дополняется текстом надписи из камеры Хелены Ванды Блажусяк: дочь в плену взывает к отсутствующей матери. Риторически музыка Гурецкого постоянно старается дотянуться до чего-то, но неизменно вынуждена отступать и возобновлять безуспешные попытки. Гурецкий подчеркивает, насколько неизбывна рисуемая им тоска.

В Симфонии № 3 переосмысляется практика работы с тональностями и ладами — традиционными техниками, которые композитор почти не использовал в рамках экспериментов с сериализмом и сонорикой. Через обыгрывание созвучий и диссонансов

Гурецкий формирует ощущение постоянного напряжения без высвобождения эмоций. Тем самым даже за счет диссонанса композитор задает аналогию для типичных эмоциональных переживаний, связанных с безысходной тоской. В первой части Симфонии № 3 с каждой новой группой инструментов мелодия канона звучит чуть выше (на квинту). Каждый раз в основе мелодии разная гамма или лад. Наслаивающиеся друг на друга линии образуют статичное, однотонное звуковое полотно[37], в котором сочетания звуков в различных инструментах формируют диссонансы. Уже в первом дуэте обнаруживаются сразу пять тритонов (такты 26–50) — сочетания двух нот, которые за долгую историю развития тональной музыки стали ассоциироваться с ощущением нарастающего напряжения. У Гурецкого эти тритоны ни разу не находят резолюции или катарсиса. Наоборот, возникающий от тритонов надрыв беспрестанно возникает и отступает. Так создается перманентный и оттого тем более пронзительный диссонанс[38]. Гурецкий обостряет тоску, которая возникает из восходящих мелодичных линий, через дополнение последних схожими эффектами. В частности, в кульминации первый дуэт проходит через несколько различных диссонирующих интервалов (тритон / увеличенная кварта, большая секунда и большая септима; см. пример 4.3). Такие моменты напряжения отмечаются на протяжении всей первой части симфонии. И накал лишь усиливается по мере разрастания канона. Слушатель погружается в звуковой мир, полный диссонансов, которые не находят разрешения. Постоянное ощущение того, что мелодия куда-то безуспешно устремляется, но не дотягивается до этого, в сочетании с засильем диссонансов задает конкретную реакцию на цитаты, представленные в симфонии. Прослушивание произведения Гурецкого словно становится переживанием важной утраты. Мы оказываемся в состоянии, похожем на то, когда очень хочется, но нет возможности вернуться к прошлому ощущению себя или быть с близким человеком, которого больше нет.

Такие диссонансы обнаруживаются в трех частях симфонии. Так, в третьей части Гурецкий использует вводные аккорды из Мазурки ля минор, ор. 17, № 4. Композиция Шопена — короткое,

Пример 4.2. Клавир, такты 1–15, вторая часть
Композитор: Хенрик Гурецкий (© Copyright 1977 by PWM Edition,
Krakow, Poland. Transferred 1998 to Chester Music Ltd. U.S.
Renewal rights assigned to Boosey & Hawkes, Inc.
Перепечатывается с разрешения правообладателя:
Boosey & Hawkes Music Publishers Ltd.)

горестное произведение для фортепиано. Мазурка открывается
тремя взятыми левой рукой аккордами (малый септаккорд от си,
фа мажор и ре минор), которые проигрываются трижды в качестве небольшой прелюдии к основной мелодии произведения
(см. пример 4.4). Эти аккорды — необычная стартовая точка для
композиции в ля минор. Нота ля, словно предвестница мелодии,
обнаруживается в основе всех трех аккордов, однако с позиции

традиционного подхода к выстраиванию гармонии мы находимся довольно далеко от «родных мест». К ля минор нам приходится идти окольным путем (см. такты 19–20)[39]. Во всех трех аккордах звучат одни и те же нижние и верхние ноты (ля и фа), задающие минорный лад произведения. Однако средние ноты в аккордах создают небольшой мелодический рисунок, подразумевающий проход через малую терцию (си, до и ре). Аналогичное «кружение» вокруг малых терций мы обнаруживаем и в первой части симфонии Гурецкого, и в основной мелодии «Адажио» Барбера. Звучащий как эхо цикличный набор малых терций не только передает ощущение скорби, но и формирует пронзительный диссонанс, к которому мы все время возвращаемся и который каждый раз ставит нас в тупик[40]. Третья часть симфонии Гурецкого открывается первыми двумя аккордами из мазурки (малый септаккорд от си и фа мажор). Их эмоциональный заряд усиливается оттого, что первые пятьдесят тактов струнные фактически проигрывают именно эти аккорды. Они же сопровождают выход сопрано (на такте 20) с силезской народной песней «Куда же он ушел» (см. пример 4.5). Качества, которые изначально составляли суть произведения Шопена, — горечь, статичность, повторяемость и диатонические диссонансы, — обостряются через учащенные до предела повторы. Вроде бы мягкий диссонанс, который тем не менее остается без ожидаемого ответа, представляется музыкальной аналогией переживания скорби по безвозвратно ушедшему человеку.

Значительная часть исследований о чувстве утраты сосредоточена вокруг кончины близкого. Однако скорбь может возникать в самых различных ситуациях, в том числе как реакция на травму. Травматическое событие ставит под вопрос ощущение личной безопасности человека. Навязчивые воспоминания подрывают ход повседневной жизни. Люди, пережившие травму, могут чувствовать себя неуверенно даже в собственных телах и в пределах ближайшего окружения. Херман отмечает, что реабилитация должна начинаться с осознания безопасности собственного тела. В дальнейшем чувство защищенности и надежности распространяется на внешнюю среду[41]. Музыкальными средства-

Пример 4.3. Такты 35–39, конец первого дуэта-канона, первая часть
Композитор: Хенрик Гурецкий (© Copyright 1977 by PWM Edition,
Krakow, Poland. Transferred 1998 to Chester Music Ltd. U.S.
Renewal rights assigned to Boosey & Hawkes, Inc.
Перепечатывается с разрешения правообладателя:
Boosey & Hawkes Music Publishers Ltd.)

ми — предсказуемыми повторами и поступательными переменами — симфония Гурецкого генерирует ощущение надежности[42]. Уже с самого начала симфонии, которая встречает нас, можно сказать, полной тишиной, контрабасы задают темп, который будет выдержан без изменений на протяжении почти всего произведения. Медленный, размеренный ход музыки придает основательность симфонии и даже воздействует на частоту дыхания у слушателей[43]. Общее течение времени в симфонии создает впечатление, будто мы чинно следуем за катафалком. Слушатель не сталкивается ни с резкими переходами, ни с неожиданными вспышками, ни с внезапными паузами. Игра всего оркестра отзывается в нас мерным, предсказуемым, словно бесконечным пульсом. На протяжении первых 13 минут вплоть до соло сопрано, затем после кульминации партии этого соло и до конца первой части симфонии слушатель внимает исключительно теме канона и, возможно, даже начинает предугадывать ее конец и возобновление. Канон столь размеренный, а расширение инструментальных групп столь предсказуемо, что слушатель вполне может позволить себе ослабить внимание, а потом в любой момент вернуться к уже знакомому музыкальному материалу, придаю-

Пример 4.4. Такты 1–5, Мазурка, ор. 17, № 4, ля минор, Фредерик Шопен

щему ощущение стабильности. Медленные, целенаправленные повторы разыгрывают реабилитацию после травмы и утраты. Симфония формирует музыкальное пространство абсолютной безопасности, которое слушатель, переживший болезненное событие, может счесть стабилизирующим.

Вводный канон выступает хорошим примером того эффекта, которого Гурецкому удается добиваться во всех трех частях симфонии: музыкальный и текстовый материал сплетается в цельную музыкальную текстуру, развивающуюся без каких-либо сбоев. Интеграция фрагментов в связную материю — образец того, как мы можем реагировать на травму стремлением к восстановлению, и аналогия на тему сложного познания и поиска смысла после утраты. В терапии реабилитация при ПТСР и ощущении растерянности после тяжелого события предполагает трансформацию обрывочных воспоминаний в линейный нарратив. Последний начинается с периода до травматического события, охватывает как можно больше чувств и деталей, связанных с самим событием, и завершается описанием текущих обстоятельств жизни человека. Херман называет такой подход привнесением «музыки и слов» в существующие воспоминания[44]. Музыка как таковая может выстраиваться вокруг нарративов, но, конечно же, ее нельзя приравнивать к передаваемым через слова сюжетам, в которых отражаются определенные серии прожитых переживаний[45]. В частности, симфония Гурецкого сглаживает все телеологические элементы музыки, которые

Пример 4.5. Такты 1–6, третья часть, только струнный оркестр
Композитор: Хенрик Гурецкий (© Copyright 1977 by PWM Edition,
Krakow, Poland. Transferred 1998 to Chester Music Ltd. U.S.
Renewal rights assigned to Boosey & Hawkes, Inc.
Перепечатывается с разрешения правообладателя:
Boosey & Hawkes Music Publishers Ltd.)

могли бы задать ощущение какого-либо линейного прогресса,
в пользу постоянной повторяемости музыкального материала.
Французский писатель-эссеист Морис Бланшо предлагает более
обширные рамки интерпретации, сводя травматические воспоминания и нарратив их реконструкции к обобщенным понятиям
«непрерывности» и ее «разрыва»[46]. Концепты Бланшо охватывают процесс соединения человеком обрывков воспоминаний
в понятный нарратив, о котором пишет Херман, а также позволяют нам рассматривать гораздо больший круг неязыковых,
эстетизированных носителей информации без очевидного сюжета.

Может показаться, что «непрерывность» по определению не
допускает «разрывов». Бланшо отмечает по этому поводу следующее: «Непрерывность как таковая несет в себе тот самый разрыв,

который неизбежно исключает ее»[47]. Симфония № 3 олицетворяет собой как раз такой разрыв. Произведение включает цитаты, имеющие отношение к войне и утрате, и превращает эти отрывки в единый поток музыки. Во вводном каноне Гурецкий использует контур мелодии и восходящий мотив из «Здесь умирает Иисус» и цитирует завершение «Да вознесется хвала ему» в конце мелодии канона (см. примеры 4.6 и 4.7 в сравнении с примером 4.1)[48]. Поступательное восхождение и спуск по октаве основной темы позволяет Гурецкому соединить два отрывка в единую мелодию. В этом прослеживается сильный контраст с музыкой Шнитке, который как раз подчеркивал фрагментарность используемых отсылок. Гурецкий выполняет некое подобие музыкального *анжамбемана*, который облегчает переходы: когда мелодия канона наконец возвращается к ноте, с которой началась, следует очередной повтор темы. Тем самым все репризы плавно увязаны друг с другом. Примечательно, что канон исполняется исключительно струнными, которые задают однородное звучание и тембральную окраску музыки. Смычковые инструменты исполняют канон, прерываясь лишь для того, чтобы дать сопрано исполнить соло, и затем доводят канон до самого конца части.

Те атрибуты, которые как раз претерпевают изменения, в том числе повышение регистра, модуляции, нарастание динамики и уплотнение фактуры, никак не нарушают ощущение непрерывного течения музыки. Такие эффекты лишь постепенно усиливают канон и оказываются предсказуемыми и надежными в своей изменчивости. Здесь вспоминается то, как Пярт обыгрывал преобразования музыки в «Silentium». Симфония Гурецкого открывается на *пианиссимо*. На каждом вступлении нового инструмента композитор указывает *poco più forte* — «чуть громче». Пик звучания достигается в первой части симфонии мало-помалу, крайне медленно, методично. Гурецкий указал это растянутое во времени *крещендо* в партитуре. На практике же музыка естественным образом становится громче за счет увеличения количества звучащих инструментов и вознесения мелодии, то есть повышения ее регистра. Драматизм произведения во многом формируется вследствие увеличения громкости, происходящего,

Пример 4.6. «Здесь умирает Иисус»

Пример 4.7. «Да вознесется хвала ему»

впрочем, так неспешно, что у слушателя сохраняется ощущение общей непрерывности музыки.

В некотором смысле соло сопрано олицетворяет скорбь теми же средствами, что и канон, который его окружает. После того как канон достиг предела на восьми партиях и трансформируется в дуэт, исполняемый первыми и вторыми скрипками, альтами и виолончелями (такт 301), все четыре группы инструментов возвращаются к звучанию, с которого начиналось произведение, но теперь в более высоком регистре: в четырех октавах от той первоначальной ноты (такты 317–320). Инструменты задерживаются на ноте ми на четыре такта — почти на 30 секунд. Тем самым четко обозначается статичное пространство, разделяющее канон и соло сопрано. В какой-то момент создастся даже ощущение, что музыка вот-вот растворится в тишине. В это пространство вступают на одной и той же ноте фортепиано и арфа (такт 321). Оба инструмента играют с достаточной силой, чтобы звук был неожиданным и резким, вынуждая слушателей вырваться из вдруг снизошедшей на них тишины. Фортепиано и арфа еще дважды так повторяют эту ноту. Последующие вступления инструментов становятся слегка приглушенными, задавая траекторию последующего безмолвия. После трех нот слушатели, возможно, будут ожидать еще один повтор звука. Однако вместо этого внезапно вступает сопрано, молчаливое присутствие которого ощущалось все первые 13 минут произведения. Певица выполняет короткий, последовательный подъем в тональности ми минор (такты 326–327) на нижней границе своего диапазона и устанавливает некоторую параллель с открытием симфонии. Соло сопрано не становится зеркальным отражением пространства на грани беззвучия, с которого начиналась первая часть произведения. Однако в том, как певица парит где-то между звучанием и безмолвием, угадывается общность с этим и вновь находит отражение та чувственная амбивалентность, которая характерна для переживания скорби и травмы.

Песня сопрано не только прерывает затянувшееся молчание, но и несет в себе текст плача Девы Марии:

> Сынок мой, любимый и избранный,
> Раздели раны со мной.
> Милый сын, ты вовек в моем сердце
> И я верно служу тебе.
> Так ответь же теперь матери, утоли ее печали.
> Хотя ты, мой источник надежды, уже покидаешь меня[49].

В тексте песни выражены темы утраты, скорби и тоски, которые симфония Гурецкого вплоть до этого момента воплощала музыкальными средствами. Сын Марии уже при смерти, и женщина обращается к нему со словами, полными любви и печали. Мария пытается всеми силами удержать надвигающийся разрыв и неизбежную потерю сына. Она молит о возможности разделить с ним его боль и обрести последнюю надежду. Мария стремится сохранить эмоциональную связь с сыном вопреки надвигающейся утрате. Озвучиваемые ею желания при этом невозможно исполнить. Как и в предшествующем каноне, соло сопрано музыкально передает ощущение тоски через постоянное использование мелодии, стремящейся вверх, и обыгрывание диссонансов. Примечательно, что Гурецкому вновь удается включить в единообразную музыкальную фактуру новую прямую отсылку. В первой музыкальной фразе сопрано звучит слово *synku* — «сынок» (см. пример 4.8). Обращение к сыну композитор представляет как короткий подъем на четыре ноты. Восходящая мелодия обозначает призыв Марии. Этот подъем такой медленный, что кажется, будто он может и дальше уноситься ввысь. Но сопрано останавливается на четырех нотах — ощущение того, что Мария тянется вперед, но не может достичь желаемого. Те же четыре ноты играют флейты, арфа и струнные, удерживая каждую ноту на протяжении короткой фразы. Благодаря этому слушатель ощущает, как каждая нота поддерживает следующую[50]. После того как сопрано затихает, струнные продолжают исполнять эти четыре ноты. В результате возникает нежное, мягкое эхо, которое словно возносит голос сопрано еще выше. Этот момент Ховард называет «эффектом ореола»[51]. В рекомендованной записи фрагмент выполнен максимально тихо, и одинокий, едва уловимый голос сопрано оказывается окруженным трогательным мерцанием, возникающим благодаря инструментам, которые проигрывают и удерживают исполняемые певицей ноты. Эхо повисает в воздухе после того, как сопрано затихает, и сразу же звучит вновь. В течение всего соло Гурецкий выстраивает гармонию на основе мелодии сопрано, строящейся по большей части на обычной гамме. Композитор включает диссонансы в эпизод и при этом старается избегать устоявшихся подходов к гармоническим сдвигам. Слушатель внимает единому звуковому миру, который во многом характеризуется именно диатоническими диссонансами. Это умеренное напряжение можно назвать музыкальным аналогом чувства, возникающего вследствие мольбы Марии к сыну, ее желаний, которые так и не будут удовлетворены.

Хотя вся первая часть симфонии представляет собой общее музыкальное пространство, ключевой чертой которого можно назвать постоянно возникающие и исчезающие диссонансы, кульминация соло сопрано за счет того, как Гурецкий выстраивает гармонию, оказывается кратким мигом катарсиса. Канон начинается в ми минор. Затем на него посредством добавления новых групп инструментов накладываются различные лады. Тем самым музыка удерживает мрачное звучание и в целом избегает даже намеков на какой-либо жизнерадостный мажор. Соло сопрано заключено между двух различных гамм: того минорного лада, с которого начался канон, и фригийского лада — древнецерковного звучания, которое редко используется в обычной тональной музыке и традиционно ассоциируется со скорбью[52]. Гаммы различаются только одной нотой: в минорном ладу есть фа-диез, а в фригийском — фа. Сопрано часто проходит по соответствующим гаммам, поэтому слушатель внимает, как солистка спускается с фа-диез до фа-бекар, от и без того печального минора к еще более безутешному по звучанию фригийскому ладу (см. такты 339 и 347). Выходя на драматический пик соло (с такта 362), сопрано целенаправленно устремляется вверх по мрачной фригийской гамме. Солистка тихо начинает восхождение, но постепенно усиливает звучание. Дойдя до верха гаммы, сопрано отказывается от осторожного поступательного подъема, неожиданно взлетает и, наконец, заканчивает соло на фа-диез. Оркестр соответствующим образом подстраивается под неожиданное включение мажора — один из редких светлых моментов в произведении. Это пик всей первой части симфонии: сопрано выходит на предельные ноты соло, вырываясь из угрюмого фригийской лада, и опускается на фа-диез; оркестр на миг позволяет себе отказаться от сурового минорного звучания[53]. Первая часть симфонии начальные 16 минут вела нас к этой драматической кульминации, чувственный эффект которой частично связан с тем ярким гармоническим контрастом, который здесь возникает, — вспышка яркого света посреди темного пространства. Прыжок сопрано в самом конце восхождения Гурецкий заимствует из польской народной музыки. Это «группетто Скерковского»* — скачок вверх на малую терцию, сопровождающийся спуском. Прием обостряет поступательное восхождение сопрано, которое в конце соло достигает предельной ноты. Возникает

---

* По имени Владислава Скерковского, собирателя польских народных песен.

Пример 4.8. Вступление к соло сопрано, такты 326–328, первая часть
Композитор: Хенрик Гурецкий (© Copyright 1977 by PWM Edition, Krakow, Poland. Transferred 1998 to Chester Music Ltd. U.S. Renewal rights assigned to Boosey & Hawkes, Inc. Перепечатывается с разрешения правообладателя: Boosey & Hawkes Music Publishers Ltd.)

ощущение того, что музыка еще сильнее стремится взмыть на пике звучания[54]. Подобные группетто возникают на протяжении всего канона, и эмоциональность музыки, возможно, усиливается как раз из-за того, что слушатель вдруг узнает знакомый мотив. При всей драматичности этот зенит — мимолетный катарсис. Сразу же за ним мы возвращаемся к канону и минорному ладу, который доминировал в этом произведении.

На протяжении всей первой части симфонии нарастают фактура, динамика и регистр музыки. И этот постепенный подъем единит безмолвие, с которого началось произведение, и заключительное восклицание сопрано. Здесь вспоминается высказывание Бланшо:

> Слово «молчание» парадоксально само по себе. Оно указывает на безмолвие, однако мы несомненно ощущаем, что оно связано с криком, безмолвным кличем, который обрывает любые речи, воплем, который не обращен к кому-либо конкретно и которому никто не внимает, плачем, который проваливается в пустоту и служит нам осуждением... Этот крик склонен превосходить по мощи все возможности языка, при этом он же возвращает словам их силу[55].

Бланшо подчеркивает парадоксальную природу «молчания», что наводит на мысли о том безмолвии, с которого начался канон Гурецкого. Неоднозначные коннотации утраты, скорби и травмы, отраженные в симфонии с начальных нот, обыгрываются на протяжении всей первой части произведения. Кульминацией противоречия становится мольба сопрано. Примечательно, что пение в контексте симфонии выходит далеко за пределы языковых средств. Текст посвящен теме утраты и печали, но сопрано выводит ноты так медленно, что становится сложно распознать слова. Этот эффект усиливается для слушателей, которые не владеют польским языком. Вокализация, неизменно стремящаяся вверх мелодия, группетто, поднимающее нас еще выше, диссонансы, ощущение последовательности, возникающее за счет выстраивания гармонии от соло сопрано, — все эти музыкальные элементы отображают эмоциональную реакцию на утрату и скорбь. Обозначенные эффекты обыгрывают текст песни, однако их эстетическая выразительность идет дальше тех смыслов, которые можно вложить в слова.

Крик сопрано — центральный эпизод первой части симфонии. Соответственно, то, как слушатель воспринимает и понимает эту мольбу, влияет на интерпретацию всего произведения Гурецкого и отношение к феномену скорби. В различных версиях музыка звучит по-разному. На популярной записи 1992 года от лейбла Nonesuch слушатель внимает заслуженно ставшему широко известным исполнению Дон Апшоу. Апшоу наделена поразительно красивым голосом, который приобретает особую насыщенность и выразительность в верхнем регистре. При этом на первых низких нотах соло сопрано звучит тонко и хрупко, вплетаясь в более плотную текстуру оркестра. С каждым продвижением наверх голос Апшоу становится все более полным, ярким, нежным и пронзительным, а в кульминации расцветает и звучит с очевидной легкостью и силой. Неотъемлемые качества голоса Апшоу усиливают ощущение катарсиса, достигаемого в соло: от напряжения на нижних нотах мы переходим к свободному полету на предельных нотах. Апшоу превращает болезненный скорбный вскрик Девы Марии в прекрасную кульминацию, к которой нас подводила музыка на протяжении всей первой части симфонии. По иронии Апшоу, когда ей предложили исполнить эту партию, высказывала сомнения, достаточно ли у нее мощный голос для такого масштабного произведения. По словам же самого Гурецкого, он представлял для симфонии именно такой голос, как у Апшоу, и это дает основание предположить, что именно ее вокальные качества позволили в полной мере воплотить катарсис, который композитор изначально заложил в произведение[56].

На премьере симфонии партию исполняла польское сопрано Стефания Войтович. Солистка неоднократно записывала произведение. Ее интерпретацию партии можно назвать хрестоматийной, но она звучит существенно иным образом. На записи 1986 года для лейбла Erato с оркестром Юго-Западного радио Германии (Баден-Баден) и дирижером Эрнестом Буром с самой первой ноты соло Войтович становится ясно, что мы слышим более тяжелый и с более низким центром голос, который особенно насыщенно звучит на первых слогах обращения Девы Марии к «сынку». На заключительном восхождении голос Войтович теряет легкий резонанс, с которым звучал его нижний регистр, становится более тонким и дополняется сильным вибрато. Напряжение ясно слышится в кульминации, где голос будто бы задает ощущение телесного дрожания. Заметно усиливающееся в течение соло напряжение в голосе Войтович лишает слушателя чувства катарсиса, освобождения или спасения. Более того, чем дальше, тем сильнее усиливается дрожь в голосе солистки. В результате интерпретация Войтович сводит всю первую часть симфонии к проявлению безутешной скорби матери, уже потерявшей ребенка.

Если человек не владеет польским языком и начинает прослушивание симфонии, основываясь исключительно на ее названии (Симфония скорбных песнопений), то музыкальные и текстовые отрывки, в которых отображаются образы травмы и утраты, сами по себе наводят его на восприятие произведения именно в свете этих тем. При этом симфония подкрепляет эту трактовку, музыкальными средствами обыгрывая в эстетизированной форме подлинные переживания. Отталкиваясь от работ Вильгельма Дильтея и Ричарда Шехнера, Виктор Тёрнер отмечает, что любое исполнение воплощает опыт реальной жизни в «выразительный, эстетически [целостный] результат — произведение искусства»[57]. Тёрнер в первую очередь подразумевает здесь ритуализированные действа и театр. Однако важно подчеркнуть, что музыка отсылает нас к целому спектру выражаемых человеческих переживаний. Этот феномен становится тем более очевидным, когда мы сопоставляем детали композиций с текстовыми описаниями травмы и скорби. Обращение к тишине, восходящие линии, диатонические диссонансы, повторы и постепенные изменения — всем этим Гурецкий обозначает ту амбивалентность, которая сопровождает травмы и утрату, ту тоску, которая связана с печалью, а также то чувство безопасности и то ощущение преемственности, которые так важны для реабилитации после травматического события. Все это придает симфонии ее скорбный аффект.

Возможно, не стоит считать совпадением, что и симфония Гурецкого, и, как мы имели возможность убедиться, «Tabula Rasa» Пярта — произведения, олицетворяющие скорбь вследствие травмы и страданий, — обращаются к схожим стратегиям выстраивания музыки. Хотя каноны Пярта и Гурецкого структурированы по-разному («Silentium» — мензуральный канон, первая часть Симфонии № 3 — простой), оба композитора имеют возможность прорабатывать тональный и модальный материал, избегая телеологии — ощущения завершенности. В обоих произведениях ставка делается на повторы, а также на постепенные и предсказуемые изменения. Музыкальная статичность обеих композиций позволяет формировать вокруг них стабильное звуковое пространство, в котором человек может проанализировать события жизни, категорично подрывающие ощущение безопасности. В равной мере тишина — важный элемент в обоих произведениях: в конце «Silentium» сходит на нет, Симфония № 3 открывается почти полным безмолвием. Обе композиции помещают слушателя в уязвимое пороговое состояние между внятным высказыванием и полным молчанием. И «Tabula Rasa», и Симфония № 3 заполняют образуемое звуковое пространство диатоническими диссонансами, которые задают ощущение мучительного напряжения и тоски. Диссонантные интервалы возникают в обоих произведениях благодаря течению канона, причем не происходит ни кульминации, ни катарсиса. Использование в произведении цитат важно не только для Гурецкого: как и он, Пярт составляет из обрывочных фраз единые, цельные музыкальные миры, а Шнитке через аллюзии к музыке прошлого, напротив, выводит на первый план ощущение разрыва. Один существенный аспект отличает Симфонию № 3 от всех остальных произведений, рассматриваемых в этой книге. Гурецкий прямо отсылает нас к конкретным историческим эпизодам, напоминая слушателям каждой нотой, что избранные им стратегии связаны с синтезом травматических событий прошлого.

Симфония № 3, повествования о холокосте и проявления культурных травм

Травма и ощущения скорби в Симфонии № 3 могут восприниматься через призму включенных в произведение цитат и сопоставления этих отрывков с чувством национальной идентичности польского народа. Связь Симфонии № 3 с травматическими событиями прослеживается не только в конкретных нотах и звуках, но и в том, как все это ассоциируется с исторической памятью и вписывается в общественный дискурс о сущности культурной травмы. Впрочем, притом что произведение Гурецкого отображает вполне определенные эмоциональные и психологические переживания, мы знакомимся с ним через исполнения и записи исполнений. Тем самым закольцовывается взаимосвязь, которую Шехнер обнаруживает между реальностью и исполнением. Продолжая мысль Шехнера, Тёрнер предполагает, что любое исполнение — в некотором смысле форма компенсации. Исполнение позволяет человеку за счет ритуальных и эстетических средств разобраться в сути событий[58]. В фильме Симфония скорбных песнопений (первоначально показан на британском телевидении в 1993 году и выпущен в виде коммерческой записи в 2007 году) режиссер Тони Палмер дополняет исполнение Симфонии № 3 набором образов, начиная со сцен настоящего и прошлого Аушвица — концлагеря, созданного немцами во время Второй мировой войны в польском городе Освенцим. Кинокартина продолжается показом целого ряда злодеяний, которые человечество познало в течение XX века. Палмер пытается через Симфонию № 3 дать оценку событиям прошлого. Произведение становится символом скорби как таковой. Посредством ассоциаций с травматическими событиями режиссер стремится придать как Гурецкому, так и его композиции ауру аутентичности. Включая симфонию во всеохватывающий нарратив холокоста, разворачивающийся перед зрителями в серии безжалостных картин, Палмер четко обозначает те разногласия, которые нередко возникают в связи с культурными травмами[59]. Гурецкий неоднократно предпринимал попытки написать произведение именно в память о Второй мировой войне и Аушвице, но так и не довел ни одну из начатых композиций до конца. Преображение же Симфонии № 3, которая полна отсылок к польской историографии и католицизму, в музыкальное сопровождение кинематографических эпизодов о холокосте втягивает произведение Гурецкого в общие разночтения в воспоминаниях евреев и поляков о событиях Второй мировой войны[60]. Жестокость исторических кадров, которыми Палмер дополняет симфонию, и первоначально крайне негативная реакция на фильм заставляют вновь задумываться об этичности представления человеческих страданий на всеобщее обозрение, о возможности эстетизирования актов насилия и о соотношении музыки с такими сценами и указанными моральными проблемами.

Музыка может выступать в качестве носителя определенного психологического аффекта, а также способа вызывать эмоциональную реакцию и придавать осмысленность болезненным общественным и историческим ситуациям. Сопоставляя психологическую и культурную травму, Смелзер отмечает важность аффекта и называет культурную травму общественным дискурсом, который привносит эмоции и значения в социально важные, памятные события. Этот концепт в некоторой степени развивает идею Тёрнера об исполнении как попытке наверстать упущенное[61]. Насилие может вызывать в нас самые разнообразные чувства: дезориентацию, ощущение хаоса, гнев, ужас, отвращение, а также ту скорбь, которую олицетворяет Симфония № 3. Все подобные реакции выступают средствами, позволяющими придать некоторый смысл пережитому. Так, война может вызывать ужас в связи с присущим ей насилием или гордость за самопожертвование, на которое нация готова идти ради победы. Это две очень разные эмоциональные реакции и точки зрения на войну как явление. Смелзер ничего не пишет об эстетических произведениях, но мы можем предположить, что музыка зачастую оказывается частью подобных дискурсов и формирует выразительные аффективные реакции на страдания. Живые концерты, посвященные разнообразным благим целям и воспоминаниям, музыка, которую мы слышим в кино и по телевидению, даже тексты из буклетов к записям — все эти и многие другие обстоятельства позволяют соотнести определенные произведения с рядом общественных, исторических и даже вымышленных событий. В результате у слушателя возникают те или иные «внемузыкальные» эмоциональные ассоциации.

Симфония № 3 и то, каким образом в произведении обыгрывается травма как явление, позволяет включать композицию в общественный дискурс о страданиях. Специфические стратегии и звучание, которые Гурецкий заложил в симфонию, становятся основаниями для того, чтобы инкорпорировать произведение в мероприятия, нацеленные на сохранение памяти или поиск смысла в бедствиях прошлого посредством их оплакивания. Музыка способна передавать тяжелые эмоции. Что же касается возможности через музыку ссылаться на конкретные явления, то здесь все неоднозначно и гибко. Те цитаты и фрагменты, которые Гурецкий включает в симфонию, ясно указывают, что он поставил перед собой задачу создать произведение-ламентацию, где очевидные отсылки несут в себе чувственный заряд. Ховард делает соответствующие замечания по поводу изначального восприятия произведения Гурецкого в Польше[62]. Однако, когда Симфония № 3 противопоставляется самым разнообразным контекстам, в сознании слушателей отсылки начинают утрачивать конкретную связь с Польшей. Общескорбное звучание музыки заслоняет собой четкие исторические ассоциации. К симфонии продолжают прибегать в ситуациях, которые как-либо связаны с трауром и печалью, поскольку произведение убедительно олицетворяет собой скорбь. Симфония № 3 звучит в разных фильмах («Бесстрашный» Питера Уира, «Эпилог» телеканала HBO, документальная кинокартина «Незаконченная симфония: демократия и инакомыслие»), и это дает понять, что она зачастую служит траурной песней, выражающей реакцию на ряд болезненных обстоятельств (крушение самолета, неизлечимая болезнь, Вьетнамская война), никак не связанных с историческими событиями, к которым отсылают заложенные Гурецким цитаты. Потребность и желание придать определенным ситуациям аффект скорби вынуждает музыку подстраиваться под совершенно несхожие контексты.

Музыковеды часто исследуют то, как «внемузыкальные» элементы влияют на восприятие музыки. Впрочем, здесь можно проследить и обратную связь: музыка влияет на наши интерпретации и эмоциональные реакции на «внемузыкальные» элементы. Ховард замечает, что Симфония № 3 — произведение Гурецкого, которое с наименьшей натяжкой можно назвать памятником жертвам войны. Однако и Ховард, и Томас настойчиво подчеркивают, что симфония не посвящена конкретно холокосту. И в этом со специалистами нельзя не согласиться[63]. Да, цитаты Гурецкого в определенной мере соотносятся с войной и утратой (в том числе что касается Второй мировой войны), но их нельзя назвать прямой отсылкой к холокосту. Ховард и Томас в равной мере обеспокоены тем, что восприятие музыки общественностью может повлиять на коннотации произведения. Существует опасность потенциального размывания грани между трактовкой симфонии публикой и замыслом композитора. Восприятие музыки людьми может влиять на значимость композиций. Но такие примеры, как фильм Палмера, свидетельствуют о том, что к симфонии Гурецкого обращаются и для придания осмысленности «внемузыкальному». Симфония № 3 не раскрывает ужасы холокоста или какого-либо другого злодеяния. Мы, скорее всего, вольны говорить о том, что люди, у которых возникает потребность в скорби по тем или иным событиям, могут разрешать эту потребность, обращаясь к симфонии Гурецкого.

Наиболее примечательно использование Симфонии № 3 в течение 1990-х годов для оплакивания жертв Второй мировой войны и холокоста. Многочисленные аннотации, концерты, журналистские статьи и фильмы обращались к произведению Гурецкого для выражения скорби по этим событиям. Александер, размышляя о культурной травме, воздерживается от обращения к термину «аффект». Исследователь видит в культурной травме потенциал для формирования коллективной идентичности через создание общественных нарративов о сущности пережитых страданий. Именно в этом контексте Александер осмысляет описания холокоста на Западе. Вплоть до 1960-х годов американцы в целом воспринимали конец Второй мировой войны, в том числе освобождение заключенных из концлагерей, как собственную победу над нацистским злом и начало формирования лучшего мира. Этот прогрессистский нарратив сменился более трагическим повествованием, в котором посредством катарсиса предпринималась попытка вызвать у общественности эмпатию к жертвам холокоста. «Дневник Анны Франк», сначала в виде книги, а потом и театральной драмы, в некоторой степени давал читателям и зрителям возможность отождествлять себя с героиней. Схожую стратегию взаимодействия с публикой избрали создатели телевизионного мини-сериала «Холокост», который был показан в 1978 году на американском канале NBC. В рамках трагичного нарратива холокост обозначается как худшее из всех возможных злодеяний человечества и, соответственно, как событие, страшное одновременно в своей уникальности и универсальности. К 1980-м годам в Северной Америке и Западной Европе холокост стал господствующей культурной метафорой, которая применялась к разнообразным социальным катастрофам, в том числе кризису вокруг СПИДа. В 1990-е годы отсылки к холокосту использовались для мотивации европейцев и американцев прийти на помощь людям, страдающим в результате Югославских войн[64].

Палмер с помощью Симфонии № 3 стремится вызвать у зрителя горестный отклик на холокост и иные ужасы XX века. Тем самым режиссер включает произведение в обобщающий, «вселенский» метанарратив о холокосте. Отталкиваясь от событий, связанных с Аушвицем, Палмер сопровождает сцены из концлагерей музыкой Гурецкого, а затем идет дальше и расширяет исторический обзор, охватывая бедствия в различных уголках мира. В этом проявляется общекультурная склонность обращаться к холокосту как уникальному явлению и, соответственно, отправной точке для сопоставления различных крупномасштабных общественных травм. Фильм Палмера — и архетип, и довольно сложный пример того, как публика воспринимала произведение Гурецкого. Кинокартина основывается на альбоме Nonesuch, дополняя ее целым спектром образов на протяжении всей симфонии, и постоянно переключается между игрой оркестра «Лондонская симфониетта» под руководством Зинмана, пением Апшоу и историческими кадрами травматических событий, потрясших мир за последний век.

Мелвин Брэгг, автор британского «Саут Бэнк Шоу», во вводном слове перед показом фильма на телепрограмме обозначает для зрителей некоторые скрытые аллюзии. Брэгг замечает, что город Катовице, где жил и похоронен Гурецкий, считается одним из самых экологически неблагополучных городов в Европе и расположен в 30 минутах езды от Аушвица. Ведущий также указывает, что Симфония № 3 обозначает собой конец XX века и «страшного бардака», который человечество сотворило из мира. Брэгг кратко упоминает холокост и прибавляет к нему всевозможные страдания уходящего века, предвосхищая общую траекторию развития канвы фильма. Каждая часть симфонии предваряется отрывками из интервью Палмера с Гурецким. Сначала мы узнаем от композитора о трениях, которые возникли у него с польскими властями вокруг псалма «Beatus vir», который был написан по заказу кардинала Кароля Юзефа Войтылы — в будущем папы римского Иоанна Павла II. Гурецкий называет себя персоной нон грата, относительно безвестным композитором даже в собственной стране и жертвой преследований со стороны коммунистического правительства Польши[65]. Когда начинается медленное течение канона, камера демонстрирует нам горы промышленных отходов в Катовице. За кадром все еще слышится голос Гурецкого, который говорит о городе как месте невероятных страданий. Упоминаются близость Катовице к Аушвицу, сталелитейные предприятия («подарок» от Сталина) и запредельный уровень загрязнения окружающей среды в окрестностях. Даже до того, как фильм концентрируется на Аушвице, Палмер уже поддается импульсу сделать далекоидущие выводы. Именно место событий используется для удержания воедино набора отсылок.

Используя вводный канон Гурецкого в видеоряде с холокостом, коммунистическими гонениями против религии, ужасами сталинизма и промышленной разрухой, Палмер словно стремится поспособствовать тому, чтобы выразительность музыки предопределяла реакцию зрителей на обозначенные исторические обстоятельства[66]. Медитативные повторы первой части симфонии, тоскливое звучание мелодии и пронзительные диссонансы вызывают у зрителей скорбь, связанную с проносящимися перед их глазами образами. Сочетания звуков и изображений позволяют людям трактовать увиденное как первопричину скорбных излияний, которые они слышат. При этом не все решения Палмера сочетаются с музыкальными эффектами, заключенными в симфонии. После вводного слова Гурецкого Палмер открывает симфонию кадрами контрабасов, которые выводят первые ноты канона. Едва слышимые в записи Nonesuch звуки в фильме предстают таким образом, чтобы мы обратили на них максимальное внимание. Почти безмолвное начало симфонии дополняется кадрами суровой зимы и экологически неблагополучных промышленных предприятий Катовице, а также закадровым голосом Гурецкого. Палмер без малейших колебаний явственно указывает на источники скорби и с готовностью демонстрирует нам обстоятельства возникновения травм. И в этом режиссер противостоит изначально мягкому началу симфонии, обремененному невысказанной посттравматической печалью.

Первая часть фильма продолжается сменяющими друг друга современными кадрами: Гурецкий ходит по заснеженному Аушвицу; мы видим, как исполняют симфонию оркестр и Апшоу. Резким контрастом выступает историческая хроника холокоста. Эта техника монтажа сохраняется на протяжении всего вводного канона. Затем камера фокусируется полностью на Апшоу во время соло сопрано. Когда Апшоу выходит на кульминацию, Палмер постепенно переводит камеру на лицо певицы, и вскоре мы уже видим только сопрано крупным планом в левой части экрана. Затем происходит смена кадра: лицо Апшоу медленно растворяется в ужасающей исторической съемке мертвых тел и массовых захоронений. Палмер демонстрирует самые тяжелые образы на эмоциональном пике первой части симфонии. Вне зависимости от того, воспринимаем ли мы выбор режиссера как волнующий момент или верх дурновкусия, вполне очевидно, что Палмер использует плач сопрано и всю мощь канона с целью вызвать аффективную эмоциональную реакцию зрителей на фоне серии жутких сцен. Представленные образы максимально буквально раскрывают ассоциации с холокостом, которые сопровождали симфонию на протяжении значительной части ее существования.

Несмотря на то что Палмер первоначально фокусируется именно на холокосте, он не отвергает те явные цитаты, которые включены в симфонию. Так, вторую часть произведения дополняют кадры церквей, икон Девы Марии с младенцем Иисусом и Закопане. Тем самым обыгрывается и католическая вера Гурецкого, и мольба Хелены Ванды Блажусяк, обращенная одновременно к матери и Богородице, а также показывается место заключения девушки. В фильме сохранены некоторые из отсылок, которые делает Гурецкий, при этом происходит расширение панорамы событий, охватывающей холокост и другие ужасы XX века. Заключительная часть фильма возобновляет обобщения, которые звучали в самом начале передачи. В качестве некоего пролога к третьей части симфонии выступает монолог Гурецкого о том, сколь общемировым явлением оказывается зло. Композитор упоминает Вторую мировую войну, коммунизм, голод и продолжавшуюся тогда войну в Боснии и Герцеговине и подчеркивает, что мы всегда должны стремиться к чему-то большему, лучшему. Палмер преимущественно обращается к образам страданий и мертвых детей, чтобы проиллюстрировать цитаты, включенные в симфонию. Опираясь на размышления Гурецкого, режиссер демонстрирует записи со всех концов Африки, Европы и Ближнего Востока. Ховарду удалось расшифровать многие из представленных сцен (в том числе нападения боснийских снайперов, газовую атаку 1988 года, повлекшую жертвы среди иракских курдов, избиение израильскими солдатами двух палестинцев). Однако зачастую образам не хватает каких-либо очевидных маркеров, из которых мы могли бы узнать о контексте, запечатленном на зернистой пленке[67]. Впрочем, по всей видимости, не имеет значения, способен ли зритель понять источники видеоряда. Палмер ставит перед собой задачу показать разнообразные гуманитарные катастрофы XX века и скорбно почтить их память с помощью симфонии Гурецкого. Холокост — отправная точка. Палмер явно сопоставляет концлагеря и другие страшные явления столетия. Музыка же выступает в некоторой степени как аффективная «подложка», которая придает примерно одну и ту же скорбную атмосферу всем сценам[68]. Совокупность решений, которые принимает Палмер, приводит к тому, что симфония Гурецкого включается в общемировой нарратив, исследуемый Александером. Обозначая холокост символом вселенского зла, Палмер, в сущности, превращает Симфонию № 3 в универсальный символ скорби как реакции на травматические события. Фильм — материализованное стремление воспринимать произведение Гурецкого в качестве элегии целого века страданий и ужасов.

Мотивация к обобщению, которая ощущается в фильме Палмера, проявляется и в восприятии произведения Гурецкого исследователями и широкой общественностью. Ховард и Томас безотносительно друг от друга отмечают, что вопреки очевидной национальной, исторической и религиозной специфике отсылок, которые делает композитор, Симфония № 3 приобретает в глазах публики универсальный характер[69]. И Ховард, и Томас, судя по всему, обращаются к идее «всеобщей универсальности» как для того, чтобы объяснить широкую популярность произведения, так и для того, чтобы исключить узкую трактовку симфонии, которая бы свела ее к холокосту. Впрочем, невозможно отрицать, что действенность Симфонии № 3 проистекает из обращения Гурецкого к некоему общедоступному музыкальному языку скорби. Однако при всей популярности этого произведения в настоящее время, некоторые люди встретили Симфонию № 3 безо всякого энтузиазма. Этот факт исключает всеобщую «универсальность» произведения. Да, в симфонии присутствует много музыкальных жестов, олицетворяющих скорбь, но это не значит, что произведение отвечает предпочтениям всех людей по выражению печали. Однако важно подчеркнуть, что многие все же последовательно характеризуют Симфонию № 3 как траурное произведение. Существующие тенденции, что касается восприятия музыки, могут представлять собой вполне легитимные интерпретации, позволяющие ученым исследовать, какие именно качества произведений приводят к формированию превалирующей точки зрения. И все же симфония Гурецкого не универсаль-на, а, скорее, апеллирует с позиций определенной культуры к общечеловеческим переживаниям, связанным с утратой и травмой[70]. Именно за счет всеобщности и общедоступности чувств, эмоций и музыки Симфония № 3 может выступать носи-телем аффекта, который проявляется в разнообразных эмоцио-нальных ситуациях.

При этом стремление «обобщить» саму симфонию, которое материализуется в виде конкретных образов у Палмера, может восходить к действительной потребности. Рассуждая о памяти и оплакивании, связанных с травматическими событиями, Херман отмечает, что ощущение универсальности особенно важно для людей, которые переживают изоляцию и отчужденность из-за собственных скорбных эмоций[71]. То, что Гурецкий увидел что-то «универсальное» в надписи девушки на стене тюремной камеры, и то, что кто-то из слушателей Симфонии № 3 посчитает произ-ведение «универсальным», можно представить как стремление человека и общества к реабилитации через признание общности страданий и поиску параллелей среди исторических, расовых и социальных различий, а также как потребность рассказать о своей травме другим людям[72]. В фильме Джилло Понтекорво «Битва за Алжир», рассказывающем о войне 1950–1960-х годов за независимость Алжира от колониальной власти Франции, музы-ка используется схожим образом. Вместе с композитором Эннио Морриконе режиссер накладывает одну и ту же печальную мело-дию на кадры с жертвами среди французов и алжирцев. Тем самым явственно указывается, что погибшие в результате конфликта заслуживают равного уважения и скорби. Словно продолжая эту тему, журналист Роберт Эверетт-Грин называет фильм Палмера «душераздирающим протестом против несокрушимой долговеч-ности "цивильной" жесткости»[73]. Зрители часто интерпретируют визуальные образы через музыку, которую слышат. Соответствен-но, объединяя посттравматическую скорбь, которую олицетво-ряет симфония, и всеобъемлющую сюжетную канву, Палмер стремится показать, что все человеческие страдания достойны оплакивания. Интересно также сопоставить решения, на которые идет Палмер, с резко контрастной стилистикой документального фильма о Второй мировой войне «Ночь и туман» Алена Рене. Композитор Ханс Эйслер постарался использовать многие из эффектов дистанцирования и остранения, которые он вместе с философом Адорно описал в их совместной работе «Музыка для фильмов» («Composing for the Films»). Эйслер хотел избежать шаблонных эмоциональных всплесков. Он писал музыку, вступающую в противоречие с образами на экране, как раз во избежание того рода эмпатии, которую Палмер провоцирует через взаимодействие с симфонией Гурецкого[74].

К сожалению, Палмеру не удается в его фильме достичь столь благородной цели. Включение Симфонии № 3 во всеохватывающий дискурс о событиях холокоста служит лишним свидетельством споров по поводу коннотаций, которые мы приписываем травматическим явлениям. И Ховард, и Томас размышляют о произведении Гурецкого в категориях универсальности. Однако Ховард, в частности, высказывает сомнения в адрес кинокартины Палмера[75]. Парадоксальным образом та конкретика, которую задает своему универсальному нарративу Пальмер, не вписывается в универсальные представления Ховарда, предпочитающего сохранять долю отвлеченной абстракции. В статье для британской газеты Энди Гилл называет травматические образы, представленные фильмом, «дешевой попыткой нажиться на чужом горе». Гилл подчеркивает, что сила музыки заключается в ее способности вызывать эмоции «без необходимости самым буквальным образом выражать их первопричину словами или образами»[76]. Возможно, весь замысел Палмера подрывается как раз тем, что режиссер пытается придать материальность своей универсалистской интерпретации симфонии. Палмер использует Симфонию № 3 применительно к такому количеству в корне различных исторических обстоятельств, что собранные в кинокартине отсылки вступают в противоречие друг с другом. В результате произведение Гурецкого оказывается втянутым в сохраняющуюся напряженность между представлениями о холокосте как об уникальном феномене и как о символе вселенского зла и страданий. Как отмечает Александер, трагический культурный нарратив, сформировавшийся вокруг холокоста, содержит в себе внутреннюю несостыковку: для того, чтобы придать ему значение универсального символа, необходимо воспринять холокост как из ряда вон выходящее явление. В этом контексте любое использование холокоста как символа может оказаться воспринятым как стремление преуменьшить уникальность[77]. Приравнивание холокоста к бедствиям в Боснии и Ираке и — особенно проблемная тема — к конфликту между Израилем и Палестиной будто служит опровержением исключительности холокоста и его сути, связанной конкретно с еврейским народом. Через универсализацию музыки Гурецкого Палмер, вероятно, пытался продемонстрировать печальную повсеместность человеческих страданий, но конкретные решения режиссера делают кинокартину уязвимой к критике по части отрицания уникальности холокоста.

Что касается Польши, конфликт между уникальностью и универсальностью проявляется в исторической памяти евреев и поляков о событиях Второй мировой войны. По окончании войны поляки часто винили во всех бедах нацистскую Германию и СССР, рисуя себя жертвами, не содействовавшими оккупантам. Утверждения о том, что Польша потеряла шесть миллионов человек в войне, затушевывали направленность холокоста против евреев и в определенной мере затирали этнические различия и специфику[78]. Врач Эмануэль Танай, переживший холокост и побывавший впоследствии в мемориальном музее «Аушвиц-Биркенау», отмечает проявление подобного затирания страданий еврейского народа в ходе Второй мировой войны:

> В 1987 году я посетил музей «Аушвиц» в Освенциме. Я следовал за тургруппами для говорящих на польском и английском. Слушал пояснения по поводу экспонатов. Англоговорящие гиды говорили о евреях. Польскоговорящие гиды не упомянули евреев ни разу[79].

Поразительным, если не сказать шокирующим, образом в музее даже посредством языка проявляются противоречивые культурные и этнические символы, связанные с Аушвицем. Комментируя разгоревшийся в конце 1980-х годов скандал по поводу возведения на территории Аушвица кармелитского женского монастыря, Танай упоминает зачастую противоречащие друг другу воспоминания поляков и евреев о концлагере. По мнению Таная, Аушвиц сам по себе выступает и как символ холокоста, и как символ оккупации Польши Германией. С этим местом связаны болезненные эмоции и у поляков, и у евреев. Польский философ еврейского происхождения Станислав Краевский целенаправленно не уравнивает трагедии, пережитые поляками и евреями, но отмечает, что многие из его сограждан не понимают или не признают специфические обстоятельства нацистских планов по искоренению еврейского народа; в равной мере мало кто за пределами Польши осознает те особые страдания, которые поляки претерпели под гнетом нацизма[80]. И поляки, и евреи формируют коллективные воспоминания, в которых их народ выступает жертвой Второй мировой войны. Споры по поводу исторической памяти польского народа зачастую обозначают эти две позиции как взаимоисключающие и конкурирующие. Заявления о том, что холокост — бедствие именно еврейского народа, а польский народ особенно пострадал в ходе войны, воспринимаются как выражение сомнений относительно валидности мучений другой стороны. По мнению историка Войцеха Рошковского, «прискорбно, что существует эта борьба между поляками и евреями за первенство в иерархии страданий»[81].

И Танай, и Краевский отмечают, что существует также некоторая взаимная тревога: поляки обеспокоены тем, что еврейский универсализм может затереть их страдания времен войны, а евреи — тем, что польский универсализм откажет им в уникальности их мучений. Польша, вне всяких сомнений, стала местом, где установился дисбаланс сил. До Второй мировой войны в этой стране процветал антисемитизм. В послевоенные годы поляки пользовались существенными преимуществами в правительстве Польши по сравнению с сильно сократившимся еврейским меньшинством. Эва Плоновская-Зиарек замечает, что доминирующие представления о польской национальной идентичности, которая приписывает полякам страдания чуть ли не безвинных мессий, способствовали вытеснению из сознания ужасов, совершаемых над польскими евреями во время войны[82]. Историк Ян Гросс исследовал детали погрома, который произошел в 1941 году в Едвабне на востоке Польши. Всего за один день толпа поляков из местных жителей расправилась почти со всеми евреями, населявшими городок. Гросс представляет нашему вниманию яркую картину насилия того времени, демонстрирует, насколько взаимосвязаны, по сути, истории евреев и поляков, и ставит под сомнение статус последних исключительно как жертв Второй мировой войны. Указанный погром, наиболее вероятно, был спровоцирован немецкими оккупантами, однако Гросс подчеркивает, что поляки по собственной воле и почти без стороннего содействия убивали евреев. Исследование вызвало как в Польше, так и в США ожесточенные споры о польской идентичности[83]. Гросс существенным образом усложняет устоявшийся нарратив о польском мученичестве во время войны. При этом группы, которые определяют себя через нравственные или религиозные представления, выработали, реагируя на Вторую мировую войну, собственные воззрения на культурные травмы и интегрировали в свою идентичность историческую память о страданиях. Аушвиц в таком контексте — мощный символ. Палмер, обращаясь к прошлому и настоящему Аушвица, наталкивается на противоречивые исторические воспоминания поляков и евреев, и это подрывает стремление фильма представить универсальный нарратив. Попытка вписать Симфонию № 3 во всеобъемлющий метанарратив вокруг холокоста терпит крах частично потому, что этот нарратив содержит внутренние разночтения. Временами Палмер игнорирует грань, отделяющую евреев и поляков как жертв войны. В результате возникает еще большая путаница вокруг событий, с которыми пытаются примириться поляки в своих воспоминаниях. Туманность кинокартины, возможно, связана с тем, что режиссер придерживается западной точки зрения на Вторую мировую войну. Как отмечала Эва Хофман, «холокост в Польше... все еще остается полем боя трех в корне различных и иногда резко противоборствующих коллективных воспоминаний: памяти евреев, памяти поляков и памяти Запада»[84]. По мнению Александера, дискурсы на тему культурной травмы позволяют тем, кто не пережил соответствующие страдания, приобщиться к травме. По иронии стремление Палмера связать Симфонию № 3 с культурным нарративом о травме как раз свидетельствует о существовании пределов в той части, кто оплакивает кого и как это происходит.

Авторы фильма силятся связать Симфонию № 3 с холокостом и иными крупными травмами и тем самым желают наделить произведение определенной аутентичностью, взывая к связи между пережитыми людьми страданиями и приобретаемым за счет этого ореолом авторитета, который отмечали Дуглас и Воглер[85]. В некоторых случаях общество склонно закреплять за теми, кто пережил травматические обстоятельства, определенный авторитетный статус. Травма зачастую оказывается за пределами наших представлений и понимания, поэтому собственные переживания человека становятся источником аутентичности и истины. Мы можем как отстраняться от боли других людей из-за страха, ужаса или отвращения, так и проникаться к человеку еще большим уважением в силу того, что он столкнулся с немыслимыми превратностями судьбы. Это восприятие аутентичности, по всей видимости, и приводит к заявлениям об исключительности и уникальности холокоста, особенно в сравнении с сопоставимыми переживаниями польского народа. Отрывки интервью, включенные Палмером в фильм, побуждают зрителей уделять повышенное внимание рассуждениям самого Гурецкого о природе страданий, о порицании, с которым композитору пришлось столкнуться в связи с «Beatus vir», и о поездке в Аушвиц в детстве. Подборка отрывков из интервью обозначает Гурецкого как человека, познавшего страдания, и стремление Палмера придать симфонии авторитет и вес в качестве произведения, возникшего из боли. Этот единый кинематографический жест олицетворяет расширительное восприятие симфонии, охватывающее косвенные связи композитора с Аушвицем, переживания военного времени и проблемы Гурецкого со здоровьем в детстве, его родственников, погибших в концлагерях, и Хелену Ванду Блажусяк, которую в СМИ часто неверно называют еврейкой[86]. Палмер настолько неоднозначно обращается с имеющимся материалом, что один критик отметил очевидную странность: фильм создает обманчивое ощущение, будто композитор, прогуливающийся по Аушвицу, сам какое-то время был узником концлагеря[87]. В целом нельзя сказать, что нет оснований рассматривать творчество Гурецкого через призму страданий. Он познал и войну, и утрату, и болезни. Однако та настойчивость, с которой Палмер старается вызвать в зрителях скорбь через обращение к истории и образам Аушвица, уводит нас от специфических жизненных обстоятельств композитора и географически привязывает его к Аушвицу — действительному символу множества коллективных идентичностей. Гурецкий косвенно — а точнее, по принципу географической близости к концлагерю — приобретает статус пострадавшего, что, в свою очередь, должно придать весомости его музыке. Не обесценивая те жизненные трудности, которые выпали на долю композитора, стоит подчеркнуть, что Гурецкий не был жертвой холокоста. Следовательно, попытка через Аушвиц как западный символ страданий закрепить за симфонией некоторую долю аутентичности оказывается натянутой и напускной и принижает действительные личные переживания, которые повлияли на композитора. Более того, вся описанная ситуация вокруг фильма ясно показывает, как в дискурсе могут возникать манипуляции на тему социальных страданий.

Гурецкий целенаправленно отвергал связь собственной музыки с холокостом и Второй мировой войны и старался дистанцироваться от фильма Палмера[88]. При этом творческий порыв композитора обнаруживается в местах и пространствах, где концентрируется боль. Именно Гурецкий предложил Палмеру встретиться в Аушвице. По словам Ховарда, композитор заявил следующее: «Для того, чтобы понять меня и мою симфонию, мы должны побывать там [в Аушвице]».

И все же даже во время прохода по руинам концлагеря Гурецкий сказал спутнику:
— Моя симфония не об Аушвице. И не о том страшном сталинском режиме, который пережили поляки после войны. Она даже не о «Солидарности»... Но посмотрите вокруг. Чувствуете опустошенность?[89]

Пытаясь воспротивиться возобладанию при прослушивании Симфонии № 3 ассоциаций со Второй мировой войной и другими восточноевропейскими бедствиями, Гурецкий неоднократно выступал с подобными заявлениями. Композитор, по всей видимости, пытается отвергнуть то, что воплощено в фильме Палмера: обобщающие трактовки произведения и стремление придать ему «аутентичность». Гурецкий дистанцируется от конкретных исторических отсылок, но отстаивает точку зрения об универсальных переживаниях вследствие травм и о допустимости скорби по этому поводу для всех и каждого, возможно, во «вселенских» масштабах. Палмер берет за основу такие представления о Симфонии № 3, которые разделяют, помимо Гурецкого, многие люди, в том числе журналисты и ученые, и материализует их через визуальные образы. Симфония действительно может вызывать печаль в связи со всевозможными травматическими событиями, однако как раз то, как Палмер использует этот всеохватывающий нарратив с соответствующими опорными точками, подрывает саму заявку на «вселенский» масштаб. Кинематографическая интерпретация Симфонии № 3 демонстрирует внутренние противоречия и разногласия устоявшегося универсального нарратива, который общество сформировало вокруг холокоста. Заявления о том, что музыка — общечеловеческое достояние, оборачиваются идеализмом и пустой риторикой. Как только им придается некоторая форма, сразу же возобновляются споры, которые ставят под сомнение саму возможность наличия у человечества какого-либо всеобщего достояния.

Палмер полноценно использует мощное скорбное звучание Симфонии № 3, чтобы провоцировать у зрителей определенную реакцию на исторические кадры. Но часть визуальных приемов, на которые идет режиссер, подрывают действенность кинокартины и заставляют задуматься над тем, насколько этично использовать музыку для олицетворения травмы. Ховард называет весь фильм коммерческим предприятием: Апшоу, одетая в изящное платье, «встревает» в образы человеческих страданий, а сама симфония при первом показе картины по телевидению прерывалась рекламными паузами[90]. В результате на показ выставляется огромная пропасть между социально-экономическими обстоятельствами человеческих жизней, и тем самым становится очевидным, насколько кинокартина манерна и искусственна. Страдание и потребительство ужасающим образом приравнены друг к другу. Палмер делает ставку на склонность зрителей к обобщениям. Однако возможны и другие формы восприятия — с аналогичным эффектом, но без потребности обращаться к кинохронике, которую показывают на протяжении почти часа. Поток сцен насилия в сопровождении безудержно красивой музыки Гурецкого оказывается чрезмерным испытанием и эстетизирует страдания. Благие намерения Палмера подрывает его же фильм.

В исследовании «О чужой боли» Сьюзен Зонтаг отдельно затрагивает проблематику военной фотографии и замечает, что просматривающий снимки человек неизбежно извлекает некоторое эстетическое — на грани порнографического — удовольствие при разглядывании изображений страдающих людей[91]. В определенной степени это проблема всех визуальных медиа. Фотография и кинематограф позволяют фиксировать невыносимые реалии. Однако как посредники на пути к таким переживаниям и фотография, и кино остаются именно искусством и развлечением, затуманивая нравственные связи между болью, эстетикой и наслаждением. В фильме Палмера противопоставление музыки и сцен страданий еще больше обостряет эстетизацию ужасных картин, которые открываются зрителю. Кульминация первой части симфонии совпадает с наиболее жуткими образами. Этот прием нацелен на то, чтобы скорбь, которая звучит в музыке, вызвала должную эмоциональную реакцию. В какой-то мере происходит противоположное. Красота музыки резко контрастирует с подлинным ужасом исторических кадров. Свое соло Апшоу начинает с некоторым напряжением, но в конечном счете достигает ощутимой свободы. В коллаже Палмера наблюдается обратное движение: самые тяжелые визуальные образы появляются именно тогда, когда голос Апшоу доводит нас до ощущения катарсиса. Специалисты по проблематике травм часто выражают беспокойство по поводу способов, при которых попытки описать болезненные обстоятельства как терпят крах перед лицом травмы, так и способствуют восстановлению реальности вследствие травматических переживаний. Фильм Палмера и Симфония № 3, участвующая в социальном дискурсе о культурных травмах, словно переворачивают все с ног на голову. При каких эстетических и социальных обстоятельствах возможно добиться того, чтобы отображения травматических явлений преодолевали потенциальные нравственные препятствия и успешно олицетворяли соответствующие переживания? В этом контексте особенно проблематична ситуация со страданиями. С одной стороны, мы можем столкнуться с тем, что порой из лучших побуждений происходит смешение эстетики, наслаждения и страдания. С другой стороны, если нам удается должным образом воспроизвести болезненные ощущения, то результат наших трудов потенциально становится важным источником познания, формирует пространство для существенных эмоциональных впечатлений и даже способствует развитию социально-политического сознания.

Пример Симфонии № 3 демонстрирует, как музыка может выражать скорбь и участвовать в культурном дискурсе о травме. Чисто на уровне композиции и звучания музыка способна устанавливать звуковые аналоги травматических ощущений и чувства утраты. Музыкальные и текстуальные фрагменты, которые довлеют над симфонией, определенно настраивают слушателей на восприятие произведения через призму боли. Однако именно то, как Гурецкий организует последовательность звуков, формирует взаимосвязь со страданиями и придает весомость скорбному аффекту симфонии. Звуковые качества Симфонии № 3 опосредуют переплетение внемузыкальных ассоциаций, которые возникают как из цитат, включенных в произведение, так и вследствие восприятия его публикой. Музыка основывается на человеческих переживаниях, но она также действует в пределах социального дискурса и выступает одним из средств, которыми можно представить утрату и травму. Люди постоянно обращаются к музыке для того, чтобы передать эмоциональные реакции в жизненных обстоятельствах. Она оказывается способом придания тому или иному событию некоего смысла. Как носитель определенного аффекта, музыка может проявлять бо́льшую гибкость и задавать чувственные ощущения и конкретные значения для разнообразных контекстов. Применение Симфонии № 3 в фильмах показывает, как определенная последовательность звуков вплетается в культурный дискурс и как соотносятся между собой «отображение травмы» и собственно «культурная травма». Ужасы, которые Палмер демонстрирует на протяжении картины, могут вызывать различные эмоции, от гнева до отвращения. Но режиссер использует симфонию Гурецкого, чтобы побудить зрителей скорбеть об увиденном. При этом, когда люди начинают взаимодействовать с аффективной стороной музыки, невозможно гарантировать, что такие приписываемые эмоциональные коннотации будут оставаться неизменными по мере того, как произведение превращается в общественное достояние и задействуется в противоречивой сфере удержания в памяти травматических обстоятельств. Не исключено, что именно возможность применения музыки в столь обширном спектре ситуаций и провоцирует обобщение впечатлений от конкретного произведения. Попытка Палмера обыграть Симфонию № 3 в особенности высвечивает разночтения между универсальными нарративами, в частности о холокосте. Историческая память, к которой обращается через определенные цитаты сама симфония, вступает в диссонанс с частыми попытками связать произведение с холокостом. Музыка — эстетическое средство, площадка для социального дискурса о культурной травме. Музыка устанавливает возможные формы публичного выражения аффекта, взаимодействия с исторической памятью и осмысления нравственности наших стремлений при отображении чьих-либо страданий.

Эпилог

Современное музыковедение исследует целый спектр потенциальных взаимосвязей и ассоциаций, которые возникают между музыкой и болью во всевозможных формах. Мои выводы не исключают возможность того, что музыка может весьма по-разному соотноситься с травмой, насилием и скорбью. Именно в случае рассмотренных примеров я предпочла сфокусироваться на музыке, которая свидетельствует о болезненных переживаниях, а также о реакциях на кризис истины и связанные с ним проблемы. Моя ключевая мысль о том, что люди часто дискутируют по поводу сути травмы, боли и утраты и по-своему интерпретируют их значение, восходит к междисциплинарному подходу. Историк Кэтрин Мерридейл пишет об «активном процессе» осознания советской истории во времена гласности. Социолог Джеффри Александер обозначает «культурную травму» как коллективную попытку извлечь определенный смысл из свершившегося насилия. Психологи-конструктивисты отстаивают точку зрения, что люди часто реагируют на травмы и утрату, силясь внести упорядоченность в радикальный слом привычной жизни. В этой книге я постаралась продемонстрировать, как музыка участвует в дискурсе о сущности травмы и утраты. Ключевым выводом работы оказывается подтверждение идеи Мерридейл о том, что интерпретация исторических фактов — именно процесс. Ни одно из рассмотренных произведений нельзя назвать окончательным ответом на реалии страданий. Музыка, скорее, участвует в поиске трактовок и взаимодействует со множеством вопросов, которые неизбежно возникают каждый раз, когда человек пытается придать страданиям осмысленность. Понимание культурных функций музыки требует от нас осознания того, что она может существовать в различных формах: звук, живое исполнение, саундтрек к фильму и партитура. Список, естественно, не исчерпывающий. Весьма содержательными могут быть именно живое исполнение и ощущения, которые испытывает музыкант. В случае Шестой сонаты для фортепиано Уствольской мы убедились, что пианист при игре непременно ощущает боль. Восприятие музыки, особенно сопровождений к кинокартинам, помещает произведения в новые контексты. За счет аффективных качеств музыки становится возможным осмыслять страдания. Это происходит при прослушивании произведений Пярта и Гурецкого. Наконец, музыка способна метафорически обыгрывать элементы травмы и скорби. Концерт для фортепиано и струнного оркестра Шнитке включает в себя цитаты, которые взывают к линейному течению времени и в то же время подрывают его. Травма здесь предстает как «недуг времени». Гурецкий в Симфонии № 3 применяет отсылки кардинально иным образом: фрагменты трансформируются в циклическую музыкальную фактуру, которая вбирает в себя и скорбь, и восстановление после ПТСР. Литературоведческие и культурологические исследования травм обычно выводят на первый план симптомы ПТСР, которые выбивают человека из обычной жизни, и фокусируются на фрагментации и сломе наших представлений вследствие таких обстоятельств. Я могу лишь надеяться, что мне удалось, проанализировав музыку Шнитке и Гурецкого, привнести некий баланс и обозначить музыкальные и эстетические формы выражения разрушительных переживаний и реабилитации после травмы.

Звуковые, исполнительские и композиционные особенности рассмотренных произведений приобретают особую важность в свете интересующих нас культурных контекстов и теорий. В том, как Шнитке работает с аллюзиями, линейностью, расколом и историей музыки, прослеживается связь с общесоветской дискуссией об истории, истине и реальности. Музыкально-исторические отсылки Шнитке вызывают в памяти осколки былой реальности, подчеркивают, что концерт — это оформленная композитором конструкция, и в конечном счете заставляют нас усомниться в возможности катарсиса. Концерт Шнитке представляет собой реакцию на дискурс 1970-х годов по поводу истории и памяти, обыгрывая в музыкальной форме реалистический подход, в котором история оказывается фрагментированной, нелинейной, сложной и многослойной. Схожим образом исследование особенностей, присущих разучиванию и исполнению сонаты Устьвольской, побуждает искать ответы на вопросы о сущности боли, пособничества и контроля. Устьвольская писала музыку в период гласности — на фоне дискуссий об истине и страданиях. Сопоставление результатов анализа произведения с культурным контекстом его написания показывает, что музыка, будучи исполнительным искусством, может, как выразился бы Тёрнер, приносить нам чувство удовлетворения[1]. Занимательные совпадения, которые прослеживаются между музыкой и миром идей и культуры, — лишь отправная точка. Музыкальные произведения также могут ставить определенные вопросы, выражать беспокойство по конкретным темам и формулировать реакции на злободневные проблемы. Тем самым музыка также способна участвовать в поиске и генерации смысла — весьма важной составляющей реакции на травму и утрату.

В рамках кейсов, представленных в этой книге, мы именно в таком ракурсе рассматривали музыку Гурецкого и Пярта. Оба композитора через цитаты и конструкции циклических пространств, где время будто застывает, реагируют на беспокойство о прошлом, которое обнаруживается как в Польше, так и в СССР. Однако этим не исчерпывается интерпретационный потенциал этих произведений. Симфония № 3 и «Tabula Rasa» — полноценные самостоятельные композиции, которые нередко используются в фильмах и тем самым остаются открытыми для выявления новых значений и смыслов. Тенгиз Абуладзе через музыку Пярта осмысляет страдания, которые принес множеству людей сталинизм. Тони Палмер посредством симфонии Гурецкого выстраивает универсальный нарратив о сущности страданий. Гибкость музыки — ее способность соотноситься с различными контекстами — предстает перед нами еще одним ключом к разгадке тайн произведений. Как указывает Клаудиа Горбман, музыка к фильмам похожа на подписи к фотографиям: в обоих случаях визуальным образам задается эмоциональный смысл[2]. Мы могли бы, вероятно, продолжить мысль Горбман и рассмотреть, как использование музыки в других случаях — концерты, тексты к буклетам альбомов и так далее — соотносит определенные произведения с неким концептом или историческим событием, позволяя выявлять взаимные связи между элементами. Упомянутые мной примеры использования музыки в кино выделяются на общем фоне в связи с тем, что эти произведения, изначально посвященные истории и памяти, вводятся в фильмы, авторы которых уделяют пристальное внимание как раз проблемам прошлого и оценке его значения. Аффективные качества «Tabula Rasa» и Симфонии № 3 основаны на устоявшихся музыкальных и культурных кодах скорби. Оба произведения производят гнетущее впечатление, которое позволяет формулировать определенную трактовку образов на экране.

Идея того, что искусство обыгрывает травматические переживания через формальные элементы, возникает в разнообразных обстоятельствах. Если предположения Тёрнера и Шехнера применимы к произведениям искусства в целом (в том числе театру, литературе, музыке, кино, изобразительному искусству и так далее), то мы можем заключить, что эстетические средства донесения информации способны вдохновляться и вносить ясность в реальность. Эта перспектива оказывается тем более важна, когда речь идет о представлении страданий. При этом большинство работ по теории травмы — как психологические исследования, так и литературные творения — сфокусированы на взаимодействии с языковыми средствами, почти полностью игнорируя другие эстетические носители. Некоторые литературные концепции применимы к музыковедению, однако по общей модальности музыка отлична от языка. Будучи одновременно звуковым и воплощенным переживанием, музыка зачастую вынуждает слушателей и исполнителей что-то ощущать на самом непосредственном, физическом уровне. Солист концерта Шнитке и телом, и звуком сокрушает попытки оркестра достигнуть резолюции; соната Уствольской принуждает пианиста ощущать дискомфорт;

слушатели со всей очевидностью чувствуют отсутствие конца в «Tabula Rasa» Пярта, и в фильме «Покаяние» в полной мере обыгрывается нехватка катарсиса; первая часть симфонии Гурецкого задает двойственность между звучанием и безмолвием. Во всех случаях мы можем отыскать некие аналоги в других формах искусства, но звуковые и исполнительские качества музыки задают специфические способы взаимодействия с травмой, болью, утратой и скорбью.

Теории травмы (особенно в области психологии и литературы) настойчиво возвращают нас к дихотомии: человек неспособен четко обозначить свои переживания, но при этом именно четкое обозначение переживаний и представляет собой дорогу к исцелению. Как отмечает Херман, эта конфронтация молчаливости и выразительности формирует реакции большинства людей на травму. Здесь напрашиваются эстетические корреляции: например, между тщетным стремлением концерта Шнитке к линейности и едва слышным началом симфонии Гурецкого. Временами создается ощущение, будто исследователи воспринимают подобную дихотомию в искусстве и культуре как потенциальную самоцель и средство, доказывающее, что не только люди, но и произведения искусства, могут нести в себе последствия травматических переживаний. Я стараюсь показать именно такие эстетизированные проявления двойственности как один из элементов общесоциального дискурса о природе страданий. Иными словами, я ставлю перед собой вопрос: как может произведение, в котором звучат подобные парадоксальные мотивы, содействовать осмыслению страданий в обществе? Отсылки Шнитке к тональной музыке и ее телеологическим свойствам сочетаются со сбоями, которые четко фиксируют разлом линейного течения времени. Здесь обнаруживается общность не только с разнообразными травмами как таковыми, но и с откликом на пережитые страдания, в 1970-х годах принявшим вид дискуссий по поводу истории и памяти. Фрагментация музыки у Шнитке вплетается в споры о том, насколько вообще стабильны такие категории, как истина, реальность и закрытие ситуации. Симфония Гурецкого начинается почти в полной тишине, кото-

рая напоминает нам о напряженности и грани между экспрессией и молчанием. Если Шнитке музыкально обыгрывает коллапс
любой последовательности и поступательности, то Гурецкий из
безмолвия, из которого возникает Симфония № 3, и избранных
исторических фрагментов формирует равномерную, цикличную
музыкальную структуру. И в этой органичности проявляется
желание восстановиться после травматических событий. Шнитке и Гурецкий демонстрируют противоположные способы проявления такого парадокса в эстетических работах. Симфония № 3
в конечном счете распространяет эту дихотомию не только на
выразительные средства в музыке, но и на другие культурные
контексты, одновременно выступая как произведение, оплакивающее печальные страницы в истории Польши, и как музыкальное сопровождение попытки Палмера сформировать универсальный скорбный отклик на страдания человечества в XX веке.

Противоречие между экспрессией и молчанием вынуждает нас
обращаться к сопредельной эпистемологической проблеме: как
мы понимаем реальность? Травма сокрушает память, и человеку
приходится жить с пробелами в воспоминаниях и нарушениями
восприятия. Психология часто предписывает в таких случаях
обращение к психотерапевту, попытки проговорить и обозначить
проблему. Тем самым человек может восполнить недостающие
факты и примириться с травматическим событием. Однако здесь
мы сталкиваемся с неизбежными преобразованиями и даже
фальсификациями того, что произошло «на самом деле». Рассматривая феномен физической боли, Скарри указывает на схожий
эпистемологический тупик: боль крайне сложно облечь в слова,
но именно рассказ о боли позволяет делиться знаниями, облегчать
страдания и добиваться социальной справедливости. Впрочем,
с болью связана еще более тонкая тема: Скарри подчеркивает, что
люди, испытывающие боль, уверены в этих ощущениях, тогда как
боль другого человека, даже находящегося рядом, неизбежно
вызывает сомнения у окружающих[3]. Насколько точно мы можем
знать, что ощущают другие? Вероятно, Шестая соната для фортепиано Уствольской наиболее открыто взаимодействует с этой
проблемой познания. Произведение не столько изображает

страдания, сколько ставит человека в ситуацию, когда он не может не ощущать дискомфорт. И если перед исполнителем собралась внимательная аудитория, многие, следя за действиями пианиста, наверняка обратят внимание на его телесные ощущения. Абуладзе в «Покаянии» работает с аналогичными эпистемологическими сложностями, пусть и иным образом. Режиссер использует «Tabula Rasa» в двух сценах, посвященных утрате и скорби, и стремится через музыку передать эмоциональное состояние героинь. Однако то, как различные персонажи реагируют на показания Кетеван Баратели, подчеркивает вариативность реакций на боль другого человека. Эти вопросы неоднократно поднимаются на протяжении всей книги, но я чаще всего склонна сдвигаться от эпистемологии к герменевтике, от познания к интерпретации. «Покаяние» в этом смысле — яркий пример. Абуладзе хочет, чтобы зрители узнали о травме, которую пережило семейство Баратели (соответственно, и о травмах реальных людей, подвергшихся репрессиям при Сталине). При этом с помощью «Tabula Rasa» и разных кинематографических приемов режиссер стремится интерпретировать суть боли, которую испытывают герои. Жертвы сталинизма, в особенности женщины и дети, показаны как невинно пострадавшие. Кинокартина призывает воспринимать их страдания как достойные общественного оплакивания. Когда мы, используя разнообразные средства, пытаемся преодолеть эпистемологический разрыв и рассказать что-то о нашей травме, утрате и боли другому человеку, тот в любом случае вынужден интерпретировать сущность наших переживаний и соотносить их с собственными ощущениями.

Каждое из произведений, рассмотренных в этой книге, сталкивается со взаимосвязанными темами истины и реальности. Музыку того времени обрамляет дискурс (в первую очередь в СССР), где чаще всего презюмируется, что истина — некая стабильная величина. В ранних трактовках полистилистики Шнитке у Мазо, Ивашкина и даже Шмельца акт цитирования сам по себе обозначается как воззвание к истине и реальности. Эту точку зрения в определенной мере подтверждают замечания композитора о собственном «документальном» импульсе. Аналогичный подход к цитатам и истине можно распространить и на симфонию Гурецкого, тем более с учетом того, что она отсылает нас к конкретным историческим событиям. Опираясь, как и исследователи творчества Шнитке, на довольно четкие представления об истине, ученики и коллеги Уст896вольской связывают ее музыку с личным отношением композитора к правде и с принципиальностью. Наконец, Абуладзе включает «Tabula Rasa» в общий дискурс об истине, используя эту композицию Пярта в наиболее исторически реалистичных сценах «Покаяния». Однако во всех случаях, как отмечает Юрчак, стабильные или бинарные представления об истине зачастую не выдерживают даже умеренной критики. В концерте Шнитке цитаты расставлены таким образом, что подчеркивается их фрагментарность. Композитор лишает нас резолюции и каких-либо других ориентиров, которые дали бы возможность нащупать устойчивую истину. Вместо этого перед нами открывается многослойная и многоликая реальность. Соната Уствольской выводит на первый план подлинные болезненные ощущения и позволяет аудитории приобщиться к ним. Но поднимаемые композитором вопросы о причинных связях, пособничестве и контроле не имеют простых ответов. Реальность, с которой мы взаимодействуем через сонату, значительно сложнее, чем может показаться на первый взгляд. Абуладзе использует «Tabula Rasa» в сценах с очевидным, по идее, смыслом. Но если режиссер через музыку Пярта показывает в этих эпизодах значимость и сущность реальности, то другие кинематографические приемы, используемые на протяжении всего фильма, не дают установить, где именно проведена линия, отделяющая реальность и фантасмагории. Схожим образом публика, воспринимая симфонию Гурецкого, пытается через музыку интерпретировать исторические события. Однако универсальные нарративы, которые складываются вокруг произведения, разваливаются при столкновении с неоднозначной реальностью.

Во всех рассмотренных случаях вопросы об истине и реальности возникают в связи с дискурсом об истории и памяти. Композиторы обыгрывают историческую память через аллюзии и цитаты из музыки прошлого, задавая при этом ощущение нелинейного течения времени. Шнитке и Пярт через отсылки напоминают нам о некоей общеевропейской культурной сфере. Цитаты Гурецкого — и это отличает его от остальных композиторов — более тесно связаны с личными воспоминаниями и национальной историей. При этом и Гурецкий, и Пярт создают циклические, статичные полотна, в которых царят диатонические диссонансы. И Симфония № 3, и «Tabula Rasa», — полноценные музыкальные творения, в которых исторические отсылки воспринимаются как неотъемлемая часть единого целого. Абсолютно другая ситуация складывается вокруг стилистических аллюзий Шнитке. Композитор противопоставляет их друг другу и подчеркивает фрагментацию и разрывы музыкальной материи. Шнитке постоянно взывает в концерте к телеологическому стремлению к завершенности и кульминации, каждый раз подрывая его. Таким образом, Шнитке отвергает линейное течение времени, как Гурецкий и Пярт, хоть и совершенно иными средствами. Связь произведения Устьвольской со спорами о прошлом прослеживается не в музыкальных аллюзиях и цитатах, а в том, как соната соотносится с дискуссиями того времени о боли, истине и истории. При этом, как мы упоминали, но не анализировали отдельно, и Устьвольская отвергает линейность в пользу постоянных повторов.

Какие выводы мы можем сделать из всех этих музыкальных решений в свете разговора об исторической памяти? Или, как бы выразился Кэлинеску, как представленные произведения выстраивают отношения с прошлым? Мазо бы отметила, что каждое из них связано с тем или иным элементом восстановления «справедливости». В концерте Шнитке слышны мотивы, известные по международному европейскому контексту. В «Tabula Rasa» также включены атрибуты европейской музыки разного времени, в первую очередь — элементы ранней музыки, которая игнорировалась в советском музыковедении. Симфония Гурецкого напрямую соотносится с вопросами истории, религии и музыки Польши. Даже соната Устьвольской, формально никак не отсылающая нас к прошлому, олицетворяет собой боль — тот аспект, который часто подвергался цензуре и замалчиванию в рамках официальных советских представлений обеих мировых войн, чисток и многих других исторических событий.

Все рассмотренные произведения словно взаимодействуют с прошлым, которое неоднократно фальсифицировалось и переписывалось. Однако, как утверждает Мазо, ни в одной из этих работ не устанавливается ясная линейная последовательность, связывающая воедино прошлое, настоящее и будущее. Во всех произведениях, которым посвящена моя книга, аллюзии и цитаты выстроены в нехронологическом порядке и нет линейного течения времени. Обозначим и альтернативную трактовку этого эстетического интереса к истории. Согласно предположению Гройса, импульсу восстановить прошлое препятствовали внешние силы (сталинизм и постмодернизм), которые сокрушили линейность истории. Аргументация Гройса в некоторой степени напоминает ключевую тему теорий травмы: травматические события лишают нас возможности формировать линейные последовательности воспоминаний. Иными словами, когда мы переносим эти наблюдения на мир музыки, получается, что либо композиторы, либо сами произведения, если признавать их субъектность, предприняли безуспешную попытку выстроить линейный нарратив. Концерт Шнитке, вероятно, наиболее четко соотносится с таким концептом. Композитор целенаправленно воспроизводит телеологические качества тональной музыки и сразу же подрывает их. При этом в интервью с Шульгиным Шнитке в позитивном ключе говорит о нелинейных представлениях об истории[4]. К этому случаю, скорее всего, не совсем подходит рассуждение Гройса об искусстве, которое силится восстановить связь с хронологически выстроенной историей. Как раз наоборот, все рассмотренные произведения устанавливают связь с прошлым, будто подразумевая, что время течет нелинейно. И Гурецкий, и Пярт музыкально представляют нам историю, которая беспрепятственно включается в грешащую повторами современность. Стилистические аллюзии концерта Шнитке вступают друг с другом в столкновения различной обостренности. Можно предположить, что между такими противопоставлениями на самом деле существует определенное взаимодействие, пусть и напряженное. Каждое из представленных произведений — творение, которое могло появиться только в то конкретное время, когда и было создано, но в своей «современности» они основываются на прошлом. Перед лицом официальной культуры, которая переписывала и затирала прошлое во имя его идеализации, композиторы переосмысляют течение времени за пределами линейного континуума. Настоящее оказывается мозаикой из осколков прошлого.

Во всех случаях осмысление истины и реальности, истории и памяти связано с вопросами духовности, религии и нравственности. Восстановление атрибутов прошлого — в особенности религии — нередко приобретает значительный нравственный заряд в ответ на официальные антирелигиозные кампании и действия властей по фальсификации истории. В частности, у Пярта и Гурецкого интерес к прошлому дополняется духовностью: оба композитора со всей серьезностью подходят к религиозным мотивам, которые прослеживаются в используемых ими источниках вдохновения, будь то средневековые песнопения или польская народная музыка. Более того, анализ произведений тех композиторов, о которых идет речь в этой книге, во многом завязан на языке этики. Западные комментаторы характеризуют Пярта не только как композитора, пишущего музыку с опорой на религиозные идеи, но и как своего рода духовного лидера[5]. Произведения Устьвольской рассматриваются с позиций аутентичности, принципиальности и истины, которые придают ее творчеству некий моральный авторитет. В то же время, соната Устьвольской, касаясь тем боли, пособничества и контроля, не дает нам очевидных решений. Музыка лишь существует в пределах современных композитору нравственных дилемм о социальной природе страданий. Ни зрители, ни слушатели не получают в итоге простых ответов на затронутые вопросы.

Каждое из представленных мной произведений вовлечено не только в дискурс, который придавал высказыванию истины нравственный аспект, но и в этические споры по поводу представления чужих страданий. Все это побуждает задаться вопросом: как мы можем познать чужие страдания? Здесь все наши рассуждения об эпистемологии и герменевтике переплетаются. Как мы можем осознать, что другой человек ощущает боль? И какие коннотации мы связываем с этим осознанием? Шестая соната для фортепиано интересна именно тем, как в ней сочетается живое исполнение и олицетворенная эмпатия. Пианист обнаруживает себя в ситуации, когда он должен произвести конкретные действия, а его игра будет сопровождаться определенными ощущениями. Зрители и слушатели, возможно, проникнутся к исполнителю эмпатией — на телесном уровне. Естественно, в каждом случае конкретное исполнение произведения может задавать свой контекст. Исходя в размышлениях из того, как исполнение, боль и эмпатия взаимодействовали в пределах определенного культурного и географического пространства, я прихожу к ряду потенциальных трактовок. Однако то, как мы оцениваем болезненные ощущения, которые связаны с исполнением сонаты, может сильно разниться в зависимости от того, в каких обстоятельствах мы слышим — и видим — это произведение. Музыка Пярта и Гурецкого в качестве сопровождения для кинокартин также потенциально провоцирует эмпатию к персонажам и ситуациям, запечатленным на экране. В отличие от сонаты Уствольской, в фильмах заранее обозначены условия интерпретации музыки, по крайней мере в пределах рассмотренных кинокартин. В «Покаянии» зрители слышат «Tabula Rasa» только как музыкальную тему женщин из семейства Баратели. Абуладзе устанавливает конкретную чувственную связь между безудержно скорбным напряжением в музыке Пярта и переживаниями героинь. В фильме Палмера симфония Гурецкого сопровождает такое количество разнообразных травматических и жестоких событий, что противоречия, задаваемые универсальным нарративом режиссера, лишают аудиторию возможности ощутить эмпатию. Как раз наоборот, Палмер, желая обозначить для нас травматические обстоятельства, в итоге приходит к эстетизации и искажению людских страданий.

В конечном счете — вне зависимости от того, используется ли для этих целей музыка или нет, — мы не можем быть уверены в нашей способности последовательно и предсказуемо передавать ощущения травмы и утраты. Эстетические произведения могут способствовать проявлению эмпатии к страданиям других людей. Это всегда действует на благо межчеловеческой коммуникации, взаимопонимания, образования и социальной справедливости. Как пишет Александер, культурная травма позволяет людям разделять страдания, которые они лично не переживали, и, соответственно, формировать коллективную идентичность и общность. Но на этом пути и исполнителей, и слушателей, и зрителей подстерегают опасности. Сможет ли исполнитель удержаться от таких почти неизбежных рисков, как эстетизация мучений? Сможет ли аудитория преодолеть многочисленные препятствия, которые мешают проявить эмпатию? Надеюсь, что последние две главы этой книги продемонстрировали, что музыка способна успешно участвовать в социально благоприятных проявлениях страданий и вызывать у наблюдателей искреннее сочувствие. Впрочем, предполагаемый здесь деликатный баланс сил легко разваливается при определенных обстоятельствах. Итак, главный вывод заключается в следующем: музыка часто оказывается участницей общечеловеческого процесса поиска смысла в травмах, утрате и скорби. Мы обращаемся к музыке и ее воплощенным, звуковым и формальным качествам, чтобы обнаружить значимость некоторых из наиболее сокрушающих переживаний.

Примечания

Введение

1. Merridale C. Night of Stone: Death and Memory in Russia. London: Granta, 2000. P. 299.
2. О дискуссии по поводу места Второй мировой войны в культуре России см.: Tumarkin N. The Living & the Dead: The Rise and Fall of the Cult of Second World War in Russia. New York: Basic Books, 1994.
3. Plonowska Ziarek E. Melancholic Nationalism and the Pathologies of Commemorating the Holocaust in Poland // Imaginary Neighbors: Mediating Polish-Jewish Relations after the Holocaust / Ed. by Dorota Glowacka and Joanna Zylinska. Lincoln, Neb. and London: University of Nebraska Press, 2007. P. 306–307; Sztompka P. The Trauma of Social Change: A Case of Postcommunist Societies // Cultural Trauma and Collective Identity. Berkeley: University of California Press, 2004. P. 155–195.
4. См. обзор литературы на тему памяти: Segel H. B. The Columbia Literary History of Eastern Europe since 1945. New York: Columbia University Press, 2008. P. 344–355. См. также: Ramadanovic P. Forgetting Futures: On Memory, Trauma and Identity. Lanham, Md.: Lexington Books, 2001. P. 24–25; Píchová H. The Art of Memory in Exile: Vladimir Nabokov & Milan Kundera. Carbondale: Southern Illinois University Press, 2002.
5. Соответствующий пример см. в: Felman Sh., and Laub D. Testimony: Crises of Witnessing in Literature, Psychoanalysis and History. New York: Routledge, 1992. P. 15, 58. Авторы осмысляют безмолвие, которое возникает при осознании ошеломительных масштабов холокоста, в том числе молчание как форму самозащиты. Херман называет безмолвие типичной реакцией на травму в целом. См.: Lewis Herman J. Trauma and Recovery. New York: Harper Collins, 1992. P. 1.

6. Figes O. The Whisperers: Private Life in Stalin's Russia. London and New York: Allen Lane, 2007. P. 535–575; Merridale. Night of Stone. P. 266–267, 282–291, 326–327, 334.

7. Beckerman M. Kundera's Musical Joke and 'Folk' Music in Czechoslovakia, 1948–? // Retuning Culture: Musical Changes in Central and Eastern Europe / Ed. by Mark Slobin. Durham, N.C. and London: Duke University Press, 1996. P. 37–53.

8. Barringer F. 'Repentance'. A Soviet Film Milestone, Strongly Denounces Official Evil // New York Times. November 16, 1986. Sec. 2. P. 1.

9. Boobbyer P. Conscience, Dissent and Reform in Soviet Russia. London: Routledge, 2005. Термин «диссидент» — предмет ожесточенных споров. Нередко тяжело точно сказать, что именно подразумевается под этим определением. В прошлом западные комментаторы и исследователи были склонны воспринимать советскую культуру исключительно в черных и белых тонах, в пределах дихотомии «диссиденты» против «патриотов». Соответствующие авторы называют «диссидентскими» эстетические произведения, которые без высказывания напрямую оппозиционных настроений выражают некие не признаваемые на официальном уровне чувства. Я стараюсь избегать такого подхода и, опираясь на рассуждения Филипа Буббайера, использую термин «диссидент» для обозначения тех людей, которые открыто участвовали в антиправительственной деятельности. См.: Boobbyer. Conscience, Dissent and Reform. P. 2.

10. Yurchak A. Everything Was Forever, Until It Was No More: The Last Soviet Generation. Princeton, N.J.: Princeton University Press, 2006. P. 5–9.

11. Havel V. The Power of the Powerless // The Power of the Powerless / Ed. by Vaclav Havel et al. London: Palach Press, 1985.

12. Kennedy J. Realism, Surrealism and Photorealism: The Reinvention of Reality in Soviet Art of the 1970s and 1980s // Noncomformist Art: The Soviet Experience 1956–1986 / Ed. by Alla Rosenfeld and Norton T. Dodge. New York: The Jane Voorhees Zimmerli Art Museum, Rutgers, The State University of New Jersey and Thames and Hudson, 1995. P. 273–293.

13. О возрождении религиозности в 1960-е и 1970-е годы см.: Johnston H. Religio-Nationalist Subcultures under the Communists: Comparison from the Baltics, Transcaucasia and Ukraine // Politics and Religion in Central and Eastern Europe / Ed. by William H. Swatos, Jr. Westport, Connecticut: Praeger, 1994; Ellis J. The Russian Orthodox

Church: A Contemporary History. Bloomington: Indiana University Press, 1986; Anderson J. Religion, State and Politics in the Soviet Union and Successor States. Cambridge: Cambridge University Press, 1994.

14. Boobbyer. Conscience, Dissent and Reform. P. 1–9, 65–66, 77, 100, 106, 116, 134, 147, 154, 186, 195, 201, 211, 225.

15. Mazo M. The Present and the Unpredictable Past: Music and Musical Life of St. Petersburg and Moscow since the 1960s // International Journal of Musicology. 1996. Vol. 5. P. 375.

16. См.: Ibid. P. 375, 385, 394.

17. Thomas A. Polish Music since Szymanowski. Cambridge: Cambridge University Press, 2005. P. 227.

18. См.: Ibid. P. 227–240.

19. Wlodarski A. L. 'An Idea Can Never Perish': Memory, the Musical Idea and Schoenberg's *A Survivor from Warsaw* (1947) // Journal of Musicology. 2007 (Fall). Vol. 24, № 4. P. 581–608; Wlodarski A. L. The Testimonial Aesthetics of *Different Trains* // Journal of the American Musicological Society. 2010 (Spring). Vol. 63, № 1. P. 99–141.

20. Gilbert S. Music in the Holocaust: Confronting Life in the Nazi Ghettos and Camps. Oxford and New York: Clarendon Press and Oxford University Press, 2005; Beckerman M. Postcard from New York — Trio from Terezín // Music and Politics. 2007 (Winter). Vol. 1, № 1. URL: http://www.music.ucsb.edu/projects/musicandpolitics/archive/2007–1/beckerman.html.

21. Cusick S. G. 'You Are in a Place that Is Out of the World...': Music in the Detention Camps of the 'Global War on Terror' // Journal of the Society for American Music. 2008 (February). Vol. 2, № 1. P. 1–26.

22. Ritter J. and Daughtry J. M. (eds.). Music in the Post-9/11 World. New York: Routledge, 2007.

23. Schultz W.-A. Avant garde und Trauma: Die Musik des 20. Jahrhunderts und die Erfahrungen der Weltkriege // Das Orchester. 2007. Vol. 55, № 2. P.31–35; Schultz W.-A. Avant-garde und Trauma: Die Musik des 20. Jahrhunderts und die Erfahrungen der Weltkriege // Lettre International,. 2005. № 71. P. 92–97.

24. McBurney G. Soviet Music after the Death of Stalin: The Legacy of Shostakovich // Russian Cultural Studies: An Introduction / Ed. by Catriona Kelly and David Shepherd. Oxford: Oxford University Press, 1998. P. 133–137; см. также : Раабен Л. Н. О духовном ренессансе в русской музыке 1960-80-х годов. СПб.: Бланка, 1998.

25. McBurney. Soviet Music. P. 136.

26. Mazo. The Present and the Unpredictable Past. P. 372–377.

27. Kramer J. D. The Nature and Origins of Musical Postmodernism // Postmodern Music/Postmodern Thought / Ed. by Judy Lochhead and Joseph Auner. New York and London: Routledge, 2002. P. 17.

28. Calinescu M. Five Faces of Modernity: Modernism, Avant-Garde, Decadence, Kitsch, Postmodernism. Durham, N.C.: Duke University Press, 1987. P. 13–92.

29. Сериализм — техника композиции, которая предполагает работу с установленным набором заданных музыкальных элементов. Это музыкальное направление восходит к Арнольду Шёнбергу, который в начале 1920-х годов изобрел додекафонию. Композитор составлял произведения на основе заранее выверенных последовательностей тонов. Сериализм получил наибольшее распространение в Западной Европе после Второй мировой войны, а в конце 1950-х и в течение 1960-х годов достиг и Восточной Европы. Такие композиторы, как Милтон Бэббитт, Пьер Булез, Луиджи Ноно и Карлхайнц Штокхаузен, расширили метод за счет дополнения последовательностей тонов такими элементами, как продолжительность, динамика и тембр. Сериализм преимущественно используется при написании атональной или диссонантной музыки, но Альбан Берг и другие композиторы, работая в пределах этой традиции, находили возможности внедрять в произведения и атрибуты тональной музыки.

30. Hyer B. Tonality // Grove Music Online. 2007. URL: http://www.oxfordmusiconline.com.ezproxy.Lib.usf.edu/subscriber/article/grove/music/28102.

31. Schmelz P. J. Such Freedom, If Only Musical: Unofficial Soviet Music During the Thaw. Oxford and New York: Oxford University Press, 2009. P. 6, 33, 40–41, 274. Мазо делает во многом схожее заявление по поводу советских композиторов в 1970-е годы; см.: Mazo. The Present and the Unpredictable Past. P. 387.

32. Boris Groys. The Total Art of Stalinism: Avant-Garde, Aesthetic Dictatorship and Beyond. Princeton, N.J.: Princeton University Press, 1992.

33. См.: Foster H. (ed.). The Anti-Aesthetic: Essays on Postmodern Culture. Port Townsend, Wash.: Bay Press, 1983. См. также: Jameson F. Postmodernism, or, the Cultural Logic of Late Capitalism. Durham, N.C.: Duke University Press, 1991. Все авторы, которые представлены в этом выдающемся сборнике, рассуждают о постмодернизме как атрибуте общества времен позднего капитализма.

34. О восточноевропейском постмодернизме см.: Epstein M. After the Future: On the New Consciousness in Literature // Late Soviet Culture:

From Perestroika to Novostroika / Ed. by Thomas Lahusen and Gene Kuperman. Durham, N.C. and London: Duke University Press, 1993. P. 257–287; Clark K. Changing Historical Paradigms in Soviet Culture // Late Soviet Culture: From Perestroika to Novostroika / Ed. by Thomas Lahusen and Gene Kuperman. Durham, N.C. and London: Duke University Press, 1993. P. 289–306; Epstein M. N., Genis A. and Vladiv-Glover S. M. Russian Postmodernism: New Perspectives on Post-Soviet Culture. New York: Berghahn Books, 1999; Chernetsky V. Mapping Postcommunist Cultures: Russia and Ukraine in the Context of Globalization. Montreal: McGill-Queen's University Press, 2007; Erjavec A. (ed.). Postmodernism and the Postsocialist Condition: Politicized Art under Late Socialism. Berkeley: University of California Press, 2003.

35. Постмодернизм и музыка взаимодействовали друг с другом в различных формах. Постмодернизм повлиял на направления работы исследователей, а также отразился в конкретных практиках при написании и исполнении популярной и современной музыки. См.: Lochhead J. and Auner J. (eds). Postmodern Music/Postmodern Thought. New York and London: Routledge, 2002; Kramer L. Classical Music and Postmodern Knowledge. Berkeley: University of California Press, 1995; McClary S. Terminal Prestige: The Case of Avant-Garde Music Composition // Cultural Critique. 1989. Vol. 12. P. 57–81; Lipsitz G. Dangerous Crossroads: Popular Music, Postmodernism and the Poetics of Place. London and New York: Verso, 1994.

36. Eco U. Postcript to "The Name of the Rose". Trans. William Weaver. New York: Harcourt Brace Jovanovich, 1984. P. 66–67.

37. Calinescu. Five Faces of Modernity. P. 292.

38. Clark. Changing Historical Paradigms. P. 299–302.

39. Cvetkovich A. An Archive of Feelings: Trauma, Sexuality and Lesbian Public Cultures. Durham, N.C.: Duke University Press, 2003. P. 18.

40. Young A. The Harmony of Illusions: Inventing Posttraumatic Stress Disorder. Princeton, N.J.: Princeton University Press, 1995. P. 7.

41. Исследования, охватывающие музыковедение, музыкальную этнографию и теорию музыки, по-разному подходят к осмыслению места страданий в произведениях. В дополнение к уже упомянутым работам (Wlodarski, Cusick, Schultz, Gilbert, Beckerman и Ritter and Daughtry) см. также: Antokoletz E. and Antokoletz J. C. Musical Symbolism in the Operas of Debussy and Bartók: Trauma, Gender and the Unfolding Unconscious. New York: Oxford University Press, 2004.

42. Herman. Trauma and Recovery. P. 33–50.

43. О представлениях Джанет Кеннеди в сферах памяти и травмы см.: Ibid. P. 37; van der Kolk B. A. and van der Hart O. The Intrusive Past: The Flexibility of Memory and the Engraving of Trauma // Trauma: Explorations in Memory / Ed. by Cathy Caruth. Baltimore and London: Johns Hopkins University Press, 1995. P. 159–164; Young. The Harmony of Illusions. P. 32–35.

44. Freud S. The Aetiology of Hysteria // The Freud Reader / Ed. by Peter Gay. New York: Norton, 1989; Freud S. Beyond the Pleasure Principle / Trans. by James Strachey. New York: Liverlight, 1920, 1961. По теориям Фрейда о травмах см.: Leys R. Trauma: A Genealogy. Chicago: University of Chicago Press, 2000. P. 18–40; van der Kolk and van der Hart. The Intrusive Past. P. 165; Young. The Harmony of Illusions. P. 36–38.

45. См.: Bracken P. Trauma: Culture, Meaning and Philosophy. London and Philadelphia: Whurr, 2002. P. 1–81. Автор описывает общие черты актуальных исследований по проблемам травм и критически отзывается о том, что они нередко базируются на картезианстве и позитивизме.

46. Herman. Trauma and Recovery. P. 33–213. Психиатр Бессель ван дер Колк обращается к области нейробиологии для обоснования этих описаний воздействия травмы на разум и память. См.: van der Kolk and van der Hart. The Intrusive Past. P. 158–182.

47. Young. The Harmony of Illusions. P. 5, 11. Брекен — Bracken. Trauma. P. 5–6 — схожим образом описывает свой опыт работы с пострадавшими от травматических обстоятельств в Уганде.

48. Alexander J. C., Eyerman R., Giesen B., Smelser N. J. and Sztompka P. Cultural Trauma and Collective Identity. Berkeley: University of California Press, 2004. P. 1–30; Eyerman R. Cultural Trauma: Slavery and the Formation of African American Identity. Cambridge and New York: Cambridge University Press, 2001. P. 1–22.

49. Джеффри Прагер — социолог и психоаналитик по образованию (несомненно, редкое сочетание специализаций). Он пишет о динамике воздействия социальных факторов на память и психическое состояние пациентов. См.: Prager J. Presenting the Past: Psychoanalysis and the Sociology of Misremembering. Cambridge, Mass.: Harvard University Press, 1998. P. 17–58.

50. Среди исследований, которые сочетают диагностику ПТСР с культурным анализом, см.: Farrell K. Post-traumatic Culture: Injury and Interpretation in the Nineties. Baltimore: Johns Hopkins University Press, 1998); Tal K. Worlds of Hurt: Reading the Literatures of Trauma. Cambridge, U.K. and New York: Cambridge University Press, 1996.

51. Forché C. (ed.). Against Forgetting: Twentieth-Century Poetry of Witness. New York: Norton, 1993. P. 40; Gilmore L. The Limits of Autobiography: Trauma and Testimony. Ithaca, N.Y.: Cornell University Press, 2001. P. 3. См. также: Felman and Laub. Testimony. P. 80, 101. Психоаналитик Дори Лауб и литературовед Шошана Фелман исходят из связи свидетельства с фактической истиной. Однако исследователи делают разные выводы из этой гипотезы.

52. Felman and Laub. Testimony. P. 59–62, 86–92. По взаимосвязанному вопросу см.: LaCapra D. Writing History, Writing Trauma. Baltimore: Johns Hopkins University Press, 2001. P. 86.

53. Caruth C. Unclaimed Experience: Trauma, Narrative and History. Baltimore: Johns Hopkins University Press, 1996; Caruth C. Introduction // Trauma: Explorations in Memory. Cathy Caruth (ed.). Baltimore: Johns Hopkins University Press, 1995. P. 5–8, 151–153; Felman and Laub. Testimony. P. xiii–xx, 1–56.

54. Leys. Trauma: A Genealogy. P. 15–16, 232–239, 252–254; и LaCapra. Writing History, Writing Trauma. P. 21–24.

55. Felman and Laub. Testimony. P. 25–40; Caruth. Unclaimed Experience. P. 25–56.

56. Felman and Laub. Testimony. P. 33–34; Adorno T. W. Negative Dialectics / Trans. by E. B. Ashton. London and New York: Routledge, 1966, 1973. P. 361–365; Adorno T. W. Commitment // The Frankfurt School Reader / Ed. by Andrew Arato and Eike Gebhardt. New York: Urizen Books, 1982. P. 300–318.

57. В этом случае я в первую очередь вдохновляюсь рассуждениями ЛаКапры о «травматической литературе», то есть сочинениях, которые пытаются передать разрушительное воздействие травмы. См.: LaCapra. Writing History, Writing Trauma. P. 95–96, 105, 185–188.

58. Caruth. Trauma. P. 11; Felman and Laub. Testimony. P. 42, 57–74. Цветкович высказывает предположение, что жертва травмы может быть исцелена через осмысление ее истории как «мелодраматической фантазии». См.: Cvetkovich. An Archive of Feelings. P. 22. См. также: Tal. Worlds of Hurt. P. 7. Автор представляет свидетельствование как агрессивное действие, ставящее под сомнение статус-кво.

59. Литературовед Элейн Скарри рассуждает об этом с позиций физической боли и ее отображения. Я представляю расширительную трактовку, чтобы охватить как телесную, так и психологическую боль. См.: Scarry E. The Body in Pain: The Making and Unmaking of the World. Oxford: Oxford University Press, 1985. P. 3–11.

60. И Фелман, и Лауб столкнулись с критикой за то, что затирали границу между свидетелем и жертвой. См.: Felman and Laub. Testimony. P. 47–56, 72–73.

61. LaCapra. Writing History, Writing Trauma. P. 40, 47, 87, 103.

62. См.: Tal. Worlds of Hurt. P. 7. Автор рассматривает то, как свидетельствование истины в связи с травматическими обстоятельствами может подрывать устоявшуюся структуру власти.

63. См.: Sontag S. Regarding the Pain of Others. New York: Farrar, Straus and Giroux, 2003. В книге рассматриваются превратности и ограничения военной фотографии и в целом попыток отобразить страдания.

64. Parkes C. M., A Historical Overview of the Scientific Study of Bereavement // Handbook of Bereavement Research: Consequences, Coping and Care / Ed. by Margaret S. Stroebe et al. Washington, D.C.: American Psychological Association, 2001. P. 39–40. О коннотациях слов «утрата», «скорбь» и «траур» см.: Stroebe M. S. et al. Bereavement Research: Contemporary Perspectives // Handbook of Bereavement Research and Practice: Advances in Theory and Intervention / Ed. by Margaret S. Stroebe et al. Washington, D.C.: American Psychological Association, 2008. P. 4–5. В настоящее время в психологических исследованиях различают скорбь и траур. Тем не менее важно подчеркнуть, что эти слова в прошлом использовались как взаимозаменяемые. Даже сейчас ученые отмечают, что бывает тяжело четко провести грань между личными и общественными переживаниями в связи с утратой. См. также: Rosenblatt P. C. Grief across Cultures: A Review and Research Agenda // Handbook of Bereavement Research and Practice: Advances in Theory and Intervention / Ed. by Margaret S. Stroebe et al. Washington, D.C.: American Psychological Association, 2008. P. 214–215.

65. Stroebe M. S. and Schut H. Models of Coping with Bereavement: A Review // Handbook of Bereavement Research: Consequences, Coping and Care / Ed. by Margaret S. Stroebe et al. Washington, D.C.: American Psychological Association, 2001. P. 380–383; Pennebaker J. W., Zech E. and Rimé B. Disclosing and Sharing Emotion: Psychological, Social and Health Consequences // Handbook of Bereavement Research: Consequences, Coping and Care / Ed. by Margaret S. Stroebe et al. Washington, D.C.: American Psychological Association, 2001. P. 533.

66. Horowitz M. J., Wilner N. and Alvarez W. Impact of Event Scale: A Measure of Subjective Stress // Psychosomatic Medicine. 1979. Vol. 41, № 3. P. 209–218; Horowitz M. J. Psychological Response to Serious Life

Events // The Denial of Stress / Ed. by Shlomo Breznitz. New York: International Universities Press, 1983. P. 129–159; Horowitz M. J. Stress Response Syndromes. Northvale, N.J.: Aronson, 1986; Simpson M. A. Traumatic Bereavements and Death-Related PTSD // Death and Trauma: The Traumatology of Grieving / Ed. by Charles R. Figley, Brian E. Bride and Nicholas Mazza. Washington, D.C.: Taylor & Francis, 1997. P. 3–16; Fleming S. and Robinson P. Grief and Cognitive-Behavioral Therapy: The Reconstruction of Meaning // Handbook of Bereavement Research: Consequences, Coping and Care / Ed. by Margaret S. Stroebe et al. Washington, D.C.: American Psychological Association, 2001. P. 653–654.

67. См.: Stroebe and Schut. Models of Coping. P. 380–383. Авторы рассказывают о том, как теории травмы повлияли на исследования скорби. См. также: Neimeyer R. A. Introduction: Meaning Reconstruction and Loss // Meaning Reconstruction and the Experience of Loss / Ed. by Robert A. Neimeyer. Washington, D.C.: American Psychological Association, 2001. P. 5. Неймайер рассуждает о том, насколько тонка граница между утратой и травмой.

68. Freud S. Mourning and Melancholia // On the History of the Psycho-Analytic Movement, Papers on Metapsychology and Other Works. London: Hogarth Press, 1957; reprint, 1962. P. 244–245. О Фрейде и работе над скорбью см.: Parkes. A Historical Overview. P. 27; Shaver P. R. and Tancredy C. M. Emotion, Attachment and Bereavement: A Conceptual Commentary // Handbook of Bereavement Research: Consequences, Coping and Care / Ed. by Margaret S. Stroebe et al. Washington, D.C.: American Psychological Association, 2001. P. 63, 71–72; Stroebe and Schut. Models of Coping. P. 384; Bonanno G. A. Grief and Emotion: A Social-Functional Perspective // Handbook of Bereavement Research: Consequences, Coping and Care / Ed. by Margaret S. Stroebe et al. Washington, D.C.: American Psychological Association, 2001. P. 496. По рассуждениям Херман см.: Herman. Trauma and Recovery. P. 175–195.

69. Общий обзор воззрений Фрейда и их воздействие на психологические исследования феномена траура на протяжении XX века см.: Hagman G. Beyond Decathexis: Toward a New Psychoanalytic Understanding and Treatment of Mourning // Meaning Reconstruction and the Experience of Loss / Ed. by Robert A. Neimeyer. Washington, D.C.: American Psychological Association, 2001. P. 13–20.

70. Weiss R. S. Grief, Bonds and Relationships // Handbook of Bereavement Research: Consequences, Coping and Care / Ed. by Margaret S. Stroebe

et al. Washington, D.C.: American Psychological Association, 2001. P. 47–51; Klass D. and Walter T. Processes of Grieving: How Bonds Are Continued // Handbook of Bereavement Research: Consequences, Coping and Care / Ed. by Margaret S. Stroebe et al. Washington, D.C.: American Psychological Association, 2001. P. 431–438. См. также: Field N. P. Whether to Relinquish or Maintain a Bond with the Deceased // Handbook of Bereavement Research and Practice: Advances in Theory and Intervention / Ed. by Margaret S. Stroebe et al. Washington, D.C.: American Psychological Association, 2008. P. 113–132. Филд размышляет о том, какими следует представлять сохраняющиеся связи с покойным человеком: адаптивными или безадаптивными.

71. Shaver and Tancredy. Emotion, Attachment and Bereavement. P. 77; Bonanno. Grief and Emotion. P. 497; Pennebaker, Zech and Rimé. Disclosing and Sharing Emotion. P. 521; Archer J. Theories of Grief: Past, Present and Future Perspectives // Handbook of Bereavement Research and Practice: Advances in Theory and Intervention / Ed. by Margaret S. Stroebe et al. Washington, D.C.: American Psychological Association, 2008. P. 52–56.

72. Pennebaker, Zech and Rimé. Disclosing and Sharing Emotion. P. 528–529; Pennebaker J. W. Emotion, Disclosure and Health. Washington, D.C.: American Psychological Association, 1995; Neimeyer R. A. and Levitt H. M. What's Narrative Got to Do with It? Construction and Coherence in Accounts of Loss // Loss and Trauma: General and Close Relationship Perspectives / Ed. by John H. Harvey and Eric D. Miller. Philadelphia: Brunner-Routledge, 2000. P. 401–412; Neimeyer R. A. et al. Grief Therapy and the Reconstruction of Meaning: From Principles to Practice // Journal of Contemporary Psychotherapy. 2010. Vol. 40. P. 73–83.

73. Неймайер описывает существенный сдвиг в психологии и теории скорби в пользу конструктивистских и постмодернистских парадигм. См.: Neimeyer. Introduction: Meaning Reconstruction and Loss. P. 1–4.

74. Parkes C. M. Bereavement: Studies of Grief in Adult Life. 3rd ed. New York: International Universities Press, 1996; Janoff-Bulman R. and Berg M. Disillusionment and the Creation of Value: From Traumatic Losses to Existential Gains // Perspectives on Loss: A Sourcebook / Ed. by John H. Harvey. Philadelphia: Taylor & Francis, 1998. P. 35–48; Janoff-Bulman R. and Berger A. R. The Other Side of Trauma: Towards a Psychology of Appreciation // Loss and Trauma: General and Close Relationship Perspectives / Ed. by John H. Harvey and Eric D. Miller. Philadelphia:

Taylor & Francis, 2000. P. 29–44; Neimeyer R. A. The Lessons of Loss: A Guide to Coping. McGraw-Hill, 1998; Fleming and Robinson. Grief and Cognitive-Behavioral Therapy. P. 647, 655–657.

75. Neimeyer R. A. The Language of Loss: Grief Therapy as a Process of Meaning Reconstruction // Meaning Reconstruction and the Experience of Loss / Ed. by Robert A. Neimeyer. Washington, D.C.: American Psychological Association, 2001. P. 261, 292. О разнообразных дискуссиях на тему того, что составляет «смысл», см.: Attig T. Relearning the World: Making and Finding Meanings // Meaning Reconstruction and the Experience of Loss / Ed. by Robert A. Neimeyer. Washington, D.C.: American Psychological Association, 2001. P. 33–53; Davis C. G. The Tormented and the Transformed: Understanding Responses to Loss and Trauma // Meaning Reconstruction and the Experience of Loss / Ed. by Robert A. Neimeyer. Washington, D.C.: American Psychological Association, 2001. P. 137–155.

76. Pennebaker. Emotion, Disclosure and Health; Janoff-Bulman R. Shattered Assumptions: Towards a New Psychology of Trauma. New York: Free Press, 1992.

77. Davis. The Tormented and the Transformed. P. 137–142; см. также: Sewell K. W. and Williams A. M. Construing Stress: A Constructivist Therapeutic Approach to Posttraumatic Stress Reactions // Meaning Reconstruction and the Experience of Loss / Ed. by Robert A. Neimeyer. Washington, D.C.: American Psychological Association, 2001. P. 293–310.

78. Merridale. Night of Stone. P. 16–19, 282–291, 326–328, 331, 334; Figes. The Whisperers. P. 553, 606, 633–635.

79. Merridale. Night of Stone. P. 299.

80. Calinescu. Five Faces of Modernity. P. 269–275.

81. Kramer L. Musical Meaning: Toward a Critical History. Berkeley: University of California Press, 2002. P. 20. Мой методологический подход во многом основывается на следующих работах: McClary S. Feminine Endings: Music, Gender and Sexuality. Minneapolis: University of Minnesota Press, 1991; McClary S. Conventional Wisdom: The Content of Musical Form. Berkeley: University of California Press, 2000; Leppert R. D. The Sight of Sound: Music, Representation and the History of the Body. Berkeley: University of California Press, 1993; Kramer L. Music as Cultural Practice, 1800–1900. Berkeley: University of California Press, 1990; Kramer L. Classical Music and Postmodern Knowledge.

82. Schechner R. Performance Theory. London and New York: Routledge, 2003. P. 215. Обзор соответствующих источников на тему исполнения

см.: Schechner R. Between Theater and Anthropology. Philadelphia: University of Pennsylvania Press, 1985; Schechner R. and Appel W. By Means of Performance: Intercultural Studies of Theatre and Ritual. Cambridge and New York: Cambridge University Press, 1990; Schechner R. The Future of Ritual: Writings on Culture and Performance. London and New York: Routledge, 1993; Schechner R. Performance Studies: An Introduction. 2nd ed. New York: Routledge, 2006; Turner V. The Ritual Process: Structure and Anti-Structure. Ithaca, N.Y.: Cornell University Press, 1977; Turner V. From Ritual to Theatre: The Human Seriousness of Play. New York: Performing Arts Journal Publications, 1982; Turner V. The Anthropology of Performance. New York: PAJ Publications, 1988; Carlson M. Performance: A Critical Introduction. London and New York: Routledge, 1996; Barba E. Theatre Anthropology // A Dictionary of Theatre Anthropology: The Secret Art of the Performer / Ed. by Eugenio Barba and Nicola Savarese. London: Routledge, 1991.

83. Во вступлении к сборнику литературоведы Ана Дуглас и Томас Воглер рассматривают этот троп и прослеживают его истоки в теориях Канта о «возвышенном». См.: Douglass A. and Vogler T. A. (eds). Witness and Memory: The Discourse of Trauma. New York and London: Routledge, 2003. P. 32–33.

84. Saltzman L. and Rosenberg E. M. Trauma and Visuality in Modernity. Hanover, N.H.: Dartmouth College Press and University Press of New England, 2006. P. xii. Авторы также обращают внимание, насколько больший упор в исследованиях травмы делается на язык, чем на визуальные образы.

85. Mazo. The Present and the Unpredictable Past. P. 371–400.

86. Ziarek. Melancholic Nationalism. P. 301–326.

Глава 1

1. Ramadanovic P. Forgetting Futures: On Memory, Trauma and Identity. Lanham, Md.: Lexington Books, 2001. P. 5–6, 99.

2. Ivashkin A. Alfred Schnittke. London: Phaidon, 1996. P. 169.

3. Smith K. E. Remembering Stalin's Victims: Popular Memory and the End of the Soviet Union. Ithaca, N.Y. and London: Cornell University Press, 1996. P. 10.

4. Merridale C. Night of Stone: Death and Memory in Russia. London: Granta, 2000. P. 12, 16, 19, 252–253, 294. См. также: Figes O. The Whis-

perers: Private Life in Stalin's Russia. London and New York: Allen Lane, 2007. P. 582, 607, 652.

5. Clark K. Changing Historical Paradigms in Soviet Culture // Late Soviet Culture: From Perestroika to Novostroika / Ed. by Thomas Lahusen and Gene Kuperman. Durham, N.C. and London: Duke University Press, 1993. P. 289. См. также: Platt K. M. F. and Brandenberger D. (eds). Epic Revisionism: Russian History and Literature as Stalinist Propaganda. Madison: University of Wisconsin Press, 2006.

6. Nove A. Glasnost' in Action: Cultural Renaissance in Russia. Boston: Unwin Hyman, 1989.

7. Boobbyer P. Conscience, Dissent and Reform in Soviet Russia. London: Routledge, 2005. P. 43–50.

8. Figes. The Whisperers. P. 629–656.

9. См.: Suny R. G. The Soviet Experiment: Russia, the Soviet Union and the Successor States. Oxford: Oxford University Press, 1998. P. 405. Автор рассматривает отход от теории невступления в конфликты начиная с 1954 года.

10. Nove. Glasnost' in Action. P. 5.

11. Kornetchuk E. Soviet Art under Government Control: From the 1917 Revolution to Khrushchev's Thaw // Nonconformist Art: The Soviet Experience 1956–1986 / Ed. by Alla Rosenfeld and Norton T. Dodge. New York: The Jane Voorhees Zimmerli Art Museum, Rutgers, The State University of New Jersey and Thames and Hudson, 1995. P. 43–45. См. также: Suny. The Soviet Experiment. P. 404.

12. Suny. The Soviet Experiment. P. 392–393.

13. Boobbyer. Conscience, Dissent and Reform. P. 61–63, 69–70; Smith. Remembering Stalin's Victims. P. 20–33.

14. Smith. Remembering Stalin's Victims. P. 33; Merridale. Night of Stone. P. 266–270; Figes. The Whisperers. P. 535–596, 599.

15. Suny. The Soviet Experiment. P. 406–407, 415–420, 425–429.

16. Dobson M. Khrushchev's Cold Summer: Gulag Returnees, Crime and the Fate of Reform after Stalin. Ithaca, N.Y.: Cornell University Press, 2009.

17. Scammell M. Art as Politics and Politics in Art // Nonconformist Art: The Soviet Experience 1956–1986 / Ed. by Alla Rosenfeld and Norton T. Dodge. New York: The Jane Voorhees Zimmerli Art Museum, Rutgers, The State University of New Jersey and Thames and Hudson, 1995. P. 51.

18. Smith. Remembering Stalin's Victims. P. 39; Figes. The Whisperers. P. 605.

19. Yurchak A. Everything Was Forever, Until It Was No More: The Last Soviet Generation. Princeton, N.J.: Princeton University Press, 2006.

P. 126–157. Уильям Томпсон отмечает все более репрессивный подход к открытому несогласию и распространению инакомыслия и протестной деятельности. См.: Tompson W. J. The Soviet Union under Brezhnev. Harlow, U.K.: Pearson/Longman, 2003. P. 98–108. Марк Сандл рассматривает жизненный опыт нацеленных на реформы представителей «официальной интеллигенции» в 1960-е и 1970-е годы. Именно эти люди в дальнейшем задавали общий тон перестройке. См.: Sandle M. A Triumph of Ideological Hairdressing? Intellectual Life in the Brezhnev Era Reconsidered // Brezhnev Reconsidered / Ed. by Edwin Bacon and Mark Sandle. New York: Palgrave Macmillan, 2002. P. 136.

20. Boobbyer. Conscience, Dissent and Reform. P. 34–36, 89–91.
21. Svirski G. A History of Post-War Soviet Writing: The Literature of Moral Opposition / Ed. by Robert Dessaix and Michael Ulman; trans. by Robert Dessaix and Michael Ulman. Ann Arbor, Mich.: Ardis, 1981. P. 11–18.
22. Boobbyer. Conscience, Dissent and Reform. P. 71–73; Clark. Changing Historical Paradigms. P. 298; Suny. The Soviet Experiment. P. 406; Yurchak. Everything Was Forever. P. 95.
23. Yurchak. Everything Was Forever. P. 1–35, 157.
24. Svirski. A History of Post-War Soviet Writing. P. 77–86.
25. Kennedy J. Realism, Surrealism and Photorealism: The Reinvention of Reality in Soviet Art of the 1970s and 1980s // Nonconformist Art: The Soviet Experience 1956–1986 / Ed. by Alla Rosenfeld and Norton T. Dodge. New York: The Jane Voorhees Zimmerli Art Museum, Rutgers, The State University of New Jersey and Thames and Hudson, 1995. P. 273–292.
26. Merridale. Night of Stone. P. 300–302, 307.
27. Clark. Changing Historical Paradigms. P. 298–299.
28. Ivashkin A. Letter from Moscow Post October Soviet Art: Canon and Symbol // Musical Quarterly. 1990. Vol. 74, № 2. P. 303–317.
29. Clark. Changing Historical Paradigms. P. 289, 299–302.
30. Epstein M. After the Future: On the New Consciousness in Literature // Late Soviet Culture: From Perestroika to Novostroika / Ed. by Thomas Lahusen and Gene Kuperman. Durham, N.C. and London: Duke University Press, 1993. P. 257–258.
31. Groys B. The Total Art of Stalinism: Avant-Garde, Aesthetic Dictatorship and Beyond. Princeton, N.J.: Princeton University Press, 1992. P. 41–42, 49, 73, 75, 108, 110.

32. Herman J. L. Trauma and Recovery. New York: Harper Collins, 1992. P. 37–39; van der Kolk B. A. and van der Hart O. The Intrusive Past: The Flexibility of Memory and the Engraving of Trauma // Trauma: Explorations in Memory / Ed. by Cathy Caruth. Baltimore and London: Johns Hopkins University Press, 1995. P. 159–164.

33. Van der Kolk and van der Hart. The Intrusive Past. P. 172.

34. Young A. The Harmony of Illusions: Inventing Posttraumatic Stress Disorder. Princeton, N.J.: Princeton University Press, 1995. P. 7; Herman. Trauma and Recovery. P. 37.

35. LaCapra D. Writing History, Writing Trauma. Baltimore: Johns Hopkins University Press, 2001. P. 186.

36. Ivashkin. Alfred Schnittke. P. 10–34; Шульгин Д. И. Годы неизвестности Альфреда Шнитке (Беседы с композитором). М.: Деловая Лига, 1993. С. 10–11; Ивашкин А. В. Беседы с Альфредом Шнитке. М.: РИК «Культура», 1994. С. 13–22, 29–31.

37. Schmelz P. J. Such Freedom, If Only Musical: Unofficial Soviet Music During the Thaw. Oxford and New York: Oxford University Press, 2009. P. 35–37.

38. О соцреализме в музыке см.: Bek M., Chew G. and Macek P. (eds). Socialist Realism and Music. Prague and Brno: KLP, Institute of Musicology, Masaryk University, 2004.

39. Schmelz. Such Freedom, If Only Musical. P. 6.

40. Шульгин Д. И. Годы неизвестности Альфреда Шнитке (Беседы с композитором). М.: Деловая Лига, 1993. С. 14–19; Schmelz. Such Freedom, If Only Musical. P. 30–55.

41. Schmelz. Such Freedom, If Only Musical. P. 30–35.

42. Холопова В., Чигарева Е. Альфред Шнитке. Очерк жизни и творчества. М.: Советский композитор, 1990. С. 7 14.

43. Schmelz. Such Freedom, If Only Musical. P. 62–65.

44. Шульгин Д. И. Годы неизвестности Альфреда Шнитке (Беседы с композитором). М.: Деловая Лига, 1993. С. 16–17.

45. Schmelz. Such Freedom, If Only Musical. P. 234–244, surveys Schnittke's serial works.

46. Ivashkin. Alfred Schnittke. P. 111–114. См. также: Schmelz. Such Freedom, If Only Musical. P. 185–186. Шмельц упоминает, что многие композиторы писали музыку к фильмам, поскольку зарабатывать на жизнь «собственной» музыкой оказывалось проблематично.

47. Ivashkin. Alfred Schnittke. P. 86, 104, 109.

48. Шнитке говорит о своем интересе к сериализму в кн.: Шульгин Д. И. Годы неизвестности Альфреда Шнитке (Беседы с композитором). М.: Деловая Лига, 1993. См. также: Шульгин Д. И. Годы неизвестности Альфреда Шнитке (Беседы с композитором). М.: Деловая Лига, 1993. С. 20–21, 92, 95, 99. Здесь композитор высказывает недовольство сериализмом и в принципе всеми техниками, которые стремятся к абсолютизирующей точности. Дополнительно см.: Ивашкин А. В. Беседы с Альфредом Шнитке. М.: РИК «Культура», 1994. С. 49–52.

49. Schmelz. Such Freedom, If Only Musical. P. 272–274, 305–318.

50. Шульгин Д. И. Годы неизвестности Альфреда Шнитке (Беседы с композитором). М.: Деловая Лига, 1993. С. 21. См.: Ivashkin. Alfred Schnittke. P. 116. Ивашкин замечает, что принципы, по которым строится кинокартина, находят отражение в музыке Шнитке. По мнению Ивашкина, эти принципы — противопоставление, отсутствие пропорциональности и экспрессивные контрасты. Потенциально это скорее указание на особенности музыки Шнитке, а не на конкретные условности кинематографа. См. также: Ivashkin. Alfred Schnittke. P. 110; Schmelz. Such Freedom, If Only Musical. P. 272–274.

51. Ivashkin. Alfred Schnittke. P. 117. Подробнее о фильме Ромма и Симфонии № 1 Шнитке см.: Schmelz. Such Freedom, If Only Musical. P. 305–322.

52. Шульгин Д. И. Годы неизвестности Альфреда Шнитке (Беседы с композитором). М.: Деловая Лига, 1993. С. 99.

53. Schnittke A. A Schnittke Reader / Ed. by Alexander Ivashkin; trans. by John Goodliffe. Bloomington: Indiana University Press, 2002. P. 87–88.

54. См.: Ibid. P. 17–18, 45, 87; Шульгин Д. И. Годы неизвестности Альфреда Шнитке (Беседы с композитором). М.: Деловая Лига, 1993. С. 25–26.

55. Polin C. Interviews with Soviet Composers // Tempo. 1984 (December). Vol. 151. P. 12.

56. Schnittke. A Schnittke Reader. P. 45, 47, 89–90.

57. Ivashkin. Alfred Schnittke. P. 87–88, 111; Ivashkin A. Introduction // Seeking the Soul: The Music of Alfred Schnittke / Ed. by George Odam. London: Guildhall School of Music and Drama, 2002. P. 5; Ivashkin A. The Paradox of Russian Non-Liberty // Musical Quarterly. 1992 (Winter). Vol. 76, № 4. P. 551. Рассуждая о влиянии Малера на музыку Шнитке, Георг Борхардт замечает, что цитаты Шнитке кажутся попыткой

восстановить память как таковую. См.: Borchardt G. Alfred Schnittke and Gustav Mahler // Seeking the Soul: The Music of Alfred Schnittke / Ed. by George Odam. London: Guildhall School of Music and Drama, 2002. P. 29.

58. Mazo M. The Present and the Unpredictable Past: Music and Musical Life of St. Petersburg and Moscow Since the 1960s // International Journal of Musicology. 1996. Vol. 5. P. 375–376, 384–387. Писатель Виктор Ерофеев, чей рассказ лег в основу оперы «Жизнь с идиотом» 1992 года, также воспринимает музыку композитора в исторических категориях и упоминает, что конец XX века вскрыл «новую восприимчивость к прошлому». Ерофеев полагает, что музыка Шнитке выступает неким резюме последних 500–600 лет. См.: Erofeev V. Alfred Schnittke and his Music // Soviet Scene 1987: A Collection of Press Articles and Interviews / Ed. by Vladimir Mezhenkov. London and Wellingborough, U.K.: Collets, 1987. P. 227. Вера Лукомская в исследовании указанной оперы демонстрирует, что интерес Шнитке к истории сохранялся и в начале 1990-х годов. В произведении фигурирует Марсель Пруст. Выходы этого персонажа на сцену олицетворяют тему памяти. См.: Lukomsky V. Russian Postmodernism on Absurdities and Realities of Soviet Life: Alfred Schnittke's Opera Life with an Idiot // International Journal of Musicology. 1999. Vol. 8. P. 425–448.

59. Moody I. The Music of Alfred Schnittke // Tempo. 1989 (March). Vol. 168; Kholopova V. Alfred Schnittke's Works: A New Theory of Musical Content // Seeking the Soul: The Music of Alfred Schnittke / Ed. by George Odam. London: Guildhall School of Music and Drama, 2002. P. 41.

60. Webb J. Schnittke in Context // Tempo. 1992 (September). Vol. 182. P. 22; Polin C. The Composer as Seer, but Not Prophet // Tempo . 1994 (September). Vol. 190. P. 14; Ivashkin. Alfred Schnittke. P. 17, 31, 52; Kostakeva M. Artistic Individuality in Schnittke's Overture and his New Political Mythology // Seeking the Soul: The Music of Alfred Schnittke / Ed. by George Odam. London: Guildhall School of Music and Drama, 2002. P. 17. Андерс Бейер заявляет, что «беспризорность» Шнитке — важная составная часть его музыки. См.: Beyer A. Alfred Schnittke: Between Hope and Despair // The Voice of Music: Conversations with Composers of Our Time / Ed. by Jean Christensen. Aldershot: Ashgate, 2001. P. 242. См. также: Ивашкин А. В. Беседы с Альфредом Шнитке. М.: РИК «Культура», 1994. С. 13, 30–31. Здесь Шнитке предлагает как раз эту интерпретацию.

61. Schmelz. Such Freedom, If Only Musical. P. 6, 40–41, 297, 303.

62. Ивашкин А. В. Беседы с Альфредом Шнитке. М.: РИК «Культура», 1994. С. 33.

63. См.: Schmelz. Such Freedom, If Only Musical. P. 320 n. 94. Здесь представлен обзор композиторов, которые называют музыку Шнитке «постмодернистской». См. также: Lukomsky. Russian Postmodernism. P. 425–448; Kostakeva. Artistic Individuality. P. 18, 26–27.

64. Volkov S. The ABC's of Alfred Schnittke (1934–1998) // Tempo. 1998 (September). Vol. 206. P. 37; Webb. Schnittke in Context. P. 19; Polin. The Composer as Seer. P. 14; Tiedman R. Review of Schnittke: Cello Concerto No. 1; Concerto Grosso No. 1; Schnittke: Cello Concerto No. 1; *Stille Musik;* Sonata for Cello and Piano; Schnittke: Cello Concerto No. 1; *Klingende Buchstaben;* Four Hymns // Tempo. 1992 (September). Vol. 182. P. 47; Холопова В., Чигарева Е. Альфред Шнитке. Очерк жизни и творчества. М.: Советский композитор, 1990. С. 56–59; Yoon J. Polystylism in Alfred Schnittke's Requiem. D.M.A diss., University of California. Los Angeles, 2003; Ivashkin. Alfred Schnittke. P. 66, 155. См. рассуждения Гидона Кремера о музыке Шнитке в кн.: Schnittke. A Schnittke Reader. P. 223. См. размышления художника Владимира Янкилевского о музыке Шнитке в кн.: Schnittke. A Schnittke Reader. P. 243.

65. Taruskin R. Defining Russia Musically: Historical and Hermeneutical Essays. Princeton, N.J.: Princeton University Press, 1997. P. 101. Если воспринимать музыкальные контрасты у Шнитке как борьбу добра со злом, то возникает почти непреодолимое стремление воспринимать такие противопоставления в контексте советского тоталитаризма. См.: Polin. The Composer as Seer. P. 13–17; Kostakeva. Artistic Individuality. P. 20–21, 24, 26. Оба автора именно так трактуют музыку Шнитке. Костакева также высказывает мнение, что композитор зачастую обозначает зло через популярную музыку, а добро — через барокко, классицизм, романтизм и экспрессионизм, а также религиозную музыку. Ивашкин поднимает эту тему, напрямую спрашивая у Шнитке, как в его произведениях соотносятся добро и зло. См.: Schnittke. A Schnittke Reader. P. 22–23.

66. Шульгин Д. И. Годы неизвестности Альфреда Шнитке (Беседы с композитором). М.: Деловая Лига, 1993. С. 91, 94; Schnittke. A Schnittke Reader. P. 23, 27, 32, 129.

67. Schmelz. Such Freedom, If Only Musical. P. 21, 311–318. Шмельц заявляет, что Шнитке занимал в советской музыке 1970-х и 1980-х годов «полуофициальное» положение. Мазо же предполагает, что поли-

стилистика Шнитке очевидным образом противостояла соцреализму. См.: Mazo. The Present and the Unpredictable Past. P. 385. Существуют основания предполагать, что, несмотря на некоторые разночтения между произведениями Шнитке и официально признанной соцреалистической стилистикой, большая доступность для слушателя полистилистики в сравнении с сериализмом могла способствовать большей благосклонности к композитору со стороны критиков и музыковедов из профильных изданий.

68. Шульгин Д. И. Годы неизвестности Альфреда Шнитке (Беседы с композитором). М.: Деловая Лига, 1993. С. 21, 82, 91

69. Многие из тех, кто рассуждает о «подрыве» Шнитке традиционных форм музыки, фокусируются на Сонате № 2 для скрипки и фортепиано «Quasi una sonata». Хлопова и Чигарева воспринимают произведение как эскиз на тему невозможности воспроизвести классические формы и описывают сонату как раздираемое собственными противоречиями произведение. См.: Холопова В., Чигарева Е. Альфред Шнитке. Очерк жизни и творчества. М.: Советский композитор, 1990. С. 56–59. Позже (Kholopova. Alfred Schnittke's Works. P. 41) высказывается мысль, что Соната № 2 — пародия на сонату с намеренными отступлениями от формы. Вествуд предполагает, что Шнитке искажает идеи, почерпнутые из традиционного написания сонат, и ставит под сомнение их истинность в эпоху, когда композиторы творят радикально иным образом. См.: Westwood P. Schnittke's Violin Sonata No. 2 as an Open Commentary on the Composition of Modern Music // Seeking the Soul: The Music of Alfred Schnittke / Ed. by George Odam. London: Guildhall School of Music and Drama, 2002. P. 46. Ивашкин, рассуждая в целом о полистилистических произведениях Шнитке, отмечает, что его музыка часто открывается традиционной формой, но вскоре разваливается сама по себе, без какой-либо надежды на восстановление целостности. В качестве примера Ивашкин приводит Симфонию № 3 и Концерт № 4 для скрипки, где солист не столько играет каденцию, сколько подает ее слушателю намеками. См.: Ivashkin. Alfred Schnittke. P. 157–158. Ивашкин также заявляет, что Шнитке адаптирует синтаксис западной музыки, но почти сразу подрывает его. См.: Ivashkin. The Paradox. P. 554.

70. Webb. Schnittke in Context. P. 19; Tiedman. Review of Schnittke. P. 47. Ивашкин указывает, что Шнитке критиковали за написание симфоний. См.: Ivashkin A. Shostakovich and Schnittke: The Erosion of

Symphonic Syntax // Shostakovich Studies / Ed. by David Fanning. Cambridge: Cambridge University Press, 1995. P. 257. Беседа о том, как композитор использовал элементы сонаты, включена в кн.: Ивашкин А. В. Беседы с Альфредом Шнитке. М.: РИК «Культура», 1994. С. 66. Шнитке будто пытается отстоять свой интерес к сонате и использование ее атрибутов перед теми, кто критикует его за обращение к старомодным формам. Композитор полагает, что музыкантам нужно стремиться к ответам на вопросы, которые беспокоят именно их самих.

71. См.: Ивашкин А. В. Беседы с Альфредом Шнитке. М.: РИК «Культура», 1994. С. 46–47, 67. Здесь Шнитке упоминает свой балет 1987 года «Пер Гюнт» в свете такого унифицированного подхода к полистилистике.

72. Шульгин Д. И. Годы неизвестности Альфреда Шнитке (Беседы с композитором). М.: Деловая Лига, 1993. С. 91, 94.

73. Dixon J. D. George Rochberg: A Bio-Bibliographic Guide to His Life and Works. Stuyvesant, N.Y.: Pendragon Press, 1992. P. 92–98.

74. Хлопова и Чигарева сравнивают этот эпизод с «ноктюрном». См.: Холопова В., Чигарева Е. Альфред Шнитке. Очерк жизни и творчества. М.: Советский композитор, 1990. С. 141. Фрагмент, написанный Шнитке, больше всего напоминает Ноктюрн № 7, ор. 27, № 1 Шопена. Этот ноктюрн открывается сдвигом мелодии вверх на полтона (с ми на ми-диез). Шнитке словно делает инверсию этого жеста: у него мелодия понижается на полшага (с соль на фа-диез).

75. См.: Там же. С. 142.

76. См. Импровизации для фортепиано, ор. 20 Бартока (четвертая часть, такты 1–10). Мотив, в этом случае исполняемый правой рукой, возникает в концерте Шнитке на такте 202 и тактах 207–210. Шнитке будто хроматически адаптирует пары триолей Бартока (одну восходящую и одну нисходящую) и распределяет исполнение мотива на обе руки пианиста.

77. Taruskin R. The Oxford History of Western Music. Vol. 5. New York: Oxford University Press, 2005. P. 467.

78. Schnittke. A Schnittke Reader. P. 90.

79. Ивашкин А. В. Беседы с Альфредом Шнитке. М.: РИК «Культура», 1994. С. 73; Ivashkin. Alfred Schnittke. P. 135.

80. Существует ряд исследований по музыкальной психологии и восприятию музыки (в частности, созвучий и диссонансов). См.:

Burns E. M. Intervals, Scales and Tuning // The Psychology of Music / Ed. by Diana Deutsch. San Diego: Academic Press, 1998. P. 215–258.

81. Мои рассуждения о линейных качествах тональной музыки основаны на дискуссиях о музыке и нарративах. См.: Newcomb A. Once More 'Between Absolute and Program Music': Schumann's Second Symphony // 19th-Century Music. 1984. Vol. 7, № 3. P. 233–250; Newcomb A. Schumann and Late Eighteenth-Century Narrative Strategies // 19th-Century Music. 1987. Vol. 11, № 2. P. 164–174; McClary S. A Musical Dialectic from the Enlightenment: Mozart's Piano Concerto in G Major, K. 453, Movement 2 // Cultural Critique. 1986. Vol. 4. P. 129–169; McClary S. The Impromptu That Trod on a Loaf: Or How Music Tells Stories // Narrativ. 1997. Vol. 5, № 1. P. 20–35; Maus F. E. Music as Narrative // Indiana Theory Review. 1991. Vol. 12. P. 1–34; Abbate C. Unsung Voices: Opera and Musical Narrative in the Nineteenth Century. Princeton, N.J.: Princeton University Press, 1991; Kramer L. Classical Music and Postmodern Knowledge. Berkeley: University of California Press, 1995; Kramer L. Saving the Ordinary: Beethoven's "Ghost" Trio and the Wheels of History // Phrase and Subject: Studies in Literature and Music / Ed. by Delia da Sousa Correa. Oxford, U.K.: Legenda, 2006. P. 73–86; Almén B. Narrative Archetypes: A Critique, Theory and Method of Narrative Analysis // Journal of Music Theory. 2003 (Spring). Vol. 47, № 1. P. 1–39; Imberty M. Narrative, Splintered Temporalities and the Unconscious in 20th Century Music // Narrative in Music and Interaction. Special issue. Musicæ Scientiæ: The Journal of the European Society for the Cognitive Sciences of Music. 2008. P. 129–146.

82. Если говорить просто, то хроматизм — пассажи в западной музыке, где проигрываются непосредственно соседствующие друг с другом ноты (например, последовательная игра всех клавиш на фортепиано). Когда такие эпизоды группируются очень плотно, создается ощущение, что мы уходим далеко от стартовой точки и бесконтрольно несемся в противоположном направлении.

83. На такте 9 ми мажор сосуществует с соль минор, а соль-диез и соль-бекар противостоят друг другу. В следующем такте Шнитке сталкивает си-бемоль мажор и си-бекар минор.

84. Разработка — центральная часть сонаты, где прорабатывается изначальный мелодический материал и где гармонически мы отодвигаемся от стартовой точки, к которой в любом случае вернемся.

85. Kholopova. Alfred Schnittke's Works. P. 141. Сопоставьте такты 79–82 (в правой руке пианиста) из концерта Шнитке с тактами 32–37 из Лунной сонаты Бетховена.

86. Для примера: начиная с такта 124 в правой руке звучит трезвучие ля-бемоль мажор; на такте 138 — трезвучие си минор; на такте 152 — изначальный «колокольный» мотив (ля и фа).

87. Например, на такте 164 в правой руке пианиста звучит ля-бемоль мажор, в левой — си минор, первые альты играют ля-бемоль мажор. Остальные альты и виолончели, разделенные на партии, играют в нисходящем порядке си минор, си-бемоль мажор, ре-бемоль мажор, ми минор, ми-бемоль мажор, фа-диез минор и фа мажор. Фортепиано и первые альты вступают вместе, а последующие партии — с запаздыванием на восьмую ноту по отношению друг к другу, сверху вниз.

88. Первоначальные тоны выстраиваются в такую последовательность, сверху вниз: до, до-бемоль, ля, ля-бемоль, соль-диез, соль, фа-диез, фа, ми, ре-диез, ре, до-диез. Первые шесть партий исполняют первые шесть аккордов концерта (до минор, до-бемоль мажор, ре минор, ре-бемоль мажор, ми мажор и соль минор). Создается впечатление, что энгармонизм (ля-бемоль и соль-диез) возникает как раз для того, чтобы поддержать эти первые шесть аккордов (ля-бемоль — часть ре-бемоль мажор, соль-диез — ми мажор). Дальнейшие отсылки к 12 тонам будут подразумевать все 12 нот.

89. Schmelz. Such Freedom, If Only Musical. P. 3; Beyer. Alfred Schnittke. P. 242.

90. Taruskin. Defining Russia Musically. P. 101.

91. Schmelz. Such Freedom, If Only Musical. P. 6–13.

92. Taruskin. The Oxford History of Western Music. P. 468.

93. Ивашкин А. В. Беседы с Альфредом Шнитке. М.: РИК «Культура», 1994. С. 68. Ивашкин развивает эту тему в ряде работ по творчеству Шнитке. См.: Ivashkin. The Paradox. P. 554; Ivashkin. Alfred Schnittke. P. 165; Ivashkin. Shostakovich and Schnittke. P. 258–259.

94. Felman S. and Laub D. Testimony: Crises of Witnessing in Literature, Psychoanalysis and History. New York: Routledge, 1992. P. 6, 8–9, 15–16.

Глава 2

1. Как замечает Алекс Росс, «один критик назвал [Уствольскую] "дамой с молотком"». Согласно сайту Иэна Макдональда, автор выражения — нидерландский критик Элмер Шёнбергер. См.: Ross A. A Grand Russian Original Steps Out of the Mist // New York Times. May 28, 1995; MacDonald I. The Lady with the Hammer: The Music of

Galina Ustvolskaya // Music under Soviet Rule. URL: http://www.siue.edu/~aho/musov/ust/ust.html

2. Kovnatskaya L. Ustvol'skaya, Galina Ivanovna // Grove Music Online. Oxford Music Online. 2003. URL: http://www.oxfordmusiconline.com. ezproxy.lib.usf.edu/sub-scriber/article/grove/music/28870

3. Уствольская, по всей видимости, неоднозначно воспринимала эти ранние работы. Гладкова замечает, что былина для баса и оркестра «Сон Степана Разина» (1948) четыре года подряд открывала сезоны Ленинградской филармонии. Официальный каталог произведений Уствольской, подготовленный Musikverlag Hans Sikorski, не включает былину, в отличие от каталога, приложенного к монографии Гладковой. См.: Catalogue Galina Ustvolskaya. Hamburg: Musikverlag Hans Sikorski, 1990. P. 11–16. См. также: Гладкова О. Галина Уствольская. Музыка как наваждение. СПб.: Музыка, 1999. С. 17–18, 28.

4. Гладкова О. Галина Уствольская. Музыка как наваждение. СПб.: Музыка, 1999. С. 28.

5. См.: Там же. С. 15, 28. Пытаясь обнаружить, от кого или чего исходило влияние на творчество Уствольской, мы быстро сталкиваемся с очевидным фактом: сама Уствольская воспринимала такие сравнения крайне негативно и неизменно отвергала стилистическую общность с любым другим композитором. См.: Гладкова О. Галина Уствольская. Музыка как наваждение. СПб.: Музыка, 1999. С. 3–4; Bokman S. Variations on the Theme Galina Ustvolskaya / Trans. Irina Behrendt. Berlin: Verlag Ernst Kuhn, 2007. P. 74. Активное использование кластеров указывает на возможное влияние со стороны Генри Кауэлла, который в 1928 году посетил СССР. Кауэлл во время поездки исполнял некоторые из своих ранних работ с кластерами, в том числе «Тигра» (партитура была опубликована в СССР). Однако на прямой вопрос Мариан Ли по поводу Кауэлла Уствольская отказалась признать какое-либо влияние американского композитора на ее творчество. См.: Bokman. Variations on the Theme, n. 63. См. также: Bokman. Variations on the Theme. P. 121, 172. Здесь указывается, что Уствольская использовала несколько западных техник, в том числе атональность и кластеры, и что композитор восхищалась Веберном. Несколько комментаторов отмечают схожее стремление к минимизации выразительных средств у Уствольской и Веберна. Сама Уствольская подобные оценки тоже отвергала. См.: Suslin V. The Music of Spiritual Independence: Galina Ustvolskaya // "Ex Oriente..." Ten Composers from the Former Soviet Union / Ed. by Valeria Tsenova.

Berlin: Verlag Ernst Kuhn, 2002. P. 102. Многие авторы пытаются сопоставить Уствольскую с ее учителем Дмитрием Шостаковичем. См.: Кац Б. Семь взглядов на одно сочинение // Советская музыка. 1980. № 2 (495). С. 14. Здесь подчеркивается, что и Уствольская, и Шостакович занимаются трактовкой тем насилия и осмеяния. См. также: Раабен Л. Н. О духовном ренессансе в русской музыке 1960–80-х годов. СПб.: Бланка, 1998. Автор находит некоторые элементы произведений Шостаковича и «Бориса Годунова» Мусоргского в «Трио» Уствольской (1949). В статье — Гнатенко А. Искусство как ритуал: Размышления о феномене Галины Уствольской // Музыкальная академия. 1995. № 4 (654). С. 26 — Гнатенко сопоставляет экстатический стиль Уствольской с творчеством Скрябина. В целом комментаторы склонны видеть Уствольскую одним из передовых композиторов-авангардистов, сильно опередивших свое время. Она во всем стремилась отстаивать собственную независимость, в особенности от Шостаковича. См.: Derks T. Galina Ustvolskaya: 'Sind Sie mir nicht bose!' (Very Nearly an Interview) // Tempo. 1995 (July). № 193. P. 32; Гладкова О. Галина Уствольская. Музыка как наваждение. СПб.: Музыка, 1999. С. 12, 31. При осмыслении «ударной» техники Уствольской все же представляется логичным отмечать некоторые общие места с другими композиторами, даже если сама Уствольская не одобрила бы такие сравнения. Музыкальные кластеры чисто исторически связаны с Кауэллом и вошли в список доступных выразительных средств в том числе благодаря поездке американского композитора в СССР. Схожий «ударный» элемент присутствует и в музыке для фортепиано иных восточноевропейских композиторов, в частности, Прокофьева и Бартока, которых можно назвать предвестниками стиля Уствольской.

6. Scarry E. The Body in Pain: The Making and Unmaking of the World. Oxford: Oxford University Press, 1985. P. 5.
7. Turner V. From Ritual to Theatre: The Human Seriousness of Play. New York: Performing Arts Journal Publications, 1982. P. 13–72.
8. Alexander J. C., Eyerman R., Giesen B., Smelser N. J. and Sztompka P. Cultural Trauma and Collective Identity. Berkeley: University of California Press, 2004. P. 158–161, 164.
9. Suny R. G. The Soviet Experiment: Russia, the Soviet Union and the Successor States. Oxford: Oxford University Press, 1998. P. 451–452; Gorbachev M. Perestroika: New Thinking for Our Country and the World. New York: Harper & Row, 1987. P. 75–80; Boobbyer P. Conscience,

Dissent and Reform in Soviet Russia. London: Routledge, 2005. P. 186; Nove A. Glasnost' in Action: Cultural Renaissance in Russia. Boston: Unwin Hyman, 1989. P. ix.

10. Ries N. Russian Talk: Culture and Conversation during Perestroika. Ithaca, N.Y.: Cornell University Press, 1997. P. 165–168; Gibbs J. Gorbachev's Glasnost: The Soviet Media in the First Phase of Perestroika. College Station: Texas A&M University Press, 1999. P. 13–14.

11. Smith K. E. Remembering Stalin's Victims: Popular Memory and the End of the Soviet Union. Ithaca, N.Y. and London: Cornell University Press, 1996. P. 42–43.

12. Lewin M. Russia/Soviet Union/Russia: The Drive and Drift of a Superstate. New York: New Press, 1995. P. 301.

13. Smith. Remembering Stalin's Victims. P. 43; Gibbs. Gorbachev's Glasnost. P. 11–20.

14. Boobbyer. Conscience, Dissent and Reform. P. 186; Suny. The Soviet Experiment. P. 454; Smith. Remembering Stalin's Victims. P. 43.

15. Lewin. Russia/Soviet Union/Russia. P. 302; Smith. Remembering Stalin's Victims. P. 49.

16. Nove. Glasnost' in Action. P. 15–36, 73–102.

17. См.: Ibid. P. 94, 15–17.

18. Gibbs. Gorbachev's Glasnost. 60; Smith. Remembering Stalin's Victims. P. 117–122. Обычно организацию называют просто «Мемориал». Ее официальное полное название — Международное историко-просветительское, правозащитное и благотворительное общество «Мемориал».

19. Boobbyer. Conscience, Dissent and Reform. P. 8, 24, 30–31, 48. См. также: Alexander. Cultural Trauma. P. 166. Штомпка связывает это чувство беспокойства именно с падением коммунизма. Буббайер рассматривает более широкий исторический контекст.

20. Ries. Russian Talk. P. 90, 95–102.

21. Несколько исследователей пишут, что Уствольская фактически противостояла советскому режиму. Букман называет музыку композитора формой протеста против тирании. И он, и Ли характеризуют духовный характер музыки Уствольской и отсылки к религиозным обозначениям и текстам как проявления сопротивления властям. См.: Bokman. Variations on the Theme. P. 122, 139; Lee M. Y. Galina Ustvolskaya: The Spiritual Works of a Soviet Artist. D.M.A. diss., Johns Hopkins University, 2002. P. 37. Комментаторы также связывают музыку Уствольской с образами страданий и на-

силия. Суслин полагает, что Вторая соната для фортепиано отражает реалии сталинских чисток. См.: Suslin. The Music of Spiritual Independence. P. 103. В статье — Гладкова О. Галина Уствольская. Музыка как наваждение. СПб.: Музыка, 1999. С. 13, 77 — автор сопоставляет творчество Уствольской с описаниями преисподней у Данте. И Гладкова, и Раабен пишут о «трагизме» музыки композитора (Раабен Л. Н. О духовном ренессансе в русской музыке 1960–80-х годов. СПб.: Бланка, 1998. С. 109). См. также: Bokman. Variations on the Theme. P. 92. Автор замечает, что во время событий, связанных с 11 сентября 2001 года, он думал о Шестой сонате для фортепиано Уствольской. Кац описывает Композицию № 1 «Dona nobis pacem» для пикколо, тубы и фортепиано (1970–1971) через категории насилия и измывательства, упоминая описания ада в романе «Доктор Фаустус» Томаса Манна. Косвенно Кац словно хочет предположить, что личные переживания Уствольской в связи с гнетом режима отражены в ее музыке. См.: Кац Б. Семь взглядов на одно сочинение // Советская музыка. 1980. № 2 (495). С. 14–15.

22. Suslin. The Music of Spiritual Independence. P. 105. Суслин также связывает музыку Уствольской с тяжелыми событиями, имевшими отношение к Ленинграду, в частности, с блокадой города во время Второй мировой войны. См.: Derks. Galina Ustvolskaya. P. 33.

23. Boobbyer. Conscience, Dissent and Reform. P. 36, 1.

24. См.: Ibid. P. 202.

25. Johnston H. Religio-Nationalist Subcultures under the Communists: Comparison from the Baltics, Transcaucasia and Ukraine // Politics and Religion in Central and Eastern Europe / Ed. by William H. Swatos, Jr. Westport, Conn.: Praeger, 1994. P. 19.

26. Ellis J. The Russian Orthodox Church: A Contemporary History. Bloomington: Indiana University Press, 1986. P. 252–253; Anderson J. Religion, State and Politics in the Soviet Union and Successor States. Cambridge: Cambridge University Press, 1994. P. 85; Boobbyer. Conscience, Dissent and Reform. P. 84, 106. В конце 1980-х годов православие стало более заметным явлением в СССР, в том числе в связи с празднованием тысячелетия крещения Руси в 1988 году.

27. См.: Bokman. Variations on the Theme. P. 39; Lee. Galina Ustvolskaya. P. 42; Гладкова О. Галина Уствольская. Музыка как наваждение. СПб.: Музыка, 1999. С. 74–79. Авторы пишут о духовности музыки Уствольской, но не связывают эту особенность напрямую с православием или любой другой организованной религией. Рассуждая

о Композиции № 1, Кац замечает, что Уствольская использует модифицированные цитаты из литургических песнопений. См.: Кац Б. Семь взглядов на одно сочинение // Советская музыка. 1980. № 2 (495). С. 14. В работах — Bokman. Variations on the Theme. P. 38; Lee. Galina Ustvolskaya. P. 26–27 — выдвигается предположение, что музыка Уствольской может звучать как знаменная или даже вызывать ассоциации с григорианским песнопением. Однако авторы не находят ни прямых, ни модифицированных цитат в произведениях композитора. По мнению Ли, полифония в стилистике барокко, которая встречается у Уствольской, может восприниматься как проявление духовности композитора. См.: Lee. Galina Ustvolskaya. P. 27. См. также: Раабен Л. Н. О духовном ренессансе в русской музыке 1960–80-х годов. СПб.: Бланка, 1998. С. 108. Автор, выступая против такого мнения, заявляет, что духовность Уствольской имеет именно русские корни и связана с литургическими мотивами из православия. Несмотря на отсутствие консенсуса по поводу специфики выражения музыкальной духовности Уствольской, авторы (почти без исключений) воспринимают всю музыку композитора (в том числе последние две сонаты для фортепиано, которые не имеют религиозных названий) как проявление духовности.

28. Suslin. The Music of Spiritual Independence. P. 109.
29. Derks. Galina Ustvolskaya. P. 32.
30. Lee. Galina Ustvolskaya. P. 42.
31. Boobbyer. Conscience, Dissent and Reform. P. 9.
32. Tomberg V. The East European Conception of Suffering // Gnosis Magazine. 1994 (Spring). Vol. 31. P. 43–45.
33. Ries. Russian Talk. P. 148, 51, 11–12.
34. Гладкова О. Галина Уствольская. Музыка как наваждение. СПб.: Музыка, 1999. С. 5, 27. См. также: Mazo M. The Present and the Unpredictable Past: Music and Musical Life of St. Petersburg and Moscow Since the 1960s // International Journal of Musicology. 1996. Vol. P. 380.
35. Гладкова О. Галина Уствольская. Музыка как наваждение. СПб.: Музыка, 1999. С. 5, 12, 17.
36. Mazo. The Present and the Unpredictable Past. P. 372, 375–377.
37. Об образах героев в соцреализме и проявлениях страданий, которые считались допустимыми в советской идеологии, см.: Kaganovsky L. How the Soviet Man Was Unmade: Cultural Fantasy and Male Subjectivity under Stalin. Pittsburgh: University of Pittsburgh Press, 2008; Clark K. The Soviet Novel: History as Ritual. 3rd ed. Bloomington: Indiana University Press, 2000.

38. Rosenfeld A. and Dodge N. T. (eds). Nonconformist Art: The Soviet Experience 1956–1986. New York: The Jane Voorhees Zimmerli Art Museum, Rutgers, The State University of New Jersey & Thames and Hudson, 1995. P. 45, 58–59; Barabanov E. The Admonisher // Myths, Cycles and the Modern Condition: The World of the Moscow Sculptor Vadim Sidur / Ed. by David Riff. Bochum, Germany: Ruhr-University of Bochum, Lotman Institute for Russian and Soviet Culture, 2000. P. 17. Реализм Сидура проявляется в пристальном внимании к переживаемым телесным страданиям. См. на эту тему: Barabanov and Golomstok I. Beyond Conformism and Opposition: The Moscow Sculptor Vadim Sidur // Oxford Art Journal. 1979 (April). Vol. 2. P. 4. См. также: Eimermacher K. Vadim Sidur: Skulpturen, Graphik. Konstanz, Germany: Universitätsverlag, 1978. Автор предполагает, что Сидур пытался найти альтернативный путь к соцреализму именно через изображение мучающегося человеческого тела. Буббайер (Boobbyer. Conscience, Dissent and Reform. P. 67) отмечает, что эстетизация «реализма» могла быть средством для критики властей и стремлением выйти на новую итерацию соцреализма.

39. Popovic D. 'Pravo na TRUP': Power, Discourse and the Body in the Poetry of Nina Iskrenko // Russian Review. 2005 (October). Vol. 64. P. 629–631.

40. Cerf C. and Albee M. (eds). Small Fires: Letters from the Soviet People to Ogonyok Magazine 1987–1990. New York: Summit Books, 1990. P. 14.

41. Smith. Remembering Stalin's Victims. P. 194, 54–58.

42. Гнатенко А. Искусство как ритуал: Размышления о феномене Галины Уствольской // Музыкальная академия. 1995. № 4 (654). С. 26. См. также: Гладкова О. Галина Уствольская. Музыка как наваждение. СПб.: Музыка, 1999. С. 11, 118. Автор замечает, что Уствольская доходит до пределов допустимого в том, как можно использовать фортепиано. Гладкова полагает, что следующим шагом было бы уничтожение инструмента.

43. Малов записал и исполнял многие произведения Уствольской, в том числе все для фортепиано. Малов отдельно писал об исполнении музыки Уствольской в книге: О. Малов. Методические рекомендации к освоению нотного текста в фортепианной музыке XX века / Под ред. О. Малова. Л., 1984.

44. При разборе Композиции № 2 «Dies Irae» Ли замечает, что исполнение произведения вызывает неизменный дискомфорт не только у пианиста, но и у всех музыкантов. Этот комментарий позволяет предположить, что болезненные ощущения представляют собой

часть нескольких инструментальных произведений Уствольской, а не только последней фортепианной сонаты, которую рассматриваю я. См.: Lee. Galina Ustvolskaya. P. 51–53, 72–76.

45. При разборе симфонии № 2 «Истинная, Вечная Благость» (1979) Раабен отмечает, что кластеры позволяют извлечь из фортепиано более мощный звук, и указывает, что мелодии остаются важными для композитора даже в пассажах со сплошными кластерами. См.: Раабен Л. Н. О духовном ренессансе в русской музыке 1960–80-х годов. СПб.: Бланка, 1998. С. 115. По мнению Ли, Малов дает схожий комментарий. См.: Lee. Galina Ustvolskaya. P. 76.

46. См.: Blois L. Shostakovich and the Ustvolskaya Connection: A Textual Investigation // Tempo. 1992 (September). № 182. P. 11. Автор указывает, что в более поздних произведениях Уствольской «суживается и усиливается» фокус. См. также: Lee. Galina Ustvolskaya. P. 30. Автор замечает, что Уствольская склонна использовать весьма ограниченный музыкальный материал в каждом произведении. Гладкова (Гладкова О. Галина Уствольская. Музыка как наваждение. СПб.: Музыка, 1999. С. 3) отмечает, что Уствольская жестко отбирала выразительные средства для своих произведений.

47. См.: Раабен Л. Н. О духовном ренессансе в русской музыке 1960–80-х годов. СПб.: Бланка, 1998. С. 107–108. Автор говорит о «поступательности» в том, как Уствольская выстраивает ритмы из четвертных нот.

48. Guin E. L. Boccherini's Body: An Essay in Carnal Musicology. Berkeley: University of California Press, 2006. P. 1–13, 14–37; Cusick S. G. Feminist Theory, Music Theory and the Mind/Body Problem // Perspectives of New Music. 1994 (Winter). Vol. 32, № 1. P. 17, 19. Ле Гуин обращает внимание не только на само исполнение как перформанс, но и на ощущения, которые возникают у исполнителя при исполнении. Кьюсик замечает, что музыкальные перформансы могут выступать метафорами соотношения гендеров и формулировать гендерные взаимосвязи. Я развиваю эту идею, но обозначаю музыкальное исполнение в более широком смысле как формулирование коннотаций музыки.

49. Turner. From Ritual to Theatre. P. 21–87; Barba E. Theatre Anthropology // A Dictionary of Theatre Anthropology: The Secret Art of the Performer / Ed. by Eugenio Barba and Nicola Savarese. London: Routledge, 1991. P. 9.

50. Уствольская Г. Произведения для фортепиано. Л.: Советский композитор, 1989. В партитуре к Шестой сонате для фортепиано отсутствуют тактовые черты. Соответственно, я буду ссылаться на номера страниц.

51. См.: Cook N. Between Process and Product: Music and/as Performance // Music Theory Online. 2001 (April). Vol. 7, № 2. URL: http://www.mtosmt. org/mto.01.7.2/mto.01.2.7.cook.html. Автор замечает, что музыковедение и теория музыки традиционно фокусируются на анализе партитур и обычно не уделяют особого внимания тому, как исполняется партитура. См.: Cusick. Feminist Theory. P. 9. Здесь содержится аналогичное замечание. Кьюсик отмечает, что ее образование в качестве музыковеда и в качестве органистки почти не пересекалось.

52. Об истории преподавания игры на фортепиано см.: Parakilas J. et. al. Piano Roles: Three Hundred Years of Life with the Piano. New Haven, Conn.: Yale University Press, 1999. P. 135–144.

53. Ле Гуин (Le Guin. Boccherini's Body. P. 17) описывает «предвосхищающую кинестезию» при знакомстве с новой партитурой и осмыслении того, какие телесные движения потребуются для исполнения произведения.

54. Good E. M. Giraffes, Black Dragons and Other Pianos: A Technological History from Cristofori to the Modern Concert Grand. 2nd ed. Stanford, Calif.: Stanford University Press, 2001. P. 2, 17.

55. Uszler M. Stewart Gordon and Scott McBride Smith // The Well-Tempered Keyboard Teacher. 2nd ed. New York: Schirmer, 2000. P. 298. Гордон приводит дискуссии между педагогами. Часть из них делает ставку на развитие силы и автономности в пальцах, другая часть — на использование всей массы тела через стратегически выверенное налегание на клавиши. Вторая традиция зародилась в XIX веке и сохраняется по сей день в современных педагогических практиках.

56. См.: Barnes C. (ed.). The Russian Piano School: Russian Pianists and Moscow Conservatoire Professors on the Art of the Piano. London: Kahn & Averill, 2007. P. xv– xix, 7–9, 61–62, 68–74, 78. Обратите внимание, в частности, на вступительные комментарии Барнса и замечания известных русских и советских педагогов (например, Самуила Фейнберга, Александра Гольденвейзера, Льва Оборина и Константина Игумнова) по поводу соотношения массы тела и проворства пальцев.

57. Ihde D. Technology and the Lifeworld: from Garden to Earth. Bloomington: Indiana University Press, 1990. P. 141.

58. Parakilas. Piano Roles. P. 369.

59. Uszler. The Well-Tempered Keyboard. P. 268. Burge D. Twentieth-Century Piano Music. New York and Toronto: Schirmer Books; Collier

Macmillan Canada; Maxwell Macmillan International, 1990 — скорее всего, самый фундаментальный обзор этого репертуара. Однако, за исключением отдельных замечаний по технике и методике игры, автор не дает рекомендаций по исполнению этих произведений.

60. Jauss H. R. Towards an Aesthetic of Reception. Trans. Timothy Bahti. Minneapolis: University of Minnesota Press, 1982. P. 19, 23–24. В этом случае я адаптирую теорию восприятия Яусса и, в частности, его идею о том, что читатели трактуют произведения в свете текстов и переживаний, с которыми им приходилось сталкиваться в прошлом.

61. Sobchack V. Carnal Thoughts: Embodiment and the Moving Image. Berkeley: University of California Press, 2004. P. 168–172; Michael M. Reconnecting Culture, Technology and Nature: From Society to Heterogeneity. London and New York: Routledge, 2000. P. 96–116.

62. Sudnow D. Talk's Body: A Meditation Between Two Keyboards. New York: Knopf, 1979. P. 3–26.

63. В этом случае я также опираюсь на кн.: Ong W. J. Orality and Literacy: The Technologizing of the Word. London and New York: Routledge, 1982. Онг описывает разнообразные технологии написания текста (например, от руки, на компьютере) и выдвигает предположение, что использование соответствующих технологических средств взаимодействия с текстами влияет на процесс нашего субъективного знакомства с ними. В отличие от Онга я уделяю больше внимания тому, как исполнитель телесно взаимодействует с музыкальными технологиями.

64. Sobchack. Carnal Thoughts. P. 205–206, 211.

65. Кластеры, исполняемые левой ладонью, формируют мелодический рисунок, который выстраивается на чередовании бемолей и бекаров (си, до, ре, ми, фа, ми-бемоль, ми-бекар, ре-бемоль, ре-бекар, до, си, до, ре-бекар). Правая рука выводит малые кластеры, в которых обозначены переходы от соль до ля-бемоль.

66. Lee. Galina Ustvolskaya. P. 51–53.

67. Ли делает схожее замечание по поводу этого же фрагмента Шестой сонаты для фортепиано; см.: Ibid. P. 77.

68. См.: Ibid. P. 54.

69. Douglass A. and Vogler T. A. (eds). Witness and Memory: The Discourse of Trauma. New York and London: Routledge, 2003. P. 13, 16.

70. Scarry. The Body in Pain. P. 4–5.

71. Kleinman A. and Kleinman J. The Appeal of Experience; The Dismay of Images: Cultural Appropriations of Suffering in Our Times // Social

Suffering / Ed. by Arthur Kleinman, Veena Das and Margaret Lock (eds). Berkeley: University of California Press, 1997. P. 2.

72. Havel V. The Power of the Powerless // The Power of the Powerless. Vaclav Havel et al. London: Palach Press, 1985. P. 39–40.

73. Boobbyer. Conscience, Dissent and Reform. P. 211; Smith. Remembering Stalin's Victims. P. 4–9, 83, 154. См.: Sztompka // Alexander. Cultural Trauma. P. 178–184. Здесь описана параллельная дискуссия о пособничестве, гражданах, которые писали доносы в тайную полицию, партийцах, которые закрыли «Солидарность», и рядовых членах партии в Польше на фоне краха коммунизма.

74. Yurchak A. Everything Was Forever, Until It Was No More: The Last Soviet Generation. Princeton, N.J.: Princeton University Press, 2006. P. 1–35, 126–127.

75. Tomberg. The East European Conception of Suffering. P. 43–45.

76. Boobbyer. Conscience, Dissent and Reform. P. 100–106.

77. Smith. Remembering Stalin's Victims. P. 154–159.

78. Herman J. L. Trauma and Recovery. New York: Harper Collins, 1992. P. 10–19, 175–183.

79. Scarry. The Body in Pain. P. 9.

80. Carlson M. Performance: A Critical Introduction. London and New York: Routledge, 1996. P. 100–120.

81. Iyer V. Improvisation, Temporality and Embodied Experience // Journal of Consciousness Studies. 2004. Vol. 11, № 3–4. P. 161; Le Guin. Boccherini's Body. P. 24.

82. Sontag S. Regarding the Pain of Others. New York: Farrar, Straus and Giroux, 2003. P. 41–41, 125–126.

83. Felman S. and Laub D. Testimony: Crises of Witnessing in Literature, Psychoanalysis and History. New York: Routledge, 1992. P. 3.

Глава 3

1. Barringer F. 'Repentance', A Soviet Film Milestone, Strongly Denounces Official Evil // New York Times. November 16, 1986. Sec. 2. P. 1. О «Покаянии» как символе гласности см.: Christensen J. Tengiz Abuladze's Repentance and the Georgian Nationalist Cause // Slavic Review. 1991 (Spring). Vol. 50, № 1. P. 163; Youngblood D. J. Review of Repentance, by Tengiz Abuladze // American Historical Review. 1990 (October). Vol. 95, № 4. P. 1133; Woll J. and Youngblood D. J. Repentance, Kinofile Film Companion 4. London and New York: I. B. Tauris, 2001. P. 2.

2. Remnick D. Lenin's Tomb: The Last Days of the Soviet Empire. New York: Vintage Books, 1994. P. 42; Smith K. E. Remembering Stalin's Victims: Popular Memory and the End of the Soviet Union. Ithaca, N.Y. and London: Cornell University Press, 1996. P. 46.

3. Несколько исследователей и журналистов осмысляют тему меж-поколенческого конфликта в связи со смыслом чисток в «Покаянии» и влияние диктатуры на жизнь последующих поколений. См.: Smith. Remembering Stalin's Victims. P. 45; Remnick. Lenin's Tomb. P. 43; Kvizhinadze N. Recognize and Stand Up for What Is Good // The Soviet Scene 1987: A Collection of Press Articles and Interviews / Ed. by Vladimir Mezhenkov. London and Wellingborough, U.K.: Collets, 1987. P. 215; Barringer. 'Repentance', A Soviet Film Milestone. Sec. 2. P. 1; Youngblood. Review of Repentance. P. 1135; Woll and Youngblood. Repentance. P. 108.

4. Препарированное фортепиано — обычный инструмент, который каким-либо образом модифицируется. Это может быть, например, размещение предметов на или между струн. Все это делается для того, чтобы преобразовать звуковые эффекты, извлекаемые из инструмента.

5. См.: Woll and Youngblood. Repentance. P. 78. Авторы рассуждают об исторической подоплеке сцены с бревнами.

6. Исследователей киномузыки всегда интересовала связь между кадрами и музыкой. Многие авторы описывают как раз то, как музыка задает определенную эмоциональную реакцию на конкретный образ или сцену в кинокартинах. См.: Gorbman C. Unheard Melodies: Narrative Film Music. London and Bloomington: BFI Publishers and Indiana University Press, 1987. P. 5, 15–16, 23, 55–58, 79, 84–85; Goldmark D., Kramer L. and Leppert R. D. (eds). Beyond the Soundtrack: Representing Music in Cinema. Berkeley: University of California Press, 2007. P. 4, 6; Kalinak K. M. Settling the Score: Music and the Classical Hollywood Film. Madison: University of Wisconsin Press, 1992. P. 24–31; Kassabian A. Hearing Film: Tracking Identifications in Contemporary Hollywood Film Music. New York: Routledge, 2001. P. 11, 56, 58–59; Buhler J. Analytical and Interpretive Approaches to Film Music (II): Analysing Interactions of Music and Film // Film Music: Critical Approaches / Ed. by K. J. Donnelly. New York: Continuum International, 2001. P. 45–47, 51; Brown R. S. Overtones and Undertones: Reading Film Music. Berkeley: University of California Press, 1994. P. 34. Схожий дискурс разворачивается и в сферах психологии и теории восприятия. Исследователи, основываясь

на эмпирических данных, изучают то, как музыка придает чувства, настроение и смысл визуальным образам. См.: Cohen A. J. Film Music: Perspectives from Cognitive Psychology // Music and Cinema / Ed. by James Buhler, Caryl Flinn and David Neumeyer. Hanover, N.H. and London: Wesleyan University Press, 2000. P. 361–364; Lipscomb S. D. and Kendall R. A. Perceptual Judgement of the Relationship Between Musical and Visual Components in Film // Psychomusicology. 1994. Vol. 13. P. 60–98; Ellis R. J. and Simons R. F. The Impact of Music on Subjective and Physiological Measures of Emotion while Viewing Films // Psychomusicology. 2005. Vol. 19, № 1. P. 15–40.

7. См.: Christensen. Tengiz Abuladze's Repentance. P. 163. Автор замечает, что интерпретации «Покаяния» часто основываются на представлениях о некоем общем советском наследии, а не на понимании уникальных исторических и культурных традиций нерусских народов бывшего СССР. Кристенсен анализирует «Покаяние» как раз с позиций грузинской истории и культуры.

8. Yurchak A. Everything Was Forever, Until It Was No More: The Last Soviet Generation. Princeton, N.J.: Princeton University Press, 2006. P. 2–3. Подробнее об активном публичном дискурсе во времена гласности см.: Nove A. Glasnost' in Action: Cultural Renaissance in Russia. Boston: Unwin Hyman, 1989; Ries N. Russian Talk: Culture and Conversation during Perestroika. Ithaca, N.J.: Cornell University Press, 1997. P. 92.

9. Merridale C. Night of Stone: Death and Memory in Russia. London: Granta, 2000. P. 299, 303.

10. Figes O. The Whisperers: Private Life in Stalin's Russia. London and New York: Allen Lane, 2007. P. 575, 601.

11. Merridale. Night of Stone. P. 298, 300–307.

12. Ibid. P. 300, 302; см. также: Smith. Remembering Stalin's Victims. P. 4.

13. Gibbs J. Gorbachev's Glasnost: The Soviet Media in the First Phase of Perestroika. College Station: Texas A&M University Press, 1999. P. 31.

14. Nove. Glasnost' in Action. P. 34; Figes. The Whisperers. P. 652.

15. Gibbs. Gorbachev's Glasnost. P. 59.

16. Merridale. Night of Stone. P. 304; Nove. Glasnost' in Action. P. 18, 20, 23, 27, 30–31; Boobbyer P. Conscience, Dissent and Reform in Soviet Russia. London: Routledge, 2005. P. 191–192.

17. Smith. Remembering Stalin's Victims. P. 131–160.

18. О либерально настроенных участниках этого дискурса см.: Ibid. P. 11, 45, 47, 97; Ries. Russian Talk. P. 94–95; Merridale. Night of Stone. P. 319.

19. О консервативно настроенных участниках этого дискурса см.: Boobbyer. Conscience, Dissent and Reform. P. 200; Smith. Remembering Stalin's Victims. P. 179; Lewin M. Russia / Soviet Union / Russia: The Drive and Drift of a Superstate. New York: New Press, 1995. P. 302; Merridale. Night of Stone. P. 307.
20. Smith. Remembering Stalin's Victims. P. 16, 49, 105.
21. Boobbyer. Conscience, Dissent and Reform. P. 191, 200–203, 206–207, 211.
22. Smith. Remembering Stalin's Victims. P. 45.
23. Forest J. Christ Meets Stalin in Soviet-Made Film // Christian Century. 1987 (August 12–19). Vol. 104. P. 676.
24. О создании «Покаяния» см.: Christensen. Tengiz Abuladze's Repentance. P. 163–164; Remnick. Lenin's Tomb. P. 42, 44–45; Woll and Youngblood. Repentance. P. 90–91; Boobbyer. Conscience, Dissent and Reform. P. 180–181, 189.
25. Oltjenbruns K. A. Developmental Context of Childhood: Grief and Re-grief Phenomena // Handbook of Bereavement Research: Consequences, Coping and Care / Ed. by Margaret S. Stroebe et al. Washington, D.C.: American Psychological Association, 2001. P. 169–170.
26. Douglass A. and Vogler T. A. (eds). Witness and Memory: The Discourse of Trauma. New York and London: Routledge, 2003. P. 41.
27. Felman S. and Laub D. Testimony: Crises of Witnessing in Literature, Psychoanalysis and History. New York: Routledge, 1992. P. 79.
28. Rosenblatt P. C. A Social Constructionist Perspective on Cultural Differences in Grief // Handbook of Bereavement Research: Consequences, Coping and Care / Ed. by Margaret S. Stroebe et al. Washington, D.C.: American Psychological Association, 2001. P. 291, 297.
29. Ries. Russian Talk. P. 142–143.
30. Remnick. Lenin's Tomb. P. 42.
31. Barringer. 'Repentance', A Soviet Film Milestone. Sec. 2. P. 1; Nove. Glasnost' in Action. P. 102.
32. Woll and Youngblood. Repentance. P. 6, 80, 83; Remnick. Lenin's Tomb. P. 45.
33. Christensen. Tengiz Abuladze's Repentance. P. 168.
34. Woll and Youngblood. Repentance. P. 75–76. См. также: Christensen. Tengiz Abuladze's Repentance. P. 166. Здесь Кристенсен выступает со схожим замечанием.
35. Christensen. Tengiz Abuladze's Repentance. P. 172.
36. Caruth C. Introduction // Trauma: Explorations in Memory / Ed. by Cathy Caruth. Baltimore: Johns Hopkins University Press, 1995. P. 9.

37. Woll and Youngblood. Repentance. P. 79–86.

38. См.: Christensen. Tengiz Abuladze's Repentance. P. 163–175. Кристенсен рассматривает связи «Покаяния» именно с грузинской культурой: церковью, традициями погребения и историей.

39. Boobbyer. Conscience, Dissent and Reform. P. 195–196.

40. Youngblood. Review of Repentance. P. 1135.

41. Woll and Youngblood. Repentance. P. 78.

42. Об исторической правдоподобности этой сцены см.: Barringer. 'Repentance', A Soviet Film Milestone. Sec. 2. P. 1; Woll and Youngblood. Repentance. P. 81; Youngblood D. J. Repentance: Stalinist Terror and the Realism of Surrealism // Revisioning History: Film and the Construction of a New Past / Ed. by Robert A. Rosenstone. Princeton, N.J.: Princeton University Press, 1995. P. 149.

43. О сочетании реализма и сюрреализма в «Покаянии» см.: Woll and Youngblood. Repentance. P. 92, 104; Woll J. Soviet Cinema: A Day of Repentance // Dissent. 1988 (Spring). P. 169; Youngblood. Repentance: Stalinist Terror and the Realism of Surrealism. P. 139–154.

44. См.: Remnick. Lenin's Tomb. P. 43. Автор указывает на то, насколько Сандро похож на Иисуса Христа.

45. Christensen. Tengiz Abuladze's Repentance. P. 174.

46. Об оценках фильма после премьеры см.: Boobbyer. Conscience, Dissent and Reform. P. 189; Woll and Youngblood. Repentance. P. 96–99; Kvizhinadze. Recognize and Stand Up for What Is Good. P. 215; Christensen. Tengiz Abuladze's Repentance. P. 165; Ehlers R. et al. (eds). The Soviet Union Today: Perspectives from the Soviet Press. Columbus, OH: Current Digest of the Soviet Press, 1988; Brashinsky M. and Horton A. (eds). Russian Critics on the Cinema of Glasnost. Cambridge: Cambridge University Press, 1994; Davies R. W. Soviet History in the Gorbachev Revolution. Bloomington and Indianapolis: Indiana University Press, 1989.

47. Merridale. Night of Stone. P. 328, 330.

48. Gilmore L. The Limits of Autobiography: Trauma and Testimony. Ithaca, N.Y.: Cornell University Press, 2001. P. 5.

49. Caruth C. Unclaimed Experience: Trauma, Narrative and History. Baltimore: Johns Hopkins University Press, 1996. P. 5, 15–16.

50. Merridale. Night of Stone. P. 16. Файджес полагает, что молчание людей, переживших травматические обстоятельства, можно объяснить как психологическими, так и политическими факторами. Мерридейл склонна ставить на первый план политические аспекты и отвергать психологические. См.: Figes. The Whisperers. P. 607.

51. Alexander J. C., Eyerman R., Giesen B., Smelser N. J. and Sztompka P. Cultural Trauma and Collective Identity. Berkeley: University of California Press, 2004. P. 12–15.

52. См.: Gilmore. The Limits of Autobiography. P. 19. Гилмор говорит о самостоятельном осмыслении человеком своей травмы и о том, как возникающие из этого рассказы могут быть одновременно глубоко личностными и общепоказательными.

53. Alexander. Cultural Trauma. P. 24.

54. См.: Cvetkovich A. An Archive of Feelings: Trauma, Sexuality and Lesbian Public Cultures. Durham, N.C.: Duke University Press, 2003. P. 3–10. Здесь представлены рассуждения автора о публичных культурах (в особенности квир-культурах), возникающих в связи с травматическими ситуациями. Цветкович полагает, что открытое обозначение аффекта в публичных кругах позволяет расширить его терапевтический эффект на социальные, эстетические и политические сферы без необходимости патологизации каких-либо людей.

55. Hillier P. Arvo Pärt. Oxford and New York: Oxford University Press, 1997. P. 25–29; Savenko S. Musica Sacra of Arvo Pärt // "Ex oriente…" Ten Composers from the Former Soviet Union / Ed. by Valeria Tsenova. Berlin: Verlag Ernst Kuhn, 2002. P. 155; Schmelz P. J. Such Freedom, If Only Musical: Unofficial Soviet Music During the Thaw. Oxford and New York: Oxford University Press, 2009. P. 34.

56. О деятельности Пярта в области киномузыки см.: Hillier. Arvo Pärt. P. 29; Bradshaw S. Arvo Paart // Contact. 1983. Vol. 26. P. 25; Aquila D. The Music of Arvo Pärt // Image: A Journal of the Arts and Religion. 1992. № 2. P. 113.

57. Schmelz. Such Freedom, If Only Musical. P. 13, 131, 135, 222–233.

58. Об оценках серийных произведений Пярта и реакции Пярта на визит Луиджи Ноно см.: Aquila. The Music of Arvo Pärt. P. 112; Savenko. Musica Sacra of Arvo Pärt. P. 155; Schmelz. Such Freedom, If Only Musical. P. 62–63, 134; McCarthy J. An Interview with Arvo Pärt // Musical Times. 1989 (March). Vol. 130, № 1753. P. 130.

59. Hillier. Arvo Pärt. P. 30, 34–38; Schmelz. Such Freedom, If Only Musical. P. 222–225, 229. Пярт сам отмечает, насколько сильным было неприятие в официальных кругах его серийных произведений. См.: Elste M. An Interview with Arvo Pärt // Fanfare1987–1988. Vol. xi, № 4. P. 340.

60. «Алеаторика» описывает музыку, где исполнение произведений допускает некоторую долю случайности. Например, композитор может обозначить некий набор коротких единиц, которые музыкант

может исполнять в любом порядке по условному броску монеты или исходя из того, на каком фрагменте в партитуре остановится в тот или иной момент его взгляд. Джон Кейдж продвигал алеаторическую музыку с 1940-х годов.

61. О «Credo» см.: Aquila. The Music of Arvo Pärt. P. 113; Savenko. Musica Sacra of Arvo Pärt. P. 157–158; Bradshaw. Arvo Paart. P. 26; Hillier. Arvo Pärt. P. 58–63.

62. См.: Schmelz. Such Freedom, If Only Musical. P. 230, 326. Автор предполагает, что в период с 1964 по 1968 годы Пярт через полистилистику обыгрывал собственные сложности с поиском оптимального творческого формата.

63. McCarthy. An Interview with Arvo Pärt. P. 132. См. также: Whiteman C. L. M. 'Passio': The Iconography of Arvo Pärt. Ph.D. diss., City University of New York, 1997. Автор указывает, что советские учебники музыковедения открывались сразу с Баха. Мазо отмечает (Mazo M. The Present and the Unpredictable Past: Music and Musical Life of St. Petersburg and Moscow Since the 1960s // International Journal of Musicology. 1996. Vol. 5. P. 375), что в тех же учебниках отмечаются манипуляции с советской историей. Подробнее об исследовании Пяртом ранней музыки см.: Savenko. Musica Sacra of Arvo Pärt. P. 158; Hillier. Arvo Pärt. P. 77–85; Bradshaw. Arvo Paart. P. 25; Aquila. The Music of Arvo Pärt. P. 110.

64. Elste. An Interview with Arvo Pärt. P. 339. Подробнее о движении за раннюю музыку в СССР см.: Mazo. The Present and the Unpredictable Past. P. 377; Schmelz. Such Freedom, If Only Musical. P. 211.

65. Raun T. U. Estonia and the Estonians. 2nd ed. Stanford, Calif.: Hoover Institution Press, 2001. P. 80. Исследования о религиозном возрождении в 1960-е и 1970-е годы упомянуты в примечании 13 во вступлении к моей книге.

66. Hillier. Arvo Pärt. P. 67–68.

67. Elste. An Interview with Arvo Pärt. P. 340. О первоначальной реакции на тинтиннабули, см. также: Savenko. Musica Sacra of Arvo Pärt. P. 159; McCarthy. An Interview with Arvo Pärt. P. 132.

68. McCarthy. An Interview with Arvo Pärt. P. 62, 131. По поводу простоты тинтиннабули см.: Smith G. An Interview with Arvo Pärt: Sources of Invention // Musical Times. 1999 (Autumn). Vol. 140, № 1868. P. 21, 24; Bradshaw. Arvo Paart. P. 26; Savenko. Musica Sacra of Arvo Pärt. P. 160.

69. О связях между тинтиннабули и сериализмом см.: Savenko. Musica Sacra of Arvo Pärt. P. 165; Smith. An Interview with Arvo Pärt: Sources

of Invention. P. 19, 65; Simon A. H. Deterministic Techniques in Arvo Pärt's Magnificat // Choral Journal. 1996 (October). Vol. 37, № 3. P. 21.

70. Hillier. Arvo Pärt. P. 1–12.

71. Подробнее о «Tabula Rasa» и влиянии религиозного возрождения на *тинтиннабули* см.: Cizmic M. Transcending the Icon: Spirituality and Postmodernism in Arvo Pärt's Tabula Rasa and Spiegel im Spiegel // Twentieth-Century Music2008. Vol. 5, № 1. P. 45–64. См. также: Whiteman. 'Passio': The Iconography of Arvo Pärt. Здесь представлена герменевтическая трактовка «Passio» с позиций православной иконографии.

72. О *длении* см.: Mazo. The Present and the Unpredictable Past. P. 394. См. также: Ivashkin A. Shostakovich and Schnittke: The Erosion of Symphonic Syntax // Shostakovich Studies / Ed. by David Fanning. Cambridge: Cambridge University Press, 1995. P. 263. Общее описание *тинтиннабули* см.: Hillier. Arvo Pärt. P. 86–97. О том, как *тинтиннабули* отвергает функциональную тональность, см.: Whittall A. Musical Composition in the 20th Century. Oxford and New York: Oxford University Press, 1999. P. 339; Clarke D. Parting Glances: Aesthetic Solace or Act of Complicity? // Musical Times. 1993 (December). Vol. 134, № 1810. P. 682.

73. Schwarz K. R. Pärt: *De Profundis, Solfeggio, 'And One of the Pharisees'* (Cantate Domino, Summa, Seven Magnificat Anitphons, The Beatitudes, Magnificat. Christopher Bowers-Broadbent, Paul Hillier, Theater of Voices) // Stereo Review. 1997 (October). Vol. 62, № 10. P. 109. Схожие заявления см.: Cross J. *Beatus Petronius*, for Two Choirs and Two Organs; *Statuit ei Dominus*, for Two Choirs and Two Organs // Music and Letters. 1992 (May). Vol. 73, № 2. P. 343; Diliberto J. Pärt: *Kanon Pokajanen* (Review) // Audio. 1999 (April). Vol. 84, № 4. P. 72.

74. Hillier. Arvo Pärt. P. 4, 8.

75. Phillips P. Holy Minimalism! // New Republic. 1997 (1 December). Vol. 217, № 22. P. 51.

76. Diliberto. Pärt: *Kanon Pokajanen* (Review). P. 72.

77. Clarke. Parting Glances. P. 682, 684; Clarke D. *Summa*, for String Quartet: Score and Parts. *Festina Lente* for String Orchestra and Harp ad libitum: Score. *Fratres* for 4, 8, 12... Violoncelli: Score. *Fratres* for String Quartet: Score. *Fratres* for String Orchestra and Percussion: Score. *Fratres* for Violoncelli and Piano: Score and Part. *Fratres* for Violin and Piano: Score and Part // Music and Letters. 1994. Vol. 75, № 4. P. 658. Схожую критику *тинтиннабули* см.: Fisk J. The New Simplicity: The Music of Górecki, Tavener and Pärt // Hudson Review. 1994 (Fall). Vol. 47, № 3. P. 410.

78. Первоначально опубликовано в: Merike vaitmaa. Arvo Pärt // *Kuus Eesti tänase muusika loojat* (Six Estonian Contemporary Composers) / Ed. by H. Tauk. Tallinn: Kirjastus "Eesti Raamat", 1970; цит. по: Hillier. Arvo Pärt. P. 65. Об антимодернистской и антипрогрессивистской позиции Пярта см.: Smith. An Interview with Arvo Pärt: Sources of Invention. P. 24; Savenko. Musica Sacra of Arvo Pärt. P. 160.

79. Clarke. Parting Glances. P. 682, 684. На мой взгляд, Пол Гриффитс более серьезно, чем другие западные критики, осмысляет, каков результат музыкальных решений Пярта. Он включает Пярта в группу композиторов, которые ставят под сомнение гегемонию Запада. См.: Griffiths P. Modern Music: A Concise History. Rev. ed. London: Thames and Hudson, 1994. P. 192.

80. Salo V. The Struggle Between the State and Churches // A Case Study of a Soviet Republic: The Estonian SSR / Ed. by Tõnu Parming and Elmar Järvesoo. Boulder, Colo.: Westview Press, 1978. P. 210–211.

81. Mazo. The Present and the Unpredictable Past. P. 372–73.

82. В исследовании киномузыки, гендеров и эмпатии Стилуэлл замечает, что фильмы часто пытаются сформировать у зрителя мощное чувство самоидентификации с героями и вызвать эмпатию к происходящему на экране. См.: Stilwell R. J. Sound and Empathy: Subjectivity, Gender and the Cinematic Soundscape // Film Music: Critical Approaches / Ed. by K. J. Donnelly. New York: Continuum International, 2001. P. 173–174. О взаимодействии кино, музыки и чувства идентификации см. также: Kassabian. Hearing Film. P. 2–3, 57–58.

83. См.: Sobchack V. Carnal Thoughts: Embodiment and Moving Image Culture. Berkeley and Los Angeles: University of California Press, 2004. P. 53–84. Автор предполагает, что кинокартины дают зрителям возможность осознать, как они телесно ощутили бы то или иное явление. Просмотр фильма и личное переживание события в жизни — не одно и то же, однако кинокартины способны вызывать у человека физиологические и чувственные реакции, которые восходят к пережитому опыту. С этой точки зрения, физиологическая и эмоциональная эмпатия — ключевые атрибуты просмотра фильма.

84. Отталкиваясь от работ Эйслера и Адорно, Горбман заявляет, что одна из функций киномузыки (преимущественно в классических голливудских фильмах) — завуалировать технологические аспекты кинокартины, в том числе монтажные переходы внутри или между сценами. Примечательно, что Абуладзе это не практикует. Режиссер

прерывает кадр и звук одновременно, что обостряет неожиданность эффекта. См.: Gorbman. Unheard Melodies. P. 5, 89, 99–109.

85. Woll and Youngblood. Repentance. P. 45, 55.

86. *Диатоника* подразумевает набор всех нот в определенной гамме и описывает часть произведения (или, как в нашем случае, все произведение), которая держится установленных тональностей или работает исключительно с ними.

87. Ньюмайер и Бюлер рассматривают минорные и мажорные лады, а также созвучия и диссонансы на примере киномузыки как части того, что Горбман называет «музыкальным кодом культуры»: уже известные людям культурные ассоциации между определенными музыкальными элементами и соответствующими аффектами. Киномузыка может обыгрывать такие условности. Горбман высказывается более уклончиво: коннотации музыки восходят как к общекультурному контексту, так и к контексту конкретного фильма. См.: Neumeyer D. and Buhler J. Analytical and Interpretive Approaches to Film Music (I): Analysing the Music // Film Music: Critical Approaches / Ed. by K. J. Donnelly. New York: Continuum International, 2001. P. 20–23; Gorbman. Unheard Melodies. P. 2–3. В нашем случае «культурные коды», связанные с ладами и диатоническими диссонансами, позволяют называть «Tabula Rasa» скорбной музыкой. Эффект тем сильнее проявляется с учетом того, как Абуладзе включает музыку в эту сцену.

88. Clarke. Parting Glances. P. 682. Замечание Кларка удачно накладывается на заявление Шёнберга, что додекафония представляет собой «эмансипированный диссонанс».

89. О времени и «Tabula Rasa» см.: Sabbe H. Music Makes Time — Music Takes Time: Apropos of Arvo Pärt's *Tabula Rasa* // New Sound. 2001. Vol. 17. P. 49–50. О постмодернизме и времени в «Spiegel im Spiegel» (1978) см. также: Cizmic. Transcending the Icon. P. 70–72.

90. Замечания Смелзера об аффекте см.: Alexander. Cultural Trauma. P. 39–44.

91. Eyerman R. Cultural Trauma: Slavery and the Formation of African American Identity. Cambridge and New York: Cambridge University Press, 2001. P. 5–7.

92. Горбман подчеркивает важность повторов в киномузыке. См.: Gorbman. Unheard Melodies. P. 26–28.

93. LaCapra D. Writing History, Writing Trauma. Baltimore: Johns Hopkins University Press, 2001. P. 40–42.

Глава 4

1. Люк Ховард подготовил обширный обзор феномена взлета популярности Симфонии № 3. Исследователь, в частности, осмысляет восприятие произведения в Великобритании и США, историю создания симфонии, записи, живые исполнения, использование музыки в фильмах, маркетинговое продвижение произведения, журналистские оценки, основные интерпретации симфонии (особенно в связи с материнством, Второй мировой войны, холокостом и милленаризмом). См.: Howard L. B. 'A Reluctant Requiem': The History and Reception of Henryk M. Górecki's Symphony No. 3 in Britain and the United States. Ph.D. diss., University of Michigan, 1997; Howard L. B. Motherhood, Billboard and the Holocaust: Perceptions and Receptions of Górecki's Symphony No. 3 // Musical Quarterly. 1998 (Spring). Vol. 82, № 1. P. 131–159.
2. Thomas A. Polish Music Since Szymanowski. Cambridge: Cambridge University Press, 2005. P. 40–79.
3. См.: Ibid. P. 83–91; Thomas A. Górecki. New York: Oxford University Press, 1997. P. 12.
4. Thomas. Górecki. P. xvii.
5. Thomas. Polish Music. P. 83–91; Thomas. Górecki. P. 13, 17.
6. О сериализме в творчестве Гурецкого и его современников см.: Thomas. Polish Music. P. 92–109.
7. Thomas. Górecki. P. 41–42.
8. Thomas. Polish Music. P. 159–222.
9. Thomas. Górecki. P. 58–59.
10. См.: Ibid. P. 69; Thomas. Polish Music. P. 159–207, 225–282.
11. Howard. A Reluctant Requiem. P. 37, 80–87. Положительную рецензию польского автора на премьеру см.: Kański J. XIV Festiwal w Royan // Ruch Muzyczny. 1977. Vol. 21, № 13. P. 14–15.
12. См.: Gąsiorowska M. Symfonia pieśni żałosnych // Ruch Muzyczny. 1978. Vol. 22, № 3. P. 3. Автор разбирает канон первой части симфонии и то, как в нем используются композиционные решения прошлых времен.
13. Ранняя утрата матери существенным образом повлияла на жизнь и творчество Гурецкого. Мотив материнства постоянно возникает в произведениях композитора. О дискуссиях на соответствующую тему см.: Harley M. A. Górecki and the Paradigm of the 'Maternal' // Musical Quarterly. 1998 (Spring). Vol. 82, № 1. P. 82–130.

14. Thomas. Polish Music. P. 81–94; Davies N. Heart of Europe: The Past in Poland's Present. Oxford: Oxford University Press, 2001. P. 145–148. О музыке Гурецкого и религии см.: Harley M. A. To Be God with God: Catholic Composers and the Mystical Experience // Contemporary Music Review. 1998 (Spring). Vol. 12. P. 126–130; Engelhardt J. Asceticism and the Nation: Henryk Górecki, Krzysztof Penderecki and Late Twentieth-Century Poland // European Meetings in Ethnomusicology. 2002. Vol. 9. P. 197–207.

15. Thomas. Górecki. P. xiii–xviii, 1–68; Thomas. Polish Music. P. 40–58, 83–91, 159–207.

16. Ziarek E. P. Melancholic Nationalism and the Pathologies of Commemorating the Holocaust in Poland // Imaginary Neighbors: Mediating Polish-Jewish Relations after the Holocaust / Ed. by Dorota Glowacka and Joanna Zylinska. Lincoln and London: University of Nebraska Press, 2007. P. 310–312.

17. Fisk J. The New Simplicity: The Music of Górecki, Tavener and Pärt // Hudson Review. 1994 (Fall). Vol. 47, № 3. P. 399. Сьюзан Макклари и Роберт Финк в параллели рассматривают метафоры поверхностности/глубины и их влияние на анализ произведений. См.: McClary S. Conventional Wisdom: The Content of Musical Form. Berkeley: University of California Press, 2000. P. 66–68; Fink R. Going Flat: Post-Hierarchical Music Theory and the Musical Surface // Rethinking Music / Ed. by Nicholas Cook and Mark Everist. Oxford: Oxford University Press, 1999. P. 102–132.

18. См.: Howard L. B. Production vs. Reception in Postmodernism: The Górecki Case // Postmodern Music/Postmodern Thought / Ed. by Judy Lochhead and Joseph Auner. New York and London: Routledge, 2002. P. 195–206. Автор осмысляет вопрос, можно ли симфонию Гурецкого назвать постмодернистской в пределах того определения, которое дает Фредрик Джеймисон в «Постмодернизм и потребительское общество». Ховард полагает, что сама Симфония № 3 не постмодернистское произведение, но ее восприятие как раз отображает действие постмодернизма. В отличие от Ховарда я полагаю, что мы вполне можем обосновывать связь Симфонии № 3 с постмодернизмом, особенно в свете того, как композитор отказывается от модернистских практик в пользу повторяющихся мотивов, строящихся на модальности и тональности. При этом ту «плоскостность», которую можно услышать в произведении, не следует воспринимать как отсутствие «глубины». Нет большого греха в том,

чтобы не следовать ожиданиям модернистов. В этом отношении я вдохновляюсь книгой Тейлора (Taylor M. C. Hiding. Chicago: University of Chicago Press, 1997) и понимаю «поверхностность» как пространство, в котором существуют и даже процветают смыслы. Мой анализ строится также на рассуждениях Яусса (Jauss H. R. Towards an Aesthetic of Reception / Trans. by Timothy Bahti. Minneapolis: University of Minnesota Press, 1982. P. 1–45). Яусс воспринимает тренды восприятия произведений как некую данность и предлагает исследователям оценивать, какие именно детали способствуют выработке доминантных точек зрения на ту или иную работу. В некотором смысле я как раз ищу те характеристики симфонии, которые позволяют людям говорить о ней как о «скорбном» произведении. О популяризации Симфонии № 3 см.: Howard. Motherhood, Billboard and the Holocaust. P. 137–139, 142–143, 152.

19. Schechner R. Selective Inattention // Performance Theory. London and New York: Routledge, 2003. P. 211–234.

20. Я исхожу здесь из позиций герменевтики и с учетом культурного контекста (как уже отмечалось во вступлении). Впрочем, к аффекту в музыке можно подходить и с других точек зрения: например, с позиций семиотической традиции в рамках музыковедения. Эта традиция базируется на сопоставлении различных текстов и кодов для понимания того, как за определенными приемами — и в пределах произведения, и в целом в рамках музыкальной традиции — закрепляются некоторые чувственные значения. Исследования в таком ключе выстраиваются на в высшей степени системном подходе, в корне отличающемся от музыковедческой традиции, от которой отталкиваюсь я. О музыке, семиотике, аффекте и интертексте см.: Nattiez J. J. Music and Discourse: Toward a Semiology of Music. Princeton, N.J.: Princeton University Press, 1990; Lidov D. Mind and Body in Music // Semiotica. 1987. Vol. lxvi. P. 69–97; Agawu V. K. Playing with Signs: A Semiotic Interpretation of Classic Music. Princeton, N.J.: Princeton University Press, 1991; Ratner L. G. Classic Music: Expression, Form and Style. New York: Schirmer Books, 1980; Hatten R. S. Musical Meaning in Beethoven: Markedness, Correlation and Interpretation. Bloomington: Indiana University Press, 1994.

21. Darnley-Smith R. and Patey H. M. Music Therapy. London: Sage, 2003. P. 5–68. Сфера применения музыкальной терапии может сильно варьироваться и охватывать разнообразные феномены: неврологические расстройства и травмы, физиологические и психические

заболевания, деменцию, аутизм, преждевременные роды, афазию, ментальное здоровье, скорбь и так далее. В рамках книги невозможно перечислить все потенциальные средства и направления использования музыкальной терапии. Но все-таки важно отметить, что, как уже упоминалось ранее, в области лечения психических расстройств можно использовать музыку для метафорической передачи некоторых чувств. Примеры подобной работы см.: Thompson S. Themes and Metaphors in Songwriting with Clients Participating in a Psychiatric Rehabilitation Program // Music Therapy Perspectives. 2009. Vol. 27, № 1. P. 4–10; Bonde L. O. 'Finding a New Place...': Metaphor and Narrative in One Cancer Survivor's BMGIM Therapy // Nordic Journal of Music Therapy. 2005. Vol. 14, № 2. P. 137–154; Jungaberle H. New Steps in Musical Meaning: The Metaphoric Process as an Organizing Principle // Nordic Journal of Music Therapy. 2001. Vol. 10, № 1. P. 4–16. Уже упомянутое исследование — Darnley-Smith and Patey, 2003 — представляет собой хороший обзор музыкальной терапии как отдельной дисциплины. Более подробно об этой теме см.: Peters J. S. Music Therapy: An Introduction. 2nd ed. Springfield, Ill.: C. C. Thomas, 2000; Wigram T., Pedersen I. N. and Bonde L. O. A Comprehensive Guide to Music Therapy Theory, Clinical Practice, Research and Training. London and Philadelphia: Jessica Kingsley, 2002.

22. Auslander P. The Performativity of Performance Documentation // Journal of Performance and Art. 2006. Vol. 28, № 3; Auslander P. Musical Personae // Drama Review. 2006 (Spring). Vol. 50, № 1. В эссе Аусландер отчасти отвечает на комментарии, представленные в статье: Cook N. Between Process and Product: Music and/as Performance // Music Theory Online. 2001 (April). Vol. 7, № 2. URL: http://www.mtosmt.org/mto.01.7.2/mto.01.7.2.cook.html

23. О роли критиков в формулировании музыкальной герменевтики см.: McClary S. Feminine Endings: Music, Gender and Sexuality. Minneapolis: University of Minnesota Press, 1991. P. 21–22.

24. Freud S. The Aetiology of Hysteria // The Freud Reader / Ed. by Peter Gay. New York: Norton, 1989. P. 100, 103–104, 106; Leys R. Trauma: A Genealogy. Chicago: University of Chicago Press, 2000. P. 31.

25. Herman J. L. Trauma and Recovery. New York: Harper Collins, 1992. P. 1–2, 37–42.

26. См.: Gilmore L. The Limits of Autobiography: Trauma and Testimony. Ithaca, N.Y.: Cornell University Press, 2001. P. 6–7. Гилмор описывает, насколько парадоксально силен этот упор на языковые сред-

ства, и предполагает, что вместо того, чтобы фокусироваться на репрезентации травмы как антитезе самим переживаниям, было бы эффективнее поразмыслить над тем, как травмы воспроизводятся в литературе. См. также: Caruth C. Unclaimed Experience: Trauma, Narrative and History. Baltimore: Johns Hopkins University Press, 1996; Felman S. and Laub D. Testimony: Crises of Witnessing in Literature, Psychoanalysis and History. New York: Routledge, 1992. Исследователи также исходят из амбивалентности представлений и травм как таковых.

27. Derrida J., Brault P.-A. and Naas M. The Work of Mourning. Chicago: University of Chicago Press, 2001. P. 114.

28. См.: Ibid. P. 3.

29. О восприятии «Адажио» как скорбного произведения см.: Howard L. The Popular Reception of Samuel Barber's Adagio for Strings // American Music. 2007 (Spring). Vol. 25, № 1. P. 50–80. О музыке и скорби см. также: Chua D. K. L. Adorno's Metaphysics of Mourning: Beethoven's Farewell to Adorno // Musical Quarterly. 2004 (Fall). Vol. 87, № 3. P. 523–545; Kramer L. Chopin at the Funeral: Episodes in the History of Modern Death // Journal of the American Musicological Society. 2001 (Spring). Vol. 54, № 1. P. 97–125; Atlas A. W. Mimi's Death: Mourning in Puccini and Leoncavallo // Journal of Musicology. 1996 (Winter). Vol. 14, № 1. P. 52–79; Gengaro C. L. Requiems for a City: Popular Music's Response to 9/11 // Popular Music and Society. 2009 (February). Vol. 32, № 1. P. 25–36.

30. Freud S. Mourning and Melancholi // On the History of the Psycho-Analytic Movement, Papers on Metapsychology and Other Works. London: Hogarth Press, 1957; reprint, 1962. P. 243–258.

31. Stroebe M. S. et al. Introduction: Concepts and Issues in Contemporary Research on Bereavement // Handbook of Bereavement Research: Consequences, Coping and Care / Ed. by Margaret S. Stroebe et al. Washington, D.C.: American Psychological Association, 2001. P. 9; Parkes C. M. A Historical Overview of the Scientific Study of Bereavement // Handbook of Bereavement Research: Consequences, Coping and Care / Ed. by Margaret S. Stroebe et al. Washington, D.C.: American Psychological Association, 2001. P. 29.

32. Shaver P. R. and Tancredy C. M. Emotion, Attachment and Bereavement: A Conceptual Commentary // Handbook of Bereavement Research: Consequences, Coping and Care / Ed. by Margaret S. Stroebe et al. Washington, D.C.: American Psychological Association, 2001. P. 69; Bonanno G. A. Grief and Emotion: A Social-Functional Perspective //

Handbook of Bereavement Research: Consequences, Coping and Care / Ed. by Margaret S. Stroebe et al. Washington, D.C.: American Psychological Association, 2001. P. 494; Weiss R. S. The Nature and Causes of Grief // Handbook of Bereavement Research and Practice: Advances in Theory and Intervention / Ed. by Margaret S. Stroebe et al. Washington, D.C.: American Psychological Association, 2008. P. 30.

33. Weiss R. S. Grief, Bonds and Relationships // Handbook of Bereavement Research: Consequences, Coping and Care / Ed. by Margaret S. Stroebe et al. Washington, D.C.: American Psychological Association, 2001. P. 47–51; Bowlby J. Attachment and Loss. Volume 3: Loss: Sadness and Depression. New York: Basic Books, 1980; Parkes C. M. Bereavement: Studies of Grief in Adult Life. 3rd ed. New York: International Universities Press, 1996.

34. Prigerson H. G. and Jacobs S. D. Traumatic Grief as a Distinct Disorder: A Rationale, Consensus Criteria and a Preliminary Empirical Test // Handbook of Bereavement Research: Consequences, Coping and Care / Ed. by Margaret S. Stroebe et al. Washington, D.C.: American Psychological Association, 2001. P. 615–619.

35. Эта смена тональности работает на гармоническом обыгрывании до диез как ре бемоль.

36. Исследование в семиотическом ключе о поступательном нисхождении как мотиве печали и скорби см.: Monelle R. The Sense of Music: Semiotic Essays. Princeton, N.J.: Princeton University Press, 2000. P. 67–69.

37. См.: Howard. A Reluctant Requiem. P. 54. Ховард описывает модальную модуляцию темы канона.

38. В первом каноническом дуэте (такты 26–50) первые четыре тритона разрешаются необычным образом (см. пример 4.3, где увеличенная кварта сменяется чистой квартой) или продвигаются от уменьшенной квинты к сексте. Во всех случаях тритоны не превращаются в диссонансы, которые находят некое разрешение, а способствуют созданию общего устойчивого, но умеренного по звучанию диссонанса. Последняя уменьшенная квинта (такты 49–50) разрешается в виде большой терции (соль и си). В результате образуется каденция. Однако Гурецкий смягчает резкость такой развязки: уменьшенная квинта звучит мимолетно, и основная тема закрывается невнятной элизией, уклоняясь от каденции, и возвращается к начальному звуку, что приводит к повтору мелодии. Кроме того, третий канонический голос вступает на такте 51. Заметное появле-

ние и проигрывание новой линии в новых тональности и ладе также не позволяет воспринять каденцию на слух. Кроме того, перемещение темы канона по разным ладам лишает нас ощущения тонального центра. Тем самым каденция оказывается не важным моментом кульминации, а, скорее, мелким переходным этапом.

39. Мы можем по-разному трактовать тональное соотношение этого вступления с основным тональным полем произведения — ля минор. Таким образом, мы могли бы обратить внимание на завершение последовательности в ре минор, что позволяет перейти к основной части произведения. В этом случае вступление будто кружится вокруг субдоминанты, которая постепенно (на предельном хроматизме) перетекает в доминанту (такт 8) и, наконец, достигает каденции на ля минор (такты 19–20). В равной мере мы могли бы обратить внимание на педаль — повторяющееся ля — во вводных четырех тактах. В этом случае мы могли бы предположить, что произведение Шопена через эту третичную взаимосвязь во вступлении между ля минор и фа мажор открывается отдаленной гармонией, но затем неизбежно переходит на ля минор.

40. Большая секунда в первом аккорде Мазурки, включающая ля и си, позволяет произведению открыться на диатоническом диссонансе. Диссонанс быстро проходит, но повторяется как общий мотив во вводных трех аккордах.

41. Herman. Trauma and Recovery. P. 160.

42. См.: Kański. XIV Festiwal w Royan. P. 14. Автор упоминает, что произведение оставляет ощущение общей стабильности.

43. Harley J. Charting the Extremes: Performance Issues in the Music of Henryk Górecki // Tempo. 2000 (January). Vol. 211. P. 2–7. Автор рекомендует воздерживаться от ускорения темпа симфонии, отмечая, что произведение должно звучать медитативно, а это предполагает очень медленный темп.

44. Herman. Trauma and Recovery. P. 133, 176–187.

45. См. примечание 82 к главе 1, что касается источников по музыке и нарративам.

46. Blanchot M. The Writing of the Disaster. Lincoln: University of Nebraska Press, 1986. P. 77. Аналогичная мысль звучит у Карут (Caruth. Unclaimed Experience. P. 85). Карут рассматривает произведение Поля де Мана и возможность сформировать осмысленную преемственность, которая послужила бы освобождением от деструктивных последствий травмы.

47. Blanchot. The Writing of the Disaster. P. 77.

48. Howard. A Reluctant Requiem. P. 49–50.

49. Перевод польского текста дан по: Górecki H. M. Symphony No. 3, op. 36, "Symphony of Sorrowful Songs". London: Boosey and Hawkes, 1992.

50. Виолончель удерживает ми, альт идет вверх от ми к фа диез, вторые скрипки достигают соль, а первые скрипки и арфа играют все четыре ноты. Флейты, разделенные на четыре группы, дублируют это распределенное в пространстве восхождение.

51. Howard. A Reluctant Requiem. P. 18.

52. См.: Ibid. P. 59 и 60 (n. 44, где автор рассматривает использование фригийского лада в барочной музыке для обозначения скорби и страданий). Ховард предполагает, что эта ассоциация могла возникнуть у Гурецкого через знакомство с музыкой Баха. См. также: Harley. Górecki and the Paradigm of the 'Maternal'. P. 106; Harley. To Be God with God. P. 126, 130, где автор отмечает эти традиционные ассоциации с фригийским ладом применительно к Симфонии № 3.

53. Гурецкий обеспечивает гармонию на заключительном восхождении сопрано преимущественно за счет перехода между аккордами Em7 и F7. На пике звучат до и ре мажор. Затем мы опускаемся к Am7 с фа диез в басовой линии. Первые скрипки заводят мелодию канона в ми минор. Гурецкий избегает функциональных связок между тональностями за счет перехода в пределах одного интервала. Переход на мажор из мелодии во фригийском ладе в сочетании с минором и подъемом с до на ре формирует яркий контраст, который усиливает эмоциональное воздействие музыки.

54. Это группетто часто встречается в польских народных песнях из собрания Владислава Скерковского. Вторая половина темы канона адаптирована из народной песни, которую Гурецкий обнаружил в одной из антологий Скерковского. О том, как Гурецкий использует этот прием, см.: Thomas. Górecki. P. 84–85.

55. Blanchot. The Writing of the Disaster. P. 51.

56. Howard. Motherhood, Billboard and the Holocaust. P. 141–142.

57. Turner V. From Ritual to Theatre: The Human Seriousness of Play. New York: Performing Arts Journal Publications, 1982. P. 15.

58. Schechner. Selective Inattention. P. 211–218; Turner. From Ritual to Theatre. P. 72–78.

59. Eyerman R. Cultural Trauma: Slavery and the Formation of African American Identity. Cambridge and New York: Cambridge University

Press, 2001. P. 1–3. Автор отмечает, что дискурс о культурных травмах зачастую выливается в споры.

60. См.: Howard. Motherhood, Billboard and the Holocaust. P. 133–135. Ховард представляет разнообразные попытки Гурецкого написать произведения в память о Второй мировой войне и холокосте. См. также комментарии Тадеуша Марека и Дэвида Дрю по «военным» произведениям Гурецкого: Marek T. Górecki in Interview (1968) — and 20 Years After // Tempo. 1989 (March). Vol. 168. P. 25–27.

61. Alexander J. C., Eyerman R., Giesen B., Smelser N. J. and Sztompka P. Cultural Trauma and Collective Identity. Berkeley: University of California Press, 2004. P. 36, 40–41, 47. Смелзер указывает, что стратегии компенсации последствий травмы должны быть обобщаемыми и универсальными, чтобы их могло использовать большое количество людей.

62. Howard. Motherhood, Billboard and the Holocaust. P. 136.

63. См.: Ibid. P. 134; Thomas. Górecki. P. 94, n. 43.

64. Alexander. Cultural Trauma. P. 221–263. См. также: Novick P. The Holocaust in American Life. Boston: Houghton Mifflin, 1999; Young J. E. Writing and Rewriting the Holocaust: Narrative and the Consequences of Interpretation. Bloomington: Indiana University Press, 1988.

65. О «Beatus vir» и связанных с произведением спорных моментах см. Thomas. Gorecki. P. 94–100.

66. См. примечание 6 к главе 6, что касается источников о том, как музыка и фильмы воздействуют друг на друга.

67. Howard. A Reluctant Requiem. P. 175.

68. Gorbman C. Unheard Melodies: Narrative Film Music. London and Bloomington: BFI and Indiana University Press, 1987. P. 58. Автор отмечает, что музыка соотносится с кинокартиной в той же мере, как связаны подпись и фотография. Музыка выступает эмоциональным фоном для кадров.

69. Thomas. Górecki. P. 94, n. 43; Thomas. Polish Music. P. 266; Howard. Motherhood, Billboard and the Holocaust. P. 133–134; Howard. A Reluctant Requiem. P. 166. Схожие мысли обнаруживаются в кн.: Jacobson B. A Polish Renaissance. New York: Phaidon, 1996. P. 194. Якобсон замечает, что Симфония № 3 взаимодействует с «темой страданий в их самом неизменном виде».

70. В психологии все еще ведутся споры о том, сколь универсальны чувства. В частности, особое внимание уделяется выражению лица в качестве индикатора аффектов. Одни исследователи говорят об

универсальных «базовых эмоциях», другие предпочитают рассуждать об универсальных затруднениях (таких как утрата), с которыми сталкиваются люди и которые вызывают эмоции. См.: Ekman P. Basic Emotions // The Handbook of Cognition and Emotion / Ed. by T. Dalgleish and T. Power. Sussex: Wiley, 1999. P. 45–46. Пол Розенблатт, однако, отвергает эссенциализм и универсальность скорби и называет траур социальным конструктом. См.: Rosenblatt P. C. A Social Constructionist Perspective on Cultural Differences in Grief // Handbook of Bereavement Research: Consequences, Coping and Care / Ed. by Margaret S. Stroebe et al. Washington, D.C.: American Psychological Association, 2001. P. 286.

71. Herman. Trauma and Recovery. P. 215.

72. Howard. A Reluctant Requiem. P. 44. Автор отмечает, что Гурецкий трактует текст Хелены в универсалистском ключе.

73. Everett-Green R. From Handel to Hefner: A Faculty for Awe in Person // Globe and Mail. March 28, 1994.

74. См.: Dümling A. Eisler's Music for Resnais' Night and Fog (1955): A Musical Counterpoint to the Cinematic Portrayal of Terror // Historical Journal of Film, Radio and Television. 1998. Vol. 18, № 4. P. 575–584; Eisler H. and Adorno T. Composing for the Films. New York: Oxford University Press, 1947. Естественно, вопрос о том, насколько Эйслеру удалось достичь своих целей в случае «Ночи и тумана» — предмет отдельной дискуссии. О темах истории и памяти, прошлом и настоящем и об их влиянии на фильмы и музыку см.: Dahin O. The Pastness of the Present: Musical Structure and 'Uncanny Returns' in Eisler's Score to *Nuit et brouillard* // Eisler-Mitteilungen: Internationale Hanns-Eisler-Gesellschaft. 2005. Vol. 12, № 38. P. 17–20.

75. Howard. Motherhood, Billboard and the Holocaust. P. 151–152. См.: Jacobson. A Polish Renaissance. P. 191–194 — автор также упоминает фильм Палмера и замечает, что кинокартина отдает дурновкусием.

76. Gill A. Up to Their Ears in It // Independent. 1993, April 5. P. 15.

77. Alexander. Cultural Trauma. P. 251–253. Другую аргументацию см. в: Young. Writing and Rewriting the Holocaust. P. 99.

78. Modras R. Jews and Poles: Remembering at a Cemetery // Memory Offended: The Auschwitz Convent Controversy / Ed. by Carol Rittner and John K. Roth. New York: Praeger, 1991. P. 59–60; Naimark N. M. The Nazis and the 'East': Jedwabne's Circle of Hell // Slavic Review. 2002 (Autumn). Vol. 61, № 3. P. 477; Polonsky A. and Michlic J. B. Introduction // The Neighbors Respond: The Controversy over the Jedwabne

Massacre in Poland / Ed. by Antony Polonsky and Joanna B. Michlic. Princeton, N.J. and Oxford: Princeton University Press, 2004. P. 6–7.

79. Tanay E. Auschwitz and Oswiecim: One Location, Two Memories // Memory Offended: The Auschwitz Convent Controversy / Ed. by Carol Rittner and John K. Roth. New York: Praeger, 1991. P. 100. Krajewski S. The Controversy over Carmel at Auschwitz: A Personal Polish-Jewish Chronology // Memory Offended: The Auschwitz Convent Controversy / Ed. by Carol Rittner and John K. Roth. New York: Praeger, 1991. P. 118.

80. Holc J. P. Working through Jan Gross's 'Neighbors' // Slavic Review. 2002 (Autumn). Vol. 61, № 3. P. 457; Roszkowski W. After Neighbors: Seeking Universal Standards // Slavic Review. 2002 (Autumn). Vol. 61, № 3. P. 465.

81. Ziarek. Melancholic Nationalism. P. 310–321.

82. Gross J. T. Neighbors: The Destruction of the Jewish Community in Jedwabne, Poland. Princeton, N.J.: Princeton University Press, 2001. О реакциях на книгу Гросса см.: Polonsky and Michlic. Introduction; Borkowicz J. Israel Gutman and William Brand // Thou Shalt Not Kill: Poles on Jedwabne. Warsaw: Tow. "Wiez", 2001. Более поздние работы о погроме в Едвабне см.: Chodakiewicz M. J. The Massacre in Jedwabne, July 10, 1941: Before, During, After. New York: East European Monographs; Distributed by Columbia University Press, 2005.

83. Hoffman E. Shtetl: The Life and Death of a Small Town and the World of Polish Jews. New York: Houghton Mifflin, 1997. P. 3.

84. Douglass A. and Vogler T. A. (eds). Witness and Memory: The Discourse of Trauma. New York and London: Routledge, 2003. P. 11–12.

85. См.: Howard. A Reluctant Requiem. P. 308. Автор указывает на частые ошибочные заявления о том, что Хелена была еврейкой.

86. Waugh A. A Load of Gloomy Piffle // Evening Standard. 1993, April 8. P. 30.

87. См.: Soames N. Minimalism Brings Maximum Awards // Times. June 5, 1993; Howard. Motherhood, Billboard and the Holocaust. P. 151. Оба автора описывают реакцию Гурецкого на фильм. Композитор заявляет, что Палмер неправильно его понял, и отмечает, что компания Warner Classic, в которую входит лейбл Nonesuch, дистанцировалась от фильма. В то же время в статье — Sexton P. Mournful Classical Piece Cracks U.K. Pop Top 10 // Billboard. February 27, 1993 — указывается, что Warner Classic прогнозировала рекордные продажи после выхода фильма. См. также: Everett-Green. From Handel to Hefner. Автор представляет точку зрения Палмера, у которого возникло впечатление, что Warner Classic опасалась того, как ужа-

сающие кадры повредят музыке, и что все эти обстоятельства сказались на том, как воспринимал фильм Гурецкий.

88. Howard. Motherhood, Billboard and the Holocaust. P. 151.
89. Howard. A Reluctant Requiem. P. 174–175.
90. Sontag S. Regarding the Pain of Others. New York: Farrar, Straus and Giroux, 2003. P. 26–27.

Эпилог

1. Turner V. From Ritual to Theatre: The Human Seriousness of Play. New York: Performing Arts Journal Publications, 1982. P. 74.
2. Gorbman C. Unheard Melodies: Narrative Film Music. London and Bloomington: BFI and Indiana University Press, 1987. P. 58.
3. Scarry E. The Body in Pain: The Making and Unmaking of the World. Oxford: Oxford University Press, 1985. P. 13.
4. Шульгин Д. И. Годы неизвестности Альфреда Шнитке (Беседы с композитором). М.: Деловая Лига, 1993. С. 100.
5. Вновь см. комментарий Дилиберто о Пярте как о «наиболее праведном среди благочестивых минималистов»: Diliberto J. Pärt: Kanon Pokajanen (Review) // Audio. 1999 (April). Vol. 84, № 4. P. 72.

Библиография

Аудиозаписи

Arvo Pärt: Collage. Philharmonia Orchestra, Neeme Järve, conductor. Chandos Records, Ltd., 1993.

Arvo Pärt: Tabula Rasa; Symphony No. 3; Collage. Ulster Orchestra, Takuo Yuasa, conductor; Lesley Hatfield and Rebecca Hirsch, violins. Naxos, 2001.

Henryk Górecki Symphony No. 3. Dawn Upshaw, soprano; London Sinfonietta; David Zinman, conductor. Elektra Nonesuch, 1992.

Górecki Symphony No. 3. Stefania Woytowicz, soprano; South-West German Radio Symphony Orchestra; Ernest Bour, conductor. Erato, 1985; reissued by Warner Classics, 2003.

New Piano Works from Europe and the Americas. Haydée Schvartz, piano. Mode Records, 1993.

Piano Sonatas Galina Ustvolskaya. Oleg Malov, piano. Megadisc Classics, 1993.

Schnittke, Concerto for Piano and Strings. The New Stockholm Chamber Orchestra. BIS Records, 1987.

Фильмы

Abuladze, Tengiz. Repentance. Georgia Film, 1984.
Cram, Bestor. Unfinished Symphony. Berkeley Media LLC, 2001.
Nichols, Mike. Wit. HBO, 2001.
Palmer, Tony. The Symphony of Sorrowful Songs. Voiceprint Records, 2007.
Pontecorvo, Gillo. The Battle of Algiers. Criterion, 2004, 1967.
Resnais, Alain. Night and Fog. Criterion, 2003, 1955.
Weir, Peter. Fearless. Warner, 1993.

Партитуры

Górecki, Henryk Mikołaj. Symphony No. 3, op. 36, "Symphony of Sorrowful Songs". London: Boosey & Hawkes, 1992.

Pärt, Arvo. Tabula Rasa Doppelkonzert für zwei Violinen, Streichorchester und präpariertes Klavier. Vienna: Universal Edition, 2006.

Schnittke, Alfred. Konzert für klavier und streicher. Hamburg: Musikverlag Hans Sikorski, 1995.

Уствольская Г. Произведения для фортепиано Ленинград: Советский композитор, 1989

Литература

Abbate, Carolyn. Unsung Voices: Opera and Musical Narrative in the Nineteenth Century. Princeton, N.J.: Princeton University Press, 1991.

Adorno, Theodor W. Commitment // The Essential Frankfurt School Reader. Andrew Arato and Eike Gebhardt (eds). New York Urizen Books, 1982. P. 300–318.

——. Negative Dialectics. Translated by E. B. Ashton. London and New York: Routledge, 1966, 1990.

Agawu, V. Kofi. Playing with Signs: A Semiotic Interpretation of Classic Music. Princeton, N.J.: Princeton University Press, 1991.

Alexander, Jeffrey C., Ron Eyerman, Bernhard Giesen, Neil J. Smelser, and Piotr Sztompka. Cultural Trauma and Collective Identity. Berkeley: University of California Press, 2004.

Almén, Byron. Narrative Archetypes: A Critique, Theory, and Method of Narrative Analysis // Journal of Music Theory 47, no. 1 (Spring 2003): 1–39.

Anderson, John. Religion, State and Politics in the Soviet Union and Successor States. Cambridge: Cambridge University Press, 1994.

Antokoletz, Elliott, and Juana Canabal Antokoletz. Musical Symbolism in the Operas of Debussy and Bartók: Trauma, Gender, and the Unfolding Unconscious. New York: Oxford University Press, 2004.

Aquila, Dominic. The Music of Arvo Pärt // Image: A Journal of the Arts and Religion no. 2 (1992): 110–119.

Archer, John. Theories of Grief: Past, Present, and Future Perspectives // Handbook of Bereavement Research and Practice: Advances in Theory and Intervention. Margaret S. Strocbc, Robert O. Hansson, Henk Schut, and Wolfgang Stroebe (eds). Washington, D.C.: American Psychological Association, 2008. P. 45–65.

Atlas, Allan W. Mimi's Death: Mourning in Puccini and Leoncavallo // Journal of Musicology 14, no. 1 (Winter 1996): 52–79.

Attig, Thomas. Relearning the World: Making and Finding Meanings // Meaning Reconstruction and the Experience of Loss. Robert A. Neimeyer (ed.). Washington, D.C.: American Psychological Association, 2001. P. 33–53.

Auslander, Philip. Musical Personae // Drama Review 50, no. 1 (Spring 2006): 100–119.

———. The Performativity of Performance Documentation // PAJ: A Journal of Performance and Art 28, no. 3 (2006): 1–10.

Barabanov, Evgenij. The Admonisher // Myths, Cycles, and the Modern Condition: The World of the Moscow Sculptor Vadim Sidur. David Riff (ed.). Bochum, Germany: Ruhr-University of Bochum, Lotman Institute for Russian and Soviet Culture, 2000. P. 15–36.

Barba, Eugenio. Theatre Anthropology // A Dictionary of Theatre Anthropology: The Secret Art of the Performer. Eugenio Barba and Nicola Savarese (eds). London: Routledge, 1991. P. 8–22.

Barnes, Christopher (ed.). The Russian Piano School: Russian Pianists and Moscow Conservatoire Professors on the Art of the Piano. London: Kahn & Averill, 2007.

Barringer, Felicity. 'Repentance', A Soviet Film Milestone, Strongly Denounces Official Evil // New York Times, November 16, 1986. Sec. 2. P. 1.

Beckerman, Michael. Kundera's Musical Joke and 'Folk' Music in Czechoslovakia, 1948–? // Retuning Culture: Musical Changes in Central and Eastern Europe. Mark Slobin (ed.). Durham, N.C., and London: Duke University Press, 1996. P. 37–53.

———. Postcard from New York — Trio from Terezín // Musicand Politics 1, no.1 (Winter 2007). http://www.music.ucsb.edu/projects/musicandpolitics/archive/2007-1/beckerman.html.

Bek, Mikuláš, Geoffrey Chew, and Petr Macek (eds). Socialist Realism and Music. Prague and Brno: KLP, Institute of Musicology, Masaryk University, 2004.

Beyer, Anders. Alfred Schnittke: Between Hope and Despair // The Voice of Music: Conversations with Composers of Our Time. Jean Christensen (ed.). Aldershot: Ashgate, 2001. P. 239–242.

Blanchot, Maurice. The Writing of the Disaster. Lincoln: University of Nebraska Press, 1986.

Blois, Louis. Shostakovich and the Ustvolskaya Connexion: A Textual Investigation // Tempo, no. 182 (September 1992): 10–18.

Bokman, Simon. Variations on the Theme Galina Ustvolskaya. Translated by Irina Behrendt. Berlin: Verlag Ernst Kuhn, 2007.

Bonanno, George A. Grief and Emotion: A Social-Functional Perspective // Handbook of Bereavement Research: Consequences, Coping, and Care. Margaret S. Stroebe, Robert O. Hansson, Wolfgang Stroebe, and Henk Schut (eds). Washington, D.C.: American Psychological Association, 2001. P. 493–515.

Bonde, Lars Ole. 'Finding a New Place': Metaphor and Narrative in One Cancer Survivor's BMGIM Therapy // Nordic Journal of Music Therapy 14, no. 2 (2005): 137–154.

Boobbyer, Philip. Conscience, Dissent and Reform in Soviet Russia. London: Routledge, 2005.

Borchardt, Georg. Alfred Schnittke and Gustav Mahler // Seeking the Soul: The Music of Alfred Schnittke. George Odam (ed.). 28–37. London: Guildhall School of Music and Drama, 2002.

Borkowicz, Jacek, Israel Gutman, and William Brand. Thou Shalt Not Kill: Poles on Jedwabne. Warsaw: Tow. "Wiez", 2001.

Bowlby, John. Attachment and Loss. Volume 3: Loss: Sadness and Depression. New York: Basic Books, 1980.

Bracken, Patrick. Trauma: Culture, Meaning and Philosophy. London and Philadelphia: Whurr, 2002.

Bradshaw, Susan. Arvo Paart // Contact 26 (1983): 25–28.

Brashinsky, Michael, and Andrew Horton (eds). Russian Critics on the Cinema of Glasnost. Cambridge: Cambridge University Press, 1994.

Brown, Royal S. Overtones and Undertones: Reading Film Music. Berkeley: University of California Press, 1994.

Buhler, James. Analytical and Interpretive Approaches to Film Music (II): Analysing Interactions of Music and Film // Film Music: Critical Approaches. K. J. Donnelly (ed.). New York: Continuum International, 2001. P. 39–61.

Burge, David. Twentieth-Century Piano Music. New York and Toronto: Schirmer Books; Collier Macmillan Canada; Maxwell Macmillan International, 1990.

Calinescu, Matei. Five Faces of Modernity: Modernism, Avant-Garde, Decadence, Kitsch, Postmodernism. Durham, N.C.: Duke University Press, 1987.

Campbell, James Stuart. Russians on Russian Music, 1880–1917: An Anthology. Cambridge: Cambridge University Press, 2003.

Carlson, Marvin. Performance: A Critical Introduction. London and New York: Routledge, 1996.

Caruth, Cathy. Introduction // Trauma: Explorations in Memory. Cathy Caruth (ed.). Baltimore: Johns Hopkins University Press, 1995. P. 4–11, 151–155.

——. Unclaimed Experience: Trauma, Narrative, and History. Baltimore: Johns Hopkins University Press, 1996.

Catalogue Galina Ustvolskaya. Hamburg: Musikverlag Hans Sikorski, 1990.

Cerf, Christopher, and Marina Albee (eds). Small Fires: Letters from the Soviet People to Ogonyok Magazine 1987–1990. New York: Summit Books, 1990.

Chernetsky, Vitaly. Mapping Postcommunist Cultures: Russia and Ukraine in the Context of Globalization. Montreal: McGill-Queen's University Press, 2007.

Chodakiewicz, Marek Jan. The Massacre in Jedwabne, July 10, 1941: Before, During, After. New York: East European Monographs; Distributed by Columbia University Press, 2005.

Christensen, Julie. Tengiz Abuladze's Repentance and the Georgian Nationalist Cause // Slavic Review 50, no. 1 (Spring 1991): 163–175.

Chua, Daniel K. L. Adorno's Metaphysics of Mourning: Beethoven's Farewell to Adorno // Musical Quarterly 87, no. 3 (Fall 2004): 523–545.

Cizmic, Maria. Transcending the Icon: Spirituality and Postmodernism in Arvo Pärt's *Tabula Rasa* and *Spiegel im Spiegel* // Twentieth-Century Music 5, no. 1 (2008): 45–78.

Clark, Katerina. Changing Historical Paradigms in Soviet Culture // Late Soviet Culture: From Perestroika to Novostroika. Thomas Lahusen and Gene Kuperman (eds). Durham and London: Duke University Press, 1993. P. 289–306.

——. The Soviet Novel: History as Ritual. 3rd ed. Bloomington: Indiana University Press, 2000.

Clarke, David. Parting Glances: Aesthetic Solace or Act of Complicity? // Musical Times 134, no. 1810 (December 1993): 680–684.

——. *Summa,* for String Quartet: Score and Parts. *Festina Lente* for String Orchestra and Harp Ad Libitum: Score. *Fratres* for 4, 8, 12... Violoncelli: Score. *Fratres* for String Quartet: Score. *Fratres* for String Orchestra and Percussion: Score. *Fratres* for Violoncelli and Piano: Score and Part. *Fratres* for Violin and Piano: Score and Part // Music and Letters 75, no. 4 (1994): 652–658.

Cohen, Annabel J. Film Music: Perspectives from Cognitive Psychology // Music and Cinema. James Buhler, Caryl Flinn, and David Neumeyer (eds). Hanover, N.H., and London: Wesleyan University Press, 2000. P. 360–377.

Cook, Nicholas. Between Process and Product: Music and/as Performance // Music Theory Online 7, no. 2 (April 2001). http://www.mtosmt.org/mto.01.7.2/mto.01.7.2.cook.html.

Cross, Jonathan. *Beatus Petronius,* for Two Choirs and Two Organs; *Statuit Ei Dominus,* for Two Choirs and Two Organs // Music and Letters 73, no. 2 (May 1992): 343–344.

Cusick, Suzanne G. Feminist Theory, Music Theory, and the Mind/Body Problem // Perspectives of New Music 32, no. 1 (Winter 1994): 8–27.

——. 'You Are in a Place That Is out of the World...': Music in the Detention Camps of the 'Global War on Terror' // Journal of the Society for American Music 2, no. 1 (February 2008): 1–26.

Cvetkovich, Ann. An Archive of Feelings: Trauma, Sexuality, and Lesbian Public Cultures. Durham, N.C.: Duke University Press, 2003.

Dahin, Oliver. The Pastness of the Present: Musical Structure and 'Uncanny Returns' in Eisler's Score to *Nuit et brouillard* // Eisler-Mitteilungen: Internationale HannsEisler-Gesellschaft 12, no. 38 (2005): 17–20.

Darnley-Smith, Rachel, and Helen M. Patey. Music Therapy. London: Sage, 2003.

Davies, Norman. Heart of Europe: The Past in Poland's Present. Oxford: Oxford University Press, 2001.

Davies, R. W. Soviet History in the Gorbachev Revolution. Bloomington and Indianapolis: Indiana University Press, 1989.

Davis, Christopher G. The Tormented and the Transformed: Understanding Responses to Loss and Trauma // Meaning Reconstruction and the Experience of Loss. Robert A. Neimeyer (ed.). Washington, D.C.: American Psychological Association, 2001. P. 137–155.

Derks, Thea. Galina Ustvolskaya: 'Sind Sie Mir Nicht Bose!' (Very Nearly an Interview) // Tempo, no. 193 (July 1995): 31–33.

Derrida, Jacques, Pascale-Anne Brault, and Michael Naas. The Work of Mourning. Chicago: University of Chicago Press, 2001.

Diliberto, John. Pärt: *Kanon Pokajanen* (Review) // Audio 84, no. 4 (April 1999): 72.

Dixon, Joan DeVee. George Rochberg: A Bio-Bibliographic Guide to His Life and Works. Stuyvesant, N.Y.: Pendragon Press, 1992.

Dobson, Miriam. Khrushchev's Cold Summer: Gulag Returnees, Crime, and the Fate of Reform after Stalin. Ithaca, N.Y.: Cornell University Press, 2009.

Douglass, Ana, and Thomas A. Vogler (eds). Witness and Memory: The Discourse of Trauma. New York and London: Routledge, 2003.

Dümling, Albrecht. Eisler's Music for Resnais' Night and Fog (1955): A Musical Counterpoint to the Cinematic Portrayal of Terror // Historical Journal of Film, Radio, and Television 18, no. 4 (1998): 575–584.

Eco, Umberto. Postcript to The Name of the Rose. Translated by William Weaver. New York: Harcourt Brace Jovanovich, 1984.

Edmunds, Neil. Soviet Music and Society under Lenin and Stalin: The Baton and Sickle. London: Routledge, 2004.

Ehlers, Robert, Fred Schulze, Ann C. Bigelow, and Gordon Livermore (eds). The USSR Today: Perspectives from the Soviet Press. Columbus, Ohio: Current Digest of the Soviet Press, 1988.

Eimermacher, Karl. Vadim Sidur: Skulpturen, Graphik. Konstanz: Universitätsverlag, 1978.

Eisler, Hanns, and Theodor Adorno. Composing for the Films. New York: Oxford University Press, 1947.

Ekman, Paul. Basic Emotions // The Handbook of Cognition and Emotion. Tim Dalgleish and Mick J. Power (eds). Chichester, U.K. and New York: Wiley, 1999. P. 45–60.

Ellis, Jane. The Russian Orthodox Church: A Contemporary History. Bloomington: Indiana University Press, 1986.

Ellis, Robert J., and Robert F. Simons. The Impact of Music on Subjective and Physiological Measures of Emotion While Viewing Films // Psychomusicology 19, no. 1 (2005): 15–40.

Elste, Martin. An Interview with Arvo Pärt // Fanfare xi, no. 4 (1987–1988): 337–341.

Engelhardt, Jeffers. Asceticism and the Nation: Henryk Górecki, Krzysztof Penderecki, and Late Twentieth-Century Poland // European Meetings in Ethnomusicology 9 (2002): 197–207.

Epstein, Mikhail. After the Future: On the New Consciousness in Literature // Late Soviet Culture: From Perestroika to Novostroika. Thomas Lahusen and Gene Kuperman (eds). Durham and London: Duke University Press, 1993. P. 257–287.

Epstein, Mikhail N., Alexander A. Genis, and Slobodanka M. Vladiv-Glover. Russian Postmodernism: New Perspectives on Post-Soviet Culture. New York: Berghahn Books, 1999.

Erjavec, Aleš (ed.). Postmodernism and the Postsocialist Condition: Politicized Art under Late Socialism. Berkeley: University of California Press, 2003.

Erofeev, Viktor. Alfred Schnittke and His Music // Soviet Scene 1987: A Collection of Press Articles and Interviews. Vladimir Mezhenkov (ed.). London and Wellingborough, U.K.: Collets, 1987. P. 222–229.

Everett-Green, Robert. From Handel to Hefner: A Faculty for Awe in Person // Globe and Mail, March 28, 1994.

Eyerman, Ron. Cultural Trauma: Slavery and the Formation of African American Identity. Cambridge: Cambridge University Press, 2001.

Farrell, Kirby. Post-traumatic Culture: Injury and Interpretation in the Nineties. Baltimore: Johns Hopkins University Press, 1998.

Felman, Shoshana, and Dori Laub. Testimony: Crises of Witnessing in Literature, Psychoanalysis, and History. New York: Routledge, 1992.

Field, Nigel P. Whether to Relinquish or Maintain a Bond with the Deceased // Handbook of Bereavement Research and Practice: Advances in Theory and Intervention. Margaret S. Stroebe, Robert O. Hansson, Henk Schut, and Wolfgang Stroebe (eds). Washington, D.C.: American Psychological Association, 2008. P. 113–132.

Figes, Orlando. The Whisperers: Private Life in Stalin's Russia. London and New York: Allen Lane, 2007.

Fink, Robert. Going Flat: Post-Hierarchical Music Theory and the Musical Surface // Rethinking Music. Nicholas Cook and Mark Everist (ed.). Oxford: Oxford University Press, 1999. P. 102–137.

Fisk, Josiah. The New Simplicity: The Music of Górecki, Tavener, and Pärt / Hudson Review 47, no. 3 (Fall 1994): 394–412.

Fleming, Stephen, and Paul Robinson. Grief and Cognitive-Behavioral Therapy: The Reconstruction of Meaning // Handbook of Bereavement Research: Consequences, Coping, and Care. Margaret S. Stroebe, Robert O. Hansson, Wolfgang Stroebe, and Henk Schut (eds). Washington, D.C.: American Psychological Association, 2001. P. 647–669.

Forché, Carolyn (ed.). Against Forgetting: Twentieth-Century Poetry of Witness. New York: Norton, 1993.

Forest, Jim. Christ Meets Stalin in Soviet-Made Film // Christian Century 104 (August 12–19, 1987): 676–77.

Foster, Hal (ed.). The Anti-Aesthetic: Essays on Postmodern Culture. Port Townsend, Wash.: Bay Press, 1983.

Freud, Sigmund. The Aetiology of Hysteria // The Freud Reader. Peter Gay, (ed.). New York: Norton, 1989. P. 96–111.

——. Beyond the Pleasure Principle. Translated by James Strachey. New York: Liverlight, 1920, 1961.

——. Mourning and Melancholia // On the History of the Psycho-Analytic Movement, Papers on Metapsychology, and Other Works. London: Hogarth Press, 1957. Reprint, 1962. P. 239–258.

Gąsiorowska, Małgorzata. Symfonia Pies'ni Załosnych // Ruch Muzyczny 22, no. 3 (1978): 3–5.

Gengaro, Christine Lee. Requiems for a City: Popular Music's Response to 9/11 // Popular Music and Society 32, no. 1 (February 2009): 25–36.

Gibbs, Joseph. Gorbachev's Glasnost: The Soviet Media in the First Phase of Perestroika. College Station: Texas A&M University Press, 1999.

Gilbert, Shirli. Music in the Holocaust: Confronting Life in the Nazi Ghettos and Camps. Oxford and New York: Clarendon Press and Oxford University Press, 2005.

Gill, Andy. Up to Their Ears in It // Independent, April 5, 1993.

Gilmore, Leigh. The Limits of Autobiography: Trauma and Testimony. Ithaca, N.Y.: Cornell University Press, 2001.

Golomstok, Igor. Beyond Conformism and Opposition: The Moscow Sculptor Vadim Sidur // Oxford Art Journal 2 (April 1979): 3–6.

Good, Edwin M. Giraffes, Black Dragons, and Other Pianos: A Technological History from Cristofori to the Modern Concert Grand. 2nd ed. Stanford, Calif.: Stanford University Press, 2001.

Gorbachev, Mikhail. Perestroika: New Thinking for Our Country and the World. New York: Harper & Row, 1987.

Gorbman, Claudia. Unheard Melodies: Narrative Film Music. London and Bloomington: BFI and Indiana University Press, 1987.

Griffiths, Paul. Modern Music: A Concise History. Rev. ed. London: Thames and Hudson, 1994.

Gross, Jan T. Neighbors: The Destruction of the Jewish Community in Jedwabne, Poland. Princeton, N.J.: Princeton University Press, 2001.

Groys, Boris. The Total Art of Stalinism: Avant-Garde, Aesthetic Dictatorship, and Beyond. Princeton, N.J.: Princeton University Press, 1992.

Hagman, George. Beyond Decathexis: Toward a New Psychoanalytic Understanding and Treatment of Mourning // Meaning Reconstruction and the Experience of Loss. Robert A. Neimeyer (ed.). Washington, D.C.: American Psychological Association, 2001. P. 13–31.

Hakobian, Levon. Music of the Soviet Age, 1917–1987. Stockholm, Sweden: Melos Music Literature, 1998.

Harley, James. Charting the Extremes: Performance Issues in the Music of Henryk Górecki // Tempo 211 (January 2000): 2–7.

Harley, Maria Anna. Górecki and the Paradigm of the 'Maternal' // Musical Quarterly 82, no. 1 (Spring 1998): 82–130.

——. To Be God with God: Catholic Composers and the Mystical Experience // Contemporary Music Review 12 (Spring 1998): 125–145.

Hatten, Robert S. Musical Meaning in Beethoven: Markedness, Correlation, and Interpretation. Bloomington: Indiana University Press, 1994.

Havel, Vaclav. The Power of the Powerless // The Power of the Powerless. Vaclav Havel et al. (eds). London: Palach Press, 1985.

Herman, Judith Lewis. Trauma and Recovery. New York: Harper Collins, 1992.

Hillier, Paul. Arvo Pärt. Oxford: Oxford University Press, 1997.

Hoffman, Eva. Shtetl: The Life and Death of a Small Town and the World of Polish Jews. New York: Houghton Mifflin, 1997.

Holc, Janine P. Working through Jan Gross's 'Neighbors' // Slavic Review 61, no. 3 (Autumn 2002): 453–459.

Horowitz, Mardi J. Psychological Response to Serious Life Events // The Denial of Stress. Shlomo Breznitz (ed.). New York: International Universities Press, 1983. P. 129–159.

——. Stress Response Syndromes. Northvale, N.J.: Aronson, 1986.

Horowitz, Mardi J., Nancy Wilner, and William Alvarez. Impact of Event Scale: A Measure of Subjective Stress // Psychosomatic Medicine 41, no. 3 (1979): 209–218.

Howard, Luke B. Motherhood, Billboard, and the Holocaust: Perceptions and Receptions of Górecki's Symphony No. 3 // Musical Quarterly 82, no. 1 (Spring 1998): 131–159.

——. The Popular Reception of Samuel Barber's Adagio for Strings // American Music 25, no. 1 (Spring 2007): 50–80.

——. Production vs. Reception in Postmodernism: The Górecki Case // Postmodern Music/Postmodern Thought. Judy Lochhead and Joseph Auner (eds). New York and London: Routledge, 2002. P. 195–206.

——. 'A Reluctant Requiem': The History and Reception of Henryk M. Górecki's Symphony No. 3 in Britain and the United States. Ph.D. dissertation, University of Michigan, 1997.

Hyer, Brian. Tonality // Grove Music Online (2007), http://oxfordmusiconline.com.ezproxy.lib.usf.edu/subscriber/article/grove/music/28102.

Ihde, Don. Technology and the Lifeworld: From Garden to Earth. Bloomington: Indiana University Press, 1990.

Imberty, Michel. Narrative, Splintered Temporalities and the Unconscious in 20th-Century Music / Narrative in Music and Interaction. Special issue // Musicæ Scientiæ: The Journal of the European Society for the Cognitive Sciences of Music (2008): 129–146.

Ivashkin, Alexander. Alfred Schnittke. London: Phaidon, 1996.

——. Introduction // Seeking the Soul: The Music of Alfred Schnittke. George Odam (ed.). London: Guildhall School of Music and Drama, 2002. P. 5–8.

——. Letter from Moscow Post October Soviet Art: Canon and Symbol // Musical Quarterly 74, no. 2 (1990): 303–317.

——. The Paradox of Russian Non-Liberty // Musical Quarterly 76, no. 4 (Winter 1992): 543–556.

——. Shostakovich and Schnittke: The Erosion of Symphonic Syntax // Shostakovich Studies. David Fanning (ed.). P. 254–270. Cambridge: Cambridge University Press, 1995.

Iyer, Vijay. Improvisation, Temporality and Embodied Experience // Journal of Consciousness Studies 11, no. 3–4 (2004): 159–173.

Jacobson, Bernard. A Polish Renaissance. New York: Phaidon, 1996.

Jameson, Fredric. Postmodernism, or, the Cultural Logic of Late Capitalism. Durham, N.C.: Duke University Press, 1991.

Janoff-Bulman, Ronnie. Shattered Assumptions: Towards a New Psychology of Trauma. New York: Free Press, 1992.

Janoff-Bulman, Ronnie, and Michael Berg. Disillusionment and the Creation of Value: From Traumatic Losses to Existential Gains // Perspectives on Loss: A Sourcebook. John H. Harvey (ed.). Philadelphia: Taylor & Francis, 1998. P. 35–48.

Janoff-Bulman, Ronnie, and Andrea R. Berger. The Other Side of Trauma: Towards a Psychology of Appreciation // Loss and Trauma: General and Close Relationship Perspectives. John H. Harvey and Eric D. Miller (ed.). P. 29–44. Philadelphia: Taylor & Francis, 2000.

Jauss, Hans Robert. Towards an Aesthetic of Reception. Translated by Timothy Bahti. Minneapolis: University of Minnesota Press, 1982.

Johnston, Hank. Religio-Nationalist Subcultures under the Communists: Comparison from the Baltics, Transcaucasia, and Ukraine // Politics and Religion in Central and Eastern Europ. William H. Swatos, Jr. (ed.). Westport, Conn.: Praeger, 1994. P. 17–35.

Jungaberle, Henrik. New Steps in Musical Meaning: The Metaphoric Process as an Organizing Principle // Nordic Journal of Music Therapy 10, no. 1 (2001): 4–16.

Kaganovsky, Lilya. How the Soviet Man Was Unmade: Cultural Fantasy and Male Subjectivity under Stalin. Pittsburgh: University Pittsburgh Press, 2008.

Kalinak, Kathryn Marie. Settling the Score: Music and the Classical Hollywood Film. Madison: University of Wisconsin Press, 1992.

Kański, Józef. XIV Festiwal w Royan // Ruch Muzyczny 21, no. 13 (1977): 14–15.

Kassabian, Anahid. Hearing Film: Tracking Identifications in Contemporary Hollywood Film Music. New York: Routledge, 2001.

Кац Б. Семь взглядов на одно сочинение // Советская музыка, № 2 (495), 1980: 9–17.

Kelly, Catriona, and David Shepherd. Russian Cultural Studies: An Introduction. Oxford: Oxford University Press, 1998.

Kennedy, Janet. Realism, Surrealism, and Photorealism: The Reinvention of Reality in Soviet Art of the 1970s and 1980s. // Nonconformist Art: The Soviet Experience 1956–1986. Alla Rosenfeld and Norton T. Dodge (eds). New York: The Jane Voorhees Zimmerli Art Museum, Rutgers, The State University of New Jersey, and Thames and Hudson, 1995. P. 273–293.

Kholopova, Valentina. Alfred Schnittke's Works: A New Theory of Musical Content // Seeking the Soul: The Music of Alfred Schnittke. George Odam (ed.). London: Guildhall School of Music and Drama, 2002. P. 38–44.

Klass, Dennis, and Tony Walter. Processes of Grieving: How Bonds Are Continued // Handbook of Bereavement Research: Consequences, Coping, and Care. Margaret S. Stroebe, Robert O. Hansson, Wolfgang Stroebe, and Henk Schut (eds). Washington, D.C.: American Psychological Association, 2001. P. 431–448.

Kleinman, Arthur and Joan Kleinman. The Appeal of Experience; the Dismay of Images: Cultural Appropriations of Suffering in Our Times // Social Suffering. Arthur Kleinman, Veena Das, and Margaret Lock (eds). Berkeley: University of California Press, 1997. P. 1–24.

Kornetchuk, Elena. Soviet Art under Government Control: From the 1917 Revolution to Khrushchev's Thaw // Nonconformist Art: The Soviet Experience 1956–1986. Alla Rosenfeld and Norton T. Dodge (eds). New York: The Jane Voorhees Zimmerli Art Museum, Rutgers, The State University of New Jersey, and Thames and Hudson, 1995. P. 36–48.

Kostakeva, Maria. Artistic Individuality in Schnittke's Overture and His New Political Mythology // Seeking the Soul: The Music of Alfred Schnittke. George Odam (ed.). London: Guildhall School of Music and Drama, 2002. P. 17–27.

Kovnatskaya, Lyudmila. Ustvol'skaya, Galina Ivanovna // Grove Music Online. Oxford Music Online (2003), http://www.oxfordmusiconline.com. ezproxy.llb.usf.edu/subscriber/article/grove/music/28870.

Krajewski, Stanislaw. The Controversy over Carmel at Auschwitz: A Personal Polish-Jewish Chronology // Memory Offended: The Auschwitz Convent

Controversy. Carol Rittner and John K. Roth (eds). New York: Praeger, 1991. P. 115–133.

Kramer, Jonathan D. The Nature and Origins of Musical Postmodernism // Postmodern Music/Postmodern Thought. Judy Lochhead and Joseph Auner (eds). New York and London: Routledge, 2002. P. 13–26.

Kramer, Lawrence. Chopin at the Funeral: Episodes in the History of Modern Death // Journal of the American Musicological Society 54, no. 1 (Spring 2001): 97–125.

——. Classical Music and Postmodern Knowledge. Berkeley: University of California Press, 1995.

——. Music as Cultural Practice, 1800–1900. Berkeley: University of California Press, 1990.

——. Musical Meaning: Toward a Critical History. Berkeley: University of California Press, 2002.

——. Saving the Ordinary: Beethoven's 'Ghost' Trio and the Wheels of History // Phrase and Subject: Studies in Literature and Music. Delia da Sousa Correa (ed.). Oxford, U.K.: Legenda, 2006. P. 73–86.

Kvizhinadze, Nika. Recognize and Stand up for What Is Good // The Soviet Scene 1987: A Collection of Press Articles and Interviews. Vladimir Mezhenkov (ed.). London and Wellingborough: Collets, 1987. P. 215–222.

LaCapra, Dominick. Writing History, Writing Trauma. Baltimore: Johns Hopkins University Press, 2001.

Lee, Marian Y. Galina Ustvolskaya: The Spiritual Works of a Soviet Artist. D.M.A. dissertation, Johns Hopkins University, 2002.

Le Guin, Elisabeth. Boccherini's Body: An Essay in Carnal Musicology. Berkeley: University of California Press, 2006.

Leppert, Richard D. The Sight of Sound: Music, Representation, and the History of the Body. Berkeley: University of California Press, 1993.

Lerner, Neil, and Joseph N. Straus. Sounding Off: Theorizing Disability in Music. New York: Routledge, 2006.

Lewin, Moshe. Russia/USSR/Russia: The Drive and Drift of a Superstate. New York: New Press, 1995.

Leys, Ruth. Trauma: A Genealogy. Chicago: University of Chicago Press, 2000.

Lidov, David. Mind and Body in Music // Semiotica 66 (1987): 69–97.

Lipscomb, Scott D., and Roger A. Kendall. Perceptual Judgement of the Relationship between Musical and Visual Components in Film // Psychomusicology 13 (1994): 60–98.

Lipsitz, George. Dangerous Crossroads: Popular Music, Postmodernism, and the Poetics of Place. London and New York: Verso, 1994.

Lochhead, Judy, and Joseph Auner (eds). Postmodern Music/Postmodern Thought. New York and London: Routledge, 2002.

Lukomsky, Vera. Russian Postmodernism on Absurdities and Realities of Soviet Life: Alfred Schnittke's Opera Life with an Idiot // International Journal of Musicology 8 (1999): 425–448.

Maes, Francis. A History of Russian Music: From Kamarinskaya to Translated by Arnold J. Pomerans and Erica Pomerans. Babi Yar. Berkeley: University of California Press, 2002.

MacDonald, Ian. Music under Soviet Rule. The Lady with the Hammer: The Music of Galina Ustvolskaya. http://www.siue.edu/~aho/musov/ust/ust.html.

Marek, Tadeusz. Górecki in Interview (1968) — and 20 Years After // Tempo 168 (March 1989): 25–29.

Maus, Fred Everett. Music as Narrative // Indiana Theory Review 12 (1991): 1–34.

Mazo, Margarita. The Present and the Unpredictable Past: Music and Musical Life of St. Petersburg and Moscow since the 1960s // International Journal of Musicology 5 (1996): 371–400.

McBurney, Gerard. Soviet Music after the Death of Stalin // Russian Cultural Studies: An Introduction. Catriona Kelly and David Shepherd (eds). Oxford: Oxford University Press, 1998. P. 120–137.

McCarthy, Jamie. An Interview with Arvo Pärt // Musical Times 130, no. 1753 (March 1989): 130–133.

McClary, Susan. Conventional Wisdom: The Content of Musical Form. Berkeley: University of California Press, 2000.

——. Feminine Endings: Music, Gender, and Sexuality. Minneapolis: University of Minnesota Press, 1991.

——. The Impromptu That Trod on a Loaf: Or How Music Tells Stories // Narrative 5, no. 1 (1997): 20–35.

——. A Musical Dialectic from the Enlightenment: Mozart's Piano Concerto in G Major, K. 453, Movement 2 // Cultural Critique 4 (1986): 129–169.

——. Terminal Prestige: The Case of Avant-Garde Music Composition // Cultural Critique 12 (1989): 57–81.

Merridale, Catherine. Night of Stone: Death and Memory in Russia. London: Granta, 2000.

Michael, Mike. Reconnecting Culture, Technology and Nature: From Society to Heterogeneity. London and New York: Routledge, 2000.

Modras, Ronald. Jews and Poles: Remembering at a Cemetery // Memory Offended: The Auschwitz Convent Controversy. Carol Rittner and John K. Roth (ed.). P. 53–61. New York: Praeger, 1991.

Monelle, Raymond. The Sense of Music: Semiotic Essays. Princeton, N.J.: Princeton University Press, 2000.

Moody, Ivan. The Music of Alfred Schnittke // Tempo 168 (March 1989): 4–11.

Naimark, Norman M. The Nazis and the 'East': Jedwabne's Circle of Hell // Slavic Review 61, no. 3 (Autumn 2002): 476–482.

Nattiez, Jean Jacques. Music and Discourse: Toward a Semiology of Music. Princeton, N.J.: Princeton University Press, 1990.

Neimeyer, Robert A. Introduction: Meaning Reconstruction and Loss // Meaning Reconstruction and the Experience of Loss. Robert A. Neimeyer (eds). Washington, D.C.: American Psychological Association, 2001. P. 1–9.

——. The Language of Loss: Grief Therapy as a Process of Meaning Reconstruction // Meaning Reconstruction and the Experience of Loss. Robert A. Neimeyer (ed.). Washington, D.C.: American Psychological Association, 2001. P. 261–292.

——. The Lessons of Loss: A Guide to Coping. New York: McGraw-Hill, 1998.

Neimeyer, Robert A., Laurie A. Burke, Michal M. Mackay, and Jessica G. van Dyke Stringer. Grief Therapy and the Reconstruction of Meaning: From Principles to Practice // Journal of Contemporary Psychotherapy 40 (2010): 73–83.

Neimeyer, Robert A., and Heidi M. Levitt. What's Narrative Got to Do with It? Construction and Coherence in Accounts of Loss // Loss and Trauma: General and Close Relationship Perspectives. John H. Harvey and Eric D. Miller (eds). Philadelphia: Brunner-Routledge, 2000. P. 401–412.

Neumeyer, David, and James Buhler. Analytical and Interpretive Approaches to Film Music (I): Analysing the Music // Film Music: Critical Approaches. K. J. Donnelly (ed.) New York: Continuum International, 2001. P. 16–38.

Newcomb, Anthony. Once More 'Between Absolute and Program Music': Schumann's Second Symphony // 19th-Century Music 7, no. 3 (1984): 233–250.

——. Schumann and Late Eighteenth-Century Narrative Strategies // 19th-Century Music 11, no. 2 (1987): 164–143.

Nove, Alec. Glasnost' in Action: Cultural Renaissance in Russia. Boston: Unwin Hyman, 1989.

Novick, Peter. The Holocaust in American Life. Boston: Houghton Mifflin, 1999.

Odam, George (ed.). Seeking the Soul: The Music of Alfred Schnittke. London: Guildhall School of Music and Drama, 2002.

Oltjenbruns, Kevin Ann. Developmental Context of Childhood: Grief and Regrief Phenomena // Handbook of Bereavement Research: Consequences, Coping, and Care. Margaret S. Stroebe, Robert O. Hansson, Wolfgang Stroebe, and Henk Schut (eds). Washington, D.C.: American Psychological Association, 2001. P. 169–197.

Ong, Walter J. Orality and Literacy: The Technologizing of the Word. London and New York: Routledge, 1982.

Parakilas, James, et. al. Piano Roles: Three Hundred Years of Life with the Piano. New Haven, Conn.: Yale University Press, 1999.

Parkes, Colin Murray. Bereavement: Studies of Grief in Adult Life. 3rd ed. New York: International Universities Press, 1996.

——. A Historical Overview of the Scientific Study of Bereavement // Handbook of Bereavement Research: Consequences, Coping, and Care. Margaret S. Stroebe, Robert O. Hansson, Wolfgang Stroebe, and Henk Schut (eds). Washington, D.C.: American Psychological Association, 2001. P. 25–45.

Pennebaker, James W. Emotion, Dislosure, and Health. Washington, D.C.: American Psychological Association, 1995.

Pennebaker, James W., Emmanuelle Zech, and Bernard Rimé. Disclosing and Sharing Emotion: Psychological, Social, and Health Consequences // Handbook of Bereavement Research: Consequences, Coping, and Care. Margaret S. Stroebe, Robert O. Hansson, Wolfgang Stroebe, and Henk Schut (eds). Washington, D.C.: American Psychological Association, 2001. P. 517–543.

Peters, Jacqueline Schmidt. Music Therapy: An Introduction. 2nd ed. Springfield, Ill.: C.C. Thomas, 2000.

Phillips, Peter. Holy Minimalism! // New Republic 217, no. 22 (December 1, 1997): 47–52.

Píchová, Hana. The Art of Memory in Exile: Vladimir Nabokov & Milan Kundera. Carbondale: Southern Illinois University Press, 2002.

Platt, Kevin M. F., and David Brandenberger (eds). Epic Revisionism: Russian History and Literature as Stalinist Propaganda. Madison: University of Wisconsin Press, 2006.

Polin, Claire. The Composer as Seer, but Not Prophet // Tempo 190 (September 1994): 13–17.

——. Interviews with Soviet Composers // Tempo 151 (December 1984): 10–16.

Polonsky, Antony, and Joanna B. Michlic. The Neighbors Respond: The Controversy over the Jedwabne Massacre in Poland. Princeton, N.J.: Princeton University Press, 2004.

Popovic, Dunja. 'Pravo na TRUP': Power, Discourse, and the Body in the Poetry of Nina Iskrenko // Russian Review 64 (October 2005): 628–641.

Prager, Jeffrey. Presenting the Past: Psychoanalysis and the Sociology of Misremembering. Cambridge, Mass.: Harvard University Press, 1998.

Prigerson, Holly G., and Selby D. Jacobs. Traumatic Grief as a Distinct Disorder: A Rationale, Consensus Criteria, and a Preliminary Empirical Test // Handbook of Bereavement Research: Consequences, Coping, and Care. Margaret S. Stroebe, Robert O. Hansson, Wolfgang Stroebe, and Henk Schut (eds). Washington, D.C.: American Psychological Association, 2001. P. 613–645.

Раабен Л.Н. О духовном ренессансе в русской музыке 1960–80-х годов. СПб: Бланка, 1998.Ramadanovic, Petar. Forgetting Futures: On Memory, Trauma, and Identity. Lanham, Md.: Lexington Books, 2001.

Ratner, Leonard G. Classic Music: Expression, Form, and Style. New York: Schirmer Books, 1980.

Raun, Toivo U. Estonia and the Estonians. 2nd ed. Stanford, Calif.: Hoover Institution Press, 2001.

Remnick, David. Lenin's Tomb: The Last Days of the Soviet Empire. New York: Vintage Books, 1994.

Ries, Nancy. Russian Talk: Culture and Conversation during Perestroika. Ithaca, N.Y.: Cornell University Press, 1997.

Ritter, Jonathan, and J. Martin Daughtry (eds). Music in the Post-9/11 World. New York: Routledge, 2007.

Rosenblatt, Paul C. Grief across Cultures: A Review and Research Agenda // Handbook of Bereavement Research and Practice: Advances in Theory and Intervention. Margaret S. Stroebe, Robert O. Hansson, Henk Schut, and Wolfgang Stroebe (eds). Washington, D.C.: American Psychological Association, 2008. P. 207–222.

Rosenfeld, Alla, and Norton T. Dodge (eds). Noncomformist Art: The Soviet Experience 1956–1986. New York: The Jane Voorhees Zimmerli Art Museum, Rutgers, The State University of New Jersey, and Thames and Hudson, 1995.

Ross, Alex. A Grand Russian Original Steps out of the Mist // New York Times, May 28, 1995.

Roszkowski, Wojciech. After Neighbors: Seeking Universal Standards // Slavic Review 61, no. 3 (Autumn 2002): 460–465.

Sabbe, Herman. Music Makes Time — Music Takes Time: Apropos of Arvo Pärt's *Tabula Rasa* // New Sound 17 (2001): 47–51.

Saltzman, Lisa, and Eric M. Rosenberg. Trauma and Visuality in Modernity. Hanover, N.H.: Dartmouth College Press and University Press of New England, 2006.

Salo, Vello. The Struggle between the State and Churches // A Case Study of a Soviet Republic: The Estonian SSR. Tönu Parming and Elmar Järvesoo (eds). Boulder, Col.: Westview Press, 1978.

Sandle, Mark. A Triumph of Ideological Hairdressing? Intellectual Life in the Brezhnev Era Reconsidered // Brezhnev Reconsidered. Edwin Bacon and Mark Sandle (eds). New York: Palgrave Macmillan, 2002. P. 135–160.

Savenko, Svetlana. Musica Sacra of Arvo Pärt // "Ex Oriente..." Ten Composers from the Former USSR. Valeria Tsenova (ed.). P. 155–178. Berlin: Verlag Ernst Kuhn, 2002.

Scammell, Michael. Art as Politics and Politics in Art // Noncomformist Art: The Soviet Experience 1956–1986. Alla Rosenfeld and Norton T. Dodge (eds). New York: The Jane Voorhees Zimmerli Art Museum, Rutgers, The State University of New Jersey, and Thames and Hudson, 1995. P. 49–63.

Scarry, Elaine. The Body in Pain: The Making and Unmaking of the World. Oxford: Oxford University Press, 1985.

Schechner, Richard. Between Theater and Anthropology. Philadelphia: University of Pennsylvania Press, 1985.

——. The Future of Ritual: Writings on Culture and Performance. London and New York: Routledge, 1993.

——. Performance Studies: An Introduction. 2nd ed. New York: Routledge, 2006.

——. Performance Theory. London and New York: Routledge, 2003.

Schechner, Richard, and Willa Appel. By Means of Performance: Intercultural Studies of Theatre and Ritual. Cambridge and New York: Cambridge University Press, 1990.

Schmelz, Peter J. Andrey Volkonsky and the Beginnings of Unofficial Music in the Soviet Union // Journal of the American Musicological Society 58, no. 1 (Spring 2005): 139–207.

——. Such Freedom, If Only Musical: Unofficial Soviet Music During the Thaw. Oxford and New York: Oxford University Press, 2009.

Schnittke, Alfred. A Schnittke Reader. Alexander Ivashkin (ed.). Translated by John Goodliffe. Bloomington: Indiana University Press, 2002.

Schultz, Wolfgang-Andreas. Avant-garde und Trauma: Die Musik des 20. Jahrhunderts und die Erfahrungen der Weltkriege // Lettre International, no. 71 (2005): 92–97.

——. Avant-garde und Trauma: Die Musik des 20. Jahrhunderts und die Erfahrungen der Weltkriege // Das Orchester 55, no. 2 (2007): 31–35.

Schwarz, Boris. Music and Musical Life in Soviet Russia, Enlarged Edition 1917–1981. Bloomington: Indiana University Press, 1972. Reprint, 1983.

Schwarz, K. Robert. Pärt: De Profundis, Solfeggio, 'And One of the Pharisees,' Cantate Domino, Summa, Seven Magnificat Anitphons, The Beatitudes, Magnificat (Christopher Bowers-Broadbent, Paul Hillier, Theater of Voices) // Stereo Review 62, no. 10 (October 1997): 109.

Segel, Harold B. The Columbia Literary History of Eastern Europe since 1945. New York: Columbia University Press, 2008.

Sewell, Kenneth W., and Amy M. Williams. Construing Stress: A Constructivist Therapeutic Approach to Posttraumatic Stress Reaction // Meaning Reconstruction and the Experience of Loss. Robert A. Neimeyer (ed.). Washington, D.C.: American Psychological Association, 2001. P. 293–310.

Sexton, Paul. Mournful Classical Piece Cracks U.K. Pop Top 10 // Billboard, February 27, 1993.

Shaver, Phillip R., and Caroline M. Tancredy. Emotion, Attachment, and Bereavement: A Conceptual Commentary // Handbook of Bereavement Research: Consequences, Coping, and Care. Margaret S. Stroebe, Robert O. Hansson, Wolfgang Stroebe, and Henk Schut (eds). Washington, D.C.: American Psychological Association, 2001. P. 63–88.

Simpson, Michael A. Traumatic Bereavements and Death-Related PTSD // Death and Trauma: The Traumatology of Grieving. Charles R. Figley, Brian E. Bride, and Nicholas Mazza (ed.). Washington, D.C.: Taylor & Francis, 1997. P. 3–16.

Sitsky, Larry. Music of the Repressed Russian Avant-Garde, 1900–1929. Westport, Conn.: Greenwood Press, 1994.

Smith, Geoff. An Interview with Arvo Pärt: Sources of Invention // Musical Times 140, no. 1868 (Autumn 1999): 24–25.

Smith, Kathleen E. Remembering Stalin's Victims: Popular Memory and the End of the USSR. Ithaca, N.Y., and London: Cornell University Press, 1996.

Soames, Nicolas. Minimalism Brings Maximum Awards // Times, June 5, 1993.

Sobchack, Vivian. Carnal Thoughts: Embodiment and the Moving Image. Berkeley: University of California Press, 2004.

Sontag, Susan. Regarding the Pain of Others. New York: Farrar, Straus and Giroux, 2003.

Sorry Story // Evening Standard, June 18, 1993.

Stilwell, Robynn J. Sound and Empathy: Subjectivity, Gender and the Cinematic Soundscape // Film Music: Critical Approaches. K. J. Donnelly (ed.). P. 167–187. New York: Continuum International, 2001.

Stroebe, Margaret S., Robert O. Hansson, Henk Schut, and Wolfgang Stroebe. Bereavement Research: Contemporary Perspectives // Handbook of Bereavement Research and Practice: Advances in Theory and Intervention. Margaret S. Stroebe, Robert O. Hansson, Henk Schut, and Wolfgang Stroebe (eds). Washington, D.C.: American Psychological Association, 2008. P. 3–25.

Stroebe, Margaret S., Robert O. Hansson, Wolfgang Stroebe, and Henk Schut. Introduction: Concepts and Issues in Contemporary Research on Bereavement // Handbook of Bereavement Research: Consequences, Coping, and Care. Margaret S. Stroebe, Robert O. Hansson, Wolfgang Stroebe, and Henk Schut (eds). Washington, D.C.: American Psychological Association, 2001. P. 3–22.

Stroebe, Margaret S., and Henk Schut. Models of Coping with Bereavement: A Review // Handbook of Bereavement Research: Consequences, Coping, and Care. Margaret S. Stroebe, Robert O. Hansson, Wolfgang Stroebe, and Henk Schut (eds). Washington, D.C.: American Psychological Association, 2001. P. 375–403.

Sudnow, David. Talk's Body: A Meditation between Two Keyboards. New York: Knopf, 1979.

Suny, Ronald Grigor. The Soviet Experiment: Russia, the USSR, and the Successor States. Oxford: Oxford University Press, 1998.

Suslin, Viktor. The Music of Spiritual Independence: Galina Ustvolskaya // "Ex Oriente…" Ten Composers from the Former USSR. Valeria Tsenova (ed.). Berlin: Verlag Ernst Kuhn, 2002. P. 99–114.

Svirski, Grigori. A History of Post-War Soviet Writing: The Literature of Moral Opposition. Translated by Robert Dessaix and Michael Ulman. Robert Dessaix and Michael Ulman (eds). Ann Arbor, Mich.: Ardis, 1981.

Sztompka, Piotr. The Trauma of Social Change: A Case of Postcommunist Societies // Cultural Trauma and Collective Identity. Berkeley: University of California Press, 2004. P. 155–195.

Tal, Kalí. Worlds of Hurt: Reading the Literatures of Trauma. Cambridge, U.K., and New York: Cambridge University Press, 1996.

Tanay, Emanuel. Auschwitz and Oswiecim: One Location, Two Memories // Memory Offended: The Auschwitz Convent Controversy. Carol Rittner and John K. Roth (eds). New York: Praeger, 1991. P. 99–111.

Taruskin, Richard. Defining Russia Musically: Historical and Hermeneutical Essays. Princeton, N.J.: Princeton University Press, 1997.

——. The Oxford History of Western Music. 6 vols. Vol. 5. New York: Oxford University Press, 2005.

Taylor, Mark C. Hiding. Chicago: University of Chicago Press, 1997.

Thomas, Adrian. Górecki. New York: Oxford University Press, 1997.

——. Polish Music since Szymanowski. Cambridge: Cambridge University Press, 2005.

Thompson, Stephanie. Themes and Metaphors in Songwriting with Clients Participating in a Psychiatric Rehabilitation Program // Music Therapy Perspectives 27, no. 1 (2009): 4–10.

Tiedman, Richard. Review of Schnittke: Cello Concerto No. 1; Concerto Grosso No. 1; Schnittke: Cello Concerto No. 1; *Stille Musik;* Sonata for Cello and Piano; Schnittke: Cello Concerto No. 1; *Klingende Buchstaben;* Four Hymns // Tempo 182 (September 1992): 47–48.

Tomberg, Valentin. The East European Conception of Suffering // Gnosis Magazine 31 (Spring 1994): 43–45.

Tompson, William J. The Soviet Union under Brezhnev. Harlow, U.K.: Pearson/Longman, 2003.

Tsenova, Valeria (ed.). "Ex Oriente..." Ten Composers from the Former USSR. Berlin: Verlag Ernst Kuhn, 2002.

—— (ed.). Underground Music from the Former USSR. Amsterdam: Harwood Academic, 1997.

Tumarkin, Nina. The Living & the Dead: The Rise and Fall of the Cult of World War II in Russia. New York: Basic Books, 1994.

Turner, Victor. The Anthropology of Performance. New York: PAJ Publications, 1988.

——. From Ritual to Theatre: The Human Seriousness of Play. New York: Performing Arts Journal Publications, 1982.

——. The Ritual Process: Structure and Anti-Structure. Ithaca, N.Y.: Cornell University Press, 1977.

Uszler, Marienne, Stewart Gordon, Scott McBride Smith. The Well-Tempered Keyboard Teacher. 2nd ed. New York: Schirmer, 2000.

Vaitmaa, Merike. Arvo Pärt // Kuus Eesti tänase muusika loojat (Six Estonian Contemporary Composers). H. Tauk (ed.). Tallinn, Estonia: Kirjastus "Eesti Raamat", 1970. P. 35–60.

van der Kolk, Bessel A., and Onno van der Hart. The Intrusive Past: The Flexibility of Memory and the Engraving of Trauma // Trauma: Explorations in Memory. Cathy Caruth (ed.). Baltimore and London: Johns Hopkins University Press, 1995. P. 158–182.

Volkov, Solomon. The ABC's of Alfred Schnittke (1934–1998) // Tempo 206 (September 1998): 36–38.

Waugh, Alexander. A Load of Gloomy Piffle // Evening Standard, April 8, (1993): 30.

Webb, John. Schnittke in Context // Tempo 182 (September 1992): 19–22.

Weiss, Robert S. Grief, Bonds, and Relationships // Handbook of Bereavement Research: Consequences, Coping, and Care. Margaret S. Stroebe, Robert O. Hansson, Wolfgang Stroebe, and Henk Schut (eds). Washington, D.C.: American Psychological Association, 2001. P. 47–62.

——. The Nature and Causes of Grief // Handbook of Bereavement Research and Practice: Advances in Theory and Intervention. Margaret S. Stroebe, Robert O. Hansson, Henk Schut, and Wolfgang Stroebe (eds). Washington, D.C.: American Psychological Association, 2008. P. 29–44.

Westwood, Paul. Schnittke's Violin Sonata No. 2 as an Open Commentary on the Composition of Modern Music // Seeking the Soul: The Music of Alfred Schnittke. George Odam (ed.). London: Guildhall School of Music and Drama, 2002. P. 46–56.

Whiteman, Carol Leonore Matthews. 'Passio': The Iconography of Arvo Pärt. Ph.D. dissertation, City University of New York, 1997.

Whittall, Arnold. Musical Composition in the Twentieth Century. Oxford and New York: Oxford University Press, 1999.

Wigram, Tony, Inge Nygaard Pedersen, and Lars Ole Bonde. A Comprehensive Guide to Music Therapy Theory, Clinical Practice, Research, and Training. London and Philadelphia: Jessica Kingsley, 2002.

Wlodarski, Amy Lynn. 'An Idea Can Never Perish': Memory, the Musical Idea, and Schoenberg's A Survivor from Warsaw (1947) // Journal of Musicology 24, no. 4 (Fall 2007): 581–608.

——. The Testimonial Aesthetics of Different Trains // Journal of the American Musicological Society 63, no. 1 (Spring 2010): 99–141.

Woll, Josephine. Soviet Cinema: A Day of Repentance // Dissent (Spring 1988): 167–169.

Woll, Josephine, and Denise J. Youngblood. Repentance, Kinofile Film Companion 4. London and New York: I. B. Tauris, 2001.

Yoon, Jiyoung. Polystylism in Alfred Schnittke's Requiem. D.M.A. dissertation, University of California, Los Angeles, 2003.

Young, Allan. The Harmony of Illusions: Inventing Posttraumatic Stress Disorder. Princeton, N.J.: Princeton University Press, 1995.

Young, James Edward. Writing and Rewriting the Holocaust: Narrative and the Consequences of Interpretation. Bloomington: Indiana University Press, 1988.

Youngblood, Denise J. Repentance: Stalinist Terror and the Realism of Surrealism // Revisioning History: Film and the Construction of a New Past. Robert A. Rosenstone (ed.). Princeton, N.J.: Princeton University Press, 1995. P. 139–154.

——. Review of Repentance, by Tengiz Abuladze // American Historical Review 95, no. 4 (October 1990): 1133–1136.

Yurchak, Alexei. Everything Was Forever, Until It Was No More: The Last Soviet Generation. Princeton, N.J.: Princeton University Press, 2006.

Ziarek, Ewa Plonowska. Melancholic Nationalism and the Pathologies of Commemorating the Holocaust in Poland // Imaginary Neighbors: Mediating Polish-Jewish Relations after the Holocaust. Dorota Glowacka and Joanna Zylinska (eds). Lincoln, Neb., and London: University of Nebraska Press, 2007. P. 301–326.

Предметно-именной указатель

Оглавление

Научное издание

Мария Чизмич

МУЗЫКА БОЛИ

Образ травмы в советской и восточноевропейской музыке конца XX века

Директор издательства *И. В. Немировский*
Ответственный редактор *И. Белецкий*
Куратор серии *Р. Борисова*
Заведующая редакцией *М. Ермакова*

Дизайн *И. Граве*
Редактор *А. Захарова*
Корректоры *И. Манлыбаева, А. Филимонова*
Верстка *Е. Падалки*

Подписано в печать 12.05.2024.
Формат издания 60 × 90 $^1/_{16}$. Усл. печ. л. 24,3.
Тираж 200 экз.

Academic Studies Press
1577 Beacon Street, Brookline, MA 02446 USA
https://www.academicstudiespress.com

ООО «Библиороссика».
198207, г. Санкт-Петербург, а/я № 8

Эксклюзивные дистрибьюторы:
ООО «Караван»
ООО «КНИЖНЫЙ КЛУБ 36.6»
http://www.club366.ru
Тел./факс: 8(495)9264544
e-mail: club366@club366.ru

Книги издательства можно купить
в интернет-магазине: www.bibliorossicapress.com
e-mail: sales@bibliorossicapress.ru

12+

*Знак информационной продукции согласно
Федеральному закону от 29.12.2010 № 436-ФЗ*

www.ingramcontent.com/pod-product-compliance
Lightning Source LLC
Chambersburg PA
CBHW070404100426
42812CB00005B/1627